政府采购概论

朱龙杰 ◎编著

东南大学出版社
SOUTHEAST UNIVERSITY PRESS

图书在版编目(CIP)数据

政府采购概论 / 朱龙杰编著. —南京:东南大学出版社,2018.6(2020.8重印)
ISBN 978-7-5641-7846-8

Ⅰ.①政… Ⅱ.①朱… Ⅲ.①政府采购制度-概论 Ⅳ.①F810.2

中国版本图书馆 CIP 数据核字(2018)第 146130 号

政府采购概论

出版发行	东南大学出版社
地　　址	南京市四牌楼 2 号　邮编:210096
出 版 人	江建中
网　　址	http://www.seupress.com
经　　销	全国各地新华书店
印　　刷	江苏凤凰数码印务有限公司
开　　本	787 mm×1092 mm　1/16
印　　张	24
字　　数	578 千字
版　　次	2018 年 6 月第 1 版
印　　次	2020 年 8 月第 3 次印刷
书　　号	ISBN 978-7-5641-7846-8
定　　价	58.00 元

本社图书若有印装质量问题,请直接与营销部联系。电话(传真):025-83791830。

前言

政府采购制度作为财政支出管理的重要措施,最早形成于18世纪末和19世纪初的西方资本主义国家,至今已有二百多年。我国的政府采购制度,始建于20世纪90年代中期。

二十多年来,我国政府采购制度从无到有,从摸着石头过河到逐步实现制度化、规范化和科学化,从单纯满足政府采购需要到发挥政府采购政策功能的转变,取得了长足进步和发展。特别是2003年1月1日我国第一部《中华人民共和国政府采购法》的正式实施,标志着我国政府采购工作已进入了法制管理阶段。但是,随着近些年来我国政府采购制度改革的不断深化,政府采购工作正面临着前所未有的机遇和挑战。一方面,我国政府采购在发挥宏观经济政策功能、促进经济结构调整、维护社会公平正义等方面正扮演着愈加重要的角色;另一方面,我国政府采购的规模与范围、程序和方法,以及理论研究与实践探索、监督管理与操作体制,目前与世界发达国家还存在着很大的差距。我国的政府采购不仅需要在实务操作程序上不断固化和完善,还需要不断加强在理论领域的继续构建与创新。

本书是笔者十多年来在政府采购理论和实践方面的思考和总结,并作为教材,已在南京财经大学国际商务等专业教学中使用了三个学期。书中援引了大量的案例、图表和理论学术观点,目的是通过教学和实训,让学生能清晰了解政府采购制度的基本架构和熟练掌握政府采购操作流程、方法和技巧。本书系统阐述了我国政府采购的基本理论和方法,并从多角度透视与重塑了政府采购预算、采购方式、信息管理、专家评审、质疑投诉、电子采购等政府采购实务的全过程;详细介绍了政府采购的实务技能和方法,吸收和运用了我国政府采购理论与实践的最新研究成果,适当借鉴世界先进发达国家的政府采购经验,对我国政府采购的历史和现状、程序和技巧、策划与组织、法律与管理等诸多方面进行了深入的剖析和研究,为读者全景式地展现了我国政府采购制度改革的主要历程和生动画面。

政府采购在我国还是一项刚刚起步不久的年轻实践,随着政府采购改革的进一步深入,理论创新和实践创新都亟待发展。本书此次正式出版,笔者在原教材书稿基础上又做了认真修订和补充,旨在抛砖引玉,为有志学生和从事政府采购工作的读者提供一本更加翔实的以理论为基础,以实践为重点,将前瞻性与实用性融会一体的专业指导书,以共同推动我国政府采购事业的新发展。借此,笔者谨向书中引文作者及引文发表刊物表示衷心的感谢,并真诚期望各位读者和专家同行批评指正。

笔者邮箱:cdzlj@126.com。

朱龙杰
2018 年 3 月
于南京财经大学仙林校区德经楼

目录 CONTENT

第一章　政府采购概述 ·· 001
　第一节　政府采购的起源与制度建立 ··· 002
　第二节　政府采购的概念和类型 ·· 007
　第三节　政府采购的原则与功能 ·· 011
　第四节　政府集中采购目录和限额标准 ····································· 018

第二章　政府采购当事人 ·· 022
　第一节　政府采购采购人 ··· 023
　第二节　政府集中采购机构 ··· 032
　第三节　政府采购社会代理机构 ·· 041
　第四节　政府采购供应商 ··· 047

第三章　政府采购预算 ··· 063
　第一节　政府采购预算的内涵与分类 ··· 064
　第二节　政府采购预算编制的原则和依据 ·································· 065
　第三节　政府采购预算的编制与执行 ··· 066
　第四节　政府采购预算问题评析 ·· 072

第四章　政府采购模式与方式 ·· 074
　第一节　政府采购模式 ·· 075
　第二节　政府采购方式 ·· 091

第五章　政府采购招标实务及技巧 ··· 115
　第一节　招标 ·· 116
　第二节　投标 ·· 124
　第三节　开标、评标和定标 ··· 127
　第四节　政府采购招标评标方法 ·· 130
　第五节　政府采购废标及处理 ·· 133

第六章 政府采购非招标实务与技巧 ········· 135
- 第一节 非招标采购概述 ········· 136
- 第二节 竞争性谈判采购 ········· 137
- 第三节 询价采购 ········· 143
- 第四节 单一来源采购 ········· 147

第七章 政府采购评审实务与技巧 ········· 150
- 第一节 评审活动在政府采购中的地位 ········· 151
- 第二节 政府采购评审专家职责与行为规范 ········· 152
- 第三节 政府采购各当事人在评审活动中的角色定位 ········· 157
- 第四节 政府采购评审专家的法律责任 ········· 160

第八章 政府采购合同 ········· 162
- 第一节 政府采购合同的概念与特点 ········· 163
- 第二节 政府采购合同的签订与履行 ········· 170
- 第三节 政府采购合同的验收与结算 ········· 172

第九章 政府采购信息公开与档案管理 ········· 182
- 第一节 政府采购信息公开 ········· 183
- 第二节 政府采购档案管理 ········· 195

第十章 政府采购风险与救济 ········· 205
- 第一节 政府采购风险与控制 ········· 206
- 第二节 政府采购救济 ········· 219

第十一章 政府采购监督检查 ········· 230
- 第一节 政府采购监督检查概述 ········· 231
- 第二节 政府采购内生监督与外生机制 ········· 231
- 第三节 政府采购监督检查的程序与方法 ········· 246
- 第四节 政府采购监管的责任与控制 ········· 251

第十二章 政府采购法律法规 ········· 253
- 第一节 政府采购有关法律规范 ········· 254
- 第二节 政府采购监管部门规章 ········· 265
- 第三节 政府采购当事人行为规范 ········· 270
- 第四节 政府采购当事人内控制度 ········· 282
- 第五节 政府采购法律责任 ········· 284

第十三章　国际政府采购与政府采购电子化 ······ 295
　　第一节　国际政府采购 ······ 296
　　第二节　政府采购电子化 ······ 316

附录一　练习及案例分析训练题 ······ 328
　　（一）选择题 ······ 329
　　（二）思考题 ······ 352
　　（三）案例题 ······ 359

附录二　主要参考文献 ······ 370

后记 ······ 373

第一章

政府采购概述

第一节　政府采购的起源与制度建立

一、政府采购的起源

政府采购制度最早形成于18世纪末和19世纪初的西方自由资本主义国家。1782年,英国政府首先设立文具公用局,作为负责政府部门所需办公用品采购的特别机构,该局以后发展成为物资供应部,专门采购政府各部门所需物资。

美国联邦政府民用部门的采购历史可以追溯到1792年。当时有关政府采购的第一部法律将为联邦政府采购供应品的责任赋予美国首任财政部部长亚历山大·汉密尔顿。之后,美国不断完善其政府采购立法。1861年制定的一项法案要求每一项采购至少要有三个投标人。1868年国会又通过立法确立公开开标和公开授予合同的程序。1947年,美国国会通过《武装部队采购法》,确立了国防采购的方法和程序,并将军事采购的责任赋予国防部的后勤局,在军事国防领域内实现了集中政府采购。1949年,美国国会通过《联邦财产与行政服务法》。该法为联邦政府总务署(GSA)提供了统一的采购政策和方法,并确立GSA拥有为联邦政府的绝大多数民用部门组织集中采购的权力。所以自1949年起,美国确立了集中采购的管理体制。直到今天,GSA仍然负有为联邦政府的民用部门集中采购的责任。

可见,西方国家政府采购制度起源于自由市场经济时期,但完整意义上的政府采购制度是现代市场经济发展的产物,这又与市场经济国家中政府干预政策的产生和发展紧密地联系在一起。在近代市场经济(自由市场经济)阶段,市场是配置资源的绝对支配力量和方式。市场经济国家信奉"看不见的手"的原理,政府基本上不参与或不干预国民经济活动,政府直接承担的公共工程和物资采购也十分有限。因此,当时的政府采购市场并不发达和完善。在现代市场经济阶段,市场经济国家的政府广泛运用经济手段和法律手段干预国民经济活动,其重要手段之一就是政府通过财政收入和财政支出兴办公用事业。这样,政府采购制度就大范围地发展起来。

二、政府采购制度的建立

国际政府采购制度是伴随着国际贸易一体化的进程而形成的,但却落后于这一进程。1948年生效的《关税与贸易总协定》(以下简称"关贸总协定")将政府采购的问题排除在外。由于国际贸易的发展,政府采购的规模越来越大,每年政府采购金额达数千亿美元,占国际贸易总额的10%以上。同时,在政府采购中的歧视性做法也越来越明显,歧视性政府采购已成为国际贸易中的一个严重障碍。

随着贸易自由化呼声越来越高，一些工业化国家亟待为本国产品开拓海外市场。政府采购潜在的巨大市场在国际贸易领域日益受到重视，一些欧美国家提出应将政府采购纳入国际协议，并利用关贸总协定"东京回合"谈判的机会，在 1979 年制定了《政府采购守则》（简称《守则》，下同），但其性质是非强制性的。该《守则》由各缔约国在自愿原则基础上签署，通过相互谈判确定政府采购开放的程度。当时美国等国家签署了《守则》，成为"守则成员"。

《守则》于 1981 年开始生效，《守则》仅适用于门槛价达到 15 万特别提款权以上的中央政府采购项目，1988 年门槛价降为 13 万特别提款权。尽管如此，《守则》涵盖的政府采购市场仅是各国政府采购总额的一小部分，其在国际贸易中发挥的作用是非常有限的。

在关贸总协定"乌拉圭回合"谈判期间，对《守则》的内容进行了大幅度的调整，形成了取代关贸总协定的世界贸易组织的《政府采购协议》（简称《协议》，下同）。《协议》中规定，采购实体不仅包括中央政府，还包括地方政府以及公用事业单位，并相应规定了中央政府、地方政府、公用事业单位货物、工程和服务采购的门槛价。

《协议》于 1996 年 1 月 1 日正式生效实施。《协议》仅对签字成员有约束力，许多发达国家先后签署《协议》。《协议》成员希望有更多的国家加盟，并采取一些强制措施迫使想加入世界贸易组织的国家签署《协议》。

欧洲共同体（简称"欧共体"）在其区域内建立国际政府采购制度的努力要比关税与贸易总协定通过的《守则》及 WTO 的《政府采购协议》要早。为了实现在欧共体范围内消除贸易壁垒，促进货物、资本和人员的自由流动这一欧共体条约目标，欧共体早在 1966 年就在《欧共体条约》中对政府采购作出了专门规定。后来欧盟在该条约的指导下，相继颁布了关于公共采购各领域的"公共指令"，构成了独具特色的公共采购法律体系。在这个体系中，有四部指令是关于政府采购的实体性法律，有两部是程序性法律。前四部分别是 1992 年颁布的《关于协调授予公共服务合同的程序的指令》和 1993 年颁布的《关于协调授予公共供应品合同的程序的指令》《关于协调授予公共工程合同的程序的指令》和《关于协调有关水、能源、交通运输和电信部门的采购程序的指令》；后两部分别是 1989 年颁布的《关于协调有关对公共供应品合同和公共工程合同授予及审查程序的法律、规则和行政条款的指令》和 1992 年颁布的《关于协调有关水、能源、交通运输和电信部门的采购程序执行共同体规则的法律、规则和行政条款的指令》。这六部指令是适用于欧共体范围内的公共采购的主要规则，欧共体通过这六部指令建立了其范围内的国际政府采购制度。

世界银行为了保证其贷款资金的有效利用和管理借款国的政府采购行为，于 1985 年颁布了以强化对招标采购的严密监管而著称的《国际复兴开发银行贷款和国际开发协会信贷采购指南》（以下简称《采购指南》），并且采取了一系列监管措施，从而在世界银行成员国范围内大大促进了政府采购的实践工作，越来越多的人认识到完善的政府采购制度对促进公共资金的有效利用、对一国经济的发展以及对树立廉洁、公正的政府形象的重要意义。

联合国国际贸易法委员会自 1966 年成立以来，一直致力于通过制定国际协定或示范法等基本法律的形式促进国际贸易法律的规范化和统一化。采购法律由于涉及各国的民事、刑事法律规定,文化传统以及国家的对外贸易政策,很难达成一致。因此,为了促进各国政府采购立法的统一和帮助正在进行政府采购立法的国家建立一个经济有效的政府采购法律体系和运行制度,1994年,在其第27届年会上通过了《联合国国际贸易法委员会货物、工程和服务采购示范法》(以下简称《采购示范法》)。目前,《协议》、《公共指令》、《采购指南》和《采购示范法》这四类国际政府采购规则代表了国际政府采购的标准规范。

三、我国政府采购制度的改革历程

我国政府采购行为历来就有,但作为一种政府采购制度还只是近二十年的事。实行政府采购制度,是建立社会主义市场经济的必然要求,同时也是我国融入全球化的必然选择。

从1979年改革开放至1994年,我国财政改革的重点是理顺收入分配关系,1994年分税制的实施标志着我国收入分配改革工作基本结束,改革重心开始转移到支出管理上来。我国在财政支出管理方面进行了许多探索,如试行零基预算、支出定额管理等,但这些改革不仅推行困难,而且效果也不理想。究其原因,这些支出改革的一个共同点是只局限于支出分配的调整,未涉及支出使用方面。在这种背景下,加强财政支出使用管理——政府采购管理便不可避免地提了出来。

1995年11月,APEC(亚洲太平洋经济合作组织,以下简称"亚太经济合作组织")在日本大阪召开领导人会议,在这次会议上,政府采购被列入了APEC贸易和投资自由领域,并写进了《大阪行动议程》。在当时APEC的18个成员国中,除我国外,其他成员国都建立了政府采购制度。为了尽快缩小与APEC发达成员国的差距,国务院领导指示有关部门要建立我国政府采购制度,从此政府采购制度改革提上我国财政制度改革的重要议事日程。

政府采购制度改革从1996年研究开始,截至目前,经历了以下四个阶段。

(一)研究探索阶段(1996年—1998年7月)

1996年,财政部开始研究国际上通行的支出管理制度——政府采购制度,并于1996年10月完成了第一阶段的研究任务。研究结果表明,政府采购是加强财政支出管理的一种有效手段。财政部提出将推行政府采购制度作为我国财政支出改革的方向的意见。1997年,财政部正式向国务院法制办提出制定政府采购条例的建议,与此同时,初步完成了政府采购条例的草拟稿。

1998年4月,财政部首次在国内组织召开了政府采购制度国际研讨会,会上介绍了美国、英国和新加坡的政府采购制度,为我国政府采购制度的研究和试点提供指导和借鉴。与此同时,上海市对用财政资金安排的一批医疗设备实行公开招标采购方式,效果显著。财政部总结上海经验,借鉴国际惯例,提出了我国实施政府采购的思路和框架。

(二)试点初创阶段(1998年7月—2000年6月)

1998年,国务院批复的财政部"三定"方案中,赋予其"拟定和执行政府采购政策"的职能。为此,财政部在预算司设立了专门机构,负责履行政府采购管理职责。政府采购管理职能的确立以及专门机构的建立,拉开了政府采购制度改革的序幕。试点初创阶段的主要改革措施和工作有：

1. 政府采购知识的宣传与普及。1998年8月，财政部指定《中国财经报》作为发布政府采购信息的媒体，通过这一媒体全面介绍政府采购知识、政策制度和试点效果，指导全国的政府采购宣传和实践活动。1998年12月，时任财政部副部长楼继伟主编的《政府采购》一书出版发行，这是我国第一部关于政府采购的专著，首次系统地阐述了政府采购理论，提出了建立我国政府采购制度的框架体系。

2. 加强制度建设。1999年4月，财政部颁布了《政府采购管理暂行办法》，明确我国政府采购试点的框架体系。这是我国第一部有关政府采购的全国性部门规章，改变了我国政府采购长期以来无法可依、无章可循的局面。在此之前，深圳市人大于1998年10月颁布了《深圳经济特区政府采购条例》，成为我国第一部政府采购的地方性法规。截至2000年6月，全国绝大部分地区都颁布了地区性的政府采购管理办法。

3. 政府采购机构建设。实行政府采购制度改革，必须有专门机构负责推动和指导。1998年下半年，已有部分地区在财政部门建立了管理机构。到2000年，各地区一致明确政府采购的管理职能由财政部门承担，并相应设立或明确了行政管理的职能机构。其中，财政部门独立设置政府采购管理机构的地区有19个。与此同时，全国绝大部分地区继上海、深圳设立集中采购机构后，纷纷建立了负责集中采购事务的机构。除河北、重庆等少数地区的集中采购机构设置在机关事务管理部门外，其他地区都设在财政部门。

4. 推动政府采购试点工作。1999年6月，国务院办公厅印发了《国务院机关事务管理局关于在国务院各部门机关试行政府采购的意见》的通知，推动国务院各部门的试点工作。1999年10月，财政部组织召开了首次全国政府采购工作会议，确立了我国政府采购制度改革的方向和阶段性目标，有力地促进了政府采购试点工作。2000年5月，财政部会同监察部和审计署联合颁布了《关于2000年推行政府采购制度工作的意见》，政府采购试点工作掀起了新的高潮。在这些措施的推动下，全国政府采购范围不断扩大，规模迅速增长。政府采购的范围由简单的标准商品扩大到部分复杂品目，政府采购规模由1998年的31亿元扩大到1999年的128亿元。

在试点初创时期，已经初步展现了政府采购的优越性，推行政府采购制度引起了全国人大和中央纪委的高度重视。1999年4月，全国人大将政府采购法列入了"九届全国人大常委会立法规划"，计划在2002年颁布。在1999年年底中央纪委召开的第四次全会上，把推行政府采购制度列为反腐倡廉的一项治本措施。

(三) 试点向全面推行阶段(2000年6月—2002年12月)

2000年6月，财政部对内部机构进行改革，政府采购的管理职能由预算司调整到新组建的国库司，国库司内设立了政府采购处，负责全国政府采购的管理事务。

新机构组建以来，在继续扩大政府采购范围和规模的同时，重点抓了以下几个方面的工作：

1. 加强规范化建设。确立采购模式，硬化采购规程，从制度上、管理上和操作上规范采购行为。

2. 加大推行政府采购制度的力度。从2001年开始编制政府采购预算并制订政府采购计划,凡是列入政府采购预算的采购项目,都必须按照政府采购计划的要求实行政府采购。建立政府采购资金财政直接拨付制度,规定政府采购资金财政直接拨付的方式和程序,开设了政府采购资金专户。通过改变资金管理方式,促进政府采购制度的推行。

3. 进一步加强透明度建设。开通了"中国政府采购网",创办了《中国政府采购》杂志,从而丰富了政府采购信息指定发布媒体;明确了政府采购信息发布内容及程序,规范了政府采购信息发布行为;改进了政府采购统计体系,开发了统计软件,扩大了统计范围,增加了统计内容,统计结果在指定媒体上向社会公告。

4. 会同有关部门研究拟定中央国家机关全面推行政府采购制度的方案。2002年10月,国务院办公厅印发了《中央国家机关全面推行政府采购制度的实施方案》,对中央国家机关全面推行政府采购制度作出部署,提出要求。

5. 探索适合政府采购要求的招标方法,确立并推广了政府采购协议供货制度。

6. 参加政府采购立法活动。在政府采购法出台前,参与立法的各项活动,提出立法意见和建议。2002年6月,《中华人民共和国政府采购法》出台后,财政部门全面开展了政府采购法的宣传和贯彻实施工作,从制度上、舆论上和组织上为政府采购法的全面贯彻实施做好准备工作。

(四) 全面实施阶段(2003年1月至今)

2003年1月1日,《中华人民共和国政府采购法》正式实施。该法的颁布实施,充分体现了党中央、国务院和全国人大对推进政府采购制度改革的决心和高度重视,也是对几年来政府采购试点工作的肯定,标志着我国政府采购制度改革试点工作至此结束,进入了全面推行阶段,全国政府采购工作开始步入新的发展时期。

四、我国政府采购的成效

政府采购制度改革的基本成效可概括为:

1. 政府采购范围和规模不断扩大,经济效益和社会效益大幅提高。采购范围已由单纯的货物类采购扩大到工程类采购和服务类采购。一些公益性强、关系民生的采购项目,也纳入了政府采购范围。全国政府采购规模从政府采购法颁布前2002年的1 009亿元增加到2016年的31 089.8亿元,占财政支出和GDP的比重分别为11%和3.5%[①]。

2. 初步建立了以《政府采购法》为统领的政府采购法律制度体系,为政府采购工作提供了制度保障。以政府采购法为基础,财政部陆续颁布了《政府采购货物和服务招标投标管理办法》《政府采购评审专家管理办法》《政府采购信息公告管理办法》等一系列制度。这些规章制度为依法开展政府采购活动提供了法律保证。

3. 政府采购政策功能实施取得重大突破,初步实现了由单一管理目标向政策目标的转变。从2004年开始,财政部先后在扶持采购节能产品、环境标志产品、自主创新产品

---

① 财政部国库司. 2016年全国政府采购简要情况[EB]. 财政部网站,2017-08-25.

和保护国家信息安全等领域实施了政府采购政策,取得了积极的成效。政府采购促进了节能、环保、自主创新等政策的贯彻实施,增强了采购人及社会各界的政策目标意识,促进了公共资源的合理配置,加强了宏观调控。政府采购制度在维护国家利益和社会公共利益上的政策功能逐步实现。

4. 依法采购水平全面提升,公开透明的采购运行机制逐步形成。政府采购法律制度的颁布,使政府采购活动有法可依,采购人依法采购意识普遍增强,采购行为不断规范,公开、公平和公正的市场竞争秩序逐步形成。许多地方实现了政府采购管理与操作的电子化,建立了不同层次和内容的电子系统,促进了政府采购"阳光工程"的建设。政府采购预算基本实现了与部门预算同步统一编制,预算内容趋于完整、科学和规范,无预算采购等现象明显减少。评审专家管理更加科学合理。此外,采购方式、组织实施、招标采购、合同审核等采购过程方面的管理程序、审批环节也更加规范。

5. "管采分离、机构分设、政事分开、相互制约"的工作机制基本形成。全国各地区(省、自治区、直辖市、计划单列市)中的30个地区和大部分地级市设置了集中采购机构,基本形成了以集中采购为主、部门集中采购和分散采购为辅,三种形式并行、相互补充的采购格局。立体监督管理机制不断完善,基本上形成财政部门、纪检监察部门和审计部门分工协作、各司其职、共同监督的行政监督管理机制。机构和队伍建设日益加强。截至2011年年底,全国县级以上共设立集中采购机构2 353家,从业人员约1.6万人,社会代理机构2 785家,从业人员约4.8万人,纳入专家库管理的评审专家23万余人。

6. 对外交流不断拓展,应对政府采购的国际化能力不断提高。我国先后建立了中国-欧盟政府采购对话机制、中国-美国政府采购技术性磋商机制;参加了APEC政府采购专家组、联合国国际贸易法委员会政府采购工作组会议,并以观察员身份参加WTO政府采购委员会活动;积极应对中美战略与经济对话、中欧政府采购对话等有关政府采购议题的谈判,参与中美商贸联委会、中美创新对话高官会、中国与有关国家和地区自贸区协定、亚太经济合作组织等双边和多边机制下的政府采购磋商和交流等等。

第二节 政府采购的概念和类型

一、政府采购的概念

政府采购是个外来词,是西方经济学里的一个专业词汇。采购是指采购人或采购单位基于各种目的和要求购买货物、工程和服务的交易行为。政府采购是以政府机构或履行政府职能的部门为社会提供公共服务或满足日常政务活动为目的的交易行为。在实践中,政府采购不仅仅指其采购行为,更侧重于规范采购行为的管理制度。

政府采购可表述为：各级政府及其所属机构为开展日常政务活动或满足社会公共需要，以法定的方式和程序，使用公共资金获取货物、工程和服务的行为[①]。

我国政府采购法对政府采购作了如下定义：政府采购是指各级国家机关、事业单位和团体组织，使用财政性资金采购依法制定的集中采购目录以内的或者采购限额标准以上的货物、工程和服务的行为。从政府采购定义可以看出：政府采购人是指各级国家机关、事业单位和经国家机关批准依法设立的团体组织，国有企业等不在政府采购范畴之内；政府采购所使用的资金只局限于财政性资金；政府采购可以是集中采购目录以内的货物、工程和服务的集中采购，也可以是指采购集中采购目录以外、采购限额标准以上的货物、工程和服务。

政府采购与其他采购活动相比较，具有以下显著特征：

1. 资金来源的公共性。政府采购的资金来源为财政拨款和需要由财政偿还的公共借款，这些资金的最终来源为纳税人的税收和公共服务收费。

2. 采购主体的特定性。政府采购的主体（也称"采购实体"）为依靠国家财政资金运作的国家机关、事业单位和社会团体。

3. 采购活动的非商业性。政府采购为非商业性采购，它不是以盈利为目的，也不是为卖而买，而是通过购买为政府部门提供消费品或向社会提供公共服务。

4. 采购对象的广泛性。政府采购的对象包罗万象，既有标准产品也有非标准产品，既有有形产品也有无形产品，既有价值低的产品也有价值高的产品，既有军用产品也有民用产品。为了便于统计，国际上通行的做法是按性质将采购对象划分为货物、工程和服务三大类。

5. 政策性。采购实体在采购时不能体现个人偏好，必须遵循国家政策的要求，包括最大限度地节约财政资金、优先购买本国产品、保护中小企业发展、保护环境等等。

6. 规范性。政府采购不是简单地一手交钱，一手交货，而是要按有关政府采购的法规，根据不同的采购规模、采购对象及采购时间要求，采用不同的采购方式和采购程序。每项采购活动都要规范运作，体现公开、竞争等原则，接受全社会的监督。

7. 影响力大。政府采购不同于其他采购，其购买力非常巨大，有关资料统计，通常一国的政府采购规模要占到整个国家国内生产总值（GDP）的 10% 以上，因此，政府采购对社会的影响力很大。政府采购与政府的宏观调控政策相协调，可以起到调节经济运行的作用。

二、政府采购的类型

（一）集中采购和分散采购

按照政府采购项目可集中的程度，政府采购可以分为集中采购和分散采购[②]。

---

① 韩宗保. 政府采购基础与实务[M]. 北京：中国财政经济出版社，2010.
② 《政府采购法》规定："纳入集中采购目录的政府采购项目，应当实行集中采购。""采购人采购纳入集中采购目录的政府采购项目，必须委托集中采购机构代理采购。""纳入集中采购目录属于通用的政府采购项目的，应当委托集中采购机构代理采购；属于本部门、本系统有特殊要求的项目，应当实行部门集中采购；属于本单位有特殊要求的项目，经省级以上人民政府批准，可以自行采购。"

集中采购和分散采购范围的划分是以政府公布的集中采购目录①为依据的。集中采购是指纳入政府集中采购目录项目的采购。纳入集中采购目录的采购项目,都要进行集中采购。

集中采购分为集中采购机构的采购和部门集中采购两种。集中采购机构的采购对象主要指纳入集中采购目录的通用项目;而一个部门或者一个系统有特殊要求,其他采购单位不使用或者很少使用的,则可实行部门集中采购。对于实施部门集中采购的单位,应由专门的人员或是机构,有较完善的管理制度或操作办法,如果不具备一定的条件,需要委托给集中采购机构代理采购。

分散采购是指采购政府集中采购目录以外、采购限额标准以下的货物、工程和服务的行为。分散采购是政府采购的一种形式,必须按照政府采购规定进行。应当实行分散采购的项目,采购人可以实行自行采购,可以委托集中采购机构代理采购,也可以委托依法取得政府采购业务资格的采购代理机构代理采购。

当然对于未纳入集中采购目录,又达不到采购限额标准的采购项目,不属于《政府采购法》调整的范围。

集中采购目录和采购限额标准是政府采购的重要依据。集中采购目录是以采购项目来界定的,限额标准是以采购项目的金额来界定的,二者不能交叉。采购限额标准是指集中采购目录中没有的采购项目,只要达到规定的金额,就必须按照《政府采购法》的规定执行。所以,在具体执行中,凡是应当集中采购的,不能进行分散采购;属于分散采购范围的,如果能够适当集中的可以适当集中采购。

集中采购和分散采购是辩证统一、相辅相成的关系。首先,无论是集中采购还是分散采购,都属于政府采购,都要遵守政府采购的法律、法规。其次,集中采购与分散采购相互配合、相互补充。对于大宗通用项目强调集中,体现政府采购的强制性和效率性原则;对于单位有特殊要求的项目,可以适度分散,体现单位的自主性和特殊性。

如果把采购限额标准定得过低,将所有的购买行为都纳入政府采购目录,或者把采购限额标准定得过高,使政府集中采购范围过窄,大量采购行为脱离法律的监督制约,都有悖于《政府采购法》的精神实质。因此,在政府采购实践中,要充分考虑我国各级政府采购的实际情况,科学合理地确定政府采购目录和限额标准,将集中采购与分散采购有机地统一起来。

(二) 自行采购和代理采购

按照执行采购的主体不同,政府采购可以分为自行采购和代理采购。

自行采购是具体采购项目由采购人自己进行采购的行为。实行自行采购的只有两种情况:一是采购人采购未纳入集中采购目录的政府采购项目,可以自行采购。就是说,只要没有纳入集中采购目录的采购项目,采购人可以选择自行采购,当然也可以选择代

---

① 《政府采购法》第七条规定:"属于中央预算的政府采购项目,其集中采购目录由国务院确定并公布;属于地方预算的政府采购项目,其集中采购目录由省、自治区、直辖市人民政府或者其授权的机构确定并公布。"

理采购。二是虽然纳入集中采购目录，但属于本单位有特殊要求的项目，经省级以上人民政府批准，可以自行采购。这是指尽管政府采购项目纳入了集中采购目录，但是采购单位有特殊要求的，可以自行采购，但必须经省级以上人民政府或者国务院批准。

需要特别注意的是，自行采购不是"自由采购"。实行自行采购只是表明采购活动由采购人自己执行，同样须执行《政府采购法》及相关法律，其采购的原则、方式和程序都必须遵守《政府采购法》的规定，这与自由购买有本质的区别。

代理采购是指政府采购人依法将政府采购项目委托给集中采购机构或者依法取得认定资格的社会代理机构进行采购的行为。根据《政府采购法》的规定，代理采购又分为集中采购机构代理采购和具有政府采购业务资格的社会代理机构代理采购。

集中采购机构代理采购，是指由集中采购机构代理采购人进行采购。集中采购机构代理采购又分为强制性代理采购和可选择的代理采购。强制性代理采购是指纳入集中采购目录属于通用的政府采购项目的采购[①]，采购人不能选择其他机构或者人员进行采购。可选择的代理采购有两种情况：一是属于部门集中采购的政府采购项目，主管部门可以选择委托给集中采购机构代理采购；二是没有纳入集中采购目录的，限额标准以上的政府采购项目，采购人可以选择委托给集中采购机构代理采购。可选择的代理采购必须在委托的范围内进行。

具有政府采购业务资格的社会代理机构代理采购，主要指由依法取得政府采购认定资格的社会代理机构代理采购人进行采购[②]。由社会代理机构代理采购的范围，应当是集中采购目录中通用的政府采购项目以外的政府采购项目，可以是部门集中采购的采购项目，也可以是采购限额标准以下的采购项目。采购代理机构的资格须国务院或省级政府认定。

(三) 公开招标采购、邀请招标采购、竞争性谈判采购、单一来源采购、询价采购和其他方式采购

按照采购方式不同，政府采购可以分为公开招标采购、邀请招标采购、竞争性谈判采购、单一来源采购、询价采购和其他方式采购。

《政府采购法》规定，政府采购可以采用公开招标采购、邀请招标采购、竞争性谈判采购、单一来源采购、询价采购和国务院政府采购监督管理部门认定的其他方式采购。公开招标应作为政府采购的主要采购方式。这既从法律上明确了政府采购应当遵循的采购方式，又从采购方式上对政府采购进行了分类。正确理解和执行这一规定，应当把握以下两点：

1. 政府采购方式适用于集中采购和分散采购，也适用于自行采购和代理采购。不管是集中采购，还是分散采购；也不管是自行采购，还是代理采购：政府都必须在这些采购

---

① 《政府采购法》第十八条规定："采购人采购纳入集中采购目录的政府采购项目，必须委托集中采购机构代理采购。"
② 《政府采购法》第十九条规定："采购人可以委托集中采购机构以外的采购代理机构，在委托的范围内办理政府采购事宜。"

方式中选择一种进行采购。

2. 公开招标采购应当作为政府采购的主要采购方式。无论是集中采购与分散采购，还是自行采购与代理采购，只要采购项目的金额达到规定的数额标准，都应当采用公开招标方式进行采购。政府采购项目达到公开招标的数额标准，因特殊情况需要采用其他方式的，必须在采购活动前经设区的市级以上的政府采购监督管理部门批准[①]。县级及以下政府以及各级政府采购监督管理部门以外的其他部门都无权批准；也不得在采购活动进行中或者结束以后补批，必须在采购活动开始前得到批准。采购人也不得有以化整为零、故意拖延时间或者其他方式规避公开招标采购的行为。

第三节　政府采购的原则与功能

一、政府采购与公共财政

公共财政是国家为了实现其职能，凭借国家权力，参与部分社会产品或国民收入分配所进行的一系列经济活动。

公共财政的主要特征：

一是公益性。凡不属于或不能纳入社会公共需要领域的事项，公共财政原则上不介入；而市场无法解决或解决不好的，属于社会公共领域的事项，公共财政原则上就必须介入。公共财政的收入，是为满足社会公共需要而筹措资金；公共财政的支出，是以满足社会公共需要和追求社会公共利益为宗旨，不能以盈利为目的。如果公共财政追逐利润目标，就有可能运用自己的特权在具体的经济活动中影响公平竞争，直接干扰乃至破坏经济的正常运行，破坏正常的市场秩序。

二是公平性。市场经济的本质特征之一就是公平竞争，体现在财政上就是实行公开公平的财政政策，为社会成员和市场主体提供平等的财政资源。不管其经济成分，只要守法经营，依法纳税，政府就不能歧视，财政政策上也不应区别对待。不能针对不同的社会集团、阶层、个人以及不同的经济成分，制定不同的财税法律和制度。

三是法制性。公共财政要把公共管理的原则贯穿于财政工作的始终，以法制为基础，管理要规范和透明。市场经济是法制经济。一方面，政府的财政活动必须在法律法规的约束规范下进行；另一方面，通过法律法规形式，依靠法律法规的强制保障手段，社

---

① 《政府采购法》规定："政府采购工程进行招标投标的，适用招标投标法。""采购人采购货物或者服务应当采用公开招标方式的，其具体数额标准，属于中央预算的政府采购项目，由国务院规定；属于地方预算的政府采购项目，由省、自治区、直辖市人民政府规定；因特殊情况需要采用公开招标以外的采购方式的，应当在采购活动开始前获得设区的市、自治州以上人民政府采购监督管理部门的批准。"

会公众得以真正决定、约束、规范和监督政府的财政活动,确保其符合公众的根本利益。

政府采购与公共财政的关系体现为:

1. 政府采购制度是公共财政基本制度的重要组成部分。公共财政(public finance)是政府在市场经济条件下提供公共物品和公共服务的分配活动与分配关系。公共财政基本制度是一个以对公共财政基本职能界定、公共财政收入制度、公共财政支出制度与公共财政分税制、财政体制规范化为构建内容的制度体系。公共支出(public expenditures)是政府为履行其职能而支出的一切费用的总和。公共支出制度包括的内容有:对财政支出范围的界定、零基预算制度、规范的转移支付制度、政府采购制度及国库单一账户制度。公共支出划分为购买性支出(purchase expenditures)和转移性支出(transfer expenditures)。转移性支出直接表现为资金无偿的、单方面的转移,如养老金、补贴、周转金、公债利息支出以及对下级政府的转移支付等。其特点是政府付出了资金,却无任何资源可得。购买性支出直接表现为政府购买物品或劳务的活动。其特点是政府在付出购买资金的同时,获得了等价的物品或劳务。在支出方式上实行政府采购制度,即政府以商品和服务的购买者身份出现在市场上,与微观主体一样,政府必须遵循等价交换的原则。因此,通过购买性支出体现出的财政分配活动对政府形成了较强的行为约束和效益约束。这也是政府采购制度在众多市场经济国家普遍推行的原因所在。

2. 政府采购制度是公共财政政策的重要内容,政府采购是财政实施宏观调控的重要手段。由于政府采购的数量、品种和频率,影响着财政支出的总量和结构,反映一定时期的财政政策,因此政府采购制度能够通过一定的政策对经济运行进行反周期调节。在实施扩张性财政政策时,政策工具的运用主要是减税和扩大政府支出。体现在支出上,便是在经济周期的萧条阶段,经济增长速度下降时,政府可以扩大支出,包括增加公共工程支出、政府购买性支出和政府转移性支出等,以增加居民的消费和促进企业扩大投资,提高社会总需求水平。反之,如需对增长过快的经济进行降温,政府则可以通过紧缩性财政政策缩减其支出规模。政府的购买性支出政策作为一项相机抉择的财政措施之一,具有收效大、时滞短的特点,政府购买性支出发生任何较大的变化,由于其乘数作用,都会引起社会的生产和分配在总量和结构方面产生相当大的反应,从而起到调控宏观经济的作用。

3. 政府采购制度是保护民族产业、壮大民族经济、培植财源的财政政策的体现。在市场经济条件下,政府与企业的连接点应该在市场,政府对企业的限制与支持应通过市场来实现。政府通过购买国内企业产品或重点购买国有企业的产品,来保护民族产业,支持国有企业,从整体上提高民族产业和民族经济在国际市场上的竞争力,从而起到培植财源、壮大国家经济实力的作用。

4. 推行政府采购制度是整顿财经秩序,加强财政支出管理,从源头上防止和治理腐败的财政政策的体现。政府采购制度是财政监督机制的有机组成部分,是财政分配职能的延伸。在政府采购制度下,财政部门直接监督财政资金由价值形态向实物形态的转变,不仅实现了货币资金使用价值的最大化,而且掌握了资金使用的来龙去脉,强化了财政对经济的监督职能。同时,政府采购制度使政府的采购活动在公开、公平、公正、透明的环境中运作,而且形成了财政、审计、供应商和社会公众等全方位监督机制,从而从源头上有效地抑制了政府采购活动中的各种腐败现象,有利于保护政府信誉,维护政府官员廉洁奉公的良好形象,增强人民对政府的依赖度。

可见,推行政府采购制度,不仅体现了财政政策的作用,而且健全和拓展了财政政策的功能,是建立公共财政的必然要求。

二、政府采购的基本原则

基本原则是对具体制度中基本精神的概括。法律基本原则的一个功能是保证具体实施活动中法律总体要求保持一致;另一功能是指导法律解释和实施细则的制定工作。客观情况千变万化,对法律解释和实施细则的制定工作应当在基本原则框架内进行,以体现法律的基本方向。

政府采购法律制度的基本原则虽然没有明确的定义,但一般认为是贯穿在政府采购规则中,为了实现政府采购目标而设立的一般性原则。

(一) 国际政府采购基本原则

对政府采购所遵循的基本原则各位学者的概括不尽相同。有的认为,政府采购所应遵循的基本原则为公开、公正、公平、竞争、高效、透明度六项内容[①];我国台湾著名采购学者叶彬在其《采购学》中认为,为确保供应商和承包商之间的公平竞争,政府采购制度必须向所有人公开采购规则和平等对待所有供应商,在采购过程中广泛邀请竞争和鼓励竞争。为了实现这一点,这一制度必须做到:第一,向所有供应商和承包商提供公平合理的待遇;第二,确保采购过程的诚信,消除欺诈和滥用;第三,确保在采购过程中得到公众的信任;第四,在让公众了解管理采购过程的法律和规章方面要透明;第五,提供一种公正的制度,使承包商和供应商因采购实体未遵守采购法律和规章而遭受的损失得到赔偿。这些观点可以归纳为:经济有效性原则、竞争性原则、公开性原则、公平性原则、公正性原则。

1. 经济有效性原则。也称物有所值原则。这是西方国家通用的原则之一,它是指投入(成本)与产出(收益)之比。在政府采购中经济有效性原则是以最有利的价格采购质量最满足要求的物品,也就是常说的采购性价比高、价廉物美的物品。政府采购所需资金来源是税收,是纳税人的钱。因此,政府采购活动是用纳税人的钱采购货物、劳务和工程来为大众服务的。要使得整个采购做到物有所值,所选用的采购方式应具有竞争性,这样可以使采购物品性能价格比最优。

国际上政府采购制度中都特别强调经济有效性原则。如联合国国际贸易法委员会《采购示范法》在序言中指出应"使采购尽量节省开销和提高效率";世界银行《采购指南》中提到"在项目实施中,必须注意经济性和有效性,包括货物和工程的采购"。

---

① 王亚星. 政府采购制度创新[M]. 北京:中国时代经济出版社,2002.

2. 竞争性原则。竞争性原则是政府采购法律制度的灵魂。竞争可以促使投标人提供更好的商品和技术，降低产品成本和投标报价，从而使用户可以较低价格采购到优质的商品和服务。政府采购竞争性原则通过公开采购信息、规定招标公告的时限，从而确保供应商最大限度地参与竞争。

国际政府采购规则都将竞争性原则作为政府采购的一条重要原则。如欧共体指令将改善公共供应和服务合同有效竞争的条件作为其目标之一，并通过在欧洲共同体范围内授予合同的竞争来实现政府采购的经济有效目标。世界银行（以下简称"世行"）认为，为了实现其目标，最好的办法是实行国际竞争性招标。

3. 公开性原则。公开性原则也称透明度原则，是指政府采购各种信息公开化。公开性是政府采购的一个重要特征。政府采购使用公共资金，采购政策、采购程序要有透明度。透明度高的采购方法和采购程序具有可预测性，使投标商可以计算出采购活动的代价和风险，从而提出最有竞争力的价格；还有助于防止采购机关随意或不正当地作出采购决定，从而增强潜在的投标商参与采购的信心。

公开性原则有广义和狭义之分。广义的公开性原则是指与政府采购法律制度以及政府采购活动有关的所有信息原则上都应当公开。狭义的公开性原则是指政府采购采购人或采购机构依据法定的条件和要求，向潜在供应商披露与政府采购活动有重大关系的有关信息。政府采购信息的公开须符合全面性、真实性、易得性要求。所谓信息公开的全面性标准，是指采购人应当将与采购招标有关的除例外并批准不公开的信息以外的其他信息全面毫无保留地披露。所谓信息公开的真实性标准，是指采购方所披露的信息必须是真实、准确的，不得存有虚假、遗漏、欺诈或误导的内容。所谓信息公开的易得性标准，又称供应商接近采购人真实信息的容易性，政府采购信息应该在相对固定的媒体上发布，各国政府采购实践都指定相对固定的媒体就是这个原则的具体体现。

4. 公平性原则。政府采购活动中各方当事人之间的权利与义务应当是大体对等的。它既适用于采购方与供应商之间的合同关系，也适用于采购方与采购方代理人之间的代理关系。

公平性原则主要包括两方面的内容。一是机会均等。政府采购因使用公共资金，所有供应商、承包商和服务提供者都有获得政府采购的机会，凡符合条件的供应商都有资格参加。政府采购人或采购机构不能无故排斥有资格条件的供应商参加政府采购活动。二是待遇均等。政府采购信息要在相对固定的媒体上发布，便于所有供应商及时获得，并且信息内容一致，对所有投标人的资格条件使用统一标准。公平是竞争的重要基础，竞争只有在公平的土壤上才能充分地进行，促进政府采购目标的实现。

公平性原则是国际政府采购规则中的一个重要原则。《政府采购协议》和"公共指令"都规定非歧视原则是政府采购适用的重要原则。《采购示范法》也规定应给所有供应商和承包商以公正和平等的待遇。《采购指南》规定，所有世行成员国的投标商都可参加由世行资助的项目的投标活动并被给予平等待遇。

5. 公正性原则。公正性原则有别于公平性原则之处在于，公平性原则调整双方当事人之间的权利义务关系,公正性原则调整一方当事人与其余多方当事人之间的权利义务关系,强调的是一方当事人与其余多方当事人之间保持等边距离。强调政府采购活动必须体现公正性原则,主要是因为政府开展采购活动的法律基础是供应商之间的法律地位平等原则和采购方与供应商之间的等价交换原则。此外,为了增强企业在国内外市场中的竞争力,必须强调政府采购行为的竞争性和开放性,鼓励企业踊跃参与政府采购活动。只有这样,才能使供应商自由地加入政府采购市场,使采购者有充分机会挑选最佳的合同当事人。因此,在开展政府采购活动时,要公正和平等地对待所有供应商。

(二)我国政府采购基本原则

我国《政府采购法》规定了政府采购必须遵循公开透明原则、公平竞争原则、公正原则和诚实信用原则等四条原则。在这些原则中,公平竞争是核心,公开透明是体现,公正和诚实信用是保障。

1. 公开透明原则。政府采购被誉为"阳光下的交易",主要是指政府采购遵循公开透明原则。政府采购的资金来源于纳税人缴纳的各种税金,只有坚持公开透明,才能为供应商参加政府采购提供公平竞争的环境,为公众对政府采购资金的使用情况进行有效的监督创造条件。在政府采购制度中,公开透明原则贯穿于整个采购过程中。政府采购的法律、政策和程序要公布于众,采购项目信息要在政府采购指定媒体上发布,招标信息及中标或成交结果要公开,开标活动要公开,投诉处理结果或司法仲裁决定等都要公开,使政府采购活动在完全透明的状态下运作,全面、广泛地接受监督。当然,对于一些采购项目,由于采购物品的特殊性质,采购信息和程序不能公开,但即便如此,采购机构也必须经过严格审批和授权,以确保程序和条件的规范化。

2. 公平竞争原则。公平竞争原则是市场经济运行的重要法则,是政府采购的基本规则。公平竞争要求在竞争的前提下公平地开展政府采购活动。首先,要将竞争机制引入采购活动中,实行优胜劣汰,让采购人通过优中选优的方式,获得价廉物美的货物、工程或服务,提高财政性资金的使用效益。其次,竞争必须公平,不能设置妨碍充分竞争的不正当条件。公平竞争是指政府采购的竞争是有序竞争,要公平地对待每一个供应商,不能有歧视某些潜在的、符合条件的供应商参与政府采购活动的现象,而且采购信息要在政府采购监督管理部门指定的媒体上公平地披露。

3. 公正原则。公正原则是为采购人与供应商之间在政府采购活动中处于平等地位而确立的。从某种意义上来讲,"三公"原则是一个有机整体。公正原则是建立在公开和公平原则的基础上的,只有公开和公平,才能使政府采购得到一个公正的结果。公正原则主要由政府采购管理机关、采购机关和中介机构来执行。作为政府采购的管理机关,除制定统一的政策、法规和制度外,还必须坚持在执行中对这些原则做到不偏不倚、一视同仁。统一执法的力度,要尽量做到公正合理。作为采购机构,首先要对各供应商提出相同的供货标准和采购需求信息,其次对物品的验收要实事求是、客观公正,不得对供应商提出合同以外的、苛刻的要求或不现实的条件。

4. 诚实信用原则。诚实信用原则是发展市场经济的内在要求,诚实信用原则要求政府采购各当事人在政府采购活动中,本着诚实、守信的态度履行各自的权利和义务,讲究信誉,兑现承诺,不得散布虚假信息,不得有欺诈、串通、隐瞒等行为。坚持诚实信用原则,能够增强公众对采购过程的信任。诚实信用原则的贯彻:一方面,要求采购机关在项目发标、信息公布、评标过程中要确保真实;另一方面,对供应商而言,需要他们在提供所采购物品、服务时要达到投标时所作出的承诺,在采购活动中要有负责的意识。

三、政府采购基本功能与政策功能

(一) 国际政府采购基本功能

1. 经济效益功能

经济效益一般是指社会再生产过程中投入和产出的比较。这里的投入(inputs),是指在生产过程中耗费或占用的人力、物力和财力的总和,一般称为劳动消耗或劳动占用量。这里的产出(outputs),是指在生产过程中提供的劳动成果,一般应该指满足社会需要的劳动成果。从投入产出角度分析政府采购经济效益,实际上是指政府在市场购买过程中所投入(消耗掉)的资金,与它所产生的社会经济效用,或满足社会需求的满意程度的比较。

政府采购经济效益包括微观经济效益与宏观经济效益。政府采购微观经济效益是从单个实体角度讨论政府的购买行为,如某机关单位通过政府集中采购购买的办公设备,既节约了资金,又使办公效率大大提高。政府采购宏观经济效益是指政府购买在经济总体运行过程中所起的作用和产生的效益。这是从国民经济总体角度考虑的全社会的经济效益,是研究政府采购在社会总需求和总供给之间的平衡中所起的作用。政府采购宏观效益是财政支出效益中的重要部分,尤其在发展中国家,政府购买性支出占财政支出的比重较高,因此,政府采购的宏观经济效益是研究采购支出的规模效益、结构效益,以及采购支出在教育、科研、行政管理、支农资金支出、国防等领域的作用。

政府采购的宏观经济效益和微观经济效益从总体上来说是一致的,但有时也会发生冲突。二者一致体现在微观经济效益是宏观经济效益的基础,宏观经济效益是微观经济效益的前提和外部条件。

2. 宏观调控功能

发挥政府采购的宏观调控作用,是国际上的通行做法。在国际上,利用政府采购实施的经济和社会政策目标很多。主要有:① 购买国货,支持本国企业发展。② 促进就业,要求拿到一定规模采购合同的企业,必须安排一定数量的失业人员。③ 保护环境。如我国的香港特区鼓励采购再生纸张。④ 支持中小企业发展。如美国的中小企业法规定,10 万美元以下的政府采购合同,要优先考虑中小企业,通过价格优惠方式对中小企业给予照顾。中型企业的价格优惠幅度为 6%,小企业为 12%。《小企业和劣势企业分包合同法》规定,政府采购合同中,凡是 50 万美元以上的货物合同和 100 万美元以上的工程合同,中标企业都必须提交分包计划,将合同价的 40% 分包给小企业。大多数国家的政府采购法律中都有类似规定。⑤ 保护妇女权益。对妇女经营的企业给予支持,对歧视妇女就业的企业给予禁止准入政府采购市场的处分。此外，还有保护残疾人兴办的企业等。

（二）我国政府采购基本功能

我国《政府采购法》总则第一条明确规定："为了规范政府采购行为，提高政府采购资金的使用效益，维护国家利益和社会公共利益，保护政府采购当事人的合法权益，促进廉政建设，制定本法。"第九条还规定："政府采购应当有助于实现国家的经济和社会发展政策目标，包括保护环境，扶持不发达地区和少数民族地区，促进中小企业发展等。"

对我国政府采购制度功能理论界没有统一的观点，笔者根据《政府采购法》规定，将政府采购功能概括为监督功能和政策功能。《政府采购法》规定的"规范政府采购行为，提高政府采购资金的使用效益，维护国家利益和社会公共利益，保护政府采购当事人的合法权益，促进廉政建设"，实际可理解为政府采购监督功能。而政府采购实现国家的经济和社会发展政策目标，包括保护环境，扶持不发达地区和少数民族地区，促进中小企业发展等可归纳为政府采购政策功能。

1. 政府采购监督功能

（1）提高资金使用效益。政府采购资金主要是指财政性资金，推行政府采购制度，将财政监督管理延伸到使用环节，从货币形态延伸到实物形态，降低采购成本，提高财政资金的使用效益。从《政府采购法》颁布十多年来，政府采购的范围和规模不断扩大，经济效益明显提升，社会关注度和影响力日益提高。货物类采购从通用类货物向专用类货物延伸；服务类采购从专业服务快速扩展到服务外包、公共服务等新型服务领域。全国政府采购规模由2002年的1 009亿元增加到2016年的31 089.8亿元，占财政支出和GDP的比重分别为11%和3.5%。

（2）保护当事人合法权益。政府采购的当事人包括各级政府的国家机关、事业单位、团体组织、供应商以及采购代理机构（集中采购机构、招标代理公司等社会中介机构）。政府采购活动在进入采购交易时，政府和供应商都是市场参与者，其行为属于商业性行为，并且各当事人之间是平等的。但是，在实际工作中，由于采购人都是政府单位，处于强势地位，容易出现政府采购人将政府行为和行政权限带到交易活动中的现象。其他当事人因有求于采购机构，处于被动地位。因此，须建立政府采购各当事人之间平等互利的关系和按规定的权利和义务参加政府采购活动的规则。从保护弱者角度考虑，还特别赋予供应商对采购机构和采购活动投诉的权利，加强监督和制约，在保护采购机构合法权益的同时，也要保护供应商和中介机构的合法权益。

（3）促进廉政建设。政府采购制度是财政监督机制的有机组成部分，它是财政分配职能的延伸，是对财政支出的监督和管理。政府采购制度使政府的各项采购活动在公开、公正、公平的环境中运作，形成了财政、审计、供应商和社会公众等全方位参与监督的机制，从而从源头上有效地抑制了公共采购活动中的各种腐败现象。

2. 政府采购政策功能

政府采购政策功能是指政府采购从社会公共利益出发，按照社会公众的需求，综合考虑政府采购的社会效果和经济效果,通过制定政府采购政策、确立采购对象等,控制公共采购资金的使用顺序和方向,直接影响供应商的生产和销售行为以及投资选择,促进国家经济的发展和社会目标的实现。

政府采购发挥宏观调控作用的基础是将政府机构作为一个消费者对待,采购资金具备了规模,通过政策引导,使之在实现国家的经济和社会发展政策等方面发挥合力作用。

(1)保护环境。这一目标是要求政府采购要有利于促进产品制造环境的改造,并采购符合环境保护要求的产品。也就是说,政府采购不能采购环保不达标企业生产的产品,如小造纸厂生产的纸张。政府采购要考虑环保要求,通过将政府采购形成的商业机会向符合环境保护要求的企业或产品倾斜,鼓励和支持这类企业的发展。

(2)扶持不发达地区和少数民族地区的发展。不发达地区和少数民族地区的经济发展水平不高,企业竞争实力普遍不强,促进这些地区的发展,是国家经济实现均衡发展的客观要求,完全靠市场经济作用很难实现这一要求。政府采购可以将政府采购形成的商业机会向这些地区倾斜,在竞争的前提下,将采购合同优先授予相对有实力的不发达地区和少数民族地区的供应商,支持企业发展,提高企业的竞争实力,逐步改变不发达的状况。

(3)促进中小企业的发展。在政府采购活动中,中小企业因规模小、竞争力不强,处于弱势地位,所以,通常难以拿到相应的采购合同。但是,中小企业也是纳税人,有权利享受到政府采购带来的商机。同时,中小企业是社会就业的主要渠道,对维护社会稳定起着至关重要的作用,应当给予必要的扶持。因此,政府采购应当将一定限额以下的采购项目或在适合中小企业承担的基础上,适度向中小企业倾斜,甚至可以规定将年度政府采购总额的一定比例留给中小企业,以此扶持中小企业发展。

《政府采购法》颁布以来,政策功能实现重大突破。推动节能减排的采购政策成效初显,强制采购节能产品制度基本建立,节能环保清单管理不断优化。支持中小企业发展的政府采购政策框架基本形成。预留采购份额、给予评审优惠、鼓励联合体投标、信用担保等举措扎实推进。优先采购本国产品的政策逐步建立。政府采购进口产品审核管理全面加强,全国政府采购总量中进口产品比例保持在3%以内。政府采购的政策功能在更高层次、更大领域得到重视。

第四节 政府集中采购目录和限额标准

一、政府集中采购目录

政府采购的项目包罗万象。其中,有些项目是通用的,各采购人都有同样的需求;有些则是少数或个别采购人仅有的需求,主要是指特殊采购项目。国际通行做法是将通用的项目由专业机构集中采购,而对于哪些项目交由采购机构采购则需要有关部门单独制定一个目录,这个目录就是集中采购目录,凡是纳入这个目录的采购项目,统一由专业机构实行集中采购。

集中采购目录一般可分为跨部门的通用项目和部门集中采购项目,通用项目一般由集中采购机构采购,部门集中采购项目是指属于部门、本系统有特殊要求的采购项目,可由部门组织采购。

为了便于实施,在集中采购目录中,应当分别列明通用商品集中采购目录和特殊商品集中采购目录,以此明确集中采购机构的采购范围和部门集中采购的采购范围。

我国《政府采购法》第二条、第七条、第八条、第十八条和第七十四条等条款中,都涉及对集中采购目录的规定。《政府采购法》第二条规定,政府采购,是指各级国家机关、事业单位和团体组织,使用财政性资金采购依法制定的集中采购目录以内的或者采购限额标准以上的货物、工程和服务的行为。政府集中采购目录和采购限额标准依照本法规定的权限制定。《政府采购法》第七条规定,政府采购实行集中采购和分散采购相结合。集中采购的范围由省级以上人民政府公布的集中采购目录确定。《政府采购法》第八条规定,政府采购限额标准,属于中央预算的政府采购项目,由国务院确定并公布;属于地方预算的政府采购项目,由省、自治区、直辖市人民政府或者其授权的机构确定并公布。《政府采购法》第十八条规定,采购人采购纳入集中采购目录的政府采购项目,必须委托集中采购机构代理采购;采购未纳入集中采购目录的政府采购项目,可以自行采购,也可以委托集中采购机构在委托的范围内代理采购。纳入集中采购目录属于通用的政府采购项目的,应当委托集中采购机构代理采购;属于本部门、本系统有特殊要求的项目,应当实行部门集中采购;属于本单位有特殊要求的项目,经省级以上人民政府批准,可以自行采购。

《政府采购法》第七十四条规定,采购人对应当实行集中采购的政府采购项目,不委托集中采购机构实行集中采购的,由政府采购监督管理部门责令改正;拒不改正的,停止按预算向其支付资金,由其上级行政主管部门或者有关机关依法给予其直接负责的主管人员和其他直接责任人员处分。

集中采购目录是政府采购的基础。政府采购是指各级国家机关、事业单位和团体组织使用财政性资金采购依法制定的集中采购目录以内的或采购限额标准以上的货物、工程和服务的行为,因此,政府采购主要指对纳入集中采购目录项目的采购。由于政府机关、社会团体所需要的物品内容众多,性质各异,大到工程项目,小到铅笔纸张,《政府采购法》不可能将所有物品纳入其规范的范围。至于哪些项目需要其规范和调整,主要取决于政府制定的集中采购目录。纳入集中采购目录的物品,无论采购对象是货物、工程还是服务,都要执行《政府采购法》的规定,按政府采购法定程序进行采购;而采购集中采购目录以外的物品,则不受法律的调整,可以不执行《政府采购法》的规定。

集中采购目录是划分集中采购与分散采购的标准。政府采购一般分为集中采购、分散采购及集中采购与分散采购相结合等三种模式。集中采购是指由政府设立的职能机构统一为其他政府机构提供采购服务的一种采购组织实施形式。一个部门统一组织本部门、本系统采购活动，也称为集中采购。分散采购是指由各预算单位自行开展采购活动的一种采购组织实施形式。集中采购与分散采购相结合是指一级政府的政府采购组织实施形式既有集中采购，也有分散采购，二者同时并存。究竟采用何种模式主要由集中采购目录来划分。

政府采购规模大小在某种程度上取决于集中采购目录的范围。政府采购规模的大小是衡量政府采购工作的一个重要指标。政府采购范围的不断扩展是政府采购规模扩大的重要前提，而政府采购范围正是由政府集中采购目录确定的。

集中采购目录是监督采购人执行政府采购制度的尺码。《政府采购法》规定纳入集中采购目录属于通用的政府采购项目的，应当委托集中采购机构代理采购；属于本部门、本系统有特殊要求的项目，应当实行部门集中采购；属于本单位有特殊要求的项目，经省级以上人民政府批准，可以自行采购。因此，采购人采购纳入集中采购目录的采购项目，必须委托集中采购机构代理采购，采购人不得自行采购；目录外的可以自行采购。同时，对集中采购目录以内项目的采购如何组织实施作出了规定，即具体采购的组织实施由集中采购机构代理采购或由部门实行集中采购。

综上所述，集中采购目录是明确《政府采购法》适用的范围，决定具体采购项目组织实施形式，区分集中采购和分散采购的重要标准。制定政府采购集中采购目录，明确采购项目，实行集中采购：主要有利于形成批量，取得规模效益；减少重复采购，降低采购成本；方便管理和监督，促进政府采购有关政策取向的贯彻落实。

二、政府采购限额标准

政府采购限额标准是单位实行政府采购的金额标准，具体来说，单位在采购一个项目时，如果这个项目未列入政府集中采购目录，但因为其采购限额超过了政府规定的政府采购限额标准，则必须要按《政府采购法》要求和程序进行集中采购；如果这个项目未列入政府集中采购目录，而且其采购限额在政府规定的政府采购限额标准以下，则可以进行分散采购。分散采购虽然不必由集中采购机构采购，可以自行组织或委托代理机构采购，但同样必须按政府采购程序和要求进行。有一种较为普遍的观点认为政府采购是指集中采购，分散采购不是政府采购。其实，集中采购和分散采购都是政府采购。政府采购的监督管理部门对集中采购和分散采购都要依法实施监督管理，采购人的分散采购活动也要依法开展。

政府采购限额标准属于中央预算的政府采购项目，由国务院确定并公布；属于地方预算的政府采购项目，由省、自治区、直辖市人民政府或者由其授权的机构确定并公布。

三、政府集中采购目录和限额标准的制定

在政府采购实践中，政府集中采购目录一般包括集中采购目录、采购限额标准和公开招标数额标准等内容。

根据《政府采购法》规定,政府集中采购目录和限额标准由省级以上人民政府确定并公布,但是在实际工作中,无论是由省级以上人民政府还是由其授权的机构确定和公布,基础工作基本上都是由财政部门承担的。因此,政府集中采购目录和限额标准的制定执行是政府采购监管部门一项重要的基础工作。集中采购目录和限额标准制定程序及要点如下:

1. 财政部门根据本地区社会经济发展状况和财力情况,明确制定集中采购目录和限额标准的经济背景。如了解财政收支规模和支出重点项目等情况,确定制定集中采购目录的远景规划和近期目标等。

2. 考虑国家的政策目标和要求,适时增减项目。如江苏省省级通过制定政府集中采购目录提高绿色产品的政府采购份额,积极推动政府对节能产品和高科技产品的采购。江苏省省级2005年将软件、节水、节能设备等产品列入了集中采购目录,增加对节水、节能产品的采购,引导企业对节水、节能产品生产相关要素投入的增加,实现产业结构优化。

3. 充分听取社会各界的意见尤其是采购人和集中采购机构的意见。采购人和集中采购机构处于政府采购活动的最前沿,了解政府采购实情,其意见最符合实际。对于普遍反映采购周期长、效率低、金额不大的物品可不必列入集中采购目录;对于随着经济发展和公务需要,以前尚未列入目录的项目可以增列。如某省省级集中采购机构提出锅炉由煤改烧油后锅炉油料采购问题,经过考察研究,该省集中采购目录就增列了锅炉油料项目。

4. 考虑目前政府采购工作手段、技术和人员的现实可能性。

5. 分析以前年度集中采购目录和限额标准的执行情况,总结经验和不足,作为制定新目录和标准的借鉴。

6. 时间把握。集中采购目录和限额标准是编制下一年度政府采购预算的依据,因此要在编制下一年度政府采购预算前及时公布下一年度政府集中采购目录和限额标准。以此时间递推,政府集中采购目录和限额标准应适当提前完成。

7. 召开各界座谈会征求意见。采购目录初稿完成后,召开各行业采购人和采购机构参加的座谈会,充分听取其修改意见。

8. 反复修改定稿。根据意见认真修改,需要进一步调研的,应及时组织安排。经过充分讨论,修改完善后定稿。

9. 定稿后按规定的形式和程序送有关部门审批。

10. 及时在财政部门指定的政府采购媒体上公布。

第二章

政府采购当事人

第一节　政府采购采购人

一、政府采购采购人概念与特征

政府采购中的采购人,是政府采购需方主体,即政府采购的货物、工程和服务的购买人和使用人。也就是使用财政性资金采购集中采购目录以内或者限额标准以上工程、货物和服务的单位,这些单位主要是指国家机关、事业单位和团体组织。

国家机关包括各级人大机关、各级人民政府及其所属部门、各级人民法院以及各级人民检察院,此外还包括中共中央机关系统。事业单位是国家为了履行社会公益事业而设立的非行政和非营利的机构。事业单位分为自收自支、差额拨款和全额拨款三种类型。通常情况下,差额拨款和全额拨款的事业单位列入采购人范围,自收自支的事业单位如果采购活动使用财政性资金或对社会公益有较大影响,则作为政府采购人。团体组织主要是民主党派、共青团等群众组织、财政供给的社会协会、联合会和基金会。

政府采购的采购人具有以下基本特征:

1. 采购人法律界定的特殊性。采购人是依法进行政府采购的国家机关、事业单位和团体组织,具有我国现行《中华人民共和国民法通则》规定的民事行为能力,是独立享有民事权利和承担民事责任的法人组织,但不需要办理法人登记,从成立之日起便具有法人资格。政府采购的采购人不同于一般企业法人,更要与自然人相区别。

2. 采购人公共权力性。采购人是依法进行政府采购的国家机关、事业单位和团体组织,采购人的采购活动关系到公共资金的使用和公共利益的实现,其本身又带有强烈的公共权力色彩,因而民法上的自治和合同自由原则不可能完全适用于政府采购活动,采购人合同自治、自由要受到公共义务的限制[①]。

3. 采购人的集体决策性。由于采购人的政府采购行为是为了实现政府或社会公众的某些特定目标,是为国家和社会公共利益服务的,在采购过程中,体现着国家意志和社会公共意志,不是个人消费,也不是企业消费,采购人决策往往能够影响一个国家的产业政策发展。因此,采购人决策通常要经过集体决策的程序,其采购行为必须兼顾各方面的利益,从全局出发,以发挥政府采购的公平性和政策性,实现采购资源的优化。

4. 采购人采购过程的法律性。采购人采购行为从需求提出,到采购实施,到采购验收都必须遵循政府采购法律法规,不允许有任何随意性。

---

① 于安,宋雅琴,万如意.政府采购方法与实务[M].北京:中国人事出版社,2012.

二、政府采购采购人工作职责

政府采购采购人是实现社会公共利益,提供社会服务的单位。为保障国家利益和社会公共利益,《政府采购法》明确规定了采购人的合法权益及其责任。

(一)采购人的职责与权利

1. 编制采购需求

采购人为了履行经济社会管理职能,必然需要占有和耗用一定的社会资源,法律必然赋予其为履行职能而提出的对所需要对象购买申请的权利。采购人采购通常使用的是财政性资金,而财政性资金必然要受到财政预算的约束。因此,采购人购买需求一般通过政府采购的预算和计划来实现。

采购人根据国民经济和社会发展计划,编制列有采购项目、用途及资金等栏目的政府采购预算表。通过编制政府采购预算,一方面可以使采购项目严格按照预算规定的用途和核定的金额执行,避免截留、挪用资金的行为,提高财政资金的使用效益;另一方面也可以细化采购人的需求,避免重复采购、盲目采购、超标准采购,提高采购的科学化、精细化水平。

采购人在编制政府采购预算过程中,要充分考虑当年预算编制的政策要求和财力情况,尽可能将支出预算的有关项目或品目在政府采购预算表中列示,使采购的物品满足单位日常管理和履行职责的需要。预算过高会造成不必要的浪费,预算过低会导致采购质量得不到保证,影响采购单位工作职责的正常履行和工作目标的完成。

采购人还应根据批复的政府采购预算编制政府采购计划,政府采购计划按时间可分为月度计划、季度计划和年度计划。采购人应根据工作需要和资金的安排情况,合理确定实施进度,提前提出采购计划申请,避免突击性、临时性的采购。对于纳入年度预算的项目,应及时完成本预算年度的各项预算支出任务,便于采购资金的支付、结算。

2. 选择采购机构

采购人采购纳入集中采购目录属于通用的政府采购项目的,必须委托集中采购机构代理采购;如果当地集中采购机构不止一家,可以自行选择委托。采购人委托集中采购机构采购时,必须与其签订书面形式的委托代理协议,以明确委托代理采购的具体事项、权限和期限,约定采购人与集中采购机构双方的权利和义务。采购人与集中采购机构委托协议如经典资料2-1和2-2。

经典资料2-1　××省政府采购委托代理协议

甲方(采购人):

乙方:××××政府采购中心

根据《政府采购法》和《合同法》的有关规定,甲乙双方就甲方委托乙方实施政府采购事宜经过协商,制定本协议。

第一条　协议有效期　本协议有效期为一年,自＿＿＿＿年＿＿＿＿月＿＿日至＿＿＿＿年＿＿月＿＿日止。

第二条　委托范围及要求　本协议有效期内,甲方采购省级政府目录以内的政府采购项目,均需委托乙方实施。乙方应本着采购价格低于市场平均价格、采购效率更高、采购质量优良和服务良好的要求,为甲方实施采购。

第三条　提出采购需求

3.1　甲方委托乙方代理的采购项目的预算或计划以及前期须办理相关的报批手续已经经过有关部门的批准。

3.2　甲方指定本协议经办人或其他授权人代表甲方联系和处理采购过程中的有关事项,及时向乙方提供采购所需的有关技术、服务、商务等材料和采购需求。

第四条　供应商资格审查　乙方根据甲方的采购需求审查供应商资格;甲方可以在采购需求中对供应商提出资格、资质等要求,但甲乙双方均不得以不合理的条件,对供应商实行差别待遇或歧视倾向。乙方代表甲方处理供应商对采购活动有关事项的询问或质疑,必要时甲方应予以配合。

第五条　具体采购事宜　乙方应指定项目负责人接受和承办项目;依法确定采购方式;根据甲方的采购需求,负责编制、印发采购文件;及时在政府采购监督管理部门指定的媒体上发布采购信息;组织成立评标委员会、询价小组、评判小组,组织开标、评标、定标等采购事宜;甲方应派专人代表与乙方来联系和处理采购过程中的有关事项,出席乙方组织进行的开标、评标等采购活动,参与采购全过程。

第六条　政府采购中标、成交与合同的签订及备案

6.1　甲方接受乙方经合法采购程序产生的采购项目的供应商,并与之签订政府采购合同。

6.2　政府采购合同由甲方与供应商签订,也可以由甲方委托乙方代表甲方与供应商签订合同。所签订的合同不得对招标文件和中标文件进行实质性修改。

6.3　与供应商签订合同的一方,应在《政府采购法》规定的时间内,将合同副本送同级政府采购监督管理部门备案。

第七条　采购项目的验收

7.1　甲方负责对供应商履约的验收,大型或复杂的政府采购项目,可与乙方共同邀请国家认可的质量检测机构参加验收工作,验收发生的费用由甲方承担。

7.2　甲方在验收过程中,发现供应商未能按合同履约的,应按合同有关条款与供应商进行交涉,同时应拒签验收单并及时通知乙方,乙方有义务协助甲方处理;如甲方未及时通知乙方,乙方对由此产生的后果不负责任。

第八条　采购价款的支付

8.1　采购资金由财政集中支付的,甲方填写《政府采购资金支付申请书》向财政部门申请付款。

8.2　采购项目资金由采购人支付的,由甲方按政府采购合同付款。

第九条 采购文件的保存 乙方应对每项政府采购活动的采购文件,按照《政府采购法》的规定妥善保存。

第十条 特殊项目的采购 对于甲方委托的特殊采购项目,如乙方不具有国家规定的该采购项目招标代理资质的,乙方可以委托具有相应资质的其他代理机构进行采购,乙方应当与该代理机构签订书面委托协议,但乙方对代理机构的委托权限不应超过甲方对乙方的授权范围。

第十一条 采购代理服务费 乙方按省物价、财政等部门规定的标准收取。

第十二条 其他 甲乙双方应当全面履行各自的义务,如发生违约行为,应承担相应的责任。未尽事宜,双方协商解决。

本协议一式三份,双方各执一份,报省财政部门备案一份,本协议自签订之日起生效。

甲方:(公章)	乙方:(公章)
法定代表人:	法定代表人:
经办人:	经办人:
日期: 年 月 日	日期: 年 月 日
地址:	地址:
电话及传真:	电话及传真:
E-mail:	网址:

经典资料 2-2　接受采购委托回函

编号:
单　位:　　　　　　　　　　　　　　　　　　　　联系人:×××

贵单位××月××日委托我中心采购的×××项目已于××月××日收悉,感谢您对我们工作的支持与信任!

我中心现已确定该项目采购编号为×××号,项目负责人为×××、×××等同志,在随后的时间里他们将会与您核对采购需求,并根据相关法规和市场情况制定采购方案。采购文件正式对外公告前我们将会提请贵单位确认,请注意查收,采购合同将由贵单位与中标供应商签订,采购中心提供鉴证服务。

该项目的采购动态将会及时在政府采购网站上(网址:×××)发布,请您关注并与我们保持联系。

项目负责人的联系电话:×××,传真:×××,投诉电话:×××。

采购人采购集中采购目录以外的采购项目属于非强制性的,可以自行采购,也可以委托集中采购机构采购,还可以委托依法取得资格的采购代理机构采购,任何单位和个人不得以任何方式为采购人指定采购代理机构。需要说明的是,采购人有权自己选择代理机构并不意味着采购人可以无条件地、不受限制地任意选择代理机构,而是必须在政府采购监管部门认定资格的采购代理机构中自主选择,不能超越这个范围界限。

采购人有权按采购需求与采购代理机构签署委托协议,明确委托代理的具体内容和事项,约定双方权利和义务,采购代理机构只能在委托代理协议范围内代理采购。当采购代理机构采购物品不符合采购人要求或不履行委托协议约定的义务时,采购人有权予以制止,甚至终止委托协议。

3. 确认采购结果

采购人可以在法律规定的范围内,依据预先制定的采购标准和规定,根据采购代理机构提交的采购中标或成交建议,确定供应商,如有充分理由证明评审结果不公正时,采购人有权拒绝确认。

4. 签订采购合同

采购人按照法律规定,根据确认的评审结果与中标成交供应商签订采购合同。政府采购合同是一种民事合同,适用以民事合同的方式来处理采购人与供应商之间的关系。

5. 验收采购物品

采购人作为采购对象的使用者,有权和必须参与验收。按照法律规定,采购人或者其委托的采购代理机构应当组织对供应商的履约验收。履约验收是采购人依据采购合同对供应商提供的采购对象进行验收,是保证采购对象符合采购需求的关键和最终环节。采购人务必十分重视和认真对待履约验收工作,必要时如大型复杂的政府采购项目,采购人应当邀请国家认可的质量检测机构参加验收工作。验收不合格的,采购人有权拒绝付款或扣留部分付款。

(二) 采购人的行为规范

1. 依法采购

采购人是以履行政府管理职能、实现国家利益和社会公共利益为目标的政府部门和提供社会服务的机构,因此,采购人理应带头按照法律、法规规定和政策要求办事,遵循国家政府采购的各项规定,成为执行政府采购法律、法规的典范,不得以部门利益为由拒绝执行有关政府采购规定。

按照我国相关法律、法规的规定,对《政府采购法》规定的集中采购目录以内的和采购限额标准以上的工程、货物和服务的采购,必须由集中采购机构统一采购,并订立书面委托合同,采购人不得自行采购,否则将承担相应责任。同时,采购人不得将应该公开招标采购的货物和服务化整为零或者以其他方式规避公开招标采购;采购人对于需要实施集中统一采购的部分,必须编制政府采购预算和计划。

采购人在招标活动中,必须遵守采购代理机构工作程序。采购人不得干预采购代理机构开展工作,更不得提出不符合规定的要求或者与采购代理机构串通以不正当手段影响采购的公正性。

2. 接受监管

采购人由于主要是为社会提供公共服务的机构,必须接受政府采购管理监督部门的管理。政府采购采购人是政府采购政策的执行者,其活动应当受到政府采购监管部门的监管,同时还要接受国家审计部门、监察部门的监督。

3. 尊重权益

采购人在采购过程中,必须尊重供应商的正当、合法权益。在参与供应商资格审查时,必须平等对待不同地区、不同规模的供应商,不得以不合理的要求影响供应商获得采购竞争的资格。在采购实施过程中,采购人有义务回答供应商的正当疑问。在供应商投标中标或被确定为成交供应商以后,采购人必须在规定的时间内与供应商签订政府采购合同。如果中标、成交通知书发出后,采购人改变中标、成交结果的,应当依法承担法律责任。

服从评审结果。采购人委托采购机构采购,应自觉尊重采购代理机构按规定程序进行的采购活动,尊重和信任政府采购评审专家的评审结果。采购人不能因结果与预先的推测或与自己的偏好不一致而找理由不接受或拖延签订合同、验收及支付资金。

值得注意的是,在实际工作中,由于采购人多为政府部门,容易将行政行为带到交易中,因此采购人要建立健全自我约束、自觉遵守规则的机制。

4. 节俭实用

采购人使用财政性资金采购履行公务需要的产品,使用的是纳税人的钱,因此采购人使用资金要节约,采购物品要实用,要以满足公务需要为原则,不能追求品牌、奢华。节约而又实用是采购人在政府采购活动中的一条重要原则。

三、采购人政府采购活动经典问题评析

(一) 采购人的资金使用权问题

政府采购活动中,采购人作为需求主体,在采购活动中处于强势地位。一些采购人认为部门预算已批准拨付给本单位,自己就具有支配和使用经费的权利。于是采购前与供应商进行深入的"沟通",提供需求时指定品牌者有之,倾向性需求者有之,甚至出现所谓的"紧急采购";一旦招标结果与其意愿相悖,便采取拒绝签订合同、刁难中标供应商、拖延支付货款等行为,干扰和影响采购活动。

采购人对财政性资金真是可以随意支配的吗?回答是否定的。政府采购资金来源是以税收为主的财政收入,其所有权人是抽象的国家,而并非直接收取和使用财政收入的单位。各政府部门根据预算取得的仅仅是财政性资金的"使用权",并且这种使用权必须严格按照相关规定和程序进行,不能任意处置。因此,采购人必须正确使用财政性资金。

(二) 采购人对采购机构的选择权问题

集中采购机构和社会中介机构在《政府采购法》中被设定为政府采购代理机构,一些采购人认为既然同为代理机构,采购人可以在集中采购机构和社会中介机构中任意选择。由于中介机构因追求利益最大化而千方百计满足采购人需求,常得到采购人"青睐"。

集中采购机构和社会中介代理机构虽同为政府采购代理机构,但与采购人的法律关系是不同的。《政府采购法》规定纳入集中采购目录的项目必须实行集中采购,因此对集

中采购目录以内的项目,集中采购机构享有法定代理权,当事人不得任意选择。采购人对采购机构的选择权仅体现在集中采购目录以外的采购,即分散采购和小批量采购时行使。

集中采购是政府采购的基石,是政府采购实践的主体,而中介机构是政府采购的有益补充,集中采购与社会中介的分散采购合作互补关系应该是符合我国目前政府采购现实的。政府采购除节约资金,讲求效益外,还得承担政策功能目标,集中采购的非营利性十分适合承担实现国家的宏观调控目标。推崇政府采购全面市场化和中介化,是否适应我国刚刚起步的政府采购现实,是否能真正实现政府采购政策功能目标是值得商榷的。

（三）采购人与供应商的定位问题

政府采购涉及面广,采购活动中的各种关系非常复杂。采购人与供应商是政府采购活动中的重要当事人。供应商在政府采购活动中一方面要给采购人提供价廉物美的产品或服务,另一方面还要为自己的正当权益奔走呼号。出现这种现象的原因除了相关人员法制意识淡薄,监管不到位外,还与供应商自身认识也存在一定误区有关系。政府部门在行使国家权力时与供应商地位的确是不平等的,但一旦进入市场交易,其身份和地位与一般交易主体并无二致。供应商首先自己要认识到这种平等地位,合法维护自己的权利。政府采购程序中设定有供应商投诉环节,要客观分析,掌握投诉时效和程序,正确恰当地主张权利。

（四）采购人与政府监管部门的职能定位问题

在政府采购工作中,各职能部门主要包括财政部门和有关负责招投标活动的行政监督部门以及审计机关和监察机关,这些部门担负着对政府采购活动进行监督管理的重要职责。采购人在从事政府采购活动中,应正确处理好与这些部门的关系。首先应正确认识职能部门的监督作用。职能部门对政府采购活动的监督管理,是法律赋予的职责,也是确保政府采购工作健康发展的重要环节,更是采购活动规范的重要保证。采购人应自觉接受监督,将其所从事的活动置于监督之中。作为政府采购监管部门,应健全监督网络,确保监督渠道的通畅,使监督制度公开化、透明化和法制化。

四、采购人政府采购法律责任

（一）采购人规避集中采购的法律责任①

根据《政府采购法》的规定,采购人采购纳入集中采购目录的政府采购项目,必须委托集中采购机构代理采购;属于本部门、本系统有特殊要求的项目,应当实行部门集中采购;属于本单位有特殊要求的项目,经省级以上人民政府批准,可以自行采购。采购人对

---

① 《政府采购法》第七十四条对采购人对应当实行集中采购的政府采购项目不委托集中采购机构代理采购所应承担的法律责任作出了规定,即"采购人对应当实行集中采购的政府采购项目,不委托集中采购机构实行集中采购的,由政府采购监督管理部门责令改正;拒不改正的,停止按预算向其支付资金,由其上级行政主管部门或者有关机关依法给予其直接负责的主管人员和其他直接责任人员处分"。

应当实行集中采购的政府采购项目,如果不委托集中采购机构实行集中采购,属于违法行为,应当受到法律制裁。具体处罚如下:

1. 采购人对应当实行集中采购的政府采购项目,不委托集中采购机构实行集中采购的,由政府采购监督管理部门责令改正。集中采购目录是由省级以上人民政府根据需要确定并公布的集中采购项目范围,是提高采购效益、确保采购质量的重要基础。纳入集中采购目录的政府采购项目,除个别确有特殊要求的项目,经省级以上人民政府批准,可以自行采购以外,采购人都必须委托集中采购机构代理采购。对于采购人不委托集中采购机构代理采购的行为,政府采购监督管理部门应当责令改正。

2. 停止按预算支付资金。采购人对应当实行集中采购的政府采购项目,不委托集中采购机构实行集中采购的,经政府采购监督管理部门责令改正而拒不改正的,停止按预算向其支付资金。这是对采购人较为严厉的一种制裁措施,也是督促采购人纠正违法行为的有效办法。

3. 给予直接负责的主管人员和其他直接责任人员处分。采购人对应当实行集中采购的政府采购项目,不委托集中采购机构实行集中采购的,经政府采购监督管理部门责令改正而拒不改正的,由其上级行政主管部门或者有关机关依法给予直接负责的主管人员和其他直接责任人员处分。

在执行中应注意的问题。政府采购监督管理部门停止按预算向有违法行为的采购人支付的资金,既可以是纳入采购人政府采购预算实行集中采购的项目资金(含预算内和预算外资金),也可以是采购人自行采购的政府采购项目所需资金。采购人对应当实行集中采购的政府采购项目,不委托集中采购机构实行集中采购的,经政府采购监督管理部门责令改正而拒不改正的,政府采购监督管理部门应当向其上级行政主管部门或者有关机关提出书面建议,依法给予其直接负责的主管人员和其他直接责任人员处分;有关行政主管部门或者有关机关应当及时予以处理,并将处理结果告知政府采购监督管理部门。

(二)采购人一般违法行为的法律责任[①]

采购人是政府采购活动的直接参加者,在政府采购活动中处于关键位置,对政府采购活动的依法进行起着重大作用,应当严格执行法律规定。由于现实生活中多种不良因素的影响,采购人在从事政府采购活动中违反法律规定的现象不同程度地存在,有的还相当严重。对这些违法行为,应当规定严格的惩处措施,以保证政府采购的规范运行,维护国家利益和社会公共利益,保护供应商的合法权益。《政府采购法》第七十一条对采购

---

① 《政府采购法》第七十一条对采购人、采购代理机构一般违法行为所应承担的法律责任作出了规定,即"采购人、采购代理机构有下列情形之一的,责令限期改正,给予警告,可以并处罚款,对直接负责的主管人员和其他直接责任人员,由其行政主管部门或者有关机关给予处分,并予通报:(一)应当采用公开招标方式而擅自采用其他方式采购的;(二)擅自提高采购标准的;(三)以不合理的条件对供应商实行差别待遇或者歧视待遇的;(四)在招标采购过程中与投标人进行协商谈判的;(五)中标、成交通知书发出后不与中标、成交供应商签订采购合同的;(六)拒绝有关部门依法实施监督检查的"。

人的一般违法行为应当承担的法律责任作出了规定。

1. 应当采用公开招标方式而擅自采用其他方式采购。根据《政府采购法》的规定,政府采购原则上以公开招标采购为主,特殊情况可以经批准采取邀请招标、竞争性谈判、单一来源采购、询价以及国务院政府采购监督管理部门认定的其他采购方式,所以,公开招标是政府采购的主要采购方式。采购人应当采用公开招标但因特殊情况而需要采用公开招标以外的其他采购方式采购货物或服务的,应当在采购活动开始前获得设区的市、自治州以上人民政府采购监督管理部门的批准,政府采购项目未经批准擅自采用其他方式采购的,属于违法行为。

2. 擅自提高采购标准。采购标准一经确定和公开,即成为采购人和供应商的共同依据,采购人不得擅自变更,否则属于违法行为。

3. 以不合理的条件对供应商实行差别待遇或者歧视待遇。公平对待所有供应商是采购人、采购代理机构的法定义务,采取任何方式偏袒某些供应商,而对其他供应商实行差别待遇或歧视待遇,属于法律禁止的行为。

4. 在公开招标采购过程中与投标人进行协商谈判。这一行为直接影响到采购活动和采购结果的客观、公正,应当予以禁止。

5. 中标、成交通知书发出后,不与中标、成交供应商签订采购合同。政府采购合同是采购人与供应商之间约定相互权利和义务的法律凭证,是保证中标、成交结果得以有效执行的基础。按照《政府采购法》的规定,采购人与中标、成交供应商应当在中标、成交通知书发出之日起三十日内,按照采购文件确定的事项签订政府采购合同。如果采购人在中标、成交通知书发出后的规定日期内,不与中标、成交供应商签订采购合同,对中标、成交供应商的合法权益是一个极大的损害,应当被法律所禁止。

6. 拒绝有关部门依法实施监督检查。按照《政府采购法》的规定,政府采购监督管理部门、对政府采购负有行政监督职责的政府有关部门、审计机关、监察机关有权对采购人、采购代理机构及其工作人员依法实施监督检查,采购人、采购代理机构必须依法接受监督检查。采购人、采购代理机构如果拒绝有关部门依法实施监督检查,则属于违法行为,应当被追究法律责任。

(三) 采购人重大违法行为的法律责任

采购文件是采购人、采购代理机构从事采购活动的书面凭证,包括采购活动记录、采购预算、招标文件、投标文件、评标标准、评估报告、定标文件、合同文本、验收证明、质疑答复、投诉处理决定及其他有关文件、资料。按照《政府采购法》的规定,采购人、采购代理机构对政府采购项目每项采购活动的采购文件应当妥善保存,不得伪造、变造、隐匿或者销毁。采购文件的保存期限为从采购结束之日起至少保存十五年。采购人、采购代理机构违反规定,隐匿、销毁应当保存的采购文件或者伪造、变造采购文件,就必须承担相应的法律责任。

《政府采购法》关于采购人、采购代理机构违反规定隐匿、销毁应当保存的采购文件或者伪造、变造采购文件所应承担法律责任的规定,具体包括:采购人、采购代理机构违反《政府采购法》规定隐匿、销毁应当保存的采购文件或者伪造、变造采购文件的,由政府采购监督管理部门处以二万元以上十万元以下的罚款。采购人、采购代理机构违反《政府采购法》规定隐匿、销毁应当保存的采购文件或者伪造、变造采购文件,其直接负责的主管人员和其他直接责任人员负有不可推卸的责任,应当依法给予处分。

采购人、采购代理机构违反《政府采购法》规定隐匿、销毁应当保存的采购文件或者伪造、变造采购文件,构成犯罪的,依法追究刑事责任。

在实际执行中应注意：一是只能由政府采购监督管理部门对其处以罚款。采购人、采购代理机构违反《政府采购法》规定隐匿、销毁应当保存的采购文件或者伪造、变造采购文件的,只能由政府采购监督管理部门对其处以罚款,其他部门、机关在监督检查中如果发现采购人、采购代理机构有上述违法行为,可以依法予以制止,但是不能对其处以罚款。二是对直接负责的主管人员和其他直接责任人员依法给予处分应由有关行政主管机关或者有关监察机关作出。采购人、采购代理机构违反《政府采购法》规定隐匿、销毁应当保存的采购文件或者伪造、变造采购文件的,对其直接负责的主管人员和其他直接责任人员依法给予处分,应当由有关行政主管机关或者有关监察机关作出；政府采购监督管理部门在对违法行为进行处理时,只能向有关行政主管机构或者有关监察机关提出处分建议,而不能自行给予处分。

第二节　政府集中采购机构

一、政府集中采购机构概念与设置原则

政府集中采购机构是指由各级政府依据《政府采购法》的规定成立的负责本级政府机关、事业单位和社会团体纳入集中采购目录项目采购的非营利性事业单位。

政府集中采购机构设置应按照《政府采购法》的要求,遵循独立设置原则和非强制性原则。

1. 独立设置原则。政府集中采购机构应当独立设置,隶属于同级政府,不得与任何部门、法人或其他组织存在隶属关系或者其他利益关系。

2. 非强制性原则。《政府采购法》规定,设区的市、自治州以上人民政府根据需要设立政府集中采购机构,负责办理集中采购事宜,因此集中采购机构一般应由地市级政府设置,并且根据集中采购规模的具体需要设立。如果集中采购规模不大,社会代理机构能承担招标业务的,可以不设立专门的集中采购。对于县级政府的集中采购机构的设置《政府采购法》未作明确规定,对于县级政府是否设立集中采购机构,由各地政府根据采购规模等实际情况确定。

关于政府集中采购机构的性质，我国《政府采购法》明确规定，政府集中采购机构不是政府机构，是非盈利事业法人。集中采购机构为政府设立的事业单位，集中采购机构不是企业。企业追求利润最大化动机容易从机制上动摇和影响政府采购制度的原则和声誉。集中采购机构为非营利性质，它是为行政事业单位办理采购事务的机构，它是一个公益性组织，经费来源主要是财政拨款，可以是全额拨款预算单位，也可以是差额拨款预算单位，还可以是自收自支预算单位。

集中采购机构的职责主要是代理采购，它属于政府采购的执行机构。其主要职责是根据采购人的委托，组织实施集中采购目录中通用政府采购项目的采购[①]；根据《政府采购法》规定，政府集中采购机构还可以代理分散采购项目[②]。

二、政府集中采购机构定位与思考

集中采购是政府采购管理的主要组织形式，也是政府采购实施的重要保障。《政府采购法》明确规定"设区的市、自治州以上人民政府根据本级政府采购项目组织集中采购的需要设立集中采购机构"。但对于政府集中采购机构如何设置、定位问题一直有争论。这里就政府集中采购机构有关问题阐述如下。

（一）政府集中采购机构的地位和作用

1. 政府集中采购机构是政府采购规模效应的主要贡献者

政府集中采购可以集中各采购人的同类需求，减少采购活动的次数，分门别类地进行整合，合理安排项目，进行科学打包，通过采取专业采购、定期采购、合并采购等多种形式，降低采购活动成本，节约社会总成本，真正实现大批量集约化、规模化效应，实现政府采购目标的经济性和规模性。

2. 政府集中采购机构专业化、标准化和规范化程度高

政府集中采购机构为政府设立的事业单位，经费来源主要是财政拨款，追求利润最大化动机不强，成本核算压力不大，采用现代信息技术和现代管理手段积极性高。从全部采购机构来看，政府集中采购机构的标准化程度最高。

3. 政府采购法律法规对政府集中采购机构具有更强的约束性

要求政府集中采购机构建立健全内部监督管理制度，形成相互监督、相互制约的运行机制，促进了政府集中采购机构内部管理和运行的规范化。政府集中采购机构的采购活动便于集中监督。政府集中采购机构的设立使监督对象相对集中，可以通过公开透明的采购程序、严格有效的监督管理机制和约束制衡机制，有效地规范采购行为，抑制政府采购活动中腐败现象的发生。

---

① 《政府采购法》第十八条规定：采购人采购纳入集中采购目录的政府采购项目，必须委托集中采购机构代理采购；纳入集中采购目录属于通用的政府采购项目的，应当委托集中采购机构代理采购。
② 《政府采购法》第十八条还规定：采购未纳入集中采购目录的政府采购项目，可以自行采购，也可以委托集中采购机构在委托的范围内代理采购。

4. 政府集中采购机构是促进政府采购实现经济、社会发展目标的主要实践者

政府采购是宏观经济调控的重要手段,《政府采购法》规定政府采购应当有助于实现国家的经济和社会发展目标,如购买国货、保护环境、采购节能产品、扶持不发达地区和少数民族地区、促进中小企业发展等。与其他采购代理机构的营利性不同,政府集中采购机构是非营利性事业单位,作为政府批准组建的独立机构,有利于贯彻落实政府采购宏观调控政策,促进国家经济和社会发展目标的实现。

5. 政府集中采购机构在政府采购活动中超然独立,政府采购改革示范效应明显

政府集中采购机构因资金相对有保障,没有"业务"压力,在利益上与供应商和采购人相对超然,无须采取"非常"手段承揽业务,在政府采购活动中,按照采购人委托,通过规范的采购程序,接受社会各界的监督,采购结果相对公平合理。

(二) 政府集中采购机构的历史与现状

1. 政府集中采购机构发展的历史轨迹

政府集中采购机构是随着我国政府采购工作的需要成立起来的,也随着我国政府采购工作的不断深入,在性质和职能上都不断演变着。在其短短的发展历程中,根据其性质、职能和隶属关系的不同,主要可以分成以下三个阶段:

(1) 1996年到1998年政府采购制度试点之初。我国政府采购试点省市根据当地政府采购开展的需要,参照欧美等发达国家的政府采购模式,相继成立了集中采购机构,如上海、重庆、河北、安徽、辽宁成立了政府采购中心,这些政府采购中心大多隶属于财政部门。政府采购中心作为政府采购主体,为政府集中采购机关,统一组织纳入集中采购目录的采购业务,组织培训采购管理人员和技术人员。国家机关、事业单位和社会团体为非集中采购机关,自行组织未纳入集中采购目录的采购项目。在这一阶段,政府集中采购机构集管理和执行职能于一体,既负责具体的采购业务,又负责制定相关的政府采购法规制度。

(2) 1999年到2002年政府采购试点扩大阶段。由于在中央国家机关机构改革时,国务院未同意在财政部设立集中采购机构,而将集中采购机构设在国务院机关事务管理局,同时明确我国政府采购的管理部门是财政部,因此,财政部于1999年提出了政府采购管理机构和执行机构分设的运行模式。当时,我国大多数省市在财政部门都已设立了政府集中采购机构,因此,为了响应财政部提出的管理和执行职能分设的运行模式,在各省市机构改革时,又在财政部门内部成立了专门的政府采购管理机构,将原先集中采购机构的管理职能逐步划到专门的管理机构。政府集中采购机构的职能为统一组织纳入集中采购目录的政府采购项目。

(3)《政府采购法》颁布后。该法明确规定政府采购的监督管理机构为各级政府的财政部门,而政府集中采购机构是采购代理机构,为非营利性质的事业法人,与行政机关不得存在隶属关系或者其他利益关系,且政府采购监督管理部门不得设置采购机构。这就意味着原先大多设立在财政部门的采购机构必须脱离财政部门。经过十多年的改革,各省、市、自治区已基本按照财政部的要求,把政府集中采购机构从财政部门剥离出去,成

为独立于财政部门的专业政府采购代理机构。

2. 政府集中采购机构设置模式分析①

据财政部统计,我国大多数地区设立了政府集中采购机构。但由于《政府采购法》要求监管和操作分离设置,政府集中采购机构设置大致有以下几种模式:

(1) 上海模式。上海市政府采购中心是根据《上海市政府采购管理办法》规定,经市机构编制委员会批准成立的市级政府采购机构,为具有法人资格的事业单位,接受市政府采购委员会领导,承担市级机关、事业单位等集中采购任务。根据《上海市政府采购管理办法》规定,采购中心履行下列职责:组织实施集中采购;接受采购人的委托代理采购;建立与本市政府采购相适应的信息系统;市人民政府规定的其他职责。目前,福建、陕西等省、市也参照上海模式,成立了由政府采购委员会、政府采购管理办公室、政府采购中心构成的政府采购管理和执行模式。

(2) 深圳模式。深圳市政府采购中心是2002年10月成立的直属市政府的副局级专职集中采购机构,主要负责市本级的集中采购和招标组织工作。中心编制35人,内设三个部,其中综合信息部主要负责内部管理,采购一部主要负责受理采购申报、制作标书及协议采购的组织实施和监管工作,采购二部主要负责开标、评标工作及专家库、供应商库、档案库的建设和管理。目前,内蒙古等地也成立了副厅级的政府采购中心。

(3) 北京模式。北京市政府采购中心成立于2000年5月。根据《中华人民共和国政府采购法》的要求,2003年12月,经北京市机构编制委员会批准,北京市政府采购中心与市财政局脱钩,从体制上实现了管理与执行职能的分离,行政上挂靠北京市人民政府国有资产监督管理委员会,业务上接受北京市政府采购工作领导小组和北京市政府采购办公室的监督与考核,为具有独立法人资格、依照国家公务员管理的全额拨款事业单位,是唯一承担北京市级国家机关、事业单位和团体组织集中采购活动的集中采购机构。采购中心的业务范围分为两大类:一是法定业务,即依法代理采购纳入北京市政府制定的集中采购目录的政府采购项目;二是自愿委托业务,即接受采购人的委托,代理采购集中采购目录以外的采购项目,办理市政府和上级部门规定的其他采购事项。

(4) 中央模式。2003年1月10日,中央正式成立了中央国家机关政府采购中心,由国务院机关事务管理局管理,是中央国家机关政府集中采购的执行机构,是独立事业法人。2003年12月29日,中央机构编制委员会办公室对成立中共中央直属机关采购中心的请示进行批复,同意成立中共中央直属机关采购中心,核定中共中央直属机关采购中心全额拨款事业编制45名。目前,有些省市参照中央模式,在机关事务管理局设立了采购机构,如河北省、吉林省等。

(5) 广东模式。广东省政府采购中心是经广东省机构编制委员会批准,并依托广东省机械设备成套局组建的正处级事业单位,编制50人,由广东省机械设备成套局负责管理。广东省政府采购中心为依法成立的广东省省级集中采购代理机构。目前,广西壮族

---

① 王卫星,朱龙杰,吴小明. 采购代理机构政府采购实务[M]. 北京:中国财政经济出版社,2006.

自治区参照广东省也在机械设备成套局组建了政府采购中心。

（6）重庆模式。重庆招标采购(集团)有限公司是经重庆市人民政府出资并批准组建的从事招标和政府采购的专业化集团，由重庆机电设备招标局、重庆市机械设备成套局和重庆市政府采购中心联合组建而成。该有限公司是国有企业，而政府采购中心依然是事业单位。政府采购的具体采购事宜由重庆招标采购(集团)有限公司执行。

财政部门有关设置模式。部分已在财政部门成立的省、市政府采购中心，由于当地机构改革等原因，目前，尚未完成从财政部门脱离工作，仍承担着本级政府集中采购的工作，如浙江、安徽等省。财政部门代管模式。财政部门成立政府采购中心后，根据《政府采购法》要求政府采购中心脱离财政部门，但政府又委托财政部门代管。财政部门和机关事务管理局同时设立的模式。由于各省市在机构改革时对政府采购职能的划分不清，造成个别省市在财政部门和机关事务管理局分别设立政府采购中心，如江苏省、吉林省、湖南省等。两个采购中心都是同级的集中采购机构，都根据采购人的委托办理政府采购业务。目前，吉林省、湖南省两个采购中心都已经合并成一个，江苏省尚未对机构进行改革，仍然保持着两个采购中心并存的现状。

（三）关于政府集中采购机构热点问题探讨

1. "管""采"如何分离？

《政府采购法》颁布实施后，根据法律规定，全国各省(市)就"管采分离"模式积极探索。从实践看，形式各不相同，集中采购机构设置模式有多种，分别隶属于省级政府采购管理委员会、省人民政府、省政府办公厅、省财政厅、省级机关事务管理局、省国资委、省设备成套局、省商务厅、招标集团等，还有一些省未设集中采购机构，全部委托社会中介机构代理。

在政府采购实践中，如何理解《政府采购法》规定的"采购代理机构与行政机关不得存在隶属关系或者其他利益关系"要求，"管""采"如何分离，目前存在不同的认识：一是关于集中采购机构的隶属。如何理解《政府采购法》提出的"与行政机关不存在隶属关系"，含义要进一步明确，否则采购中心的定位和职责发挥会受影响。一种观点认为，集中采购机构应当隶属于政府，而不应当隶属于任何部门，才符合法律规定。另一种观点认为，政府不是行政机关，隶属于政府需要有具体部门来管理。二是关于"管采分离"有多种观点。一种观点认为"管采分离"主要是指职能分离，如审计政策的制定和审计工作的开展也没有从同一个政府机关分离，很多国家也没有"管采分离"，而主要是通过公开透明机制来保证依法采购。另一种观点认为"管采分离"不仅职能要分离，机构也要分离。三是对法律的理解。有人认为，《政府采购法》制定时，我国的政府采购还处于初级阶段，许多制度框架并没有得到实践检验，法律颁布后近十多年运行，应该根据政府采购改革实践对一些条款作出修订。总之，笔者认为，如果一种模式运行顺畅，既可以有效预防腐败、实现公平公正，又可以促进政府采购各项经济政策目标实现，那么这种模式就是合理、有效的，实现合法、合理、有效，才是"管采分离"的最终目标。

2. 政府集中采购机构何去何从[①]?

关于政府集中采购机构设置,《政府采购法》有明确的规定,但对是否需要设立政府采购中心争论一直没有停止过。政府采购实践中,有一种削弱政府采购中心的倾向。2011年,江西省级及市级撤销政府采购中心,其业务由社会中介机构代理。随着各地资源交易中心建立,政府采购中心有被社会交易中心合并的倾向。政府采购中心何去何从?

在政府采购法律的框架下,政府采购中心的存在是有法律依据的。从西方国家政府采购发展历史看,其基本上都经历了集中的过程。我国政府采购尚处于起步阶段,正从不规范走向规范。笔者认为设立政府采购中心有其现实意义。政府采购具有政策功能,而政府采购这种功能必须要有相应机构去实践操作,与社会中介相比,集中采购机构显然有不可比拟的优势和条件。集中采购机构本身应该在政府采购改革中抓住机遇,在政府采购中发挥更大作用。一是加强与财政部门协作的力度。采购中心与财政部门有业务协作的优势,如果其采购业务与政府采购预算和标准化采购衔接方面能"无缝对接",那么其地位自然稳固。二是与集中支付相结合,强化合同履约,实现采购、验收、结算的有机结合。三是政府采购是财政资金支出的延伸,如果采购中心能够为财政绩效评价方面提供强有力的数据支持,那么任何一个中介机构都无法与之竞争。四是在政策功能发挥方面政府采购中心要抓住机遇,发挥自身优势,体现自身价值。政府采购中心今后向哪种模式发展,目前尚未定论,但采购中心本身如果规范操作,服务优良,在政府采购中承担不可或缺的作用,将一定会有更大、更广阔的舞台。

三、政府集中采购机构内控制度

政府集中采购机构是连接采购人和供应商的中心环节,是各种利益交织的集散地和社会关注的焦点。有必要对集中采购机构的内部控制制度进行专门论述。

(一)政府集中采购机构建立内控制度原则

1. 责任分离原则。政府集中采购机构内部不同部门分别承担不同的责任,每一部门都不能包揽一个项目的全部,责任分离就是要避免某部门、某岗位的权力过度集中。

2. 相互监督原则。政府集中采购机构各部门之间应存在一种相互监督关系,负责后一道工序部门对负责前一道工序部门的工作情况进行监督,对关键岗位设立专门的监督部门,给予监督。

3. 提高效率原则。政府集中采购机构的内部组织机构设置,既要考虑到岗位的相互制约,也要考虑不宜过于烦琐,应简便易行,提高效率。

(二)政府集中采购机构内部结构简述[②]

政府集中采购机构内部设置状况可分为三种类型:

[①] 龚云峰. 从历史的角度辩证地看待采购中心的设立[J]. 中国政府采购,2011(2).
[②] 江苏省政府采购中心. 集中采购机构内部机构设置探讨[J]. 中国政府采购,2008(7).

1. 直线型结构

直线型结构中,各种岗位按垂直系统直线排列,各级主管人员对所属下级有直接的一切职权,机构每个人直接向上级负责。直线型机构的优点是结构简单,权责分明,指挥统一;不足是每个人每个部门仅对自己工作负责,相互之间缺少监督和控制,容易发生不廉洁行为。这种结构为集中采购机构广泛应用,每个部门从项目接受到项目结束负责到底,工作流畅,采购效率高。

2. 直线职能型结构

这种结构主要将同类专业人员集合在各自专门的职能机构内,并在各自的业务范围内分工合作。任务集中明确,上行下达。这种模式能从专业化中取得优势,将同类专家归在一起可以产生规模经济,减少人员和设备的重复配置,通过给员工同行们"说同一种语言"的机会而使他们满足。不足之处:部门之间协作困难。

3. 矩阵型结构

这种结构是由纵横两套管理系统组成的结构。一套是横向的职能领导系统;另一套是为完成某一项任务而组成的纵向项目系统。每一项目由一名负责人领导,人员从各职能部门抽调,这样将职能部门与项目部门交织在一起,称为矩形阵。优点是有利于各职能部门协作配合,适应性强;不足是稳定性差,人员双重领导,权责不清。这种结构主要适用于经常承担重大项目的集中采购机构。

(三) 政府集中采购机构内控制度

一个机构选择怎样的结构,取决于机构的复杂性、正规性和集中化。机构的复杂性包括机构内的部门化和管理层次;正规性是机构中依靠各种规章制度管理职工的程度;集中化是指机构中决策权所处的位置和管理幅度的大小。

根据《政府采购法》对政府集中采购机构的要求,集中采购机构应为小型组织,复杂性不高,管理层次也不太多。机构的正规性强,各个部门和人员必须按政府采购法律法规和程序从事采购工作。集中化也较高,各部门需要相互协调和监督,采购机构决策权不宜分散到部门,适宜集中在领导层。

如果集中采购机构内部控制结构为直线型结构:一个项目经办人负责职责范围内采购项目的所有采购活动,采购快速、高效,但长远看,采购经办人权力过大,不易监督,不符合责任分离和相互监督的原则。

如果集中采购机构内部控制结构为直线职能型结构:机构内部专业人员集中在相应的专业职能部门内,如业务部门、审核部门、监督部门分设,有利于各部门工作的专业化和高效化,且不同部门间形成相互监督。但部门间相互衔接上容易发生矛盾,产生机构内的内耗,因而需要部门间相互协调和建立联系,才能保证机构的有效运行。

按《政府采购法》的要求,政府集中采购机构宜参考直线职能型结构。按政府采购的工作流程设置相应的职能部门,如根据委托受理、采购文件制作、采购现场组织、采购合同签订四个基本环节分设四个部门,每个部门赋予相应的职能,即实行分段式采购,如经典资料2-3。此外应明确各部门间相互联系的工作程序,以保证机构的流畅运行。对于重大项目,临时组建项目领导小组,即临时矩阵型组织结构。这种常设的直线职能型结构和临时的矩阵型结构,可以保证集中采购机构内部的稳定性和灵活性。

经典资料 2-3　江苏省政府采购中心分段式操作的成功实践

江苏省政府采购中心于 2006 年 5 月对其内设机构进行调整,按采购程序将采购委托受理、采购文件制作、采购现场组织、采购合同签订职能分别成立不同部门,每个部门只负责采购过程的一段。

分段化操作之前江苏省政府采购中心建立了内部管理系统,将中心每个人员职责及项目的运行状况定位,避免中心各部门孤立化。明确每个环节运用的时间,以提高整个采购过程的效率。

江苏省政府采购中心为了适应分段化操作的要求,将中心设置综合科、采购一科、采购二科、内控科。

委托环节由综合科负责。所有接受的委托采购项目均由综合科负责,包括与采购人签订委托采购协议,接受采购人具体项目委托。综合科接受委托后,在一个工作日内将项目转交给采购一科。

采购文件制作由采购一科负责。采购一科接到综合科受理的委托项目后,由科室负责人根据科室内部工作分工,将采购项目安排给具体的项目经办人;经办人接到采购项目后,要求主动与采购人联系,根据项目的具体情况拟订相应的采购方式,并将拟订该采购方式的理由按审核顺序交科室负责人、内控科和中心分管主任审核。内控科和主任审核同意后,经办人按批准的采购方式拟订采购文件,采购文件被拟订初稿后,经办人通知综合科安排开标时间和地点,同时告知采购二科确定开标人。经办人根据反馈信息拟定采购正式文件,并制作相关采购公告按有关规定在网上发布。经办人将有关采购资料交采购二科。

采购现场组织由采购二科负责。采购二科接到采购一科资料后,熟悉相关资料,开标当天,采购二科负责开标、唱标和评标的现场组织及拟订合同等有关事宜,中标通知书发出后三个工作日内将采购资料交内控科。

合同审核由内控科负责。内控科对采购资料及时清点整理审核,鉴证签订合同。将采购资料立卷归档。

分段式操作经验规范了采购行为。通过分段式操作,对每个采购环节进行了充分的论证,环节职责更加明晰并予以制度化,避免了随意性。实现了责任分离。整个流程由多部门操作,不由一部门控制,避免一个部门承担所有风险责任。提高了专业水平。每个部门只负责一段采购职责,有利于业务专业水平提高。强化了监督。由于增加内部审核环节,加强了重点环节监督。分段式改进之处:采购效率有所下降。中心刚开始实施分段操作时,由于内部管理系统未完全跟上,使整个过程拉长,尤其是高峰时期,采购项目处理及时性受到影响。部门衔接需要完善。各部门负责各自的

> 采购环节，部门衔接不太流畅，由于不需要承担明确的责任，各部门经办人的责任心也有所下降。

四、政府集中采购机构的监督与考核

政府集中采购机构是根据法律规定由政府专门设立的采购代理机构，采购人采购纳入集中采购目录的政府采购项目，必须委托集中采购机构代理采购，不得自行采购，不能委托其他采购代理机构采购。集中采购机构在代理政府采购中，处于十分特殊的地位。建立对集中采购机构的监督和考核制度，不仅是《政府采购法》的要求[①]，而且也是确保政府集中采购机构规范操作、保证采购质量和效益的重要措施。

（一）政府集中采购机构考核的内容

对政府集中采购机构的监管考核主要可概括为以下几个方面：

1. 政府集中采购机构执行政府采购的法律、行政法规和规章的情况。《政府采购法》是规范政府采购行为的法律，围绕政府采购法的贯彻实施，国务院、政府采购监管部门、地方人大和政府会制定一系列法规、规章和办法，在政府采购实施过程中，还需要适用招标投标、合同管理等法律、法规和规章。集中采购机构是否全面正确执行与政府采购有关的法律制度，将影响政府采购活动公正规范，因此，集中采购机构执行政府采购法律、法规情况是监管部门监督考核的主要内容。

2. 采购范围、采购方式和采购程序的执行情况。《政府采购法》规定，纳入政府集中采购目录范围内的政府采购项目必须由集中采购机构操作，集中采购机构与一般的代理政府采购机构相比，可以说"衣食无忧"，法律赋予其特殊的权利，当然也得对其更加严格地监督，促使其按照法定的政府采购方式和程序实施采购，规范政府采购操作行为。

3. 服务质量情况。政府集中采购机构按《政府采购法》要求，由政府设立，其业务范围、人员编制及经费都有一定保障，集中采购机构进行政府采购活动时，与其他代理机构相比，理应采购效率更高、采购质量更高、服务更加优秀，成为模范执行政府采购政策的表率。在实际工作中，由于集中采购机构特殊的地位，在一定程度上，也容易滋生官僚主义作风、责任性不强、工作效率不高，服务意识淡薄等弊端，因此对集中采购机构考核服务质量，可以加强集中采购机构的责任心，提高服务水平。

4. 政府集中采购机构内部管理制度和人员专业技能状况。集中采购机构代理采购人从事采购业务，业务量巨大，其工作人员容易受利益驱动，搞不公平竞争。为了防患于未然，必须建立内部监督制约机制。其内部规章制度建立和执行情况、人员专业技能状况必须列入监督考核范围。

---

① 《政府采购法》第五十九条对集中采购机构的考核、监督检查作出了规定，即"政府采购监管管理部门应当加强对政府采购活动及集中采购机构的监督检查。监督检查的主要内容是：（一）有关政府采购的法律、行政法规和规章的执行情况；（二）采购范围、采购方式和采购程序的执行情况；（三）政府采购人员的职业素质和专业技能"。第六十六条规定："政府采购监督管理部门应当对集中采购机构的采购价格、节约资金效果、服务质量、信誉状况、有无违法行为等事项进行考核，并定期如实公布考核结果。"

5. 基础工作情况。其包括招标文件、招标结果和合同备案率,擅自改变采购方式率和质疑答复满意率,有关收费和资金管理情况,有关报表数据是否及时等,政府采购文件档案管理制度是否规范有序,归档资料是否齐全、及时。

政府采购监管部门在考核中一般制定相应表格,逐项对应填写。

(二)政府集中采购机构考核环节

1. 成立考核小组。对集中采购机构进行考核时,财政部门应当组织考核小组。考核小组可以邀请纪检监察、审计部门人员参加,必要时邀请采购人和供应商参加。

2. 制定考核标准。财政部门应当制订考核计划和考核方案,能采取量化考核的,要制定考核标准和打分方法,并在考核工作开始前十五天以文件形式通知集中采购机构。

3. 自我检查考核。集中采购机构接到财政部门考核通知后,在一周内按考核要求进行自我检查,并形成自查报告;同时做好有关考核所需文件、数据及资料的整理工作,以备向考核小组提供。

4. 考核小组实地考核。进驻集中采购机构,听取被考核单位工作汇报,通报实地考核工作计划安排,根据对集中采购机构的量化指标,开展实地考核,查阅采购方式、采购专家等档案,检查相关法律法规及政府采购制度执行情况,逐项量化评分,编制工作底稿,汇集有关问题,初步提出考核报告。完成实地考核工作或阶段性考核任务后,集中整理考核资料,梳理相关问题,展开组内讨论,撰写集中采购机构考核初步报告及工作底稿。与被考核单位交换意见。考核工作组组长主持,与被考核单位进行座谈,听取被考核单位意见,修改完善集中采购机构考核报告。

5. 考核报告和结果。考核小组要在考核工作结束五个工作日内形成书面考核意见。书面考核意见应当由考核小组集体研究决定,重大事项和情况可向财政部门请示或报告。财政部门要综合考核小组意见和采购人、供应商的意见后作出正式考核报告。考核报告要报送同级人民政府,同时抄送集中采购机构。

6. 公布。财政部门将考核结果在财政部门指定的政府采购信息发布媒体上公布。

第三节 政府采购社会代理机构

一、政府采购代理机构概念

政府采购代理机构从广义上来说包括政府集中采购机构和具有政府采购业务资格的社会代理机构。

本章所述的即为狭义的政府采购代理机构,也就是政府采购社会代理机构。政府采购社会代理机构是指取得财政部门认定资格的,依法接受采购人委托,从事政府采购货物、工程和服务采购代理业务的社会中介机构。从职责上讲,政府采购社会代理机构与政府集中采购机构区别不大,都是代理采购人进行采购活动。所不同的是,其代理范围不同,政府集中采购机构的职责范围主要是集中采购目录规定的范围,而政府采购社会代理机构是负责办理集中采购目录范围之外的政府采购业务。集中采购目录的宽窄决定着它们各自的业务范围。就目前政府采购实践来看,集中采购目录一般比较宽,社会代理机构在政府采购活动中的业务处于补充从属地位。

政府采购社会代理机构是经国家工商行政管理部门登记注册的营利性组织,属于企业法人。社会代理机构与采购人之间是民事主体关系,委托代理行为是建立在平等自愿基础上,并通过签订民事合同来约定双方的权利和义务,它只需在委托人的授权范围内,以代理人的身份办理政府采购业务。

政府采购代理机构的主要职责表现为,接受采购人委托,承办有关采购项目事宜,包括:按照政府采购规定,编制采购文件、发布采购信息、组织开标、评标和定标活动;按规定向采购人收取法定的代理费用。

政府采购代理机构的主要义务为:按照政府采购法规限定的范围接受委托代理采购业务,不得超范围采购。政府采购代理机构的采购活动必须接受政府采购监管部门的监管,同时接受社会的监督。

二、政府采购代理机构资格管理

从事招标的社会中介机构进入政府采购市场从事政府采购业务,必须取得相应的业务资格。政府采购代理机构资格由财政部和省、自治区、直辖市人民政府财政部门认定。政府采购代理机构甲级资格的认定工作由财政部负责;乙级资格的认定工作由申请单位所在地省级财政部门负责。取得甲级资格的政府采购代理机构可以代理所有政府采购项目。取得乙级资格的政府采购代理机构只能代理单项政府采购项目预算金额在 1 000 万元人民币以下的政府采购项目。政府采购代理机构资格申请和资格到期后延续分别见表 2-1 和表 2-2。

表 2-1 政府采购代理机构申请事项表

条件类别	甲级	乙级	备注
注册资本	企业法人;注册资本为人民币 500 万元以上	企业法人;注册资本为人民币 100 万元以上	有效的企业法人营业执照、税务登记证副本和社会保险登记证书复印件;《企业章程》复印件
专业技术人员	专职人员总数不得少于 30 人,其中具有中级以上专业技术职务任职资格的不得少于专职人员总数的 60%,高级职称不少于 20%	专职人员总数不得少于 10 人,其中具有中级以上专业技术职务任职资格的不得少于专职人员总数的 40%,高级职称不少于 10%	提供专职人员的名单、中级以上专业技术职务证书、劳动合同、人事档案管理代理证明以及申请之前六个月或者企业成立以来缴纳社会保险费的证明(社会保险缴纳情况表或者银行缴款单据)复印件

续表 2-1

条件类别	甲级	乙级	备注
业务技能	有参加过规定的政府采购培训,熟悉政府采购法规和采购代理业务的法律、经济和技术方面的专职人员	有参加过规定的政府采购培训,熟悉政府采购法规和采购代理业务的法律、经济和技术方面的专职人员	
其他	与行政机关没有隶属关系或者其他利益关系;具有健全的组织机构和内部管理制度;有固定的营业场所和开展政府采购代理业务所需的开标场所,以及电子监控等办公设备、设施;申请政府采购代理机构资格之前三年内,在经营活动中没有因违反有关法律法规受到刑事处罚或者取消资格的行政处罚	同甲级代理机构要求	提供有关书面证明
	取得政府采购代理机构乙级资格一年以上,最近两年内代理政府采购项目中标、成交金额累计达到1亿元人民币以上;或者从事招标代理业务二年以上,最近两年中标金额累计达到10亿元人民币以上		

表 2-2 政府采购代理机构延续一览表

事项	甲级	乙级	备注
时间要求	有效期届满六十日前提出延续申请	有效期届满六十日前提出延续申请	
条件	在人员、注册资本、业务水平等方面的要求同初次申请时相同	在人员、注册资本、业务水平等方面的要求同初次申请时相同	
业务量要求	有效期内中标、成交金额达1.5亿元人民币以上		政府采购代理有效业绩一览表及有关证明材料

三、政府采购从业人员培训与管理

(一)政府采购从业人员学习培训现状

随着政府采购制度改革不断推进,各地对政府采购培训工作日益重视起来,全国各地政府采购监管部门结合工作实际适时举办了一些政府采购理论和实务培训,如《政府采购法》专题讲座、政府采购系统干部轮训班、政府采购评审专家培训讲座等,社会上一些培训机构也定期举办一些招标投标或政府采购培训活动。培训活动形式逐渐多样化,如听讲座、办培训班、开展知识竞赛、研讨会、政府采购论坛等形式,提高了培训的效果。这些培训,在一定程度上使受训人员初步了解了《政府采购法》及其相关法律基础知识,基本满足政府采购工作应急之需,在一定程度上提高了人员素质和工作水平;同时也初步培养了一批师资队伍,为做好再培训工作打下了一定的基础。

政府采购培训现状根本无法满足进一步深化政府采购改革的需要,政府采购培训的不足之处逐步显现出来,主要表现在:培训缺乏总体目标,走入"应急培训"的误区。每一个制度颁布、每一个软件出台都会做一下培训,但大多是就事论事的,时间往往很短,培训内容零星而孤立,缺乏系统性。培训缺乏一套理论和实务兼顾的政府采购培训教材。大多数培训只是理论讲座式的,既无教材,更缺乏针对性。培训不平衡,主要表现在:培训群体不平衡,政府采购监管部门人员培训机会较多,操作机构的人员较少,其他政府采购当事人更少;培训内容不平衡,政府采购法规培训较多,实务技能少;缺乏有效的激励机制。任职要求和资格认证尚未开展。培训与岗位技能脱节。

(二)政府采购从业人员上岗资格管理及培训制度

1. 建立政府采购从业人员上岗资格认证的必要性

(1)政府采购人员从业资格标准是衡量检测政府采购人员素质和技能的依据。政府采购人员具备良好的职业素质和较高的专业技能,是提高政府采购的质量和效益、保证政府采购活动顺利进行的基础和关键。政府监督政府采购人员的职业素质和专业技能是《政府采购法》对监管部门的法定要求,政府采购监管部门需要制定采购人员职业素质与专业技能的具体标准,才能把对政府采购人员监督检查的法定职责落到实处。

(2)集中采购机构对人员教育和培训需要。为了促使集中采购机构对采购人员的教育、培训和考核工作,建立一支高素质、高水平的采购专业队伍,需要建立一系列从业资格管理制度,在制度上保证政府采购从业人员提高业务水平的自觉性。

(3)有利于激发政府采购从业人员自我完善的积极性。政府采购工作是一项政策性、专业性很强的工作,政府采购相关的新制度、新方法、新技能不断发展和变化,客观上需要政府采购从业人员不断学习,建立以从业资格为核心的培训体系,从制度上保证政府采购人员后续教育权利,激发他们学习法规、学习业务的积极性,使他们爱岗尽职,提高工作质量和效率。

实践证明,凡是已经施行执业资格认证的行业,其培训水平、培训力度、培训规范性、培训系统性都是一般培训无法相比的。认证制度不仅吸引了很多优秀人士加入其中,而且也吸引了优秀培训机构的加入,同时促使培训单位和人员提高培训质量和效果。

2. 政府采购资格认证为核心的管理培训的构建

(1)执业资格的取得。政府采购从业人员上岗资格的取得,采取考试考核相结合制度。申请从业上岗资格的人员,应当符合下列基本条件:遵守国家法律法规;良好的道德品质,具备一定的学历,具备一定的政府采购、招标投标知识和技能。获得从业资格要考试或考核课程应为政府采购法律法规与职业规范、政府采购基础知识、有关采购操作实务中任选一门如采购人政府采购实务、采购代理机构采购实务、供应商政府采购实务等知识。考试或考核全科合格者可以申请取得政府采购从业资格证书。

（2）持证人员接受继续教育制度。对持证人员应规定其一定时间内接受继续教育和培训，以提高政府采购从业人员的素质和水平。政府采购监管部门应加强对后续培训工作的管理和指导，制定有关办法，规范培训市场，确保培训质量。

四、政府采购代理机构问题评析

（一）政府采购社会代理机构问题现象与成因剖析

1. 存在的问题

随着政府采购制度改革的深化和政府采购范围的扩大，政府采购代理机构业务范围有一定的扩展，政府采购业务规范程度有一定的提高，广大政府采购代理机构成为政府采购制度改革一支不可或缺的力量。但在实际工作中，也暴露了一些问题，主要表现在以下几个方面：

（1）人员技术水平参差不齐。在申请代理机构时，由于注册申请对人员数量和技术结构要达到一定指标，为满足要求在短时间内存在人员拼凑情况，造成从业人员实际水平不能真正达标。这对政府采购代理业务的展开和实际操作带来负面的影响，从而影响到政府采购工作质量。

（2）中介机构不中立。有些社会代理机构为获得采购业务，过分迎合采购单位的意愿，如暗中为其规避招标、肢解项目等违法、违规行为出谋划策；有的中介代理机构无原则地迁就采购单位的不正当要求，不能站在中间立场严格执行法律、法规的有关规定，失去了本应有的"中立"地位和作用；有的中介机构利用自身参与招标活动和自身专业技术优势，在编制资格预审文件、招标文件和评分办法时，纳入带有排斥性或歧视性、影响招标公正性、公平性的条款，从而影响到招标投标工作的公正性，带来了不良的社会影响。

（3）存在超范围承接业务现象。政府采购市场竞争日趋激烈，出现"僧多粥少"的现象，中介代理机构往往通过寻求多种途径、利用各种关系来争得政府采购代理业务，出现无序化、超范围从事采购代理业务。部分中介代理机构存在超越资质证书范围从事代理活动的现象：有的乙级和暂定级资质超越法规规定的范围承接任务；有个别的中介代理机构未取得政府采购代理资质但仍在代理政府采购事项；有的出借、出卖、转让资格证书、图章或允许他人以挂靠方式承揽业务，放松管理，扰乱市场。

2. 成因剖析[①]

政府采购社会代理机构各种违规现象有其内在根源。

（1）门槛过低。取得政府采购资格的社会中介机构素质参差不齐。对社会中介机构取得政府采购业务资格，财政部门有专门管理办法，但办法中有些规定过于原则，不具有

---

① 杨大威.社会代理机构频繁违规三大原因[N].政府采购信息报,2009-10-19.

实际操作性。如"有参加过规定的政府采购培训,熟悉政府采购法律、法规、规章制度和采购代理业务的法律、经济、技术方面的专业人员",但对于培训时间和内容、从业人员应掌握的知识没有详细规定,导致很多代理机构可以轻易"过关"。这说明现有的规定并没有起到"门槛"的作用。

(2) 内外夹击,重压之下易出偏招。代理机构在操作中之所以违规和其在政府采购中的处境有关。政府集中采购是当前主流的采购组织形式,而且范围和规模不断扩大。社会代理机构只能代理集中采购目录以外的项目,这部分项目本来就有限,根本无法满足日益增多的社会代理机构的需要。在生存压力下,一些代理机构不得不采取"非常手段",再加上采购人在业务委托中处于强势地位,内外夹击下,自然难以避免违规现象。

(3) 违法成本低。对代理机构违规有一些规定,但通常是零散的,缺少操作性的。目前只有资格管理办法,没有后续的监管考核办法。对社会代理机构违法没有规定明确的处罚方式,也没有淘汰机制,这就导致即使发现了一些违规行为也无法依法处理。

(4) 监管两难。对社会代理机构监管在目前政府采购实务中处于两难境地。除目前政府采购监管队伍力量不足和监管法规不健全外,社会代理机构监管难落实。采购代理机构资格由省级财政以上财政部门批准认定的,按照《中华人民共和国行政许可法》"谁许可谁监管"的原则,省级财政部门不便监管由财政部认定的甲级代理机构在地方的代理活动,市县财政部门也不便监管由省财政部门认定的乙级代理机构在当地的代理活动,这样就形成了监管空白,阳光照不到的地方,自然阴暗面就会多一些。对代理机构监管适度也难把握。代理机构业务目前僧多粥少,有些代理机构一年也做不了一笔业务,如果要求它像集中采购机构一样,招标评标环节全程录像,运用现代信息技术管理采购业务,代理机构可能会入不敷出,这似乎有点不近人情;如果任其粗放式从事采购业务,规范化水平始终不容易达标。

(二) 政府采购社会代理机构问题对策分析

1. 建立健全政府采购业务内部监督制约制度

政府采购业务政策性强,社会关注度高,社会代理机构自身必须建立针对政府采购业务的内部管理制度,如关于受理委托采购的管理制度、关于采购方式审批的管理制度、关于采购信息发布的管理制度、关于抽取评审专家的管理制度、关于合同审核签订的管理制度、关于质疑接收处理的管理制度等。采购活动的决策和执行程序应当明确,并相互监督、相互制约。经办采购的人员和负责采购合同审核、验收人员的职责权限应当明确,并相互分离。采购从业人员应当具有相关职业素质和专业技能,符合政府采购监督管理部门规定的专业岗位任职要求。

2. 建立考核评级机制,优胜劣汰

对代理机构的考核分为综合考核和专项考核,实行定期与日常、自查与核查相结合的方式。综合考核与专项考核按一定比例综合加权计算年度总分。对代理机构的考核实行年度综合评定,财政部门对于综合评定为优秀等级的代理机构给予通报表彰,承接业务年度检查等给予优惠;对于综合评定不合格的单位,视其情况暂定一定时期政府采购业务,直至取消政府采购资格,使之退出政府采购市场。

3. 建立政府采购从业人员执业资格认证制度

政府采购工作是一项政策性强、涉及面广、专业水平要求高的工作,涉及经济科学、自然科学、社会科学等多学科知识,要求采购人员不仅要熟悉政府采购的法律法规和政策,掌握与采购人沟通、招标投标、谈判、询价、签订合同等方面的技巧,同时还要了解相关采购商品的性能、价格、市场供求等情况。要使采购机构高质量完成政府采购任务,需要一批素质高、政策水平强、专业水平高的人员,政府采购监管部门建立从业人员执业资格认证制度,按照采购活动的不同环节提出不同专业岗位的设置要求,并具体规定每个岗位的任职要求。定期对从业人员进行考核,确保政府采购从业人员有序流动和优胜劣汰的良性职业机制。

4. 建立责任追究制度

虽然《政府采购法》对采购代理机构在代理政府采购业务过程中种种违法行为的处罚作了明确规定,但由于代理机构业务只始于采购文件制作,止于供应商确定,只要招标环节暂时不出现差错,便可高枕无忧,即便有了违法行为,当时未曾发现,事后也无从追究。因此建立健全代理机构代理政府采购业务责任追究制度非常必要。建立责任保证金制,即代理机构在承担某项政府采购业务时,可向监管部门交纳一定数量的诚信保证金,一旦发现社会代理机构有违法违规行为,保证金自动沉没;实现问责制,如发现违规案例,追究单位责任,或曝光,或列入不良记录名单。总之,提高社会代理机构违法成本,迫使社会代理机构规范从事政府采购活动势在必行。

第四节 政府采购供应商

一、政府采购供应商概述

(一)政府采购有关供应商的几个概念

政府采购供应商是指向政府采购人提供货物、工程和服务的法人、其他组织或自然人。法人是指依法成立,具有民事权利能力和民事行为能力,独立享有民事权利和承担民事义务的社会组织,包括企业法人、机关法人、事业单位法人和社会团体法人;其他组织是指不具备法人条件的组织,主要包括合伙组织、个人独资企业、企业之间或企业与事业单位之间联营等;自然人即《中华人民共和国民法通则》规定的具有完全民事行为能力,能够承担责任和履行义务的公民。

在政府采购活动中需要明确几个概念:潜在供应商、投标供应商、中标候选供应商、中标供应商。

潜在供应商是指有能力向采购人提供符合其特定技术规格要求的货物、工程和服务的供应商。当采购人就特定采购项目发出采购需求要约后，所有有能力应约的供应商都是潜在供应商。

投标供应商是指应约向采购人或采购代理机构递交投标文件，参与竞标的供应商。投标供应商通常都是潜在供应商，但潜在供应商不一定都来投标。

中标候选供应商是经专家评审推荐的符合招标方条件和要求的拟中标的供应商。一般情况下评审专家推荐1至多名中标候选供应商供招标方确定中标供应商。

中标供应商是指在投标过程中获得采购项目合同签订资格的供应商。中标供应商是由专家经过评审后推荐并经采购人确认的。中标供应商一定是投标供应商，投标供应商不一定成为中标供应商。

（二）政府采购供应商特征

供应商作为交易卖方，在政府采购活动中是另一方当事人，承担着向采购人提供合格采购对象的责任。政府采购作为社会公共采购，范围广、规模大，有巨大的市场潜力。按照公平、公正原则，供应商在政府采购市场上都可以通过公平和公开竞争，获得政府采购合同份额。只要符合政府采购法律规定条件的供应商都可以参加政府采购活动，任何单位和个人不得设置条件歧视供应商。供应商可以公平地获得政府采购信息。同时，供应商有权对政府采购活动进行监督。

但在实际的政府采购活动中，供应商往往处于弱势地位。

政府采购人不同于一般个体采购主和企业采购人，政府采购的主体是政府部门。政府是社会的管理者和领导者，在政府采购活动中作为买方，会自觉不自觉地带有管理者的影子，仍会习惯以管理者的身份参与政府采购活动，表现为指定品牌有之，拒签合同有之。另一个原因是目前是买方市场，在买方市场环境中，采购人是采购项目的买方，供应商激烈竞争的结果一定程度上就是在于赢得采购人的信赖。即使供应商在采购活动中遭受不公正待遇，为了长远合作考虑，也不会拿起法律武器去维护自己的权利。

法律观念淡薄也是导致供应商在政府采购活动中处于弱势地位的原因，有法不依、违法违纪的现象仍然大量存在。尤其是在政府采购领域，《政府采购法》颁布实施不久，政府采购公开、公平环境还没有完全形成，这在一定程度上会导致供应商利益受到损害。

其实，采购人和供应商作为交易的供需双方，应该在相互尊重、彼此信任的基础之上，共同推动政府采购事业的顺利发展。

（三）政府采购供应商资格条件

政府采购活动中，规定供应商参加政府采购活动必须具备一定的资格条件，这是因为：一是政府采购物品是为了满足政府机构更好地提供社会公共服务的需要，必须保证产品和服务质量，维护政府形象。因此需要对供应商提出包括生产能力、服务能力在内的能力要求。二是政府采购人多为政府机构，是法律、制度的制定与执行者，在采购活动中，应当率先做到自觉遵纪守法，鼓励诚信，政府采购活动在社会商品活动中起一定的示范作用。如不能采购有违法行为的供应商的产品，否则就是对这类企业的认同和纵容。

三是从源头上促进公平竞争,如供应商存在违法行为或不履行社会法定义务,即使其产品质量和服务再好,报价再低,也不应当允许此类供应商参加政府采购活动,否则会对其他遵纪守法的供应商造成伤害,不利于引导社会公平守信环境的形成。

为此,《政府采购法》规定参加政府采购活动的供应商应当具备以下六个方面的资格条件,这也是供应商参与政府采购活动的基本条件。

1. 具有独立承担民事责任的能力。这是供应商参加政府采购活动必须具备的最基本条件。规定供应商要具备独立承担民事责任的能力,目的是保护采购人的合法权益。如果供应商不具备独立承担民事责任的能力,就很难保证采购合同的履行,而且一旦出现违约等问题,无法采取补救措施,最终损害采购人利益。

2. 具有良好的商业信誉和健全的财务会计制度。良好的商业信誉是要求供应商在参加政府采购活动前,其在生产经营活动中始终能做到遵纪守法,诚实守信,有良好的履约业绩,通俗地讲,就是用户信得过的企业。健全的财务会计制度,简单地说,是指供应商能够严格执行现行的财务会计管理制度,财务管理制度健全,账务清晰,能够按规定真实、全面地反映企业的生产经营活动。

3. 具有履行合同所必需的设备和专业技术能力。这是保质保量完成政府采购项目必备的物资和技术基础。根据《政府采购法》规定,政府采购合同不能转包,虽然允许分包,但中标或者成交的供应商要全面承担履约责任,即使分包,也应当承担合同的主要部分或者关键部分。因此参加政府采购的供应商必须具备履行合同必需的设备和专业技术能力。

4. 具备依法纳税和缴纳社会保障资金的良好记录。作为供应商,依法纳税和缴纳社会保障资金是应尽的义务。如果这一点做不到,说明供应商已经丧失了最基本的信誉。《政府采购法》的这一规定是为了抑制一些供应商依靠偷逃税款、逃避缴纳社会保障资金等手段降低成本的行为,是从源头上促进公平竞争的措施之一。

5. 参加政府采购活动前三年内,在经营活动中没有重大违法纪录。在经营活动中没有重大违法纪录,包括高级管理人员犯罪、走私、诈骗等记录。《政府采购法》的资格条件中提出了"参加政府采购活动前三年内"这一时间要求。一是表明是否有重大违法记录,这是衡量一个企业信誉的重要标准。二是由于政府采购是使用财政性资金,采购目的是为社会公众提供服务,因此,从对社会发展和国家负责的角度出发,也需要对供应商提出特殊要求。三是仍然给有违法行为记录的供应商以改过的机会,只是要有三年间隔期,并不是永远不能参加政府采购活动。

6. 法律、行政法规规定的其他条件。其他条件如要符合国家的产业政策、要履行环保义务、要保护妇女和残疾人利益、要促进中小企业的发展等。凡是不符合这些条件的供应商,一律不得参加政府采购活动。

对于特殊行业的供应商,国家还有特别要求。例如,建筑行业的供应商应当取得建筑资质。至于这些特定条件,应根据采购项目的特殊性而定,有的项目对供应商有资质要求,有的项目有特种设备要求,有的项目有财务状况要求或者特殊专业人才要求等。

《政府采购法》虽然允许采购人对供应商提出特定条件,但采购人不得通过设定特定资格要求来妨碍充分竞争和公平竞争,制造人为的歧视政策。

二、政府采购供应商的权利和义务

(一) 政府采购供应商的权利

政府采购供应商作为交易的卖方,承担着向采购人提供合格采购对象的责任。供应商在政府采购活动中享有一系列合法的权利,主要包括:

1. 公平和平等地参与政府采购活动的权利

政府采购市场是指因政府消费而形成的一个特殊市场,是国内市场的一个重要组成部分。不同于民间市场,政府采购市场有其特定的采购主体,采购资金为政府财政性资金,采购目的是为履行政府管理职能提供消费品或为社会提供公共物品,没有营利动机,不具有商业性。由于在这个市场里,采购资金主要来自国家预算资金,按照财政收入取之于民、用之于民的原则,政府采购活动必须公开、公正、公平地开展,将政府采购形成的商业机会公平地给予每一个纳税人(包括供应商),不得采取歧视性措施,剥夺他们应有的权利①。因此,供应商只要符合政府采购法律规定的条件都可以参与政府采购活动,如果要进行资格审查,也主要是审查供应商是否符合法律规定。在资格审查时,必须公正平等地开展审查工作,不能设定特殊的、歧视性条件阻止供应商进入政府采购市场。

2. 公平和平等地获得政府采购信息的权利

政府采购作为社会公共采购,范围广、规模大,有巨大的市场潜力。按照公平、公正原则,供应商应当能够通过公平和公开竞争,获得为政府采购提供服务的机会,从而取得经济效益。但这种竞争是以供应商能够机会均等地获得政府采购需求信息为前提的。这就要求采购人和采购代理机构必须按照公开透明原则,将应当公开的政府采购信息在财政部门指定媒体上公开披露,以便供应商及时掌握政府采购需求信息,作出经营决策。

3. 供应商有提出询问和质疑的权利

供应商有权在采购活动开始前,对政府采购活动和有关采购文件向采购人或采购代理机构提出询问和质疑,特别是有权就一些歧视性内容提出问题,采购人或采购代理机构应该及时作出答复。

4. 供应商有要求保守其商业秘密的权利

在政府采购的活动过程中,供应商有权要求采购人或采购代理机构保守其商业秘密。

5. 供应商对政府采购活动具有监督的权利

供应商有权根据法律规定行使对政府采购活动的监督权利。国际经验表明,供应商间的监督是最有效的监督。因此,供应商应当成为政府采购工作的有力监督者,发挥其

---

① 《政府采购法》第五条规定:任何单位和个人不得采用任何方式,阻挠和限制供应商自由进入本地区和本行业的政府采购市场。

监督作用。只有供应商积极参与,政府采购公开、公正、公平原则才能得到真正的落实。因此,供应商应该有权了解政府采购方式、程序和步骤,有权了解招标采购的整个过程,以及政府采购制度规定。

6. 供应商享有其他合法权益

如可以拒绝采购人或采购代理机构的各种滥收费行为和各种不正当利益要求。

(二)政府采购供应商的义务

1. 遵守采购法律法规的义务

供应商作为政府采购活动重要当事人,必须认真遵守有关政府采购法律法规和制度规定。由于政府采购的特殊性,对供应商参加政府采购活动制定了一系列规定。供应商除了遵守国家法律法规,诚信经营外,还应遵守政府采购活动中各项规定和制度。如供应商不得提供虚假材料谋取中标、成交,有些供应商为了达到中标目的,虚报自身技术经济实力,提供虚假财务或业绩报告;不得采取不正当手段诋毁、排挤其他供应商;不得与采购人、其他供应商或采购代理机构恶意串通;不得向采购人、采购代理机构行贿或提供其他不正当利益;不得拒绝有关部门监督检查等。

2. 接受监督检查的义务

供应商必须自觉接受政府采购相关方面的监督检查。在政府采购活动中,供应商应该依法提供真实有效的文件证明自己符合参加政府采购活动的资格、资质和能力要求,积极配合有关政府采购监管部门及采购机关审查和监督,如实反映情况,提供有关资料,任何弄虚作假、拒绝相关部门监督和审查的行为均属于违法行为,要承担相应法律责任。

3. 履行合同的义务

供应商履行合同承诺是法律规定的义务,包括:供应商中标成交后,应当按规定与采购人签订政府采购合同,并严格按照承诺履约,不得拒绝与采购人签订政府采购合同,不得擅自变更或终止政府采购合同;主动积极配合政府采购项目验收工作。

三、政府采购供应商招投标应对技巧

(一)政府采购招投标特征

政府采购招标投标指采购单位事先提出货物、工程或服务采购的条件和要求,邀请众多投标人参加投标,并按照规定程序从中选择交易对象的一种市场交换行为。在整个招标投标过程中,招标和投标是分别相对于采购方和供应方而言的,是一项活动的两个方面。招标是指招标人在购买货物、工程或服务活动前,公布有关采购的条件或预期要求等招标文件,公开或书面邀请供应商或承包商在接受招标文件要求的前提下参加投标,招标人按照规定的程序确定中标人的行为。投标是指投标人按照招标人提出的要求和条件,参加投标竞争的行为,即供货人在得到招标信息或收到投标邀请后,按照招标人的要求制作标书并投标,通过提出报价和投标条件参与竞争。它是投标人选取适合自身的招标信息,根据招标人在招标文件中的各项要求,在规定的时间、地点内向招标人递交投标书以争取成交的交易行为。招标采购可概括为以下四个特征：

1. 交易双方一次性成交特征

招标采购要求投标人一次性报价，投标书递交后不得修改，与一般贸易方式的本质区别在于没有讨价还价的过程。从招投标的基本程序上不难看出，招投标交易过程明显不同于一般商品买卖。一般的商品交易是经过买卖双方一系列的讨价还价之后才达成协议的；而在招投标过程中，投标人只能在投标书中进行一次性秘密报价。投标书在递交之后，投标人不能再更改，以防止投标人利用不正当手段通过各种渠道获取相关信息，做出有利于自身的价格改动。

2. 公开公平性特征

招标投标活动要求有很高的透明度，招标人必须将招标投标的程序和要求向所有的潜在投标人公开，使每个投标者获得相同的招标信息，熟知招标的一切要求和条件。任何符合投标条件的投标人均可以参加投标，在投标规则面前各投标人具有平等的竞争机会，接受投标单位的监督。为确保公平竞争，评标工作由专门的评标委员会负责。

3. 组织性特征

招标是一种有组织的交易方式，具有组织性的特点，主要表现在有固定的采购机构，有固定的场所，招标的时间是相对固定的。即招标的各项活动一般都是按招标约定的时间、固定的程序和条件进行。

4. 多目标下的系统最优化性特征

招标的最终目的不仅仅是简单地追求低价，而是追求多目标条件下的系统最优化。招标的评价在于资源是否实现有效配置，资源配置的效率和效益是否达到最佳统一，体现在工期短、成本低、质量优，且获得寿命同期效益最佳。

(二) 供应商招投标应对技巧

1. 投标要素及投标文件编制技巧

在招标投标活动中，投标人应对招标人在招标文件中提出的实质性条件和要求作出响应，在编制投标文件时，应重点把握以下几点：

(1) 投标人资格证明。一个招标项目的投标人首先应向招标人证明自己具有承接该项目的能力，即投标人在资金、技术、人员、装备等方面证明具备与完成招标项目的需要相适应的能力和条件；其次，重点介绍投标人概况，近期财务状况及近年类似项目的经验；最后签章确保内容属实有据可查。

(2) 投标报价。投标价格的制定是整个投标的关键。投标价格是在核算单项成本和总成本的基础上，再加上一定比例的利润形成的。投标人在计算报价之前，应仔细阅读招标文件，搞清楚报价的内容和要求。投标人要按招标文件工程量清单中的格式填写投标价格。

(3) 投标技术条件。投标技术条件是一个重要的投标要素。对货物采购项目来说，投标人应对构成投标货物的全部技术内容作出说明。有的招标文件中提供货物说明一览表，对货物进行了简单描述。投标人应用具体的数字和准确的文字描述而不能仅使用

"满足""符合""响应"等笼统字眼。一般来说,投标人的技术指标是不能完全满足招标人要求的,投标人应列明这些偏离。对于投标货物的某些性能指标超过招标文件的规定和要求的,投标人可以在技术说明中详细说明这些性能的优越之处。对于工程项目投标来说,在技术条件方面,投标人应就施工方案、施工技术能力、施工进度计划、施工机械设备的配备等情况作出详细说明。

(4)投标保证金和履约担保。投标人必须在招标文件规定的时间内递交投标保证金。投标保证金的金额一般不低于投标报价的2%,其形式可以是银行保函、信用证、保付支票。

履约担保是投标人在接到中标通知书后必须以履约银行保函或履约保证书的形式向招标人提交的文件。

全套投标文件的具体内容依据招标项目不同而有所区别,一般应包括以上几个要素。

一本规范、高质量的投标文件除包含以上投标要素外,还应注意以下几点:一是要符合招标机构的要求。投标文件要符合招标人规定的格式和内容。如果投标人填写格式文件后,仍未能清楚地表达出投标人意思,可以另附补充文件说明。提交的文件种类、份数、正本副本数量要与规定相符。二是反复审核,消除误差。要对计算数量,如工程量、单价、总价认真核对。文字表达要准确无误。三是投标文件制作要干净整洁。如果图表线条不清晰、复制质量差,就会使人觉得这是一份粗制滥造的标书,容易被人怀疑其工作的质量和投标的诚意。因此,投标文件的外表要整洁,用统一规格的纸张和精致的文件夹装订成册。文件装订要便于招标机构的审阅。

若投标后,投标人发现投标文件中存在严重错误或因故改变主意,可在开标之前向招标机构声明收回或撤销。注意修改或撤销投标文件通知的发出时间,不得迟于招标机构规定的投标截止时间。

2. 供应商在政府采购活动中失标原因剖析[①]

政府采购供应商在政府采购活动中未能中标的情况时有发生,要善于总结经验,找出问题,以便于在今后的投标中提高中标的概率。供应商参与政府采购失标的原因有很多,可概括为以下几种情况:

(1)对政府采购招标项目信息不认真研究,导致中标失败。政府采购项目招标信息在指定媒体上公布,这一点对所有供应商来说都是平等的,但对采购人所需货物的信息研究程度如何、对招投标流程熟悉程度如何,将直接影响博弈的结果。因此,对政府采购项目了解程度,直接关系到投标的成败。

(2)投标报价不合理,导致中标失败。报价是政府采购招标中非常关键的一项内容,供应商要有正确的认识,政府采购招标的目标是获取性价比最好的产品和服务,如不对项目成本性能认真分析,不对竞争对手的可能报价进行分析,提出自己基于性价比高的

---

① 伍旦初.供应商参与政府采购失标的原因分析及对策[J].商场现代化,2006(4).

价格,而盲目抬高与降低报价,都可能最终导致中标失败。

(3) 技术要求没能实质响应招标文件,导致中标失败。有些供应商由于对招标人的技术要求没有做全面细致的研究,没有很好地区分关键指标和一般指标,虽然在投标时所选产品的质量很好,报价也非常的合理,但因不符合招标书的关键指标要求而成为废标,从而失去中标的机会。

(4) 时间观念不强,导致中标失败。在政府采购的招投标活动中,有几个关键的时间节点是一定要遵守的,不管是有意或是无意,凡越过了所规定的时间节点,将导致失标。如:① 投标保证金未在规定的时间内缴纳的;② 投标文件在投标截止时间前未能按指定地点送达招标人的。

(5) 标书制作不规范、不完整、不注意细节,导致失标。投标书的制作是有一定标准格式的,制作起来不算太难,但在招投标实践中投标单位不注意细节而导致失标的不在少数。一是投标书须封记而未按照招标文件的有关要求密封的;二是未按要求加盖法人或委托授权人印鉴的;三是投标者单位名称或法人姓名与登记执照不符的,或营业执照未年检,税务登记证过期的;四是没有投标产品的授权代理,没有投标产品质量及环保检测报告或未经国家质量认证,经营业绩达不到要求的;五是投标书的附件资料不全,如设计图纸漏页,有关表格填写漏项等;六是投标书字迹不端正,无法辨认的;等等。

3. 供应商在政府采购活动中取得成功的秘诀

(1) 重视对招标文件的研究。招标文件是投标响应文件的基础和标准,要反复研究分析,按照招标文件的要求编制投标文件,对招标文件中提出的实质性要求和条件,特别是关键性指标要作出准确响应,避免被判为废标。

(2) 结合供应商实际,慎重对待投标报价。投标人要想中标,必须是性价比最好的产品和服务,不管采用哪一种评标的方法,价格因素所占的比重都非常大。所以供应商一定要结合自己的实际情况,针对项目的要求,给出合理的投标报价。

(3) 重视售中和售后服务。鉴于产品的种类非常多,而且质量、保修等环节存在问题较多等特点,通常评标专家组对供应商投标书售后服务内的保修条款都看得非常认真。很多中标供应商在产品质量价格基本相同的情况下,靠服务取胜。

经典资料 2-4 供应商投标失误分析[①]

投标供应商往往由于一时疏漏而落标,甚至有的投标人屡犯相同或类似的错误,常常令招标人和采购人均惋惜不已。现将投标供应商主要失误摘录和整理如下。

失误之一 投标文件的商务部分未能完全响应招标文件要求

投标人在投标文件的商务部分出现的主要错误通常有:未递交投标保证金或银行保函与投标项目不符,没有法定代表人授权书,投标文件未签署或盖章,没有提供专业资质证书或专业资质达不到要求,营业执照未年检,税务登记证过期,没有投标产

---

① 章家菊. 供应商投标失误分析[EB]. 中国政府采购网,2005-09-02.

品的授权代理，没有投标产品质量及环保检测报告或未经国家质量认证，经营业绩达不到要求，质量保证及售后服务含混不清，还有的投标人在投标文件中违反要约，修改招标文件的付款方式，等等。出现这些错误，有的是投标人疏忽，有的是投标人带着侥幸或投机心理。

要防止商务部分出现错误，必须严格按照招标文件要求的内容及格式编制投标文件，不可缺漏。对于投标人客观存在的问题，如经营业绩达不到或资质要求达不到，投标人要慎重决定是否参加投标，如果为了积累经验而参加，也要在投标文件中尽量反映本企业的实际情况。对于管理方面出现的问题，如及时汇交投标保证金、办理营业执照年检等，投标人应安排专人在投标前进行审核控制。

失误之二　投标产品技术指标未达到采购人需求

不少招标文件要求投标产品的关键带"*"指标必须响应或更高，任一项未达到便视同不响应，而其他一般性指标数项未达到才视同不响应。投标人在技术部分出现的问题主要是投标产品的技术参数达不到要求。如在防"非典"期间，一家大型医院采购血液分析仪，要求检测速度每小时大于等于50个样本，有的投标人投标的却是上一代产品，检测速度根本达不到。曾有电梯投标人在投标高层电梯时，对运行速度及安全控制指标没有详细说明；曾有锅炉投标人没有充分注意招标文件对安全自动控制功能的要求，只简单地表示完全响应，还有的投标文件中一些重要的技术参数前后不一致，漏洞百出。

为防止类似情况发生，投标人一是要认真研究招标文件的要求，选择最适合采购人需求的产品投标，其次是要加强内部管理，避免低级错误。

失误之三　联合体投标无共同投标协议

在政府采购活动中，常有两个以上法人或者其他组织组成一个联合体，以一个供应商的身份共同参加政府采购。对于这种情况，《政府采购法》《中华人民共和国招标投标法》（以下简称《招标投标法》）都予以认可。但在具体实践中，供应商却往往忽视法律规定，不签订联合投标协议或权利义务约定不清，导致投标失误。曾经有例，某单位公开招标采购5台电梯，A公司参与投标。在评审时，评委发现A公司是一家只做销售业务的经营公司，不具备电梯安装资质，其标书说明，电梯安装由B公司负责。评委经过审核及讨论，依据《招标投标法》第三十一条、《政府采购法》第二十四条，认定A公司的投标书为废标。A公司很不服气："以前就这样中标过，在这里怎么就废标？"

在本案例中，A公司在投标文件中说明，安装由B公司负责，但投标文件中并没有联合投标协议，双方在法律上的连带责任不成立，则不能认定为联合投标。如果说是A公司分包于B公司，《招标投标法》第三十条规定，投标人只能将中标项目的非主体、非关键性工作进行分包；但电梯属特种设备，电梯安装并不是"非关键性工作"，国家强制规定要由具备相应等级资质的专业安装公司负责安装。要防止此类情况发生，投标人必须掌握相关的法律规定，对于需要其他公司承担部分任务，必须先要弄清相关规定,属于中标项目的非主体、非关键性工作的才可以分包,否则必须签订联合投标协议。

失误之四 投标报价超出买方采购预算或价格居高

《政府采购法》第三十六条第三款规定:"投标人的报价均超过了采购预算,采购人不能支付的"应予废标。在实际操作中,整个招标废掉的并不多,而个别或几个投标人报价超预算的却常见。而对于报价超预算的投标人,有的招标文件明确规定为废标,有的则在评审时将经济分视为零,实际上也就失去了竞争力。在采购实践中,经常出现的情况是,不同的投标人选用同一品牌、同一型号、同一产地、同一商家的货物投标,而价格却相差甚远;相同的企业资质,相等的工程量,而工程费报价却差别很大。还有的投标人对项目跟踪了几年,对采购人的需求也熟悉,最终却因价格过高而错失良机。

政府采购项目,信息公开、程序规范、竞争充分、结果透明、付款及时、守约诚信,投标人一定要解放思想、更新观念,利润期望不可过高。

失误之五 投标样品粗制滥造

在家具、服装等招标中,投标人经常要提供样品参与评审,有的投标人临时从仓库找几件类似的样品应付一下,有的投标人虽然是按招标文件要求制作了样品,但粗制滥造。曾有家具投标人在投标某小学钢木课桌椅时,提供的样品外表牢固、结实,可桌面上四个铆钉突出,桌椅的光洁度、安全性也未作处理,评审专家对该样品的人性化设计方面提出批评意见,认为对活泼好动的小学生,会造成安全隐患。而下次招标时,这家投标人又将这个样品搬来,结果都是一样——没有中标。

要防止此类错误的发生,首先是经营理念要改变,确实树立以人为本的思想,产品设计要人性化;其次是要按招标文件要求,认真制作样品,以样品来证明企业的技术能力,而不是投标代表空洞无力的口头说明。

失误之六 投标代表一知半解

在投标过程中,投标代表解释有关问题是一个不可缺少的环节。投标代表综合素质如何,对本公司的产品、技术、管理、售后服务等各方面的了解掌握,对用户代表、评审专家某些疑虑的解释说明,一定程度上影响着评委的决定。

曾在锅炉招标中出现这样的局面,A、B两家厂商实力相当,难分伯仲,竞争很激烈,但A、B投标代表一番说明之后,情况就变化了。评委问A:你们的锅炉有哪几个自动保护装置?A回答:有压力保护、熄火保护、漏气保护……锅炉外面有检漏装置。操作上采用6寸触摸屏控制,有自检功能、事故记忆功能,可以远程监控。同样的问题,B回答:这个问题我还不太清楚,我不是搞技术的。评委再问B:你们的燃烧器无故障运行时间是多长?B回答:不清楚。评委再问:你的炉表温度多少?B回答:我打个电话问问……评审结束后,A中标。

要防止此类错误的发生:一是投标人要加强对销售人员的培训,让销售人员熟知本企业的产品;二是一般由销售、技术两个方面的人员去参加投标。投标代表往往代表着企业形象,企业决定参与某个项目的投标时,应当派出能代表本企业的优秀员工,而不是随便指定一个员工或在当地聘一个联络员参加。

失误之七　投标代表仓促参加开标会

投标人在这个环节出现错误太可惜,但却经常出现,白白失去了投标机会。例一:北方某大型企业派代表参加一大型医疗设备招标,授权代表乘飞机赶到开标会场,递交投标文件时发现企业营业执照(副本原件)及投标代表身份证件未带,结果被拒绝投标。

例二:某项网络工程招标,开标会已进行了半小时,有位投标代表匆忙赶到,原因是赶制标书睡得太晚,一觉睡过头了,结果被拒绝投标。类似的还有投标代表路上遇到堵车的,记错时间的,记错开标地点的。

要防止此类错误发生:一方面,企业要加强对投标代表的教育和考核;另一方面,投标代表要强化责任意识,提前做好各项准备。

虽然投标错误各种各样,但只要投标人从企业的实际出发,着眼于企业的长远发展,认真对待,精心准备,加强管理,强化责任,不断总结经验,中标的概率可能就大不一样了。

四、政府采购供应商风险和救济

(一) 政府采购供应商风险

1. 市场竞争风险

政府采购市场是一个充分竞争的市场,市场竞争的法则是优胜劣汰,供应商按照法律程序、法定方法在政府采购市场中竞争,大多数供应商可能依然拿不到政府采购合同。因为竞争有风险,在竞争中只有少数供应商脱颖而出,政府采购活动也是如此。

2. 资格瑕疵风险

参加政府采购活动的供应商须具有一定资格,不满足一定条件是不能参加政府采购活动的,因为政府采购有个资格审查程序。即使该供应商侥幸通过资格审查,参加政府采购活动获得采购合同订单,如不符合资格条件,最终合同也会失去。比如说,某供应商被列入不良厂商的名单,侥幸通过资格审查程序,但被举报后,参加政府采购活动将无效,如果给采购人造成损失,还必须赔偿。

3. 合同履行风险

合同履行风险主要表现为通过正常的程序获得了合同订单,但由于国家利益的需要,省级以上人民政府有权变更或终止这个合同。终止或变更合同,当然会获得部分赔偿,但赔偿未必会到位。对供应商来说,履行合同在特殊情况下是有风险的,因为政府采购是为公共事业提供服务、提供产品的,有时候这种利益大于供应商的利益。

4. 非规范操作风险

非规范操作的风险包括:一是采购人或采购机构非规范操作可能会使供应商中不了

标,拿不到合同订单;二是一些供应商不规范操作,比如说串标、行贿等等,这些都会使本来应该能获得政府采购合同的供应商没有得到应得的合同。

风险的规避。供应商在政府采购活动中必须依法参与,要遵行诚信原则,切莫有欺诈行为;一定要遵循法律规定,要遵循基本的商业规律。只有这样,供应商的权益才会得到保护。

（二）政府采购供应商的救济

供应商在政府采购活动中如发现权利受损,可以寻求权利救济程序来保护自己的利益。《政府采购法》对权利救济程序作了规定。

1. 询问

政府采购活动中供应商如果对某些事项有疑问,可以向采购人提出询问。询问是供应商对采购活动事项有疑问直接向采购人提出,采购人如果委托采购代理机构进行采购活动的,供应商也可以向采购代理机构提出询问。询问是针对采购活动事项有疑问时提出的,询问的范围广泛,包括政府采购活动的任何事项,对于提起询问的时间法律上没有规定限制,在政府采购活动的任何时间均可提出。询问的方式法律上也不作限制,可以是口头也可以是书面形式。赋予供应商询问权是保障供应商知情权的一个具体体现。

2. 质疑

政府采购活动中,供应商认为采购文件、采购过程和中标、成交结果使自己的权益受到损害而向采购人或向采购代理机构提出请求,要求纠正或予以赔偿,称为质疑。

质疑是两平等主体间的沟通与协调过程,与普通民事交往中的协商、异议方式并无多大的差异。《政府采购法》对质疑的范围、质疑的时限、质疑的形式、质疑的机构都有明确的规定。

质疑的范围仅限于采购文件、采购过程和中标、成交结果。供应商认为采购文件、采购过程和中标、成交结果造成其合法权益受到损害的,可以向采购人提出质疑。而对履约过程中发生的争议,属于违约责任,应当适用《中华人民共和国合同法》的规定进行救济。

质疑的时限:《政府采购法》规定,供应商提出质疑应当在知道或者应当知道其权益受到损害之日起七个工作日内向采购人提出。时限的规定旨在促使供应商能及时行使其权利,同时也符合政府采购及时性的要求。

质疑的形式:质疑供应商在质疑的时限内以书面形式向采购人提出质疑申请,其内容应当包括质疑人和被质疑人的名称、住所、电话、邮编等基本情况,质疑的具体请求事项为质疑人受到损害的事实和理由。质疑文书也是政府采购文件之一,按照《政府采购法》的规定保存。所以,质疑应当采用书面形式。

质疑的机构:我国《政府采购法》规定的质疑程序属于内部的救济机制,供应商质疑可以直接向采购人或采购代理机关提出,采购人或采购代理机构应当设有专职人员从事受理质疑工作,而不能由采购部门的经办人员直接接受供应商的质疑。

3. 投诉

由于政府采购人拥有行政权力,在政府采购活动或合同的签订与履行过程中,供应商的合法权益容易受到侵害。我国《政府采购法》设置了区别一般民事合同的行政性救济渠道——投诉。

对采购人、采购代理机构的质疑答复不满意,或者采购人、采购代理机构未在规定期限内作出答复的,供应商可以在答复期满后十五个工作日内向同级财政部门提起投诉。供应商投诉实行实名制,其投诉应当有具体的投诉事项及事实根据,不得进行虚假、恶意投诉。投诉人投诉时,应当提交投诉书,并按照被投诉采购人或采购代理机构(以下简称"被投诉人")和与投诉事项有关的供应商数量提供投诉书的副本。投诉人为自然人的,应当由本人签字;投诉人为法人或者其他组织的,应当由法定代表人或者主要负责人签字盖章并加盖公章。

供应商在通过投诉渠道保障其合法权益时,应注意以下技巧:

(1) 掌握法律法规,把握投诉时机。《政府采购法》全面具体地明确了采购当事人依法应享有的权利,如《政府采购法》第五条规定,任何单位和个人不得采用任何方式阻挠和限制供应商自由进入本地区和本行业的政府采购市场;第十一条规定,政府采购的信息应当在政府采购监督管理部门指定的媒体上及时向社会公开发布;等等。《政府采购法》的第五十二条和第五十五条又分别规定,供应商认为采购文件、采购过程和中标、成交结果使其权益受到损害的,可以用书面形式向采购人或采购代理机构提出质疑;如质疑供应商对采购人或采购代理机构的答复不满意,或采购人或采购代理机构未在规定时间内作出答复的,可以向同级政府采购监督管理部门投诉。

(2) 分析投诉条件,提高投诉有效性。在政府采购活动中,采购项目最终只有少数供应商中标,其他未中标的参与者,如果不区别对象无目的地进行乱投诉,只会自损形象,浪费财力,不会有任何结果。因此,供应商在投诉前必须分清责任,掌握依据,提高投诉有效性。对供应商投诉有严格的规定,如供应商只能就采购文件、采购过程和中标、成交结果这些事项进行投诉;只有在对自己的权益造成了损害的情况下才可以投诉;投诉前须经过质疑程序;投诉时限等。不符合这些规定的投诉均属无效投诉。

(3) 掌握充分依据,提高胜诉率。投诉供应商在投诉时,必须提供充分具体完整的书面投诉材料,除了投诉规定的各种材料外,投诉供应商尽可能提供充分全面的证据,以便政府采购监管部门及时进行投诉处理,维护自身权益。

4. 行政复议

政府采购活动中投诉供应商对政府采购监督管理部门的投诉处理决定不服或者政府采购监督管理部门逾期未作处理的,投诉供应商还可以依法申请行政复议。

根据《中华人民共和国行政复议法》的规定,投诉人可以自收到投诉处理决定之日起六十日内,向该政府采购监督管理部门的本级人民政府申请行政复议,或者向上一级政府采购监督管理部门申请行政复议。行政复议机关在收到行政复议申请后,应当在5个工作日内进行审查并决定是否受理,对不予受理的,应当书面通知申请人;对决定予以受理的,应当及时进行审查、研究提出处理意见,在自受理申请之日起六十日内作出维持、撤销、变更原投诉处理决定或确认原处理决定违法的行政复议决定,并书面通知申请人。

5. 行政诉讼

根据《中华人民共和国行政诉讼法》的规定,投诉人不服处理决定直接向人民法院提起行政诉讼的,应当在收到投诉处理决定之日起三个月内,向作出投诉处理决定的政府采购监督管理部门所在地的基层人民法院提出。人民法院接到起诉状后,经审查在七日内立案或者作出裁定不予受理。一经立案,人民法院将及时进行审理,并根据情况,在立案之日起三个月内分别作出维持、撤销或部分撤销原投诉处理决定的第一审判决。投诉人对第一审判决不服的,有权在判决书送达之日起十五日内向上一级人民法院提起上诉。

五、供应商政府采购行为规范与诚信

(一) 供应商政府采购行为规范

供应商作为交易的卖方,承担着向采购人提供合格采购对象的责任。供应商在政府采购活动中享有平等参与政府采购活动权利的同时,在政府采购活动中其行为除受到政府采购法规约束外,还应遵守一定的行为规范。

1. 诚实守信。讲信誉、重信义是供应商在市场竞争上必须遵循的规则。供应商在政府采购活动中,本着诚实、守信的态度履行自己的权利和义务,讲究信誉,兑现承诺。其提供的投标文件、资格证明、产品服务都不得言过其实、弄虚作假。供应商不得提供虚假材料谋取中标和成交,中标后不得无故放弃合同,不得擅自中止、终止合同。

2. 公平竞争。供应商以公平竞争、优胜劣汰的态度参加政府采购活动,应该以质量和服务取胜,不得采取不正当手段妨碍排挤其他供应商投标中标,不得向采购人、采购代理机构人员或评委等行贿,以获取不正当的利益。

3. 遵守程序。在政府采购活动中,供应商自觉履行采购人或采购代理机构的正当要求,包括遵守法定采购程序,履行必备手续,按时递交投标文件,交纳投标保证金,遵守采购活动现场纪律,按招标人的要求对投标文件进行答疑。

4. 服从监管。《政府采购法》规定政府采购监管部门有权对包括供应商参加政府采购活动的情况进行监督检查,供应商在参加政府采购活动时应自觉接受有关部门的监督和管理,配合提供有关资料和情况,当存在不正当行为时,服从有关处理。

5. 依法维权。维护自身在政府采购活动中的合法权益是供应商应有的权利,但在维护自身权益时,必须依照法律规定的程序,必须有证据、有理由,不得损害其他当事人的权益。

6. 公益意识。政府采购具有政策性功能,如保护民族中小企业、保护环境等。供应商在参加政府采购时,要胸怀大局、有公益意识,要理解和支持政府采购的宏观调控政策,要把维护国家、社会利益作为处理国家、企业经济关系的基础。

（二）供应商政府采购诚信问题思考

1. 政府采购诚信的价值分析[①]

诚信建设是市场秩序有序化的需要。市场经济,通过合同契约的形式来实现,其本质是法制经济、诚信经济。在市场经济中,诚信缺失会带来非常严重的后果:增加社会交易成本,现代交易手段和方式得不到发展,信用缺失造成恶劣的社会影响,客户大量流失;不利于企业良好形象的树立和品牌的建立,企业缺乏竞争力。因此,市场经济越发达,社会分工越细密,商品交换越频繁,作为市场各个组成部分之间的联系就越紧密,就越要求政府采购各元素之间诚实守信。供应商参与政府采购活动必须承担相应的社会责任。

诚信建设是赢得政府采购订单的核心竞争力。在政府采购市场中,良好的诚信度对于一个供应商是不可估价的无形资产。一个长期坚持诚信的企业,能够产生强而无形的吸引力,帮助企业抢占政府采购市场,进而提高企业的经济效益。诚信也是吸引采购人的金字招牌,因为采购人在选择供应商时,越来越关注那些信息准确、有社会责任感的公司。诚信是社会责任感的最好表现,注重诚信建设的企业可以得到更多的"信誉投资"。有关调查显示:A级以上信用等级中,企业盈利的为69.3%,亏损的只占17.8%;其他企业盈利的为49.8%,亏损的占32.1%。因此在市场经济条件下,诚信作为一种无形资产,是企业良好社会形象的重要内涵,也是其核心竞争力的构成要素。

政府采购诚信促进政府采购效率的提高。政府采购效率的高低主要取决于交易成本与交易总量之比。交易成本越小,交易总量越大,交易效率就越高。政府采购诚信能够使契约各方形成稳定的预期,诚信使参与政府采购活动的企业的利益能够在公平意义上得到保障,从而带来经济效率的提高。对于整个政府采购市场而言,政府采购诚信能使政府采购信息真实可靠,有利于加速社会资源的有效配置,降低资本成本,提高整个社会的经济效益。

2. 供应商政府采购诚信对策指引

供应商诚信价值观构建。诚信是一个供应商长期获利的基础。对一个供应商来说,有时候往往面临着"二难"的困惑:诚信往往吃亏,讹诈反而得利。不过从长远看,诚信吃亏是临时的,长远发展靠诚信。供应商要健全诚信制度,完善诚信体系;严格自律,以身垂范,严格遵守国家法律法规,遵守职业道德和行业准则,自觉维护自身诚实守信形象。

充分认识政府采购市场诚信倍增效应。政府采购市场规模大,标的金额大,供应商在政府采购市场良好的诚信度不仅可为其赢得政府采购合同打下良好基础,而且还为它在其他市场竞争提供了不可估量的无形资产。政府采购市场的特殊性决定着对供应商诚信度的特殊要求。政府采购有着示范效应,供应商除了遵循社会的行为规范外,还受着政府采购规定和规范的约束。政府采购市场中有专门的《政府采购法》和监管机构来规范政府采购行为,政府采购有足够的资源构建政府采购供应商诚信体系,对政府采购

---

① 杨尚阳. 市场机制下会计诚信的经济价值探析[J]. 中国集体经济,2011(4).

市场主体实行动态管理，日常监管信息中记录供应商的诚信状况、奖惩资料等。通过政府采购指定媒体对供应商诚信信息的定期公布，一方面可以促进供应商在政府采购市场经营中的透明度，另一方面对供应商诚信效应起着放大作用。供应商在政府采购市场中因诚信不足，失去的蛋糕不仅会很大，而且诚信不足对其产生的负面效应将会非常大。试想，一个与政府部门合作都无法做到诚实守信的公司，还有谁敢与它合作？因此，供应商应充分认识到政府采购市场诚信建设的特殊性，加强学习和研究政府采购相关知识与法律法规，在主张自身权益时，尽到自身义务，提高诚信度。加强与采购机构的沟通和交流，把握好政府采购实际需求、采购中的评标方式与评标标准，增强政府采购的针对性和有效性，以诚信和效率获得政府采购合同。

履约诚信化。政府采购项目标的大，服务周期长，社会关注度高。供应商应加强在政府采购合同履约中提高自身良好的信誉。供应商诚信和优质度差别在很大程度上体现在履约服务中。因此，不管售前、售中服务还是售后服务，供应商都要及时便利、周到全面、保质保量。诚信的履约更能加强供应商与政府采购人之间的合作交流，建立新型和谐的供需关系，准确了解采购人需求，提高企业信誉和声誉，提高供应商参与政府采购市场的竞争力。

第三章

政府采购预算

第一节　政府采购预算的内涵与分类

一、政府采购预算的内涵

政府采购预算是指采购人根据事业发展计划和行政任务编制的，并经过规定程序批准的年度政府采购计划。政府采购预算是行政事业单位财务预算的一个组成部分，反映了政府采购的规模和内容。

政府采购预算是依法采购的要求。《政府采购法》第六条规定，政府采购应当严格按照批准的预算执行；《政府采购法》第三十三条规定，负有编制部门预算职责的部门在编制下一财政年度部门预算时，应当将该财政年度政府采购的项目及资金预算列出，报本级财政部门汇总。部门预算的审批，按预算管理权限和程序进行。

政府采购预算是加强单位财政管理水平的重要基础。政府采购预算管理为单位财务管理提供支出计划和依据，使单位财务管理可按照预算规定的内容，有计划、有步骤地进行，避免工作的盲目性；可以促使单位合理安排支出，提高资金的使用效益。通过政府采购预算的编制与执行，可以实现财务部门、资产管理部门及业务部门工作的有效衔接。

政府采购预算是加强财政监督的重要途径。政府采购预算直观地反映了预算年度内各级政府部门用于采购的支出计划，反映了行政事业单位的资金支出规模及业务活动范围和方向。政府采购预算编制对减少采购的随意性，规范采购行为，加强财政监督，确保财政资金使用效益具有重要意义。

政府采购预算提高了政府采购的透明度，便于社会监督。由于政府采购预算细化到每一个项目，采购项目都要求公开，因此每个单位的采购需求十分公开透明，便于纳税人监督，有利于公开公正的政府采购环境的形成。

二、政府采购预算的分类

（一）政府采购预算按性质划分为货物类采购预算、工程类采购预算以及服务类采购预算

货物类采购预算是指各种形态货物如计算机、打印机、汽车等的采购预算。工程类采购预算是指建设工程，包括建筑物和构建物的新建、改建、扩建、装修、拆除、修缮等的采购预算。服务采购预算是指除货物和工程以外的其他政府采购对象的采购预算。

（二）政府采购预算按级次划分为单位采购预算和财政采购预算

使用财政性资金的各基层单位采购预算为单位采购预算。由各基层单位按预算隶属关系将采购预算报送上级预算管理单位并将其汇总的相关财政部门的预算为财政采

购预算。

（三）政府采购预算按方式划分为集中采购预算、部门集中采购预算及分散采购预算

采购人采购政府集中采购目录以内的货物、工程和服务所编制的采购预算称为集中采购预算；采购人采购部门集中采购目录以内的货物、工程和服务所编制的采购预算称为部门集中采购预算；采购人采购集中采购目录以外、政府采购标准以下的货物、工程和服务所编制的政府采购预算称为分散采购预算。

第二节 政府采购预算编制的原则和依据

一、政府采购预算编制的原则

政府采购预算是政府采购首要的基础工作，编制政府采购预算应遵循如下原则：

1. 法规政策性原则

政府采购预算编制要符合《中华人民共和国预算法》和《政府采购法》及其他相关法律规定。政府采购预算编制要在法律赋予的范围内进行，要充分体现国家有关方针政策，体现《政府采购法》优先购买国货、采购节能产品、环保产品等方面的导向，要处理好完成事业计划任务和经费总额不足可能出现的矛盾，保证重点，兼顾一般，力求预算的政策性和科学性相结合。另外，政府采购预算作为部门预算的重要组成部分，一经有关部门批准就具有法律效力，各部门必须严格执行。

2. 稳妥性原则

单位的政府采购预算和单位的财务预算一样，一经批准，就要严格执行，单位取得的财政拨款和其他各项收入一般不能调整。因此，单位在编制政府采购预算时，要稳妥可靠，量入为出，收支平衡；既要把根据事业发展需要应该采购的项目考虑好，还应该注意政府采购资金的来源是否可靠，有无保证，不能预留缺口。

3. 完整性原则

单位在编制政府采购预算时，必须将收入以及各项支出形成的政府采购项目，完整、全面地反映在单位预算中，不得在预算之外，另留收支项目。

4. 统一性原则

单位在编制政府采购预算时，要按照国家统一设置的预算表格和统一口径、程序以及统一的计算方法填列有关数字指标。

5. 实用性原则

单位在安排政府采购预算项目时，要精打细算，不要盲目追求"超前"，应在满足工作

需要的前提下,适当超前,也要避免不考虑发展而导致项目刚投入使用即落后,造成浪费。

二、政府采购预算编制的依据

政府采购预算的编制必须反映出国家的方针政策以及国民经济发展的要求,同时必须符合国家有关法律、法规、制度的规定。政府采购预算编制的依据主要有:

1. 相关的法律法规和方针政策

编制采购预算的目的是科学、高效、规范地实施政府采购,因此在编制政府采购预算时,不仅要依据与预算有关的法律政策制度,而且要依据《政府采购法》、政府采购操作规范等法规制度,要符合国家的产业政策,体现国家经济发展的客观要求。

2. 单位采购需求和资金额度

单位按照事业发展和职能提出采购需求,通过采购预算报经财政部门审核,只有被财政部门审核确认后才能成为年度政府采购预算。需求的合法、合理性是政府采购预算编制和审核的重要依据,也是控制盲目采购、重复采购等问题的重要手段。此外,预算单位编制政府采购预算时,必须对单位资金额度进行测算,确保政府采购预算的可靠性。

3. 政府采购目录和限额标准

政府采购预算编制对象主要是指政府采购集中采购目录及限额标准以上的采购项目。因此,政府采购预算编制必须以同级政府公布的年度政府采购目录和限额标准为依据,不得漏编。

第三节 政府采购预算的编制与执行

一、政府采购预算编制的内容

政府采购预算编制的内容通过政府采购预算表来体现。政府采购预算表一般包括采购项目名称、采购资金来源、采购数量、采购型号、采购项目使用时间等内容。

(一)采购项目名称

政府采购项目按当年政府公布的政府采购目录进行编制。政府采购目录是当年政府规定的必须实施集中采购的货物的项目。具体包括:

(1)货物类:包括计算机、复印机等办公机具,科研、教学、医疗用仪器设备,公检法等执法监督部门配备的通用设备和统一制装,办公家具,交通工具,锅炉用煤等。

(2)服务类:包括会议、公务接待、车辆维修、加油、大宗印刷、机票订购等项目。

（3）工程类：包括基建工程、修缮项目、财政投资工程项目中由建设单位负责采购的大宗材料（如钢材、铝材、木材、水泥等）和主要设备（如空调、电梯、消防、电控设备等）。

（二）采购资金来源

单位的支出一般可分为人员经费、正常经费和专项经费三大类。政府采购的项目主要指公用经费和专项经费支出部分。其主要来源包括：

（1）财政拨款：财政预算拨款中用于政府采购项目的支出。

（2）财政专户拨入资金：单位使用存入财政专户的收入安排政府采购项目的支出。

（3）单位留用收入：单位使用经批准直接留用的收入安排政府采购项目的支出。

（4）其他收入：单位用上述资金来源以外的资金安排政府采购项目的支出。其包括：自筹资金、国家财政转贷资金、银行贷款、国际金融组织贷款等。

（三）采购数量

采购数量是指各采购项目的计划采购量。

（四）采购型号

采购型号是指各计划采购项目的配置标准。

（五）采购项目使用时间

政府采购项目通过招标或其他方式获取货物、接受服务和工程的用于公共事业服务的时间。

政府采购预算表见表3-1。

表3-1 某省省级2018年单位政府采购预算表

单位：万元

科目编码		功能科目名称	单位名称	项目		数量	合计	财政拨款（补助）	专户核拨、上年财政专户预算外资金	政府性基金收入及上年结余	行政事业结余结转和动用基金	单位其他资金
类	款			采购项目	政府采购目录							

二、政府采购预算编制程序

(一) 政府采购预算编制的准备工作

编制政府采购预算是一项细致、复杂,且政策性很强的工作,为了科学、合理地编制好预算,保证政府采购预算的质量,必须做好预算编制的准备工作。要认真分析上年度政府采购预算的执行情况,深入了解并掌握各业务部门的资产情况、管理情况及需购物品、工程、服务情况;做好资产合理调配与利用,盘活存量资产;单位财务部门、资产管理部门和业务部门统一协调,实事求是提出采购需求,并进行认真论证,落实相应的资金来源;组织财务部门、资产管理部门及有关业务部门掌握编制政府采购预算的有关规定,熟悉政府采购目录,正确领会编制预算的有关要求。

(二) 政府采购预算编制的程序

部门预算的编制程序是实行"二上二下"的编制方法。即部门预算单位根据财政部门制定的编制部门预算的指导性意见及支出定额编制预算建议数上报财政部门(一上);财政部门审核后,根据财力情况下达预算控制数(一下);单位根据预算控制数调整、编制单位预算上报财政部门(二上);财政部门根据人大批准的预算批复单位预算(二下)。

政府采购项目和资金预算应当在部门预算中单独列出,在部门预算"二上"时编报。要注意不能将部门预算与政府采购预算割裂开来,不得在部门支出控制数以外编制政府采购预算,虚列预算项目。政府采购资金主要来源于财政性资金,政府采购预算必须包含于部门预算中。按照市场经济条件下公共财政管理要求,没有列入预算的活动,政府不得拨款;没有资金保证的项目不能开展采购活动。因此,采购人拟采购的项目,首先要编入本部门的部门预算,报财政部门审核,最后报同级人民代表大会审批。只有经批准后的采购项目,才有资金保障,具有履行采购合同的支付能力。

具体编制时,采购应按各级政府发布的下年度确定的集中采购、部门集中采购和限额标准以上采购的项目范围,分别编制政府集中采购预算、部门集中采购预算和分散采购预算。

需要说明的是,凡符合政府采购预算表中要求的项目或品目,属于集中采购目录的,各单位在政府采购计划下达之前均不得自行采购。因情况特殊的紧急采购,应当事先向财政部门提出申请。批准的采购预算通常考虑到了确保该采购项目质量的各项费用,在执行中不应当突破。否则,采购人应当调整采购需求,或者调整本部门的支出预算,总之要供求平衡,按照采购合同约定履行付款义务。

(三) 编制政府采购预算时应注意的问题

编制政府采购预算项目范围就是政府采购的实施范围,凡是属于政府采购范围的集中采购项目和分散采购项目都必须编入政府采购预算,不属于政府采购范围的项目不要列入政府采购预算。

政府采购预算的项目应当按当地政府公布的集中采购目录和财政部门规定的品目

分类编列。

采购资金的来源要按要求填列清楚。

对金额较大项目应当按规定进行论证和评审后,再确定采购预算金。

经典资料3-1　某省政府采购预算管理办法(试行)

第一条　为了加强政府采购预算管理,规范政府采购预算(也称"政府采购计划")的编制、审核及执行工作,根据财政部《政府采购管理暂行办法》及有关规定,制定本办法。

第二条　本办法适用于按规定纳入政府集中采购范围的行政事业单位的政府采购预算管理。

第三条　各级政府财政部门编制本级政府采购预算,各预算主管部门、各单位编制本部门、本单位的政府采购预算。

第四条　各单位在年初编报年度收支预算时应将涉及政府集中采购项目的有关预算细化到具体货物、工程或服务等,并在财政部门批复年度单位预算后,单独编制年度政府采购预算。

第五条　各单位在编制年度政府采购预算时,应按照财政部门编制年度预算的要求及核定的年度收支预算(包括财政预算资金、预算外资金、事业收入等)确定采购预算,不得编制无资金来源的采购预算。同时,要按照国家和同级政府有关部门规定的货物、工程或服务配备规定或标准确定采购规模、规格型号等,不得超标准安排采购预算。

第六条　政府采购预算按预算隶属关系编报。各基层单位应按预算隶属关系将采购预算报送上级预算管理单位,各主管预算单位应对下属单位报送的采购预算进行初审、汇总,并将汇总的单位政府采购预算(附所属单位采购预算)正式行文报送财政部门的有关业务部门(处、科、股,下同)和政府采购管理部门(采购办或采购科,下同)各一份。

第七条　财政各业务部门应对各有关主管单位报送的政府采购预算进行审核,经审核后汇总,汇总表在规定时间内送政府采购管理部门审核、汇总,编制本级政府年度采购预算草案,按规定程序批准后形成本级政府年度采购预算。

第八条　各单位应根据财政部门核定的年度收支预算和年度政府采购预算,按季度编制政府采购预算执行计划(以下简称"执行计划"),执行计划的报送、审核、汇总按本办法第六条、第七条及本条有关规定办理。各单位报送的季度执行计划,应是本季度已确定要购置且采购资金已经落实的采购项目,按规定应办理报批手续的采购项目(如汽车购置等),应办理报批手续,并将批件报送财政部门。各主管单位和财政业务部门对各单位、各部门报送的季度执行计划进行审核(或初审)时,重点审查采购项目的必要性、采购标准、采购资金落实情况以及主要规格型号、特殊要求、物品参考单价的合理性等。各主管单位应在每季度第一个月的十五日前将本部门的季度执行计划汇总表（附所属单位执行计划）报送财政有关业务部门和政府采购管理部门各一份。

第九条　政府采购核经批准的季度执行计划组织实施。各财政业务部门应对各主管单位报送的季度执行计划进行审核后汇总，在每季度第一个月的月底前送政府采购管理部门审核、汇总，形成本级政府季度采购执行计划，按规定程序批准后下达政府采购中心按规定组织采购。政府采购原则上每季度的最后一个月各实施一次，特殊情况可增加采购批次。

第十条　政府采购管理部门将执行计划汇总后，应出具《×季度政府采购计划确认书》，两个工作日内书面通知财政有关业务部门和政府采购管理部门。政府采购季度执行计划批准后，政府采购管理部门应出具《×季度政府采购执行计划通知书》，正式通知财政有关业务部门和各物品使用单位的主管单位。政府采购执行计划一经批准，不得调整。

第十一条　政府采购中心在实施采购计划时，应在采购活动开始前与各主管单位就各物品的具体规格型号及其他特殊要求等方面进行登记或核实，如有实质性调整或发现单位采购预算金额明显低于市场一般价格，应及时报告财政业务部门及政府采购管理部门。

第十二条　政府采购季度执行计划报送财政部门后需要追加采购计划的，各单位应根据年度采购预算或财政部门专项批准下达的《追加政府采购限额预算通知书》，按规定程序报送追加政府采购执行计划（需在备注栏填列《追加政府采购限额预算通知书》文号），经批准后，政府采购管理部门和政府采购中心按本办法有关规定办理采购工作。追加政府采购执行计划应在物品采购前两个月报送。政府采购执行计划报送后，如遇特殊情况需要对采购项目调整的，各主管单位应在该项目采购前五十日正式出具政府采购执行计划调整报告，并详细说明调整原因和调整项目，报送财政有关业务部门和政府采购管理部门。如无特殊情况，季度执行计划一经报送，不得调整。

第十三条　各单位政府采购预算中使用财政预算资金的，按以下办法处理：使用年初预算资金的，预算指标仍可按现行有关规定由财政预算部门安排到有关财政业务部门，待采购活动结束后，由政府采购管理部门按实际支付的采购货款开出《政府采购支出转账通知书》，送财政有关业务部门，财政业务部门据以将预算指标（需注明该项指标已实行政府集中采购，下同）转下各主管单位，单位据以登记入账；追加预算中属于政府集中采购范围的，指标暂不下达，其中，由财政预算部门安排的，预算部门将批准的限额预算以《追加政府采购限额预算通知书》方式通知财政有关业务部门和政府采购管理部门，有关业务部门据此开具限额预算通知书通知主管单位（限额预算只记备查账）和政府采购管理部门，待采购活动结束后，预算部门根据转账通知书据实将预算指标下达有关业务部门，有关业务部门转下主管单位，单位据以登记入账。

由财政有关业务部门安排的,有关业务部门应将批准的限额预算通知政府采购部门和单位,待采购活动结束后,有关业务部门根据转账通知书据实将预算指标下达主管单位,单位据以登记入账。主管单位应根据财政部门开具的《政府采购支出转账通知书》,给所属有关单位开具支出转账通知书(由财政部门统一印制并加盖主管部门财务印鉴),单位根据有关凭证及主管部门开具的支出转账通知书登记入账。

第十四条 政府采购资金实行单一账户管理制度,贷款采用统一支付办法。财政预算安排的政府采购资金,有关财政业务部门应根据政府采购管理部门开具的《政府采购支出转账通知书》的支出金额,三日内直接将资金拨付到政府采购资金专户;事业单位用事业收入(包括经财政部门核准不上缴财政专户的预算外资金)等自筹资金用于政府采购的,各主管单位应根据政府采购管理部门开具的《政府采购资金划款通知书》,不迟于采购活动开始前五日将资金划拨到该专用账户;行政事业单位用预算外资金(已纳入财政专户部分)安排的采购资金,财政部门暂按有关规定将资金划拨单位,各主管单位根据政府采购管理部门开具的《政府采购资金划款通知书》,不迟于采购活动开始前五日将资金划拨到该专用账户。主管单位要根据政府采购执行计划通知书确定的采购项目和采购预算等,及时通知有关所属单位将资金划拨主管单位,以便主管单位按规定的时间将资金划拨财政部门。采购工作结束后,实际支付的货款与采购预算有差额的,按采购资金的来源比例多退少补。采购预算出现节约或超支,政府采购管理部门开具《政府采购资金退款(补划款)通知书》退还或补交。

第十五条 非驻宁省直单位采购预算的管理另行规定。

第十六条 各主管单位要做好所属单位采购预算管理工作,建立健全有关管理制度。尤其要建立健全主管单位与所属单位的有关采购预算(含执行计划)报送、审核、下达以及所属单位采购资金的管理等制度,做好与财政部门及上下级单位之间管理上的衔接。

第十七条 集中采购目录中实行定点采购方式采购的货物或服务,采用集中付款方式的,按本办法规定执行,采购用分散付款方式的,仍按原办法处理。

第十八条 分散采购项目中委托政府采购中心组织采购的,可参照本办法执行。

第十九条 各地区、各主管单位根据本办法制定具体操作办法。政府采购资金管理办法(包括会计账户处理办法)另行制定。

第二十条 本办法由某省财政厅负责解释。

三、政府采购预算的执行

政府采购采购人必须严格按照政府采购预算及其计划执行。各部门、各单位应根据本级财政部门批复的政府采购预算,按计划进度编制政府采购计划,主管部门按政府采购有关规定审核后,由采购人委托同级政府采购中心实施采购。政府采购中心必须严格按照核定的项目内容、付款方式、采购方式等组织采购,不得擅自调整。

第四节 政府采购预算问题评析

一、政府采购预算编制执行中存在的问题

政府采购预算管理处于不断完善阶段,要编制一套科学合理的政府采购预算并严格执行,还面临着不少的问题。

1. 政府采购预算编制随意性大。由于人们长期以来形成的不重视计划的管理习惯,对政府采购预算认识不足,不同程度地存在"争盘子,抢资金"的现象,因此预算编制随意性大。对采购项目不进行科学论证及充分的市场调研,采购预算编制不是过高就是过低,特别有些项目在编制预算时还没有项目计划,资金尚未完全到位,编制时无法细化,造成政府采购预算与实际脱节。

2. 政府采购预算与部门预算依据标准不一致。政府采购预算资金确定基本上无法以市场价为依据,而是人为地以基数或按一定比例确定。公共支出项目不能细化到政府集中采购目录。

3. 政府采购预算刚性不强。政府采购预算存在预算归预算、执行归执行的问题,无预算采购、超预算采购现象比较普遍。边采购边申报,采购项目调整追加现象频繁。

4. 政府采购预算精细化水平有待提高。政府采购预算质量不高,项目不全。有的单位相当一部分项目没有纳入预算编制范围,有的预算内容不够详细,时间不够准确,存在少报、漏报现象,市场价格和技术需求不准,时常造成供应商报价超预算现象。

5. 政府采购预算执行约束力有待提高。在实践中无法做到无预算不采购,即使审计查出超预算、无预算采购现象,处罚措施也十分有限。

二、政府采购预算问题对策研究

1. 早编细编预算。政府采购监管部门要科学拟定、及早发布政府采购目录和限额标准,为采购部门编制政府采购预算创造条件。各部门要将预算内、外资金统筹考虑,统一编制政府采购预算,政府采购预算与部门预算实行同步上报,同步审核。细编预算,各采购部门根据职能需要和下一年度计划,依据政府采购目录及采购限额标准,对符合政府采购条件的项目逐一编制预算,将项目名称、品目、采购数量、技术规格、预算金额等信息全面、详细地填列在政府采购预算表中[①]。

2. 运用信息技术,强化采购预算约束。依托信息技术手段,开发政府采购预算管理

---

① 刘军.加强地方政府采购预算编制 提高采购监管科学化水平[J].中国政府采购,2011(6).

软件,实行预算电子化管理。政府采购监管部门严格规范采购单位政府采购预算报表编制,力求全面、完整地反映采购需求。对于较大额度的采购事项,提前进行对接服务,提醒采购人提早进行采购准备,削减采购人对供货时间紧与采购时间长的心理落差度[①]。严格规范预算外采购程序,减少预算追加,并制定出台行政事业单位资产配置标准,统一标准化设施采购需求的合理区间。

3. 预算执行情况及时通告。编排政府采购预算的部门或单位主要是政府采购机关或事业单位,对这些单位未按政府采购预算实施采购的情况定期在一定范围公布,通告上级部门不失为一种有效方法。这些部门扣款处罚难以执行到位,定期通告反而会有所触动。

---

① 郑晓媛.关于提高政府采购社会认同度的调查与思考[J].中国政府采购,2011(6).

第四章

政府采购模式与方式

第一节　政府采购模式

一、政府采购模式概述

政府采购模式是政府采购的组织实施形式,具体地说,是指政府采购是否进行集中管理以及集中管理的程度和类型。按国际通行做法,政府采购实施形式可分为集中采购、分散采购以及集中采购与分散采购相结合三种模式。

(一)集中采购模式

集中采购模式通常由政府集中采购机构负责组织实施政府采购事宜。实行集中采购有利于扩大采购规模、减少采购批次、提高财政资金的使用效益,是一种有效的政府采购模式。

集中采购模式需要组建政府集中采购的机构,按照国际上通行做法,集中采购机构设置主要有两种形式,一种是政府采购独立设置,另一种是设置在财政部门,机构性质一般是政府机构,工作人员为政府公务员。集中采购机构不同于社会招标中介机构。中介机构办理招标采购事务是以盈利为目的,而集中采购机构是非盈利性的。中介机构是面向全社会的,而集中采购机构专门服务于政府机关、事业单位和团体组织。

政府集中采购机构也不同于一般的政府机关。集中采购机构职责是接受政府采购采购人委托从事政府采购事务,不履行行政职能。

(二)分散采购模式

分散采购模式是指由各使用单位自行进行政府采购的模式。分散采购模式要求使用单位向财政主管部门上报采购预算计划,获得批准后按照规定自行采购。

这种模式的优点是使用单位可以灵活运用。由于使用单位对采购对象熟悉,采购的时效性和满意度较高。这种模式的缺点是无法形成规模效应,采购价格较高;由于各部门都要组织人员采购,导致采购队伍庞大,重复采购现象严重,不利于对采购过程进行有效的监督。分散采购适合于市场经济环境高度发达、人员素质高、社会诚信度高的经济体。

(三)集中采购与分散采购相结合模式

集中采购与分散采购相结合模式,指一部分采购由政府集中采购部门统一负责,其他采购由使用单位自行采购的模式。

二、国际政府采购模式简介

世界各国的政府采购模式不尽相同,有的国家实行集中采购模式,即本级政府所有的采购均由一个部门负责,如韩国财政经济院的政府采购厅,负责对中央政府以及中央政府驻地方机构的所有货物、工程和服务的采购、分配和管理;有的国家实行分散采购模式,即所有采购均由采购人自己组织,如目前的澳大利亚政府,已经取消了集中采购机构,中央各部门根据预算要求自行组织采购。多数国家实行半集中半分散的采购模式,即部分项目由集中采购机构统一采购,部分项目由采购人自己采购。如新加坡财政部对具有批量的计算机、纸张等产品实行集中采购,其他的项目则由采购人自己采购;美国联邦政府总务署统一负责为联邦各政府部门提供办公用房、办公设备及内部服务,其他项目则由有关的联邦政府部门自己组织采购。

(一) 集中采购模式——以韩国为例[①]

政府市场在韩国的经济中占有较大比例。1994年,韩国政府市场占国民生产总值的40%。它主要包括:中央、地方机关团体和其他政府组织(包括韩国一些大的国有企业)的经济活动以及政府投资的项目。与世界许多发展中国家一样,韩国一直实行公共市场集中采购制度。具体为,由专门的政府机构负责公共部门所需物资的计划审批、合同的制定、价格的确定、签订合同以及货物的供应。1994年,韩政府采购总额达18.9万亿韩元,其中政府机关采购占19.9%,地方自治团体采购占40.7%,政府投资的其他部门采购占39.4%。

韩国中央政府在财政经济院中设采购厅,是副部级的负责政府集中采购的专门机构,厅长由总理任命,工作完全独立自主。其主要职责为:从国内外市场上采购商品和服务,政府重点工程采购,存货管理,由采购厅负责进口商品的处理,政府资产管理等。中央政府各部门及所属单位采购价值30亿韩元(约合250万美元)以上的工程和价值5 000万韩元(约合4.1万美元)以上的货物及服务;地方政府采购价值在100亿韩元(约合830万美元)以上的工程和价值5 000万韩元以上的货物,均必须由该厅集中采购。限额以下的,可自行采购,也可委托该厅采购。2000年,经该厅采购总额达17.18万亿韩元(约合130亿美元),占当年全国GDP的3.3%。

韩国采购厅的工作业务范围很广,该厅不仅负责招标采购的组织过程,同时承担签订合同前后的各项工作,包括:品质的检验、运输、仓储、供货的监督和追查。此外供应厅还负责采购物资的价格以及规格、标准的确定。另外,韩国政府认为,合同中规格和标准的制定不但涉及采购品的质量和技术性能,同时也关系到国内标准化的推行问题。因此,该机构下设了一个直接由厅长管辖的"规格制定委员会",聘请专家、顾问组织进行招标文件和合同文本中规格的设计和监督。

韩国近40年来推进集中招标采购的结果表明,国家除了经济上取得了巨大的收益,财政支出方面获得了可观的节省以外,更重要的是在行政管理领域取得了不可估量的业绩,可表现在以下几个方面:通过招标管理使行政采购作业标准化、专业化,带动了相关部门工作效率的极大提高;实现了组织机构的集中,方便统一管理;各部门的采购制度趋

---

① 王卫星,朱龙杰,吴小明.采购代理机构政府采购实务[M].北京:中国财政经济出版社,2006.

向完整一致。由于部门集中、管理集中,管理人员和招标采购操作人员分工更细,突出了工作人员的专长,同时考核了其能力,为科学化人事管理奠定了基础;加强了各部门之间的联系;每一个招标采购环节都有相应的法规细则和工作程序,在改善部门工作方法的同时也推动了工作效率的提高。

(二) 分散采购模式——以澳大利亚为例

澳大利亚的政府采购经历了从集中到分散的发展过程。1997年前,澳大利亚内阁设有管理服务部,内设有"澳大利亚采购"(Purchase Australian)这样一个集中采购机构,在各州和地区均有派出机构,专门负责联邦政府一级的采购事务,并拟订有各种类型的标准合同。但是,"澳大利亚采购"并不是联邦一级唯一有权进行采购的机构,即不是垄断的集中采购机构。政府各部门可以委托集中采购机构采购,也可以自行采购,但需使用其制定的标准合同。随着市场机制的不断完善,澳大利亚政府考虑到采购活动的过度集中容易导致官僚主义和低效率,固定一个模式也不利于各部门采购需求多样化的需要,便于1997年对政府采购管理体制进行了改革,撤销了管理服务部,"澳大利亚采购"的部门职能合并到财政管理部,其所制定的标准合同、供应商名单强制性也随之消失。财政管理部也从过去的具体事务中解脱,仅负责制定高层次的、框架性的政策,不再具体从事采购事务,各项采购活动均由各部门根据项目的实际情况决定。1997年通过《澳大利亚联邦财政管理与信用方案》,从法律上为分散采购模式的确定提供了依据,标志着澳大利亚分散采购模式的确立。该法案从"高效、公正地利用联邦资源"的宗旨出发,赋予政府各部门对本部门资金的支配权,自行控制风险,自行承担责任,各政府部门有权依法决定本部门的采购需求,根据《澳大利亚联邦采购指南》及本部门的指令具体实施采购活动,选定供应商,签订合同,并对合同的执行情况进行检查。联邦一级没有负责监督检查各部门采购活动的机构。另外,澳大利亚也没有专门从事招标业务的中介机构,政府部门在采购时,可根据业务需要聘请社会上的会计师事务所或咨询公司提供技术上的支持。

不过,澳大利亚各州大多设有集中采购机构,州级的政府采购仍以集中采购为主。如该国的维多利亚州就在财政部门内设有政府采购部,一般来说,超过100万澳币的大宗物品都要实行强制性采购。

(三) 集中采购与分散采购相结合的模式——以美国为例

美国政府采购在20世纪50年代之前是政府各部门分散采购。1949年开始对政府采购的状况进行调查,提出规范和统一政府采购的建议报告。根据该报告建议,1949年美国国会通过了《美国联邦财产与行政服务法》(Federal Property and Administrative Service Act),依据该法设立联邦政府总务署(GSA)。

联邦政府总务署(GSA)设立供应管理、购储、标准、运输管理和动产利用五个司。供应管理司负责检查行政机关的供应组织及需求,并与各单位协商决定存货水准,协助各单位采用统一规则,管理供应业务。购储司负责各项供应品及装备的采购,并于华盛顿及各地设立供应中心,负责签订合同、采购、储存、分发等事务。标准司负责推行并维持规格标准化、检验制度及考核各行政机关的采购业务。运输管理司负责采购的运输事宜。动产利用司负责促进政府所有动产的最佳利用。联邦政府总务署的集中采购供应由联邦供应系统具体运作,该系统使用了一个供应—销售—设施系统,由20个批发站和73个自助式零售商店组成,零售商店可以随时提供标准的办公用品货源,从而方便联邦政府机构。大宗的采购项目,联邦机构可以通过联邦供应计划从供应商处直接获得所需物品,对于非库存的物品,联邦机构向联邦供应系统提交请购书,由联邦供应系统采购供应。该系统还建立了三个商品中心:全国家具中心、全国汽车中心和全国工具中心,这些中心将每一产品组的合同订立、规格和标准的制定以及库存管理合并集中到一个地区。联邦供应系统还管理着一个维护、修缮和回收可以使用的剩余财产系统,并对所有政府机构剩余物品的出售进行管理和实施监督。

美国联邦政府总务署(GSA)在全美设11个地区分局,负责联邦政府的采购工作。为促进各个政府采购机构采购规则的协调和统一,美国联邦政府总务署(GSA)制定了《美国联邦政府采购条例》(Federal Procurement Regulation)。美国联邦政府总务署(GSA)有权为几乎所有的联邦政府机构进行采购,有权设立标准和规范,有权为将来之需而进行采购和存储,有权在政府部门之间调剂采购物品。由此,美国联邦政府确立了集中采购模式。

20世纪90年代之后,美国实行的是集中采购与分散采购相结合的模式,无论从采购方式还是从程序上都十分规范。一是集中采购。联邦政府总务署(GSA)在集中采购中主要行使组织操作职能,GSA通过协议供货或接受其他机构委托组织招标等方式为其他机构服务,其他机构可以自行决定是否执行GSA集中签订的采购合同。GSA为其他机构提供服务并收取服务费用。联邦政府总务署(GSA)与总统行政和预算办公室、人事管理局并称为联邦政府采购的三大治理结构。同样,州、县市级政府也通过设立类似的机构以保证政府采购制度执行。如加州的所有采购事务统一由加州政府总务局负责[1]。二是部门采购。政府采购业务量大的部门,如:能源部、农业部、商业部、内务部、司法部、财政部、退伍军人事务部、田纳西峡谷管理局等,在部门内设立了政府采购办公室,独立开展本部门的采购事务。三是委托采购。采购规模小,未设立采购办的其他部门实行委托采购。

三、我国政府采购模式

(一)我国政府采购模式的现状分析

《政府采购法》确立了我国政府采购以集中采购与分散采购相结合的采购形式[2]。集中采购和分散采购范围的划分,由省级以上人民政府公布的集中采购目录或政府采购限额标准确定。属于中央预算的政府采购项目,采购目录由国务院确定并公布,属于地方预算的政府采购项目,由省、自治区、直辖市人民政府或者其授权的机构确定并公布。纳

---

[1] 赵谦. 美国政府采购制度的启示与思考[J]. 中国政府采购,2011(1).
[2] 《政府采购法》第七条规定:政府采购实行集中采购和分散采购相结合。

入集中采购目录的政府采购项目,应当实行集中采购。集中采购和分散采购是辩证统一、相辅相成的关系。首先,无论是集中采购还是分散采购,都属于政府采购,两种采购组织形式都要遵守政府采购的法律、法规。集中采购与分散采购相结合,需要强调的是它要求政府既要有适度的集中采购,强化对大宗支出项目的监管,体现政府采购的强制性和效率性原则,又要有分散采购,体现单位的自主性和特殊性。如果把采购限额标准定得过低,将所有的购买行为都纳入政府采购范围,或者把采购限额标准定得过高,使政府采购范围过窄,限量单位采购行为脱离法律的监督统约,都有悖于《政府采购法》的精神实质。因此,政府采购限额标准的制定要充分考虑我国各级政府采购的实际情况,科学合理地确定政府采购限额标准,将集中采购与分散采购有机地统一起来。

在我国,尤其是政府采购制度刚刚起步和发展的情况下,设置集中采购机构实施有效的集中采购活动是非常必要而现实的。集中采购机构承担集中采购任务,可以以点带面,逐步推进政府采购制度实施;有利于培养采购队伍,促进采购专业化;能有效地形成采购规模,提高采购资金的使用效益。同时考虑到我国是一个单一制国家,如果过度集中,容易形成新的垄断,也不利于调动各部门采购积极性。因此我国采用集中与分散相结合的采购形式。

(二)我国政府采购模式的基本框架

1. 政府集中采购

从国际上看,集中采购通常有特定的含义,指集中采购机构开展的采购活动,而我国《政府采购法》规定集中采购分为政府集中采购和部门集中采购两种形式。

政府集中采购由各级政府依法设置的集中采购机构组织实施。集中采购业务范围主要由依法制定的集中采购目录来确定。按《政府采购法》规定,集中采购目录由省级以上人民政府公布,实行分级管理。属于中央预算的政府采购项目,其集中采购目录由国务院确定并公布;属于地方预算的政府采购项目,其集中采购目录由省、自治区、直辖市人民政府或者其授权的机构确定并公布。纳入集中采购目录的政府采购项目,必须委托集中采购机构代理采购。由于集中采购分为政府集中采购和部门集中采购两种形式,集中采购目录应分为两大类:通用政府采购项目和部门特殊项目。通用政府采购项目主要是跨部门通用商品及日常服务项目等,必须由集中采购机构采购,部门和单位不允许实施采购。

2. 部门集中采购

纳入集中采购目录的,属于本部门、本系统有特殊要求项目的,可以由政府部门实行集中采购。对于部门集中采购必须注意下列三点:一是不是所有的部门都可以实施部门集中采购,实施部门集中采购的主体须同级政府采购监管部门审核同意该部门是否有特殊要求项目须实施部门集中采购。如江苏省省级公安、消防部门等经审核确认可以实行部门集中采购。二是部门集中采购的对象只限于集中采购目录中适合部门集中采购的那部分项目,即使具有部门集中采购资格的部门也不得将纳入集中采购目录属于通用的政府采购项目,以本部门、本系统或者本单位有特殊要求为名实行部门集中采购。如公安系统的防暴器材、消防系统的消防车辆等属于部门集中采购项目可以由公安系统或消防系统组织部门集中采购，而公安系统购置的一般公务用车、一般公务用计算机等通用项目，并不具有特殊性，因此并不属于部门集中采购项目，公安系统或消防系统也不得自己组织采购。

3. 分散采购

分散采购是指采购政府集中采购目录以外、采购限额标准以下的货物、工程和服务的行为。此外，属于集中采购目录范围内的项目，属于个别单位的特殊需求，而且不具备批量特征，可以实施分散采购，但事先必须得到省级以上人民政府批准。

分散采购与集中采购相比，其覆盖面更大，项目内容更多，其采购时效性高，个性化服务水平高，受到采购人的青睐。分散采购应关注以下几点：一是分散采购项目是指当年政府颁布的集中采购目录以外、政府采购限额标准以下的项目，限额标准一般会同政府采购目录一同公布，政府集中采购目录中的项目不属于分散采购项目的范围。二是分散采购是政府采购，也必须执行政府采购规定和程序。三是分散采购由采购人自行操作，但必须具备编制招标文件和组织评标能力和条件，否则应当委托采购代理机构代理采购。四是实施分散采购的采购人要加强对分散采购的统计，及时上报相关数据。

延伸阅读 4-1　江苏省×××市政府分散采购管理暂行办法

第一章　总　则

第一条　为进一步加强××市政府分散采购管理，规范政府分散采购行为，根据《中华人民共和国政府采购法》及相关法律法规的规定，结合我市实际，特制定本办法。

第二条　本办法所称政府分散采购是指我市各级国家机关、党政组织、事业单位和团体组织（以下简称采购人），使用财政性资金采购集中采购目录以外且单项或批量金额达到限额标准以下的货物、工程和服务的行为。

第三条　政府分散采购是政府采购的重要组成部分。其组织形式分为自行采购和委托采购。自行采购是指采购人经批准组织本部门（单位）实施政府分散采购项目的采购活动。委托采购是指采购人委托政府采购代理机构实施政府分散采购项目的采购活动。

第四条　采购人符合下列条件，并经政府采购管理部门批准的可以自行采购：

（一）具有独立承担民事责任的能力。

（二）具有编制招标文件和组织招标能力，有与采购项目规模和复杂程度相适应的技术、经济等方面的采购和管理人员。

（三）采购人员经过政府采购管理部门组织的政府采购培训。

（四）其行政主管部门建立了由分管领导、采购部门、财务部门、监察部门等有关人员组成的分散采购监督管理机构，负责本部门及下属单位政府分散采购活动的监督管理。

（五）采购人应明确单位内部相关机构（规模小的单位应明确专人）牵头负责本部门（单位）政府分散采购项目的组织实施。对项目审批、组织采购、资金支付、验收保管、质量跟踪等实行岗位分设，做到监督管理与具体操作相分离。

采购人不符合上述规定条件的，应委托政府采购代理机构组织采购。

第五条　财政部门是政府采购工作的监督管理部门，负责政府分散采购活动的监督管理工作。

第二章　项目预算与计划申报

第六条　采购人应当严格按照部门预算中编列的政府采购项目和资金预算开展政府分散采购活动。

第七条　采购人在编制下一年度部门预算时，应当在部门预算中单独编制该年度政府分散采购项目预算，按照规定程序上报财政部门审批。

第八条　在年度预算执行中，因未报、漏报、新增和预算调整等增加政府分散采购项目预算的，采购人应按照程序进行追加、调整政府分散采购预算。

第九条　分散采购在实施前，采购人应编制政府分散采购月度计划，计划内容包括采购项目名称、具体规格型号及参数、采购预算、资金落实情况、拟采用的采购方式及自行采购申请等。

委托采购的分散采购计划按照集中采购的程序上报；自行采购的应书面填写"××市政府分散采购月度计划申请表（自行采购）"（附件2），经主管部门批准后，于每月10日前报财政局相关业务处室审核，由政府采购管理部门批准下达采购。

第三章　实施委托采购

第十条　采购人可以委托经国务院有关部门或省级人民政府有关部门认定资格的采购代理机构，在委托的范围内办理政府采购事宜。

第十一条　采购人有权自行选择采购代理机构，任何单位和个人不得以任何方式为采购人指定采购代理机构。

××市政府采购代理机构名单、联系方式等信息由市政府采购管理部门予以公布。

第十二条　采购人依法委托采购代理机构办理分散采购事宜的，应当由采购人与采购代理机构签订委托代理协议，依法确定委托代理的事项，约定双方的权利义务。

第十三条　采购代理机构实施委托的分散采购项目应按照集中采购的相关程序办理。

第四章　实施自行采购

第十四条　采购人经批准组织自行采购的，采购活动应当包括以下基本程序：确定采购方式，编制招标（采购）文件，发布采购信息，组成评标委员会（谈判小组、询价小组），组织评审活动，签订采购合同，履约验收，资金结算等。整个采购过程要严格按照《政府采购法》及相关法律法规规定的程序操作。

第十五条 确定采购方式。政府采购的采购方式分为公开招标、邀请招标、竞争性谈判、单一来源采购、询价及国务院政府监督管理部门认定的其他采购方式。采购人在编制自行采购计划时,按照《政府采购法》规定的适用条件选择采购方式,经政府采购管理部门同意后组织实施。

公开招标应作为政府采购的主要采购方式。达到公开招标数额标准的项目,应当公开招标。因特殊情况需要变更采购方式的,采购人应按照有关规定,填写"政府采购方式变更申请表",报政府采购管理部门审批。采购人不得将应当以公开招标方式采购的政府分散采购项目化整为零或者以其他任何形式规避公开招标采购。

涉及进口产品采购,应在采购活动开始前,按进口产品相关管理办法办理进口产品审核。

第十六条 编制招标(采购)文件。采购人应当根据采购项目的特点和需求编制招标(采购)文件。政府分散采购应促进政府采购政策功能的发挥,按相关法律法规优先采购自主创新、节能、环保、信息安全等产品。

第十七条 发布采购信息。采购人应按照相关规定,将应当公开的政府采购信息在财政部门指定的政府采购信息发布媒体上向社会公开发布。

第十八条 组成评标委员会(谈判小组、询价小组)。评标委员会(谈判小组、询价小组)的组成应符合相关法律法规的规定。在评审前半天或一天,采购人提请政府采购管理部门在江苏省政府采购评审专家库中随机抽取评审专家。

第十九条 组织评审活动。采购人应按各采购方式的政府采购程序,在招标(采购)文件规定的时间、地点组织评审活动,确定中标(成交)供应商。

第二十条 签订合同。采购人和中标(成交)供应商应当按照平等、自愿的原则在规定时间内,按照采购文件确定的事项签订政府采购合同。

第二十一条 履约验收。采购人应当按合同约定,组织对供应商履约的验收。大型或技术复杂的分散采购项目,应当邀请国家认可的质量检测机构参加验收工作。采购人应明确专业验收人员,严格按照合同进行验收。验收人员应当在验收报告上签字,并承担相应的法律责任。

第二十二条 资金支付。自行采购的分散采购项目结算资金由采购人按市财政部门有关资金结算办法办理。采购人要严格审核相关票据,按照合同约定的付款办法结算采购资金。

第五章 档案管理

第二十三条 政府分散采购项目,自采购合同签订之日后7个工作日内,由采购人将"××市政府分散采购情况备案表"(附件3)报主管部门和政府采购管理部门备案。

第二十四条 采购人或采购代理机构应当建立分散采购档案管理制度,真实、全面地记录分散采购活动情况。按照"谁组织、谁存档"的原则,对采购活动中形成的采购资料档案妥善保存,不得伪造、变更、隐匿或者销毁。采购文件的保存期限从该项采购结束之日起至少保存十五年。

第二十五条 采购文件及资料档案包括采购活动记录、采购预算、采购文件、投标文件、专家抽取、评标标准、定标文件、合同文本、验收证明、质疑答复、投诉处理决定及其他有关文件、资料。

第六章 质疑投诉与监督检查

第二十六条 按照"谁组织、谁受理"的原则,采购人、采购代理机构应做好质疑的受理工作,对供应商提出的质疑认真复核并按规定程序答复。行政主管部门配合政府采购管理部门做好投诉的调查与处理。政府采购管理部门在处理投诉期间,可以视具体情况通知采购人、采购代理机构暂停采购活动。

第二十七条 政府采购管理部门应当依法对采购人、采购代理机构进行政府分散采购的情况进行监督考核。政府采购管理部门及有关部门可以视情况到现场监督评审活动。

第二十八条 采购人应当严格按照政府采购的有关法律法规,建立健全内控制度,规范政府分散采购行为。

第二十九条 各行政主管部门在加强本部门政府分散采购管理工作的同时,加强对所属单位分散采购工作的指导和监督检查。

第三十条 财政部门将会同监察、审计机关定期和不定期对政府分散采购活动进行监督和检查。对检查发现有违法违规行为的,财政部门将按照《政府采购法》及相关法律法规的规定,对政府采购当事人及相关责任人员进行处理。

第七章 附 则

第三十一条 本暂行办法由市财政局负责解释。

第三十二条 本暂行办法从印发之日起一个月后执行。今后,国家、省如有新的办法出台,按新规定执行。

四、我国政府采购模式的思考

坚持集中采购在政府采购中的主体地位,完善集中采购体系。集中采购通过规模优势降低采购价格,减少交易成本,充分体现政府采购制度改革的优势,需要进一步完善。《政府采购法》未能充分体现政府集中采购机构和社会采购代理机构在法定地位上的差别,没有强调集中采购机构采购权是因法律授权而获得,而不是来自采购人任意委托,建议修改《政府采购法》,进一步明确集中采购机构的地位。

实施集中采购有利于充分发挥规模效益、降低政府采购活动的监督成本,有利于形成公平的竞争环境,有利于发挥政府采购的政策功能,但灵活性不足。而分散采购方式缺乏制度约束和监督机制,采购的随意性大,采购行为透明度低,难以形成规模效益,更易滋生腐败。从欧美国家的政府采购发展历史来看,大部分呈"分散、集中、集中与分散相结合"的过程。刚开始由分散到集中,是为了形成规模优势、防止腐败、节约财政资金,拥有了一定基础后开始发挥政策功能。在操作模式成熟、法制环境完备的适当时机,再根据实际需要慢慢降低集中程度,提高操作的灵活性。我国的政府采购法律规定,政府采购实行集中采购与分散采购相结合的采购模式,其中集中采购模式是政府采购的主要方式,发挥着极为重要的作用。但是,随着市场和采购规模的发展,现有的政府集中采购机构在开展采购工作、履行法定职能中暴露出不足之处,并因此导致了一些采购争议,甚至有些部门和同志认为应当加强部门集中采购和分散采购,淡化政府集中采购模式。笔者认为,目前我国政府采购进程仍处于初级阶段,也就是由分散到集中的阶段,仍然应该重点加强集中采购的范围和规模,强调以规范为主。在没有严格制度规范的前提下过多提倡分散采购,可能会进一步削弱政府集中采购机构的职能和地位。一旦政府集中采购机构和其代理的项目范围慢慢萎缩,就有可能重回以前的各部门分散采购的老路,而不是上升到发达国家制度规范之后的"集中与分散相结合"的阶段,政府采购监管部门的监管成本就会进一步加大,不规范操作的概率增加,不利于实现政府采购制度在改革之初的一系列目标。就目前看,我国政府采购要达到"集中与分散相结合"的阶段至少还需要几十年,在此之前,我们必须坚持以集中采购为主,推进政府采购制度的完善和透明[①]。

进一步明确集中采购设置的原则。鉴于目前政府集中采购机构隶属关系混乱的状况,法律法规中应有必要明确各级政府集中采购机构的组织隶属、主管机构的工作职责和法律责任。目前对于集中采购如何独立设置不统一,在与财政部门分离过程中无所适从。笔者认为,集中采购机构法律规定是接受委托进行政府采购活动的代理机构,但集中采购机构不是一般意义上的代理人。而且应尽快实现从中央到地方各级政府关于政府集中采购规则的基本统一。

> **延伸阅读 4-2　集中采购机构是否应重新回归财政部门?**
>
> 集中采购机构,痛在何处?
>
> 四年来,遵循《政府采购法》"管采分离"的主旨,各地集中采购机构纷纷脱离财政部门,另寻归属。由于对法律要义理解不同,各地做法有别,集中采购机构归属不一,因而严重阻碍了政府采购事业的发展。
>
> 人们不禁要问,"管采分离"的初衷是什么?集中采购机构脱离财政部门才是实现"管采分离"吗?如果一种思路和做法对推动事业发展起到了事倍功半的作用,那么它究竟是体现了法律的精神还是与法律背道而驰?是实现了法律的初衷还是违背了法律的初衷?
>
> 离开财政系统后工作阻力重重的集中采购机构渴望重新回到财政部门;一些监管部门也承认,对"管采分离"的错误理解使他们走上了极端的路子;全国人大有关人员认为,关键在于各方主体要跳出部门利益的小圈子;各界专家说,"管采分离"不等于将集中采购机构强行从财政系统剥离出去,这与其他国家和地区的成功做法背道而驰。痛定思痛,集中采购机构是否应该重新回归财政部门?

---

① 吕汉阳.坚持集中采购在政府采购中的重要地位[J].经济,2011(11).

离开财政，痛在何处？

三份1月上旬就下发的财政部文件，直至2月初，一些省级集中采购机构依旧浑然不知，政令畅通何以体现？指导操作何以实现？

2007年1月10日，财政部发布了3个关于政府采购的文件，其中《财政部关于加强政府采购货物和服务项目价格评审管理的通知》和《财政部关于加强政府采购供应商投诉受理审查工作的通知》等两项通知，为规范全国各级、各地政府采购工作提出了更具针对性的措施。但直至2月初，一些地方的集中采购机构对此仍浑然不知，一位省级政府采购中心主任听后颇感诧异："我们一点消息都不知道，正在进行的项目依然按照原来的方案进行呢。"

这种情形对许多集中采购机构来说似乎已习以为常。虽然是政府采购的操作主体，但离开财政部门后，许多关于政府采购的文件他们不能及时看到，或根本无法直接看到。"这就是集中采购机构被剥离出财政系统的后遗症。其实，'管采分离'并不等于集中采购机构必须离开财政系统，这种绝对的做法已对这项事业造成了伤害。"一位法律专家这样认为。

归属不一，处境尴尬

全国31个省、自治区、直辖市，目前只有贵州省和河南省尚未设立集中采购机构，其中江苏省设立了两个采购中心，宁夏回族自治区和重庆市虽都设有集中采购机构，但属于企业性质。30个省级集中采购机构履行着几近相同的职责，但隶属关系却五花八门。除企业性质的集中采购机构外，有的人事和组织关系在财政部门；有的人事关系被分离，但组织关系保留在财政部门；有的隶属省级人民政府办公厅；有的隶属省级机械设备成套局；有的隶属省级政府采购管理委员会；有的隶属省级机关事务管理局；有的隶属商务部门；有的隶属国资委；有的分出财政部门又由财政部门代管……

因为没有一个统一的主管部门，现在集中采购机构的地位很尴尬，有抢着管的，也有谁都不管的。在个别地方，集中采购机构被各部门争来扯去，甚至原已存在的招标投标中心也打起了它的主意，试图把政府采购中心纳入招标投标中心，使采购中心成为其中的一个部门。一位省级采购中心主任说，该省隶属于设备成套局的招标投标中心已经几次打报告申请把采购中心收归其麾下，好在有关领导坚持依法办事一直未予批准。但个别地市却借整合资源、共享平台的名义，先行一步剥夺了采购中心的法人身份，使之成为招标投标中心的一个部门，把依法本应属于政府采购的项目分割给予采购中心并行的几个部门操作，招标投标中心负责人对外还堂而皇之地宣称，采购中心就等于招标投标中心。看来，他们也知道自己在逆法而行。

一位权威法律专家说，应有一个统一的上级主管部门，组织起全国的集中采购机构，否则无依无靠的集中采购机构难免有些风雨飘摇之势。政府采购事业本来就是一个新生事物，运行过程中阻力很大，如果再不强化操作机构的地位，鸠占鹊巢只是表象，逐渐损毁这项事业才是实质。

与各方关系生变

有人说,随着"管采分离"和财政部31号令的实施,一些地方出现了一个有趣的现象:监管部门离集中采购机构"远"了;个别采购人越发排斥集中采购机构;供应商却愿意与其打交道了,更希望参与集中采购机构组织的项目。这种观点从全局看也许有些绝对,但具体到局部,却是一种事实。

一家汽车企业反映,他们曾参加过北京某知名中介公司招标的项目,感觉是"乱七八糟,毫无秩序可言",让人一开始就丧失了继续参与下去的信心。与多次参与的采购中心操作的项目比,深感采购中心的操作更规范、更体现"三公",他们希望能牢固树立集中采购机构的主导地位。

采购人的态度在集中采购机构离开财政部门后发生了明显的变化。原来因为畏于集中采购机构"背后"的财政手段,说话还有商量的余地,现在口气则很强硬,有时坚持指定品牌,不满足其无理要求就不高兴。某省采购中心主任说,曾有参与评审活动的采购人代表,因为索要评审费未果,竟然直接向他发难:"都是为政府做事,凭什么你就不给我发评审费,而中介机构却发?"这位采购中心主任哑口无言!自从集中采购机构脱离了财政部门,许多采购人变得似乎更难协调。

从财政部门分离后,集中采购机构与监管部门的关系也"疏远"了,一位采购中心主任反映,"管采分离"后,他们未曾接到过一个正式文件,一般都是通过网上了解信息,或接到采购办通知后复印一份。原因是采购中心隶属于发改委,财政局不可能转发文件到发改委的下级部门,所以好多文件都看不到原件,只能闻风去复印,行动上难免滞后。

由于全国的集中采购机构归属不一,缺乏一个上下联系的机制,大家各自为政,互不往来,采购中心之间很少有学习和交流的机会。省级如此,就是各省的采购中心之间联系也很松散,不仅资源无法共享,有时还会重蹈他人覆辙,大家一遍遍地尝试失败的痛苦。

集中采购额度明显下降

某省2006年合计实现政府采购20多亿元,采购中心的采购额度仅为6亿元左右,其余的全部被委托给中介机构操作了。该省采购中心主任说,现在许多省级集中采购机构的采购额都明显下降了,但采购的项目总量却大幅上升了。

"管采分离"后,集中采购机构操作的项目越来越多,但采购规模越来越小;与此对应的是,被认证的中介机构越来越多,操作的项目也越来越大。在个别地方,千万元的项目被一次批给中介公司操作,十万、二十万元的小项目则交给采购中心,所以采购中心几乎一天一个标,疲于应对这些中介机构不愿搭理的小项目,却无法获取操作大项目的练兵机会。被逼无奈,采购中心只能抱着少干少负责、谁干谁担责的阿Q心态安慰自己。

有识之士不解,集中采购机构服务越来越规范了,整个队伍越来越整齐了,人员素质越来越高了,为什么许多地方不仅工程采购至今没有纳入,货物采购和服务采购操作的总额也越来越少了？这样下去集中采购机构怎能做得更大更强？政府采购事业如何获得长足发展？

"监管部门不委托你，不给你任务，你有什么办法？有些东西争是争不来的。其实我们也想像江苏那样做大做强，但集中采购目录'瘦'得几乎'营养不良'了。抛开车辆这样的大项目不谈，江苏光农资采购一年已经达到3个亿，把新农村建设项目几乎全部纳入了。但许多地方省本级的集中采购总额也不过如此。"为什么其他省不能像江苏省那样"力挺"集中采购机构？不少省级采购中心主任怎么也想不通。

还有的地方反映，现在出现了一种怪现象，有的单位采购计划刚报到采购办，中介机构就直接去找采购人，请求委托他来代理项目，而且左一个电话右一个电话，似乎百折不挠……

与集中采购机构"争食"的中介机构越来越多了，一个省会城市往往有几十家中介公司，且大多被授予了政府采购资格。如果不堵住集中采购目录的漏洞、不强化集中采购机构的地位，集中采购的额度还将继续萎缩，如果集中采购不唱主角，政府采购制度改革的意义又何在？

扎根财政，有理有据

有这样一个故事：一个人总是脸红脖子粗、头痛头又晕，就到处求医，一个医生说是因为牙齿引起的，建议他拔牙，他就把牙拔了，但是病情依旧；又一个医生告诉他是因为肾有问题，于是他又割去一个肾，但是症状丝毫未减；后来所有的医生都劝他，你已经没治了，想吃啥就吃啥，想穿啥就穿啥吧。于是这个人就去裁缝那里做衣服，却和裁缝吵了起来。原来，裁缝认为他的衣服领子应该做得松一点，他却坚持要紧一点。二人一争论，这个病人的脸更红了，脖子更粗了，吵着吵着因为用力过猛，病人的衣服领子突然胀破了，他蓦地感到从未有过的舒爽。

凡事有因必有果，有果必有因。那么，集中采购机构之痛原因何在？

错误理解"管采分离"

尽管全国各地各级集中采购机构设置的隶属关系、机构属性、人员编制几乎失去了章法，集中采购机构面临的阻力和压力也空前，但从未有人质疑"管采分离"的必要性和重要意义。大家想要的答案只是：究竟如何理解"管采分离"？难道只有把集中采购机构从财政系统剥离出去才算实现了"管采分离"吗？

专家认为，在"管采分离"的问题上，我们不知不觉间走入了两个误区：一是从某种意义上把集中采购机构等同于中介机构了；二是认为只有把集中采购机构从财政剥离出来才算实现了"管采分离"。专家说，无论从法理上理解还是反观实践意义，这两个观点都有些悖谬。

集中采购机构和集中采购工作是我国政府采购的基石，法律既然规定纳入政府采购目录的项目必须委托集中采购机构采购，那么中介机构显然无权代行，所以符合条件的地方不设立集中采购机构，就是违反了《政府采购法》。而且，集中采购机构是由政府设立的公共事业单位，执行的是准行政职能，在中国的行政体制下，不建立行政隶属关系的行政机关与公共事业单位之间根本无法有效监管。所以，"采购代理机构与行政机关不得存在隶属关系或其他利益关系"中的"采购代理机构"显然应排除集中采购机构，否则就割断了它与主管部门之间的行政隶属关系。

"管采分离"意指采购管理与执行的分离，也就是说从职能上把采购的管理和执行分开，目的是防止因"一套班子、两块牌子"而滋生采购过程中的腐败行为。集中采购机构即使在财政部门，执行"管理"职责的是"采购办"，集中采购机构专职"操作"，两者在财政部门的统一领导和各方监督下分别依法运作，怎么能说是管采不分呢？因而，认为"管采分离"就是集中采购机构离开财政部门的观点，是把问题表象化了，在认识上难免肤浅。

强行拆散"三驾马车"

无论是哪级集中采购机构，只要完全离开财政部门，工作进展的阻力就大一些，有的甚至用"四面楚歌"来形容自己的处境。而没有完全脱离的、与财政部门或多或少还有一定联系的，开展工作的难度和压力就小得多。

采购、预算和支付同属于一个范畴，是一个链条上紧密相连的三个环节，如果把其中的一个环节强行摘离链条，不仅这个环节的作用大为削弱，也必然影响整个链条正常发挥功能。

政府采购是支出改革的延伸，从支出管理的角度讲，初期必须依靠强制性手段和措施来加以推动和落实。目前，政府采购事业的当务之急是形成采购规模，扩大采购效果，但工程采购却迟迟未纳入集中采购机构操作。谁能创造有利条件？只有财政部门。

财政部门是支出管理部门，财政的盘子有多大，政府采购规模就相对有多大。政府采购本身是财政工作的一部分，与部门预算、国库集中支付共同被誉为"三驾马车"，放在一个部门，容易形成合力，推动增收节支，很自然地形成一条线、一盘棋的局面，便于交流和管理。预算环节是财政部门控制财政资金的第一道关，而政府采购则是第二道关，如果在此关失守，那么财政部门还可以通过第三关即支付环节堵住政府采购政策执行的漏洞。

专家指出，在这个问题上，应避免走另一个极端，即动辄拿治理腐败说事。必须明确，反腐败是政府采购制度完善带来的成果，制度本身并非滋生腐败的根源，关键在于执行制度的人。

如果还没开展工作，就想着这是一项容易滋生腐败的制度，过度侧重于防止腐败而忽略了工作本身的逻辑和发展，那么政府采购这项改革最主要的作用则被淡化了。

根本否定"拿来主义"

国外200多年风风雨雨的经历很值得我们借鉴，在这项制度从成长到逐步走向成熟的过程中，他们经历了反复实验和多次失败，才有了现在的成功经验，所以在制度建设上，我们应该采取适度的"拿来主义"，为我所用。只要是有利于政府采购事业发展、有利于政策功能发挥的模式，我们就不应该采取回避的态度。也只有善于学习和借鉴,我国的政府采购事业才能顺利与国际接轨。

美国联邦政府采购已有200多年的历史,为"医治"分散采购的弊病,20世纪中期,美国国会通过了《联邦财产与行政服务法》,依据该法设立了联邦政府总务署,在全美设了地区分局,负责联邦政府的采购工作。联邦政府总务署有权让所有的联邦政府机构进行采购,有权设立标准和规范,有权采购和储存物品,有权在政府部门之间调剂采购物品。美国除了联邦政府总务署及各部门外,没有为执行机构代理采购的社会中介机构。

在亚洲,韩国是实行政府采购最早的国家之一,采取的是高度集中的政府采购。韩国中央政府在财政经济院下设采购厅,由采购厅统一负责政府集中采购工作。采购厅是副部级单位,厅长由总统任命,工作人员为国家公务员,完全独立自主操作。

在欧盟成员中,政府采购的主管机构在德国为经济部,在其他成员国则基本上都设于财政部门。

我国香港地区实行的也是高度集中的政府采购制度,只有小额物品由各部门直接采购。所有的政府采购均由政府部门直接进行,不涉及中介机构。其政府采购机构是1938年成立的政府物料供应处,现为政府物流服务署。该署为香港政府的采购机构,是财经事务及库务局下的一个部门。

这些国家和地区的集中采购机构多隶属于财政部门,且政府采购高度集中,但是却无据可证,因此而引发了腐败。"勇于借鉴和融合世界先进文明的精华"是十六大精神之一,在政府采购工作中应积极落实。我们没有必要再走弯路了,应该勇于借鉴外来的一切长处,丰富和发展自己。

回归财政,切实可行

有人说,"管采分离"的步子迈大了,忽略了"监""管"不分的弊端。一个大胆而切实的假设是:集中采购机构回归财政部门的同时,把监督权力从财政剥离出来,让监督和其他业务一样,由审计、纪检监察等执法部门负责,结合社会监督,从而构建完善、顺畅的政府采购监督体系。

2006年,财政部先后两次走上被告席,最终均被判败诉。专家称,虽然败诉,但错不在财政部,根源是前后出台的《招标投标法》和《政府采购法》在打架,两案集中反映了我国政府采购中的种种制度缺陷和法律执行的不力。尽管《政府采购法》规定政府采购项目包括货物、工程和服务,但现在的政府采购工作主要集中在货物采购方面,对工程和服务采购涉及甚少。实际上,工程采购是政府采购所占资金最多的部分,但由于多种原因,发展和改革委员会对工程采购和医疗器械采购一直未放手,也没有委托集中采购机构操作,出了问题,疏于监管的责任却落在财政部的头上。专家认为,扭转这种局面的关键是完善法律,以强化集中采购机构职能为突破口,强化集中采购。

操作权收拢回来

集中采购机构离开财政部门后的归属五花八门,但遇到的问题往往大同小异。所以即使对"省府直辖模式",看好的人也不多。反对者认为,这种归属只是提高了集中采购机构的级别,对做好工作并无裨益,与其他归属类型无本质区别。无法及时收到有关政府采购的文件;管委会只是一个空架子;主管的领导无暇顾及政府采购工作,日常协调几乎谈不上;集中采购额度和采购项目照样受影响……仍是无法回避的问题。所以,他们说这种模式并不值得借鉴和推广。

多数意见认为,我国政府采购的发展现状和国外与我国香港地区政府采购的成功经验告诉我们,只有隶属于财政部门,才能强化集中采购机构法定代理人的资格和地位,才能充分发挥其作用,才能做强政府采购事业,所以集中采购机构究竟该归属哪里,几年风雨实践后的确切答案就是不仅不能脱离财政系统,而且还要突出集中采购机构的地位。

首先,要明确集中采购机构作为政府采购法定代理人的身份,其地位无可取代。因为集中采购机构不是一般代理法意义上的代理人,集中采购机构的采购权不是由采购人的任意委托取得的,而是基于《政府采购法》之授权,其采购权是法定的。集中采购机构的职责也是法律、法规所规定的,是统一政府采购的执行机构,是法定的代理机构而不是委托的代理机构。

同时,要刹住中介机构认证风。有资格参与政府采购的中介机构越多越好吗?赞成此观点者几乎微乎其微。北京市某区委书记在有关会议上多次强调,集中采购机构地位不强可以想办法加强,人员素质不高可以设法提高,但不能把钱白白送给中介机构。经济发达国家的成熟经验告诉我们,政府采购制度发展得越成熟,中介机构的舞台应该越小,中介机构是政府采购制度发展不成熟阶段的一个衍生品。

监督权剥离出去

专家说,将集中采购机构收归财政,并不违背"管采分离"的精神。因为,"管采分离"的目的就是实行管理和执行的分设,只要达到目的,措施并不是唯一的。那么,集中采购机构一旦回归财政部门,究竟如何才能对操作实现有效的监督和管理?

大多数观点认为:"管采分离"应该是相对的,"监督"和"管理"的分离是必要的。而现在"管采分离"的步子似乎迈得太大了。当前迫切需要从财政部门剥离出去的权力,应该是"监督"权,而非强行分离"操作"权。

政府采购和其他政府部门的业务一样,应该由审计、纪检监察等执法部门完成日常监督工作,他们才是实现国家监督的专门机构。所以,受理投诉的权力应该从财政部门转交到纪检监察部门,让前者只负责政府采购政策法规的制定、修订和监督操作部门的执行。由此,一个大胆而切合实际的假设是:集中采购机构回归财政的同时,监督权从财政剥离,由审计、纪检监察部门负责,结合社会监督,从而构建起完善、顺畅的政府采购监督体系。

管理是一个系统内部的事情,只要把管理和执行的职能分得清清楚楚,能够达到有效管理和内部监督的目的,易于外部全面监督,也就实现了"管采分离"的初衷。

强化集中采购职能

随着集中采购机构职能的淡化和弱化,目前很多地方集中采购工作出现了明显的倒退现象,有人质疑:政府采购还要不要强化集中采购?如果部门集中采购和分散采购的摊子越铺越大,是否意味着自行采购的回潮?

对这个问题,无论是业内人士还是各界专家,大多认为讲政府采购必然要强化集中采购,而且集中采购机构应该而且必须挑起这个重担。因为当所有的眼睛都瞄着一个"点"时,容易找到问题,也容易解决问题。

强化集中采购,我们应该借鉴美国、韩国和中国香港等经验比较成熟的国家和地区的做法,不仅强化集中采购机构的地位和功能,还要突出集中采购所占的比重。谈到政府采购,在美国只有集中采购,而没有部门集中采购和分散采购之说,采购人自行采购必须经过集中采购部门的批准;在韩国和我国的香港地区,集中采购机构也是"抓大放小",符合一定条件的项目必须由集中采购机构代理操作。

针对我国的现状,一方面,要从采购项目上着眼,严格依照《政府采购法》运作,凡是法律规定应该实行政府采购的项目,无论货物、服务还是工程,全部收入政府采购的"笼子",必须依照法定程序进行操作;另一方面,应该逐步缩小部门集中采购和分散采购的范围,能集中采购的项目都集中采购,避免采购人借助中介机构的操作来达到自己自行采购的目的。

全国人大财经委员会立法研究室一位专家说,法律虽然规定得不够细化,但如果能抛开部门利益之争而依法运作,不致产生多大的问题。如今,政府采购法律法规的贯彻实施已非财政一个部门的事情,只有政府下大力度来管理和协调,才能做好。

各地实践证明,政府采购制度改革的现状与领导执政观念密切相关,政府采购政策推行的好坏关键取决于领导对现实的认识深度、对工作的把握程度和对法律的执行力度,如果像洛阳、潍坊等地,市长亲自解读《政府采购法》,明令违者必究,工程还能游离于政府采购之外?所以强化集中采购意识,应该从上到下推进。

(资料来源:宋晓杰,政府采购信息网,2007-02-12,10:25)

第二节 政府采购方式

一、政府采购方式概述

(一)政府采购方式的概念

政府采购方式是采购方使用财政性资金购买货物、工程和服务过程中所应遵循的法定方式,采购方选择合适供应商以完成对采购对象购买所采取的途径和方法。

政府采购行为始于政府采购方式的选择。《政府采购法》明确规定了各种政府采购方式,对采购方式选择人作出了规定。这些规定从根本上限制了选择采购方式的随意性,从采购活动的方法上约束了采购人的行为。采购人一旦确定了某种采购方式,就必须严格按照各种采购方式所规定的程序开展采购活动。这些"游戏规则"是固化和具体的,违反这些规则需要承担相应的法律责任。

(二) 政府采购方式的分类

1. 按招标性质分类

按是否具有招标性质可将采购方式分为招标性采购和非招标性采购两大类。一般说来,达到一定金额以上的采购项目,采用招标性采购方式;不足一定金额的采购项目,采用非招标采购方式。招标性采购方式又可以分为公开招标、选择性招标和限制性招标。

公开招标采购是指招标人以招标公告的方式邀请不特定的法人或者其他组织投标,招标人通过事先确定并公布的标准从所有投标人中评选出中标供应商,并与之签订合同的一种采购方式。公开招标是最主要的招标方式,大多数采购都是通过公开招标的方式实现的。

选择性招标采购指通过公开程序,邀请供应商提供资格文件,只有通过资格审查的供应商才能参加后续招标;或通过公开程序,确定特定采购项目在一定期限内的候选供应商,作为后续采购活动的邀请对象。选择性招标方式确定有资格的供应商时,应平等对待所有供应商,并尽可能邀请更多的供应商参加投标。

限制性招标采购也称"邀请招标",是指不通过预先刊登公告程序,直接邀请一定数量的供应商参加投标。邀请供应商的数量应该足以引起竞争。它是公开招标的一种补充形式。

非招标性采购是指除招标采购方式以外的采购方式。在有些情况下,如需要紧急采购、技术复杂不能事先确定标准或者采购来源单一,招标方式不是最经济的,需要采用招标方式以外的采购方式。非招标性采购方式主要有:竞争性谈判采购、询价采购、单一来源采购。

竞争性谈判采购是指采购人通过与多家供应商进行谈判,最后从中确定成交供应商的一种采购方式。这种方法适用于紧急情况下或涉及高科技应用产品和服务项目的采购。

询价采购是指采购机构向有关供应商(通常不少于三家)发出询价要求,让其报价,然后在报价的基础上进行比较并确定成交供应商的一种采购方式。这种方式只适用于采购现货或价值较小的标准规格设备。

单一来源采购是指从单一的供应商处采购。由于所购商品属于专利、首次制造、原有项目后续扩充等情况下,只能由一家供应商供货。

2. 按招标阶段分类

按招标阶段可将招标采购分为单阶段招标采购和两阶段招标采购。

单阶段招标采购是指通过一次性招标,依据采购文件确定中标供应商的采购方式。

两阶段招标采购即对同一采购项目要进行两次招标。第一次招标是采购机构要求供应商提交不含价格的技术标,目的是征求各供应商对拟采购项目在技术、质量和其他方面的建议。第二次招标是采购机构根据第一阶段征求的建议修改招标文件,要求供应商按修改后的招标文件提交最终的技术标和价格标。两阶段招标很少使用,只有对大型复杂或技术升级换代快的货物,如大型计算机和通信系统等,以及特殊的土建工程,事先准备完整、准确的技术规格有困难或不易实现时,才采用两阶段招标方式①。

二、政府采购方式演变

政府采购的历史演变表明,从无序采购至政府采购的一个历史性标杆,就是确立政府采购方式。实行政府采购制度以前,采购活动通常由采购人自行以讨价还价方式确定成交供应商。由于社会的发展,政府采购支出规模扩大,采购事项增多,传统讨价还价方式采购问题层出不穷,损公肥私、质次价高等现象经常发生,政府采购方式便应运而生。

公开招标是历史上第一种采购方式。公开招标由于充分竞争,利于监督,不仅杜绝了传统采购存在的弊病,而且还能采购到物美价廉的货物、工程和服务,深受采购人的肯定。这种采购方式不断完善,成为当今世界上大宗批量采购的主要方式。

随着政府采购制度的逐步完善,政府采购方式出现多样化趋势。采购项目因对象不同、规模不等,公开招标难以适应各类采购情形,因而出现了邀请招标、竞争性谈判采购、询价采购、单一来源采购等采购方式。采购方式多样化以后,对采购方式的选择也逐步完善了制度:如明确了采购方式的适用条件,对不同采购方式适用情形作出规定,便于实际操作。

政府采购方式使用和发展中,存在如下趋势:

1. 公开招标是主要的采购方式,但比重将逐渐下降

在各种采购方式中,由于公开招标具有其他方式不可比拟的优点,使其成为主要的政府采购方式。其优点:信息发布透明度高,竞争充分,采购程序严谨,公开程度高。其缺点:采购的有效性取决于采购产品的市场竞争状况、采购期限要求、采购的技术复杂性程度;采购周期长,文件烦琐缺乏弹性等。综上所述,这种采购方式在公开、公平、公正方面有其优势,世界各国大力推崇,公开招标是主要采购方式;但因有其缺陷,并且随着社会透明化程度和效率要求的提高,公开招标的比重开始下降。

2. 竞争性谈判方式比重逐渐提高

竞争性谈判既有竞争性成分,还可以弥补公开招标的不足:一是时间短,效率高;二是减少工作量,节约成本;三是有一定弹性,灵活协商。竞争性谈判方式由于既能体现充分竞争,又具备弹性和灵活性,逐渐受到采购人的青睐。

3. 政府采购新手段不断涌现

随着信息产业的高速发展和信息产品的普遍应用,依靠现代科学技术的成果来完成采购过程的采购方式开始广泛应用。如采购卡、网上竞价等,电子交易采购周期短,采购效率高,便于操作,大幅度降低成本。

三、政府采购方式运用

(一) 我国政府采购方式类型

《政府采购法》规定了政府采购的五种方式:公开招标采购、邀请招标采购、竞争性谈

---

① 韩宗保.政府采购基础与实务[M].北京:中国财政经济出版社,2010.

判采购、单一来源采购、询价采购。

1. 公开招标是政府采购的主要采购方式。公开招标的特点是：无限制的竞争，投标不受地域限制，招标人有较大的选择余地，打破垄断，公平竞争。缺点在于：招标周期长，工作复杂，投入资金较多。

在政府采购实务中运用公开招标方式采购应注意：数额标准是界定是否采用公开招标方式的界限，公开招标数额标准由各级政府规定，各地不同。不论集中采购项目还是分散采购项目都应按规定实行公开招标，如果达到数额标准的政府采购项目，因特殊情况需要采用公开招标以外的采购方式的，应先按规定程序审批。

2. 邀请招标采购是指采购人从符合相应资格条件的供应商中，通过随机方式选择三家以上的供应商，并向其发出投标邀请书的采购方式。邀请招标主要适用于：一是只能从有限范围的供应商处采购的；二是采用公开招标方式的费用占政府采购项目总价值的比例过大的。

邀请招标的主要特点是：邀请招标采购人在一定范围内邀请供应商参加投标，公开化程度不及公开招标，竞争范围有一定限制；招标费用也相对低一些。不足之处在于：邀请供应商数量较少会限制有效竞争，竞争充分性受到限制；由于只是邀请一定比例的供应商，也可能存在邀请倾向性。

3. 竞争性谈判采购是指谈判小组从符合相应资格条件的供应商名单中确定不少于三家的供应商参加谈判的采购方式。谈判小组应由采购人的代表和有关专家共三人以上的单数组成，其中专家人数不得少于成员总数的三分之二。

竞争性谈判主要适用于招标后没有供应商投标或者没有合格标的或者重新招标未能成立的；技术复杂或者性质特殊，不能确定详细规格或者具体要求的；采用招标所需时间不能满足用户紧急需要的；不能事先计算出价格总额的等情形。

4. 单一来源采购是指采购人向唯一指定供应商直接购买的采购方式。它主要是指在特定情况下，只能或者必须从唯一供应商处采购的方式。

按《政府采购法》规定主要适用情形：一是只能从唯一供应商处采购的；二是发生了不可预见的紧急情况不能从其他供应商处采购的；三是必须保证原有采购项目一致性或者服务配套的要求，需要从原供应商处添购，且添购资金总额不超过原合同采购金额百分之十的。它的特点：渠道单一，或属专利、首次制造、合同追加、原有采购项目的后续扩充和发生了不可预见紧急情况不能从其他供应商处采购等情况；没有竞争性。

单一来源采购在执行过程中要特别注意：要保证采购项目质量，双方应商定合理价格；使用单一来源必须是不存在任何其他合理的选择或替代的情况；添购是指在原有采购项目上增加，而不是新购置一种商品。

5. 询价采购是指对三家以上的供应商提供的报价进行比较，确定成交供应商的采购方式。主要适用情形为采购的货物规格、标准统一、现货货源充足且价格变化幅度小的政府采购项目，主要指复印纸、饭店服务等类似项目。

(二) 采购方式的选择与变更

按《政府采购法》及有关规定，政府采购方式变更须履行一定程序。所谓政府采购方式的变更是指达到公开招标数额标准的货物或服务类采购项目,在采购活动开始前或开标后因特殊情况需要采用公开招标以外的采购方式,或因特殊原因需要变更原已批准采用的政府采购方式。

1. 政府采购方式的选择

在公开招标数额标准之下的政府采购项目,由采购人或其委托的集中采购机构按照《政府采购法》要求直接选用采购方式,但直接选用采购方式不等同于随意选用采购方式,选用采购方式仍然要依据法律规定的条件来选择合理的采购方式。

2. 政府采购方式的变更

政府采购方式的变更由采购人或其委托的集中采购机构,按照管理权限向设区的市以上政府采购监督管理部门提出申请。申请时一般须填写"政府采购方式变更申请表"(简称"申请表"),具体见经典资料4-1。

经典资料4-1 政府采购方式变更申请表

申报单位(盖章): 　　　填报日期: 　　　编号:

申请变更的项目		采购计划编号	
采购人(需求方)		采购预算(万元)	
原采购方式			
公开招标( ) 邀请招标( ) 询价( ) 单一来源( ) 谈判( ) 其他( )			
申请变更的采购方式			
公开招标( ) 邀请招标( ) 询价( ) 单一来源( ) 谈判( ) 其他( )			
申报单位采购方式变更理由	负责人　　　　经办人　　　　联系电话		
政府采购监督管理部门意见	负责人　　　　经办人　　　　年　月　日		

第一联政府采购监管部门留存　第二联审批后由申报单位保存

在采购活动开始前申请政府采购方式变更的,应与"申请表"同时向受理申请的政府采购监督管理部门提供相关法律依据和文件规定、有关证明资料等书面材料,政府采购监管部门对于政府采购方式变更的审批重在程序性审查,以书面材料审查为准。

开标后因特殊情况需要改用公开招标以外采购方式的,应符合《政府采购货物和服务招标投标管理办法》有关规定。申请人首先应认真核对招标文件、招标公告时间及程序,确保符合"招标文件没有不合理条款,招标公告时间及程序符合规定"的要求,然后再根据实际情况和需要提出变更为竞争性谈判采购、询价采购或单一来源采购方式的申请。

政府采购监督管理部门接到采购方式变更申请后,对于复杂或标的较大的项目,应采用市场调研或专家论证或政府采购指定信息媒体公示等方式,充分了解情况后再进行审批。审批时,既要坚持客观公正、依法审批原则,又要充分考虑项目的特点和实际情况,科学严谨地进行采购方式的审批。

四、政府采购方式的执行

(一)公开招标采购

公开招标采购的组织应按照《政府采购法》《政府采购货物和服务招标投标管理办法》执行,政府采购工程进行招标投标的,适用《招标投标法》。公开招标程序主要包括招标、投标、开标、评标、定标等法定程序。

1. 招标。(1) 编制招标文件。招标采购单位应当根据招标项目的特点和需求编制招标文件;采购代理机构编制的招标文件,在正式发售前应经采购人确认。(2) 发布招标公告。招标文件拟定后,招标采购单位必须在省级以上财政部门指定的政府采购信息发布媒体上发布招标公告。(3) 发售招标文件。招标采购单位应在招标公告规定的时间和地点,按照明确的价格出售招标文件。(4) 招标文件的澄清和修改。招标采购单位对已发出的招标文件需要进行必要澄清或者修改的,应当在招标文件要求提交投标文件截止时间十五日前,在省级以上财政部门指定的政府采购信息发布媒体上发布更正公告,并以书面形式通知所有招标文件收受人。

2. 投标。(1) 投标文件的编制。投标文件一般由商务部分、技术部分、价格部分组成,根据招标文件的要求装订。(2) 投标文件的递交。投标人应当在招标文件要求提交投标文件的截止时间前,将投标文件密封送达投标地点。(3) 投标文件的补充、修改或撤回。投标人在递交投标书后,如果发现投标文件有问题,可在规定的投标文件截止时间前对投标文件进行补充、修改或撤回。(4) 投标保证金的交纳。投标人投标时,应按照招标文件允许的形式交纳投标保证金,并在投标截止时间前送达招标采购单位。

3. 开标。(1) 开标的时间和地点确定。开标应当在招标文件确定的投标截止时间的同一时间公开进行,开标地点应当为招标文件中预先确定的地点,以上时间、地点如有变化,则应以招标采购单位发布的更正公告内容为准。(2) 开标前物品的准备工作。(3) 投标文件的检验。(4) 开标时当场宣读标书、开标一览表及其他内容。(5) 开标的记录。

开标时,招标采购单位应指定专人负责记录,记录的内容应与宣读的内容相一致,记录人应在开标记录表上签字。

4. 评标。(1)评标委员会的组成。开标结束后,招标采购单位应当立即组织评标委员会进行评标。(2)投标文件初审。初审分为资格性审查和符合性审查。(3)比较与评价。评标委员会应对通过资格性和符合性审查的投标文件进行详细的评价,评标的方法和标准应与招标文件中规定的评标方法和标准相一致。(4)推荐中标候选供应商名单。(5)编写评标报告。

5. 定标。(1)确定中标供应商。评标委员会可以向招标采购单位推荐合格的中标候选人,或者根据招标采购单位的授权直接确定供应商。(2)发布中标公告。中标供应商确定后,中标结果应在省级以上政府采购监管部门指定的政府采购信息发布媒体上公告。(3)发出中标通知书。在发布中标公告的同时,招标采购单位应当向中标供应商发出中标通知书,并同时将中标结果通知所有未中标的投标人。

(二)邀请招标采购

邀请招标采购的组织也应按照《政府采购法》《政府采购货物和服务招标投标管理办法》执行,政府采购工程采用邀请招标的,适用《招标投标法》。

1. 资格预审。(1)发布资格预审公告。招标采购单位应当在省级以上人民政府财政部门指定的政府采购信息发布媒体上发布资格预审公告,公布投标人资格条件。(2)接收资格证明文件。招标采购单位应当在资格预审公告期结束之日起三个工作日前,在公告规定的地点接收供应商提交的资格证明文件,相关资格证明文件应当按照预审公告中的要求进行密封、签署、盖章。(3)审查供应商资格条件。招标采购单位应对拟参加投标供应商的资格条件进行审查,审查的内容不得超过资格预审公告要求的范围。审查结束后,应就审查结果出具书面报告,对不符合资格条件的供应商应注明理由。(4)发出投标邀请书。招标采购单位应从评审合格的供应商中通过随机方式选择三家以上的供应商,并向其发出投标邀请书。招标采购单位发出投标邀请书后,应要求收到投标邀请书的供应商回复确认。

2. 招标、投标、开标、评标、定标程序与公开招标基本一致。区别有:(1)招标采购单位在制定招标文件时,不应再要求投标人提交相关的资格证明文件。(2)评标委员会在评审时,不需要对投标文件进行资格性审查。

(三)竞争性谈判采购

1. 制定谈判文件。谈判文件应当包括以下内容:谈判程序,采购方式,谈判原则,报价要求,响应文件编制要求和保证金交纳方式,项目商务要求,技术规格要求和数量(包括附件、图纸等),合同主要条款及合同签订方式,评定成交的标准,提交响应文件截止时间、谈判时间及地点,财政部门规定的其他事项。

2. 确定参加谈判的供应商。(1)发布资格预审公告。资格预审公告应当公布采购项目的名称、数量或者采购项目的性质以及参加谈判供应商应当具备的资格条件,资格预审公告的期限不得少于三个工作日。(2)接收资格证明文件。采购人或采购代理机构应当在资格预审公告期结束之日前,在指定地点接收供应商(包括已进入当地政府采购供应商库的供应商)递交的有关资格证明文件。(3)审查供应商资格条件。(4)确定参加谈判供应商。采购人或采购代理机构应当在同级政府采购监督管理部门或由本单位非该项目经办人员的监督下,从符合项目资格条件的供应商中随机确定不少于三家(最好为5—6家)供应商参加谈判,并向其提供谈判文件。

3. 成立谈判小组。谈判小组由采购人代表及有关专家共三人以上的单数组成,其中专家人数不得少于成员总数的三分之二。对于达到公开招标数额标准以上的项目,原则上谈判小组应由五人以上单数组成,其中专家人数不得少于成员总数的三分之二。

4. 谈判。(1)响应文件的递交。供应商应当按照谈判文件的要求编制参加谈判的响应文件,响应文件应当对谈判文件提出的要求和条件作出实质性应答。(2)实质性响应审查。谈判小组依据谈判文件的规定,从供应商递交的响应文件的有效性、完整性和对谈判文件的响应程度进行审查,以确定是否对谈判文件的实质性要求作出响应。未对谈判文件作实质性响应的供应商,不得进入具体谈判程序。(3)谈判。谈判小组可根据供应商的报价、响应内容及谈判的情况,按谈判文件规定的谈判轮次,要求各供应商分别进行报价,并给予每个正在参加谈判的供应商相同的机会。最后一轮谈判结束后,谈判小组应将对谈判文件进行修改或补充的内容,以书面形式通知参加谈判的供应商,供应商应当对谈判的承诺和最后报价以书面形式确认,并由法定代表人或其授权人签署,当场交给谈判小组。

5. 推荐成交候选供应商。谈判小组应当根据符合采购需求、质量和服务相等且报价最低的原则按顺序排列推荐成交候选供应商。谈判工作完成后,谈判小组应根据全体谈判成员签字的原始谈判记录和谈判结果编写评审报告。

(四)单一来源采购

1. 信息公示。对于达到公开招标数额标准,只能从唯一供应商处采购的项目,采购人或采购代理机构应当将有关采购信息在省级以上政府采购监督管理部门指定的政府采购信息发布媒体上公告,以听取相关供应商的意见,接受社会各界的监督。

2. 专家论证。对于有些重大采购项目,是否适宜采取单一来源采购,应当邀请专家进行论证,一方面可以论证采购方案是否合理,同时也可以详细了解拟采购项目的价格、技术性能等方面的信息。

3. 向供应商发出单一来源采购文件。采购文件应明确技术要求、数量、现场和售后服务要求、交货时间和地点、付款方式,以及合同主要条款等内容,以便供应商对照响应。

4. 成立采购小组。采购小组的专家按照《政府采购评审专家管理办法》确定。

5. 递交响应文件。参加单一来源采购的供应商应按照采购文件的要求制作响应文件,并在规定时间、地点向采购人或采购代理机构递交响应文件。

6. 谈判。通过谈判,一方面是审核供应商对单一来源采购文件是否全部响应,未响应的,可以通过谈判协商解决,寻求双方都能够接受的方案;另一方面是审核其报价是否合理。

7. 确定成交内容。采购人或采购代理机构应根据单一来源采购文件和供应商的响应文件,以及谈判协商的结果,确定最终的成交内容,并就相关成交内容签署书面意见。

（五）询价采购

1. 制定询价文件。询价文件应当包括以下内容:技术规格要求和数量(包括附件、图纸等)、报价要求、保证金交纳方式、项目商务要求、合同主要条款、成交原则、提交响应文件截止时间及地点。

2. 确定参加询价的供应商。对于采用询价方式采购的一般性项目,采购人或采购代理机构直接从供应商库中选择符合项目资格条件的供应商,随机确定不少于三家(最好为5—6家)供应商,向其提供询价文件。

3. 成立询价小组。询价小组由采购人代表及有关专家三人以上的单数组成,其中专家人数不得少于成员总数的三分之二。对于达到公开招标数额标准以上的项目,原则上询价小组应由五人以上单数组成,其中专家人数不得少于成员总数的三分之二。

4. 询价。(1)报价文件的递交。供应商应当按照询价文件的要求编制报价文件,报价文件应当对询价文件提出的要求和条件作出实质性应答。(2)实质性响应审查。询价小组依据询价文件的规定,对供应商递交的报价文件进行审查,以确定是否对询价文件的实质性要求作出响应。未对询价文件作实质性响应的供应商,不得继续参与采购。(3)询价小组询价。询价小组将全部满足询价文件实质性要求的供应商的报价由低到高排列供应商顺序,报价相同的,按技术指标优劣顺序排列。

5. 推荐成交候选供应商。询价采购的成交原则应采取最低报价法,即在全部满足询价文件实质性要求的前提下,提出最低报价的供应商作为成交候选供应商或者成交供应商。

6. 编写评审报告。询价工作完成后,询价小组应根据全体成员签字的原始询价记录和询价结果编写评审报告。

7. 确定成交供应商。采购人应当在收到评审报告后三个工作日内,按照评审报告中推荐的成交候选供应商顺序确定成交供应商;也可以事先以书面形式授权询价小组直接确定成交供应商。

五、政府采购方式的创新

（一）协议供货

1. 协议供货含义和特点

协议供货属政府集中采购的范畴,它是政府集中采购的拓展和补充。协议供货是指通过公开招标等方式,确定特定政府采购项目的中标供应商及中标产品的价格和服务条件,并以协议书的形式固定,由采购人在供货有效期内自主选择中标供应商及其中标产品的一种采购形式。协议供货适用于规格或标准相对统一、品牌较多、日常采购频繁且市场货源充足的通用类产品,或者通用服务类项目。具体办法是:通过统一招标,定品牌、定价格、定限期、定服务条件,并以协议形式固定下来,然后通过文件形式将相关内容告之各采购单位。

协议供货也是一种采购方式,在西方发达国家有比较长的历史。大宗标准化商品的采购者和供应商通过长期商业往来,形成了比较可靠的商业信用的基础,采购者同意和供应商通过协议,达成长期供货合同,为此建立了此种采购方式。在供货合同中,规定了商品的品种、规格、数量、供货期限、付款方式、索赔等条款。

协议供货的优势:其一是减少重复招标,降低采购成本。协议供货通过一次公开招标、多次采购的办法,减少了重复招标次数,降低了采购成本。

其二是减少供应商的销售成本。如果每一个需要产品的用户都独自采用政府采购的其他采购方式来进行采购,那么所有的供应商将疲于奔命,买相同类似的标书,奔跑在不同的开标地点。这样将会给供应商带来高额的销售成本。

其三是满足采购单位使用的多样性和及时性。通过协议供货,中标的品牌和机型较多,可以满足用户需求的多样性;提前招标、长期供货,采购人可随时多次采购的特点,可以在一定程度上满足采购者需求的及时性。

2. 协议供货供应商的确定和执行

协议供货项目应当采用公开招标方式实施采购。因特殊情况需要采用公开招标以外采购方式的,应当依法报同级政府采购监督管理部门批准。

协议供货与一般的公开招标不同,它没有一个明确的标的物,采购结果也不是针对某一个采购人,实际上是对一定行政区域、一定时间范围内执行协议供货相关产品供应商入围资格的招标,因此,协议供货的招标文件应包括协议供货范围、中标比例、评标标准、协议有效期、协议执行要求、监督检查等内容,同时,也要求参加协议供货项目投标的供应商,除具备《政府采购法》规定的基本条件外,应当具有完善的供货渠道和售后服务体系,并且是投标产品的生产制造厂商。制造厂商不能直接参加投标的,可委托一家代理商作为其全权代理参加投标。为了方便采购人选择,对于同类、同规格产品的中标供应商原则上不少于三家,但为了体现协议供货的竞争性,要求在确定中标人时应当有一定的淘汰比例,相关的评标方法、评标标准以及淘汰比例,都应当在招标文件中载明。

采购代理机构应组织评标委员会,按照招标文件中确定的评标方法、评标标准对供应商的投标文件进行评审,根据综合评审情况对供应商进行排序,剔除一定的淘汰比例后,其余供应商都应是中标供应商。采购代理机构应当及时与中标供应商签订协议书,协议书应当明确双方权利和义务,包括协议供货有效期、优惠率或最高限价、服务承诺等,并将采购结果报同级政府采购监督管理部门。

政府采购监督管理部门应当及时将协议供货招标结果以文件形式通知采购人,并在省级以上财政部门指定的政府采购信息发布媒体上公告。通知和公告内容应当包括:协议供货项目、中标供应商、中标产品及其价格和配置、售后服务、代理商联系名单、供应商承诺书、财政部门规定的执行要求等。

采购人应当按照协议供货规定采购协议供货范围内产品,不得向协议供货范围外的供应商采购,或采购协议供货范围内的供应商的非中标产品。协议供货项目的中标价格或优惠率是协议有效期内供应商承诺的最高限价或最低优惠幅度。采购人在具体采购时,可以与供应商就价格或优惠率进行谈判。

在协议供货有效期内,协议供货产品的市场价发生变化的,中标供应商应当及时按投标承诺调整中标价格。产品出现更新换代、停产的,在不降低产品质量和配置档次的前提下,可以提供该产品的替换产品,其协议供货的优惠幅度不得低于原投标承诺的优惠幅度。中标产品价格调整或替代情况应当及时在省级以上财政部门指定政府采购信息发布媒体上公告。

采购人在具体采购时,应与中标供应商或其授权代理商就具体采购事项签订采购合同,合同内容不得与政府采购监督管理部门印发的通知或公告中的内容相违背。采购人应当按合同约定组织验收,并按照合同约定及时向供应商支付采购资金。出现纠纷的,按合同约定的方式进行处理。

3. 协议供货的管理

协议供应商应定期将协议供货的执行情况向同级政府采购监督管理部门和集中采购机构汇报,集中采购机构应当对中标供应商履行投标承诺情况进行跟踪监督,主动协调协议供货项目执行中出现的争议,并将有关情况及时向同级政府采购监督管理部门汇报。政府采购监督管理部门应当对协议供货项目的招标和执行情况全面实施监督检查,并可根据采购人对协议供货供应商履约情况的评价,以及集中采购机构跟踪检查的汇报,对供应商的违规违约行为进行处罚[①]。

> **延伸阅读4-3　××市市级政府采购协议供货管理暂行办法**
>
> **第一章　总则**
>
> 第一条　为进一步加强对我市政府采购协议供货管理,简化政府采购手续,提高协议供货效益,根据《中华人民共和国政府采购法》《市政府办公室印发关于进一步推进政府采购管采分离工作的若干意见的通知》(×政办发〔2017〕208号)等相关规定,结合我市实际,制定本办法。
>
> 第二条　本办法所称的政府采购协议供货是指政府集中采购目录中规定的协议供货项目,由××省财政厅委托的集中采购机构或××市集中采购机构通过公开招标等方式,确定中标(成交)供应商及中标产品的价格和服务条件,并以协议书的形式固定,由采购人在协议供货有效期内自主选择中标供应商及其中标产品的一种采购形式。
>
> 第三条　价格是协议供货招标(采购)评审的重要因素和关键性指标,在招标(采购)文件编制、审核和确认中,应充分体现低价优先、价廉物美的原则。
>
> 第四条　市级财政部门依法履行对协议供货项目采购活动及其实施情况的监督

---

① 王卫星,朱龙杰,吴小明.采购代理机构政府采购实务[M].北京:中国财政经济出版社,2006.

管理职责。主要包括：制定市级政府采购协议供货制度办法；确定市级协议供货范围；审批市级协议供货项目的采购方式及其实施方案；负责参加省级协议供货项目的申请委托事宜；处理投诉事宜；监督检查市级协议供货执行情况。

市级机关事务管理局作为采购人代表，负责市级协议供货项目的委托、招标（采购）文件和中标（成交）结果的确认等事宜。

市集中采购机构依法组织对市级协议供货项目的具体实施。主要包括：制作市级协议供货项目招标（采购）文件；组织协议供货项目招标投标工作；确定和公告协议供货中标（成交）供应商及其联系方式、中标（成交）货物或服务项目目录并与中标（成交）供应商签订协议书；监督协议供应商履行投标承诺；负责协助采购人办理省市协议供货项目的具体采购手续；统计报送协议供货产品价格等有关信息；负责办理协议供货日常协调事宜。

第五条　市集中采购机构在协议供货招标（采购）中，必须贯彻落实政府采购强制采购、优先采购等政策。按节能产品政府采购清单中的产品类别，执行强制采购和优先采购规定，对环境标志产品实行优先采购，强化绿色采购执行机制，不断提高绿色采购份额。

协议供货招标（采购）中涉及进口产品的，要严格按照《政府采购进口产品管理办法》及有关规定执行。

第六条　设立集中采购机构的市（县）、区，经市（县）、区财政部门申请、市级财政部门批准，亦可加入市级协议供货范围。申请并经批准加入的市（县）、区采购人可以共享××省和××市政府采购协议供货中标（成交）结果。

第七条　我市实行协议供货的具体品目按当年度政府集中采购目录执行。

第二章　协议供货的招标

第八条　参加省级协议供货联动的协议供货品目，由市财政部门负责申请委托；由市集中采购机构招标（采购）的协议供货品目，由市级机关事务管理局按时提出采购需求，委托市集中采购机构实施。

第九条　市集中采购机构接受委托后应当制定协议供货招标（采购）文件并报财政部门核准后，及时按法定程序开展招标（采购）活动，并按委托范围及时与供应商签订协议供货协议书。

招标（采购）文件应当包括协议供货范围、中标数量、评分方法、评标标准、协议有效期、服务要求、协议执行要求、履约保证金、违约条款、监督检查等内容。

协议供货供应商中标数量应当按照充分竞争、兼顾合理的原则科学、合理地确定。

第十条　参加投标的供应商应当具备《中华人民共和国政府采购法》第二十二条规定的条件，并且是投标产品的生产制造原厂商。原厂商不能直接参加投标的，可由其委托一家代理商作为全权代理参加投标，并对本地区所有代理商的政府采购投标行为和承诺负全责。

第十一条　协议供货中标结果产生后,集中采购机构应当在指定的政府采购信息媒体上予以公告。公告的协议供货中标信息应当载明中标产品的本地协议供货商名称、规格型号、基本配置、供货价格、优惠率、售后服务、提供的选购件及其价格、协议有效期等内容。

第十二条　集中采购机构应将其与中标供应商签订的协议供货协议书报市财政部门备案。

第三章　协议供货的执行

第十三条　我市政府采购协议供货的执行期限,按××省财政厅委托的集中采购机构和××市集中采购机构招标(采购)确定的有效期执行。

在有效期内,中标供应商(或其指定的本地协议供货商)将按投标时的承诺向市级和各区的采购单位提供中标产品和服务。每个有效期满前,集中采购机构将通过招标(采购)重新确定下一个有效期内的协议供货中标供应商及中标产品。

第十四条　协议供货项目的中标价格或优惠率是有效期内供应商承诺的政府采购最高限价或最低优惠幅度。同一品牌、型号、配置、服务的产品,中标供应商应保证其实际供货价格低于本地区其他任何非政府采购价格。

对协议供货中标产品实行最高限价动态下调机制。在协议供货有效期内,协议供货货物及服务的市场价格下调的,中标供应商应当及时同比例下调中标价格。

在协议供货有效期内,中标供应商应于每月定期向集中采购机构报送市场统一售价和官网发布的售价,在中国总部下调报价的24小时内下调报价,超时不报者,经查实,在剩余有效期内将停止该中标产品的采购。

第十五条　在协议供货有效期内,中标供应商应保证中标产品有货供应,非经同意不得停止正常供货。

货物出现更新换代、停产的,在确保货物质量和配置高于原中标产品的前提下,经采购人代表、集中采购机构和财政部门同意,可以提供该货物的替换产品,其协议供货价格不得高于原中标产品当前最高限价。

第十六条　采购人采购协议供货项目必须编制政府采购预算。在实施采购活动前,应根据政府采购预算向财政部门申报政府采购计划,经批准后,方可实施采购。同类品目的政府采购计划原则上应一次性申报,特殊情况不得超过2次,间隔不得少于半年。

第十七条　数量在10台以下或金额在10万元以下的零星小额采购,原则上可从协议供货中标产品目录之内选取货物的品牌及型号,采购人应在最高限价的基础上与协议供货商进行价格(向下)协商并保存有关记录。

采购人因特殊情况需采购协议供货中标产品以外的货物时,应在采购活动开始之前,取得市财政部门的批准。

第十八条　为争取更大的批量优惠、降低单位项目采购费用,对政府集中采购目录中规格或标准相对统一、采购数量在10台以上或金额在10万元以上的台式计算机、便携式计算机、投影机、显示器、空调等部分品目采取"并单采购"的方式,采购人原则上须选择2—3个同档次的品牌产品,确定配置后在采购计划中列明,由市集中采购机构将多个部门、单位的零星计划合并,原则上每月集中批量采购一次,当并单后批量较大时也可视情况增加采购次数。

第十九条 属于集中批量采购的货物,原则上不再为采购人单独组织采购,特殊需单独组织的须经财政部门批准。

第二十条 采购人如发现非中标协议供货商供应的同品牌、同型号、同配置、同服务的商品价格低于协议供货价的,须向财政部门提供经协议供货商和非中标协议供货商确认的询价单,经批准后方可实施采购。

第四章 协议供货的竞价

第二十一条 市集中采购机构负责协议供货竞价采购的组织实施。

第二十二条 在有效期内,采购人和集中采购机构可以采用电子反拍、谈判等二次竞争方式在中标供应商或更大范围内根据符合采购需求、报价最低的原则选择确定产品和服务。

第二十三条 采购人采购或并单采购后单次采购预算在10万元(含10万元)以上50万元(不含50万元)以下或10台(含10台)以上200台(含200台)以下的协议供货产品时,可以与协议供货商就价格或优惠率进行谈判;也可以通过电子反拍方式进行采购。

采购人采购50万元以上的协议供货产品时,采用公开招标方式,也可采用电子反拍等方式。

参与电子反拍的供应商可以是中标供应商或其授权的本地协议供货商,也可以是符合具体采购要求的非协议供货商。

第二十四条 参加协议供货竞价的供应商应当先取得××市政府采购中心供应商会员单位资格。凡获准加入网上竞价采购的供应商,由集中采购机构授予网上报价密钥,会员单位凭用户名和密钥参加网上竞价采购。

第二十五条 协议供货竞价程序:

(一)集中采购机构发布竞价。集中采购机构受理委托后进行项目并单立项、打包与拆包,根据需求设置各包产品限价、档次和具体配置,设定竞价时间、报价轮次等规则,并发布采购公告。

(二)供应商竞价。供应商经身份认证登录指定的网上竞价系统,在规定的竞价时间、轮次内进行报价,每次报价不得高于前一次报价,价格和时间以其最后一次报价为准。竞价过程中,当前最低报价实时显示。

供应商提供的产品必须满足或优于网上竞价采购项目的产品技术配置、性能和售后服务要求,不能逐项满足网上竞价采购项目的产品技术配置、性能和售后服务要求的,按无效报价处理。

(三)确认成交结果。在满足网上竞价采购项目的技术规格、性能和售后服务的前提下,按价格优先、时间优先的原则确定成交供应商,即最低价格成交,当出现两个以上相同最低报价时,则按报价时间先后顺序确定成交供应商。

第五章 监督检查

第二十六条 市集中采购机构应建立完善协议供货中标供应商及本地协议供货商诚信库,对供应商诚信等级情况进行记载和利用。

第二十七条 市财政部门应当不定期开展"供应商协议供货满意度"调查,对产品质量和售后服务优秀、诚实守信的中标供应商及本地协议供货商进行通报表彰,并在下一期协议供货招标中给予加分奖励。

第二十八条 采购人应当对本部门、本系统执行协议供货情况进行日常监督,将发现的中标供应商的重大违约行为向财政部门报告。

第二十九条 市集中采购机构应当联合采购人代表、市财政部门和有关人员组成检查组,对协议供货执行情况进行跟踪抽查,对于在抽查中发现的中标供应商及本地协议供货商的违规行为,检查组应开具违规单,并及时将有关情况报市财政部门。

对经查实的违规供应商视情节给予下一期招标扣分,实施部分或全部履约保证金不予返还,停止协议供货供应商资格处理,情节严重的,提请财政部门予以列入黑名单,并给予在一至三年内禁止参与政府采购活动的处罚。

项目如属于省级协议供货联动的,报省财政部门和其委托的集中采购机构处理。

第三十条 市财政部门要委托有资质的调查机构不定期进行价格信息采集。如果发现市场价已经下调,而其协议供货最高限价未按要求下调的协议供货产品机型,在有效期剩余时间内将停止该产品的采购。

第三十一条 中标供应商及其授权协议供货商应当配合财政部门对采购人和其他中标供应商执行协议供货情况进行监督,发现违规违约情形的,及时向财政部门报告。

第三十二条 纪检监察和审计部门依法对政府采购协议供货项目的实施情况进行监督,涉及有关违法违纪行为的,按照有关规定给予相关人员行政处分。

第三十三条 任何单位和个人发现采购人、集中采购机构、中标供应商及其协议供货商违反本办法行为的,有权控告和检举,有关部门应当依据各自职责及时处理。

第六章 附则

第三十四条 未设立集中采购机构的区各行政机关、事业单位、团体组织,以及按照属地管理原则参加我市政府采购的驻锡单位参照本办法执行。

第三十五条 本办法未作出规定的,应当按照政府采购及有关规定执行。

第三十六条 本办法自印发之日起施行。

在政府采购实践中,协议供货也存在一定的缺陷,计算机类协议供货由于协议供货公示期过长,计算机产品价格波动又大,不利于监管部门对价格的监控,采购价格高于市场实时销售价格的现象不时出现。

对协议供货产品价格的监管,一般是要求供应商承诺协议供货价格不高于同期的市场销售价,当产品价格发生调整时,须及时通知政府采购监管部门,或定期自觉更新报价。在此期间,作为辅助监管的方式,监管部门也欢迎针对协议供货价格高于市场平均价的举报,一经查证,将取消供应商参与协议供货的资格。实践表明,这种监管方式起到的效果并不能让人满意。

2017年8月中旬至9月初,某市财政部门对全市协议供货价格进行了检查,结果发现几十家IT产品供应商没有及时更新价格。按该市政府采购管理办公室要求,入围供应商必须在每月1—5日及时更新价格,采购办进行日常检查和接受举报。但从实际情况来看,监管部门的力量毕竟有限,光靠日常监管很难保证能监督到每一个供应商的每一个产品报价。

采购人实际操作的疏忽,误把"最高限价"当"成交价"。业内人士认为,采购人对于协议供货价格的不理解,也是导致协议供货价格高的一个重要原因。事实上,公开招标时确定的协议供货价格一般都是指最高限价或参考价,需要采购人在这个价格的基础上,通过自身的市场调研,根据采购量和供应商"讨价还价",最终确定成交价。但由于对协议供货缺乏了解,有些采购人误认为最高限价、参考价或基准价就是协议供货的价格,导致协议供货价格高。

延伸阅读4-4　××市破解协议供货价格难题　创新采购实践

为进一步深化政府采购制度改革,解决协议供货产品价格偏高的问题,改革"小额""零星"产品采购方法,我市创新了政府采购协议供货网上竞价模式,即对计算机、打印机等9类协议供货产品的采购由原来采购人直接与供应商洽谈采购商品价格的办法,变为采购人与多个供应商通过网上竞价采购商品。网上竞价方法自2011年1月1日在市级机关、事业单位、团体组织范围内运行以来,在控制采购价格方面,已初显成效。截至2012年5月25日,市级协议供货商品网上竞价采购成交项目为13 177笔,总预算金额为15 889.15万元,成交价格为13 387.66万元,比采购预算节省2 501.49万元,节约率为15.74%。

一、协议供货商品网上比价采购的主要做法

我局依照"制度为保障、科技作支撑"的思路,以增加透明度,提高竞争力,挤压价格水分,节约财政资金,促进廉政建设为目标,抓住价格偏高这个主要矛盾,展开协议供货制度改革。

具体做法有以下三方面:

(一)创新多种协议供货商品网上采购方式。采购人购买协议供货商品时,可采取以下三种方式进行采购。(1)单品牌反拍。采购人在提出产品需求时可以自选一个品牌在网上发布需求,由3个以上供应商进行网上报价,经多轮反向竞价后形成最低价格,最后由采购人确认成交结果,完成采购。采用本方式的产品有便携式计算机、数码照相机、摄像机、打印机等。(2)多品牌比价。采购人需要提出2个以上(含

2个)同档次的品牌在网上发布需求,协议供应商同时在网上报价,系统自动将最低报价供应商推荐给采购人,由采购人确认成交结果,完成采购。多品牌比价方式与单品牌反拍方式相比,产品价格竞争更加激烈。采用本方式的产品有台式计算机、显示器、投影机、空调、路由器等。(3)多部门团购。由一个部门(采购人)在网上提出采购需求,并发出团购邀请,在一定时间内有相同采购需求的采购人响应,可以形成集团采购规模,获得批量价格优势。

(二)建立政府采购供应商诚信档案。按照"鼓励诚信,惩戒失信,客观公正,科学引导"的原则,我市制定了《南京市政府采购协议供应商诚信档案管理暂行办法》,对协议供货商网上竞价活动诚信状况进行评价,分别是:采购监管部门对供应商的六类"不良行为"进行评价记录;集中采购机构对供应商的九类"不当行为"进行评价记录;采购人对供应商的成交价格、按时交货、产品质量、售后服务四项内容进行评价记录。评价结果自动转换成"诚信指数"(分值),达到一定分值的供应商可保留参加网上竞价资格,低于一定分值将失去网上竞价资格,奖优罚劣,激励其优质服务,诚信经营。

(三)强化政府采购供应商网上监管。针对网上采购的特点,充分运用信息化手段,进行全程留痕、动态监管。一方面,通过完整地记录每一次产品竞价采购过程和成交结果,并在一定范围公示,为及时发现、分析、解决采购中出现的问题提供有效数据。另一方面,建立多层次网上监控体系,包括财政、监察、审计部门的全程外部监督,采购主管部门的内部监督,随时在线跟踪预警,防止不规范采购行为发生。

二、协议供货产品网上竞价采购成效初步显现

一是有利于从源头上防治腐败。以前采购人购买协议供货商品,可以自选供应商,采购过程是"面对面"交易。实行网上采购后,供需双方的身份信息都被屏蔽,达到了采购人与供应商之间的有效隔离。供、需、管三方"背对背"的采购方式切断了采购过程中潜在的"利益链",有效避免了可能出现的幕后交易、暗箱操作等不正当采购行为。

二是有利于降低办公成本。通过网上竞价,尤其是多品牌比价方式采购,杜绝了单个品牌垄断行为,加大了竞争力度,打破了价格同盟,最大限度地挤压利润空间,达到"便宜"的目的,解决了协议供货中最突出的价格问题。

三是有利于提高采购效率。网上采购具有产品信息量大、操作方便、方式灵活等特点,从采购发起到采购结束只需两个工作日,所有事项均在网上完成,实现协议采购"一网通"。

四是有利于信息公开化和监督。以前协议供货采购过程只有采购当事人清楚,交易行为规不规范、采购价格高不高等都由当事人说了算,第三方难以监管。实行网上采购后,采购人、供应商在采购过程中的各项操作均记录在案,采购单位、监管部门、监察部门均能还原每一次历史采购记录,分清各方责任,将协议供货采购置于"阳光"之下。

五是有利于诚信体系建设。创新性地实行采购人、集中采购机构和采购监管部门

分别对供应商评分的机制,建立供应商诚信档案,实行星级管理。将供应商的"诚信指数"作为保留或撤销其参加网上比价资格的依据,达到了奖优罚劣的效果。

协议供货产品网上竞价采购方式刚刚起步,实施过程中也遇到了一些新情况、新问题,我们将继续以科学的态度,走近矛盾、破解难题,不断创新改革,确保网上竞价采购方式顺利推进,取得预期效果。

延伸阅读 4-5 协议供货制度何去何从

[编者按] 眼下,部分地区新一期协议供货招标正在紧锣密鼓地进行,虽然招标过程不乏一些新亮点或新面孔,但仍难掩一个老问题——招标容易,而后期管理难、价格控制难。协议供货一直因价高屡遭质疑,也引发了业内更深的思考和实践中的创新。如何解决协议供货价格问题? 协议供货该走向何处?

社会大众和媒体对政府采购行为的关注空前高涨,由协议供货制度本身的弊端引发的类似"天价采购"事件不断上演。采购人以及社会大众对价格的敏感程度已经让协议供货制度到了不改不行的地步。

因具备既能体现政府集中采购意志又能够满足采购人的及时性和个性化需求的特点,协议供货制度一度广受政府采购业界追捧。然而,该制度实行以来,产品价格高、产品型号跟不上市场更新换代的速度、供应商不能及时供货等也日渐成为让政府采购监管者和执行者甚为头疼的问题。那么,这些问题为什么会出现? 又该如何解决?

价高,与生俱来

曾亲身经历我国协议供货制度整个发展历程的某机关政府采购中心一位处长说:"要解决协议供货制度中存在的所有问题,必须从价格着手,只要抓住价格这根主线就能够解决好其他问题。"

该领导进一步解释说,近年来,由于社会大众和媒体对政府采购行为的关注度空前高涨,使得由协议供货制度自身弊端引发的"天价采购"事件不断上演。采购人以及社会大众对价格的敏感程度已经让协议供货制度到了不改不行的地步,所以,价格问题已经成为压倒一切的主要矛盾。

那么,协议供货价格高是如何造成的?"以我的经验看,协议供货价格高是与生俱来的。"该处长解释说,"商品的市场价格总是处于不断变化之中,尤其是高科技产品,一般而言,随着产品的更新换代,其价格具有不断下降的趋势。在协议周期内,对于价格下降商品的采购就容易出现采购价高于交货时市场价格的情况。比如,以招标、评标和中标这3个阶段来看,厂家投标的价格也许是当时的市场价格或者低于市场价格,但是这个价格被锁定半个月后,就变成开标的价格或者中标价格,而此时的中标价仍然停留在半个月前的市场价,因此也就有了中标价高于市场价的现象。这也是我们业界所说的'协议供货价格高是打娘胎里带来的'。"

集中下的分散

某省政府采购中心的主任在谈到协议供货价格高的另外一个根本原因时说："在业内,大家所公认的协议供货产品价格高的一个重要原因就是,协议供货实际上是妥协的产物,只是披了集中采购的形式,但事实上是一种分散采购。"

某市财政局政府采购管理办公室主任这样评价协议供货:"过去,我们也对通用办公设备采用协议供货方式,此种采购形式虽然能够提高采购工作效率,却无法对采购单位的采购过程以及产品的验收等环节进行有效的监管,违规操作现象时有发生。同时,由于各单位分散采购,规模效益难以得到充分发挥,价格自然就不会太理想。"

某市财政局政府采购管理办公室主任也提道:"协议供货由于协议供货期较长,供货期内采购人的零星采购分解了整个采购量,使得每个商家的实际供货量并不大,协议供货价格也就没有优势。"

改良,抑或变革

价格高,社会反响强烈,协议供货该何去何从?业内有专家表示,摆在协议供货制度面前有两条路:一条是改良,即在自身基础上进行完善;另一条就是变革,应用和推广批量集中采购方式。

从目前的情况看,变革的步伐已经迈出。财政部今年年初发布的《财政部关于做好 2011 年中央单位政府采购计划和执行编报工作的通知》(财库〔2011〕18 号)提出,各单位应按要求编制批量采购计划,按月逐级汇总报至财政部,并抄报集中采购机构,参加批量集中采购。年初,国采中心也表示,按照财政部的要求,中央各单位每月计划采购台式计算机累计达到 50 万元、打印机 30 万元、网络设备 120 万元以上的,不再执行协议供货,而要委托国采中心实施批量集中采购。而且 2011 年实行批量集中采购的单位将由在京单位扩展到所有中央单位,以实现集中采购的规模效益。

虽然批量集中采购呼声很高,但业内也有专家认为,这种方式也不能完全取代协议供货,对于零散的、不能集中的采购人需求仍需要实行协议供货,只是协议供货制度的改良方式仍需进一步探讨。

方式一　引入竞争改良协议供货

如何解决协议供货价格高问题?"竞价",这是许多地区通过实践给出的答案。但对于如何开展竞价,不同地区有着不同的选择,从而也催生了多种实践创新。

竞价模式多样

在实践中,网上竞价、二次竞价是协议供货中常见的竞价方式。

网上竞价最早出现在 2007 年,多应用于计算机、打印机等标准通用类的产品。其基本的操作方式是采购单位在协议定点范围内选择所需的产品,通过网上竞价平台向符合需求条件的 3 家以上供货商发起询价单,供货商在协议价基础上在一定时限内进行网上竞争报价,并按报价孰低和供货孰优原则确定最终成交供应商及成交价格。

目前,有些地方将网上竞价的适用范围扩大到非协议供货供应商,从而进一步打破了协议供货供应商潜在的价格垄断,促进了竞争,最大限度地降低了价格。

二次竞价也是各地政府采购部门在实践中不断探索之后总结出来的办法。2007年,中央国家机关政府采购中心开始对需求量大、品牌竞争充分的台式计算机、便携式计算机等品目每季度实行二次竞价,体现了较大的价格优势。2009年,中央国家机关政府采购中心将二次竞价范围扩大到了打印机品目,针对政策规定的相关品目专门组织了补充招标,及时将符合政策规定、性价比高的产品纳入中标范围。此外,南京市政府采购中心、浙江省政府采购中心等也都在协议供货通用类产品网络竞价系统中实施了二次竞价。

竞价的新思路

网上竞价、二次竞价虽然具有较大的"杀价"优势,但也有一个"软肋",即如果采购人对价格不满意就要再进行一次竞价,这样会带来人力成本和时间成本较高的问题。那么,有没有一种既能够引入竞争又不需要进行多次竞价的方式呢?中央国家机关政府采购中心×××提出了自己的思路,即综合协议供货与网上竞价的优势,采用一种新方式——协议竞价。

×××解释说,目前,协议供货招标主要是确定一个最高限价或者是一定的优惠幅度。但是最高限价和优惠幅度难以适应市场价格瞬息万变的特点,为了规避协议供货制度目前的弊端,应考虑对协议供货制度进行完善,将现在流行的网上竞价和协议供货相结合,实现优势互补。具体而言,协议竞价模式的操作方式是:协议供货开始执行的第一单必须进行竞价,此后以一个月为一个周期,每个周期的第一天对协议供货的产品进行一次网上竞价。比如,第一单竞价时间是1月10日,以一个月为周期,下个月在2月10日再次进行竞价,以此类推。这种竞价不仅包括协议供货入围厂商的报价,还包括未入围厂商的报价,由此,得到一个新的价格。对于这个新的价格,系统会进行自动的分析比对,采购方可根据比对结果确定协议供货的执行价格。

方式二 批量采购破解价高难题

对于协议供货价格高的问题,中央单位和部分地市都在探索一条全新的路径,即试行批量集中采购,充分发挥集中采购的优势。那么,批量集中采购具有怎样的特点?能否解决实际中的问题?

批量集中采购渐起

2009年7月,财政部下发了《财政部关于进一步做好中央单位政府集中采购工作有关问题的通知》,明确规定,为进一步完善和深化政府集中采购工作,从2009年8月开始对部分采购规模需求大、次数频繁、技术规格较为标准的采购项目试行批量集中采购。具体做法是,中央单位在一个月内(紧急采购任务除外)准备采购台式计算机、打印机、网络设备规模达到一定限额的,不再执行协议供货,应当委托集中采购机构实施批量集中采购。集中采购机构对中央单位报送的批量采购实施计划进行汇总归集,并整合打包,统一组织招标。批量采购方案出台以后,中央单位开始陆续试行批量集中采购。

在中央单位开展批量集中采购试行方案之前,厦门市、青岛市、济南市等已经开始尝试在汇总采购需求的基础上进行"打包"采购。比如,某市从2009年开始实行批量集中采购方式,该市财政局政府采购管理办公室主任告诉记者:"采购办要求采购人对一些通用物品在每月的1日—10日报送采购计划,将这些采购计划汇集起来,集中在11日—20日之间进行批量集中采购。"不过,进行批量采购的项目需具备一个前提,就是要进行一系列的前期准备,在确定统一的技术指标后才能组织采购。

优势与困难并存

在记者采访过程中,对于批量集中采购的优势,被访者的答复比较一致,即可以有效降低协议供货本身难以克服的价高问题。据某机关政府采购中心一位处长介绍,目前,中央国家机关政府采购中心正在大力推行批量集中采购,并取得了不错的效果。

地方的批量采购实践也取到了显著的成效。厦门市大宗采购项目的第一单——复印纸项目就让人们对这种新的采购方式刮目相看。据悉,当时共采购复印纸3万箱,每箱中标均价为139.7元,远远低于目前市场上同类产品的批发价(190元—210元),该项目节约预算资金130多万元。某市财政局政府采购管理办公室主任表示:"实施大宗货物采购取得了很好的采购效果,所以对于此类项目我们现在已不再实行协议供货了。"

但记者在采访中也了解到,实施批量集中采购也有一些需要解决的问题。某省政府采购中心副主任告诉记者:"批量集中采购的最大障碍是采购人需求很难汇总到一起。比如,同样是电脑,有些采购人喜欢买贵的,有些喜欢买普通的,这样一来各个地方必须要出台统一的配置标准才行。另外,批量采购一般是直接面向厂商,而协议供货的供应商一般都是厂商的代理商,相比而言,代理商提供后期服务要比厂商有优势。"[①]

(二) 网上采购

1. 网上采购含义及特点

网上采购一般是指需求方在互联网上发布采购需求,供应方在网上直接报价,需求方按照事先确定的成交原则,直接在网上确定成交供应商的一种采购方式。它不受供应商人数、地域的限制,方便快捷,对于采购一些金额小、批量多、规格标准统一、现货货源充足且价格变动幅度小的项目,具有明显的优点。

现在,许多发达国家都将电子商务与政府网上采购相联系,并建立了政府网上采购管理信息系统,这使得政府采购管理工作的全部或大部分都在计算机网络中得以实现,极大地提高了政府采购的效率和效益。

网上采购与一般传统人工组织的采购活动相比,具有一定的优势:

---

① 吴敏. 协议供货制度何去何从[N]. 中国政府采购报,2011-04-22.

(1) 范围广透明度高。利用了网络技术，采购活动对供应商人数和地域将不再限制，所有符合条件的供应商均可通过网络参与采购活动。由于网上采购的所有信息交流均在网上进行，采购受人为控制少，透明度高。

(2) 采购效率高。网上采购的采购信息发布、投标或报价、开标、评审活动全部在网上进行，每一个环节都由程序控制，自动以电子数据的形式流转，上一个程序没有结束，下一个步骤就没法操作，采购系统所具有的自动流转生成、自动汇总排序以及自动检测纠错等功能，提高了工作效率。

(3) 成本低效益好。通过网上采购，对于采购人或采购代理机构而言，避免了纸制采购文件的印制成本、采购信息的沟通成本、开标场地的租用成本；对于供应商而言，减少了投标或响应文件的印制成本、参与投标的交通和食宿成本。这些成本的节约，将全面降低政府采购的总成本，提高政府采购活动的社会效益。

网上采购与人工采购相比，也存在一定的缺陷：

(1) 电子交易缺乏法律依据。政府采购的过程，实质上就是一个合同订立的过程，但我国对如何实行电子交易却没有一部完整的法律规定，对相关当事人约束缺乏相关的法律依据。

(2) 网络安全性问题。许多网上采购过程中供应商的资料是要求严格保密的，尤其是对一些重大采购项目，是否能确保安全、保密，对采购当事人来说都是一个挑战。

(3) 缺乏灵活性。网上采购仅根据设定好的程序来确定成交供应商，缺少弹性，且采购过程易被程序人员所控制。

2. 网上采购基本形式及流程

目前，我国各地方开发的网上采购系统，根据其采购流程，主要可以分成网上询价和网上招投标两种形式。网上询价的流程一般是采购人或采购代理机构在网上直接发布询价信息，供应商直接在网上报价，系统按照程序设定的成交原则，直接确定成交供应商，并公布成交结果，自动生成政府采购合同。网上招投标的流程一般是招标采购单位在网上发布招标公告，供应商在网上直接下载招标文件，制作投标文件后，直接通过网络递交投标文件，到投标截止时间，系统自动截标和开标，自动收录供应商的投标信息，评委直接从网上查阅投标资料并评审，系统直接对各评委的评审结果进行汇总、排序，并在网上公布中标结果。

根据目前我国已开发使用的网上采购软件系统来看，网上采购的主要流程包括：(1) 采购人或采购代理机构应制定网上采购的操作规程，明确对网上采购供应商的资格要求、网上采购的程序和中标或成交原则，以及有关的违约责任。(2) 发布征集网员的公告，同时公布网上采购的项目范围。(3) 采购人或采购代理机构审核供应商提交的资料，对通过资格审查的供应商，应与之签订网上采购协议，并办理网员登录手续，网员可以通过系统对自己的用户名和密码进行修改。(4) 采购人或采购代理机构在后台按照系统设定的格式发布采购预告或采购公告、采购文件。(5) 网员根据采购预告的内容，可以对采购人或采购代理机构提出相关合理化建议，并可以在网上下载采购文件，制作投标或响应文件。(6)网员在规定的时间段内,直接在网上递交投标或响应文件。(7)到规定的截止时间,系统自动关闭网员递交文件的窗口,自动汇总各网员的报价和有关评审资料,采用网上招投标的,应将开标一览表的内容向所有投标的网员公布。(8)评审专家在各自的电脑上按照设定的评审标准,独立对每个投标的网员进行评审,采用网上询价或最低报价法的招标,可以直接由系统对网员的报价自动排序。(9)评审专家在电脑上完成所有评审程序,对自己的评审结果确认后,系统自动汇总每个评审专家的评审情况,自动对网员的中标或成交情况进行排序,并按照设定的程序自动选取中标或成交候选人。(10)经项目领导小组、监督管理部门和公证人员在网上对中标或成交结果确认后,立即在网站上公布中标或成交结果。(11)中标成交后网上签订合同。网上采购合同分双方合同和三方合同两种,各项目经办人应根据采购人委托单中明确的是否由采购代理机构代签合同,选择相应的合同格式:采购人委托采购代理机构代签合同的,选择双方合同;采购人不委托采购代理机构代签合同的,选择三方合同。网上采购合同原则上由成交供应商在网上直接打印,两天以内将合同签订手续办理完毕。(12)合同履行。

各项目经办人应及时跟踪成交供应商的合同履行情况:成交货物的型号、配置一律不得更改;交货时间不得迟于合同规定时间,采购人对成交供应商供货质量有疑问的,或采购人对成交供应商售后服务不满意的,以书面形式传真或送交采购代理机构,由相关经办部门进行调查处理。

3. 采购卡

采购卡的使用最早于1986年出现在美国。信息技术的发展,特别是电子商务的发展,使得采购业务流程简单化成为可能,采购卡类似于信用卡,是电子采购的一种工具。持卡人不需要任何审批手续,可以直接向指定的供应商采购,采购过程无纸化,即可以免去向供应商下订单、与供应商签订采购协议以及产品的详细运输合同等烦琐的手续而直接采用柜面交易、网络采购或电话采购等形式向供应商采购。我国政府于20世纪90年代末也以地区为单位,开始推行采购卡。我国香港特别行政区政府采购实行集中采购制度,小额物品由各部门采用采购卡的形式直接采购。

政府采购与银行业务形成伙伴关系,合作开发的"政府采购银行卡管理系统"将有助于实现对政府采购小额交易的无形监管。

延伸阅读4-6 珠海政府采购卡系统使用便捷透明,安全可靠

近年来,各级政府十分重视政府采购工作,并把推行政府采购制度作为从源头上防止和治理腐败的重要举措。由于政府采购工作本身要求高、难度大、技术复杂,政府采购中心普遍存在编制少、任务重的矛盾。为有效地解决这些矛盾,提高工作效率,积极寻找政府采购信息化建设的突破口,珠海市政府采购中心和中国建设银行珠海市分行合作,共同开发了"政府采购银行卡管理系统"。该系统具有六大特点:一是建立了多层服务器、多种网络结构体系;二是建立了两个不同单位、四个不同层次、八个不同的操作人员的立体的安全机制;三是采用了参数化设计和模块化设计方法,使得各项操作管理十分方便;四是体现了资金到单位和采购项目、限额到银行卡、监控到具体商品的思路;五是完全符合现行国家有关标准和财务及金额管理制度的规定;六是使用 Informix 大型数据库以及 PowerBuilder 等开发工具,确保了技术的先进性和可靠性。

"政府采购银行卡管理系统"于 2000 年 3 月通过了珠海市科委组织的技术鉴定,专家委员会认为:"该系统设计思想正确、新颖,结构合理,技术成熟、先进,功能丰富,设计上有创新。该系统在国内政府采购管理中,率先综合应用计算机、局域网、广域网、互联网及银行卡技术,成功实现系统集成,整体上处于目前国内政府采购管理系统领先水平。"该系统独创了政府采购分级授权管理的新模式:首先,由银行根据进账单录入单位资金,确保银行不透支和单位资金安全。其次,由采购中心根据进账单资金的用途,将单位资金分配到相应采购项目资金账户,对每项采购确保资金先到位。最后,对每张卡通过限额进行管理,不允许超限额使用。通过前台 POS 机与后台计算机联网来履行电子审批手续,不仅堵塞了采购中现金交易的诸多弊端和漏洞,而且由于采购工作是使用银行卡通过计算机来自动完成,十分方便快捷,不仅整个资金交易时间能在七秒钟之内完成,而且政府采购中心可以通过与中央服务器互联的前台计算机,在短短两三分钟之内,就可以全部掌握全市所有政府采购项目的发生时间、地点、金额、商品种类、交易金额、采购人等十分详尽的采购清单,并且可以自动扣、记账。"政府采购银行卡管理系统"适用范围基本涵盖了目前政府采购的各个领域,包括车辆定点加油、保险、维修,定点印刷,办公用品及药品采购等。该系统自在珠海投入使用以来,带来了巨大的社会效益和经济效益。以车辆定点加油为例,使用本系统,实行"一车一卡,对车号对卡号加油",堵塞了加油中的漏洞,规范和控制了财政支出,全市公车实际用油量比预算少了 36%。

第五章

政府采购招标实务及技巧

随着人类社会发展到一定历史阶段,即市场经济制度的确定,竞争与开放的市场体系逐步形成,供求关系由卖方市场向买方市场转变。在这种情况下,一种高级的、有组织的、规范化的商品交易方式即招投标采购方式应运而生了。

作为交易方式,招投标由招标和投标两种相对行为组成,没有招标就不可能有投标,没有投标,招标也就无法进行。所谓招标,有广义和狭义之分,广义的招标泛指招标和投标的整个过程,狭义的招标仅指买方通过发布公告或发出投标邀请,征求供应商的活动。所谓投标,是指卖方即供应商根据招标公告或者投标邀请参与竞争,以获得合同机会的行为。

第一节 招标

招标是招标采购的第一个阶段,在这一阶段中需要做大量的基础性工作。如签订委托采购协议、编制采购招标文件、发布采购招标公告等等。

一、签订委托协议

《政府采购法》规定:采购人采购纳入集中采购目录的政府采购项目,必须委托集中采购机构代理采购。采购人对集中采购目录以外的政府采购项目,可以自行组织开展货物及服务的招标采购,也可以委托具有政府采购业务代理资质的社会采购代理机构采购。

采购人自行组织招标采购的条件:具有独立承担民事责任的能力;具有编制招标文件和组织招标的能力,有与采购招标项目规模和复杂程度相适应的技术、经济等方面的采购和管理人员;采购人员必须经过省级以上人民政府财政部门组织的政府采购培训。采购人不符合上述条件的,必须委托采购代理机构招标采购。采购人委托采购代理机构招标的,应当与采购代理机构签订委托协议,确定委托代理的事项,约定双方的权利和义务。

采购人与采购代理机构的委托协议就是委托招标采购的合同。采购人填写委托协议时应当注意以下问题:委托内容必须合法;采购项目应当具有可操作的技术要求,但不得指明生产厂家和品牌;采购人对招标时间的要求必须符合政府采购有关法律法规的规定。委托协议常见格式,见经典资料5-1。

经典资料 5-1　政府采购委托代理协议书

甲方(委托人)：
乙方(受托人)：_____政府采购中心

根据《政府采购法》《合同法》，以及_____政府采购的有关规定，甲、乙双方就甲方委托乙方组织实施政府采购事宜，经协商一致，达成协议如下：

第一条　甲方的权利和义务

1. 甲方委托乙方组织实施的采购项目，均按本协议办理；

2. 甲方采购政府集中采购目录以内的政府采购项目，应按照政府采购有关规定委托乙方组织实施；集中采购目录以外的政府采购项目，以乙方接受委托为准；

3. 甲方委托乙方采购政府采购项目，应保证项目的预算或计划以及须办理的相关报批手续已经有关部门批准、采购资金已落实；

4. 甲方具体委托采购时，应填制《_____政府采购委托单》(以下简称"委托单")，委托单作为本协议具体执行的依据，与本协议具同等法律效力，甲方应详细注明采购需求，乙方据此办理采购事宜；

5. 甲方指定本协议的经办人为政府采购工作的联系人，同时甲方法定代表人授权委托单中"授权代理人"栏的签字人代表甲方与乙方办理具体采购事宜；

6. 甲方负责审核、确认乙方拟订的招标文件，并对招标文件中的技术部分负责；

7. 根据具体采购项目的需要，甲方授权代理人及相关技术、财务、纪检等部门代表必要时应出席乙方组织的采购活动；并可指定不超过评标委员会、谈判小组或询价小组总人数三分之一的代表参与评标、谈判或询价，其余代表负责监督采购全过程，甲方负责在开标、谈判或询价时间前 2 天将有关人员名单交乙方；

8. 甲方必须接受乙方经合法采购程序产生的成交或中标供应商；

9. 甲方对评标、谈判或询价内容及有关商业秘密负有保密职责；

10. 甲方应及时与成交或中标供应商签订合同，所签订合同不得对与项目相关的采购文件进行实质性修改；

11. 甲方应严格按照合同约定进行履约，并负责及时向供应商办理资金支付手续；合同履行期间发生的合同纠纷，由甲方与成交或中标供应商自行按合同规定办理；

12. 甲方在合同履行结束后，应及时将有关合同履约资料归档。

第二条　乙方的权利和义务

1. 乙方必须接受甲方委托的属于集中采购目录内的采购项目；对集中采购目录外的采购项目，由甲、乙双方协商后，以签订的委托单为接受委托的依据；

2. 乙方由本协议经办人统一负责签收委托单，并指定专人具体负责委托项目的实施，并按委托单的约定组织采购工作；

3. 乙方将按照有关规定确定采购方式，甲方应予以配合；
4. 乙方负责根据甲方的具体采购需求编制、印发采购文件；
5. 乙方根据国家和省级政府采购有关规定，发布相关采购信息；
6. 乙方负责依法组织成立评标委员会、谈判小组、询价小组，并负责采购活动现场的组织工作；
7. 乙方根据评标委员会、谈判小组、询价小组的评选结果，宣布中标或成交候选供应商名单，定标后向中标供应商发出中标通知书，并将中标结果通知甲方；
8. 乙方负责甲方与中标或成交供应商政府采购合同签订的见证；或受甲方的委托，代表甲方与中标或成交供应商签订政府采购合同，同时在《政府采购法》规定的时间内将合同副本送同级政府采购监督管理部门备案；
9. 乙方负责相关采购资料的整理、归档和保管，并接受甲方的查询；
10. 乙方配合甲方参与重大委托项目的履约验收；
11. 乙方将按不超过有关部门批准的收费标准收取有关费用；
12. 乙方对甲方委托的采购项目，经双方协商一致后，可以再委托具有相应资质的其他代理机构采购；乙方将在甲方授权范围内和甲方共同与委托的代理机构签订书面委托协议。

第三条　其他事项
1. 甲、乙双方应当全面履行各自的义务，如发生违约行为，应承担相应的责任。
2. 本协议未尽事宜，双方协商解决。
3. 本协议有效期为：自20__年__月__日至20__年__月__日止。
4. 本协议一式三份，甲、乙双方各执一份，_____政府采购管理处备案一份，自双方法定代表人签字之日起生效。

甲方：　　　　　　　　　　　　　　乙方：_____政府采购中心
　　（公章）　　　　　　　　　　　　　　（公章）
法定代表人：　　　　　　　　　　　法定代表人：
经办人：　　　　　　　　　　　　　经办人：
签订日期：　　年　月　日　　　　　签订日期：　　年　月　日
地址：　　　　　　　　　　　　　　地址：
邮政编码：　　　　　　　　　　　　邮政编码：
电话：　　　　　　　　　　　　　　电话：
传真：　　　　　　　　　　　　　　传真：

二、编制招标文件

招标文件（bidding documents）是招标人向投标人提供的为招标工作所必需的文件。

招标文件的作用在于阐明需要采购的货物、服务或工程的性质,通报招标程序将依据的规则和程序,告知订立合同的条件。招标文件既是投标人编制投标文件的依据,又是采购人与中标人签订合同的基础。因此,招标文件在整个采购过程中起着至关重要的作用。

招标采购单位应当根据招标项目的特点和需求编制招标文件,招标文件规定的各项技术标准应当符合国家强制性标准,招标文件不得要求或者标明特定的投标人(供应商)或者产品,以及含有倾向性或者排斥潜在投标人(供应商)的内容。招标文件一般由商务和技术两个部分组成,商务部分大多由相对格式化的文本组成,招标采购单位应根据采购项目的不同,对其进行标准化。技术部分一般由采购人根据自身的采购需求提出。招标文件的形式有多种,但都应包括以下内容:

(一) 投标邀请

投标邀请一般应包括项目名称、项目编号、投标人资格要求、购买标书时间、投标截止时间、开标时间及地点等内容。

(二) 投标人须知

投标人须知主要告知投标文件的有关要求,包括投标文件的文字、纸张、编排、印制、份数、签署、盖章、密封、递交、修改和撤回等要求。

(三) 投标人应当提交的资格、资信证明文件

(四) 投标报价要求

投标报价要求主要包括:(1) 投标的货币。是否允许用外币投标,如允许,则汇率如何换算。(2) 报价的要求。是离岸价、到岸价,还是运抵项目实施现场的地头价;是报项目的总价,还是必须分项报价。(3) 报价的构成。报价除产品本身的价格以外,是否含关税、增值税、营业税、消费税等各种税收,是否含运输费、仓储费、保险费、出库费、包装费、检验费、手续费等各种费用,是否含备品备件的价格、售后服务的费用。(4) 价格不一致的处理方法。一般情况下,价格不一致时,应按照以下方法处理:开标一览表中价格与投标文件中报价表对应的价格不一致的,以开标一览表为准;投标文件的大写金额和小写金额不一致的,应以大写金额为准进行修正;总价金额与按单价汇总金额不一致的,以单价金额计算结果为准进行修正;单价金额小数点有明显错位的,应以总价为准,并修改单价;投标人提供的折扣数与按折扣率为基准计算的折扣数不一致时,以折扣率计算为基准进行修正;对不同文字文本投标文件的解释发生异议的,以中文文本为准。

(五) 投标保证金的数额、交纳方式、退还时间和要求,没收保证金的情形

招标采购单位可要求投标保证金为一个固定数额,也可以要求投标人按照投标总价的一定比例交纳,但数额不得超过采购项目概算的1%。

投标保证金的形式一般为现金支票、银行汇票、银行保函,招标文件中可以对投标保证金的形式进行限制,如不收现金,银行保函必须按照招标文件中规定的格式开具等。

中标供应商的投标保证金最迟应在采购合同签订后五个工作日内予以退还,未中标供应商的投标保证金最迟应在中标通知书发出后五个工作日内退还,投标保证金是否计

算利息，也应在招标文件中明确。

投标保证金在什么情况下将被招标采购单位没收，也应在招标文件中明确，一般情况下，发生了以下情形，投标保证金将被没收：投标人在投标有效期内撤回其投标；投标人提供的有关资料、资格证明文件被确认是不真实的；中标人在规定期限内未能按照招标文件的规定签订合同；中标人在规定期限内未能按照招标文件的规定交纳履约保证金或者中标服务费。

（六）投标有效期

招标文件应当规定一个适当的投标有效期，以保证招标人有足够的时间完成评标和与中标人签订合同。投标有效期从投标人提交投标文件截止之日起计算。

在原投标有效期结束前，出现特殊情况的，招标人可以书面形式要求所有投标人延长投标有效期。投标人同意延长的，不得要求或被允许修改其投标文件的实质性内容，但应当相应延长其投标保证金的有效期；投标人拒绝延长的，其投标失效，但投标人有权收回其投标保证金。因延长投标有效期造成投标人损失的，招标人应当给予补偿，但因不可抗力需要延长投标有效期的除外。

（七）评标方法、评标标准和废标条款

货物和服务招标采购的评标办法分为最低评标价法、综合评分法和性价比法三种，招标采购单位可以根据招标项目的实际情况，选择其中一种作为评标办法，并在招标文件中予以明确。

评标标准可以由招标采购单位在招标文件中自行设定，相同的采购项目，由于采购人对项目中标结果的期望不同，制定的评标标准可能会不同：如某采购人希望能购买到质量高的产品，可能会降低投标价格的分值比例，提高产品质量的分值比例；如采购人希望能购买到便宜的产品，则可能会提高投标价格的分值比例，降低产品质量的分值比例。评标标准的制定必须力求公平，不得出现含有歧视性的内容，同时，必须将评标考虑的因素以及相对应的分值在招标文件中明示。如：对于自主创新产品，采用最低评标价法评标的，可以在评审时对其投标价格给予5%—10%幅度不等的价格扣除。采用综合评分法评标的，在满足基本技术条件的前提下，对技术和价格项目按下列规则给予一定幅度的加分：(1)在价格评标项中，可以给予价格评标总分值的4%—8%幅度不等的加分；(2)在技术评标项中，可以给予技术评标总分值的4%—8%幅度不等的加分。采用性价比法评标的，在技术评标项中增加自主创新产品评分因素，给予投标报价4%—8%幅度不等的价格扣除。

招标采购单位在发出招标文件后，不得擅自终止招标，招标文件中必须事先约定废标的条件。只有在招标过程中出现这些条件后，招标采购单位可以宣布终止招标。

（八）招标项目的技术规格、要求和数量，包括附件、图纸等

这部分内容是招标文件中最关键的部分，也是最难把握的部分。招标文件中制定的技术规格必须详细、明确、合理，不得要求或标明某一特定的专利、商标、名称、设计、原产地或生产供应商，不得含有倾向或者排斥潜在投标人的其他内容。如果必须引用某一生

产供应商的技术标准才能准确或清楚地说明拟招标项目的技术标准时,则应当在参照后面加上"或相当于"的字样。

招标文件对拟招标项目的货物、服务或工程必须作出明确规定,数量应相对明确,允许在一定范围内变更,一般为±10%。

项目目前的现实环境对招标项目实施有影响的,招标文件应对实施环境进行详细的介绍,以帮助潜在投标人进行判断和评价。为方便潜在投标人对项目有全方位的了解,招标文件可以采用附件、图纸等形式,相关附件、图纸内容必须准确,并构成招标文件的一部分。

(九) 招标项目实施时间、地点的要求

招标采购单位应在招标文件中明确对招标项目实施的时间和地点要求。对分阶段实施的招标项目,可以按阶段设定时间表,或要求投标人在制作投标文件时,按照对交货时间的总体要求,拟订项目实施进度计划表;对项目实施地点有多处的,应在招标文件中分别标明,以便投标人测算实施成本。

(十) 现场及售后服务的要求

投标人提供的服务是有成本的,获得相关服务应该支付相关费用。但招标采购单位可以在招标文件中对服务提出具体要求,要求潜在投标人在投标时予以响应。招标采购单位可以要求相关服务的费用含在投标总报价中,也可以要求单独列明。

现场服务应明确投标人需要提供的服务类型,如现场的安装、调试,对操作人员的培训要求,以及是否收费、费用的金额等。

售后服务应要求投标人明确免费维护的时间、免费维护的内容,是仅免人工费,还是包括损害部件的免费更换,也可以在招标文件中直接明确提出要求;对招标项目的故障类维护,应明确响应时间、收费标准、零配件的价格;对需要定期养护的招标项目,应明确养护的间隔时间、养护内容、收费标准等。

(十一) 拟确定的付款方式

招标采购单位应在招标文件中明确拟确定的付款方式,是离岸付款、货到付款,还是验收合格后付款;是一次性付款,还是分期付款(含付款的时限)。同时,还应明确规定是否允许投标人对拟确定的付款方式进行更改。

对分期付款中有些项目需提前向中标人支付部分合同款的,应在招标文件中明确该部分款项的性质是定金,不是预付款,支付的金额原则上不应超过合同总价的20%;对需要留有部分款项作为质量保证金的,应设定具体的支付期限和金额,原则上时间不超过一年,金额不超过合同总价的10%。

(十二) 合同主要条款及合同签订方式

招标文件中的合同主要条款是采购人与中标人签订合同的基础,招标文件中确定的条款,除合同双方协商一致,否则,在签订合同时不得更改。

合同的主要条款应包含以下内容:(1) 合同主要文字的定义;(2) 受合同约束的范

围;(3)合同价格的构成;(4)合同款项的支付;(5)运输和保险;(6)包装与标记;(7)合同对象的技术资料;(8)对项目检验的要求;(9)对技术服务的要求;(10)项目的验收;(11)项目的质量保证;(12)合同履行延误的处理;(13)索赔;(14)不可抗力的情形和处理;(15)合同争议的仲裁或诉讼;(16)合同中止的条件;(17)合同生效的条件;(18)合同的有效期。政府采购合同必须采用书面形式,招标采购单位可以在招标文件中明确合同签订的时间、地点和份数。

(十三)其他注意事项

招标采购单位应当在招标文件中规定并标明实质性要求和条件。相关实质性要求和条件可以打"*"号或者使用特殊字体来突出,并以文字形式特别标明*号或特殊字体即为招标文件中的实质性要求和条件,以便供应商识别并制作合格的投标文件,也便于评标委员会对投标文件进行资格性和符合性的审查。

招标文件制作完成后,招标代理机构应向委托方全面介绍招标文件内容,如双方意见不一致,应协商取得共识,之后招标代理机构将修改后的招标文件交由委托方确认。采购文件确认函及回函格式见经典资料5-2。

经典资料5-2 采购文件确认函

×××(采购人名称):

受贵单位委托,我中心对贵单位的×××项目(委托单号为:×××)拟采用×××方式进行采购,目前,我中心已拟订完采购文件,现请你们对采购文件内容进行确认。如贵单位有修改意见,请你们以书面形式,将修改意见反馈给我中心;如贵单位无修改意见,请你们在采购文件和本确认函上署名,并加盖公章后回复给我中心。我中心将在收到贵单位的确认函和确认后的采购文件后,及时组织采购。

谢谢合作!

×××政府采购中心
××年××月××日

回 函

×××政府采购中心:

贵中心就我单位×××项目(委托单号为:×××)的采购文件确认函已收悉。经我单位仔细审核,现对采购文件内容回复如下:

A:无修改意见( )

B:有修改意见( ),修改意见详见附件。

特此函复。

×××(采购人名称)
××年××月××日

三、发布招标公告

（一）发布招标信息

招标文件拟定后，公开招标的，采购机构必须在省级以上财政部门指定的政府采购信息发布媒体上发布招标公告，同时也可以在相关项目的专业网站、报纸、杂志上发布，以扩大招标信息的覆盖面。邀请招标的，投标邀请书要以信函方式发出，也可以采购公告、电信或当面领取。

（二）发售招标文件

招标采购单位应在招标公告规定的时间和地点，按照明确的价格出售招标文件。招标采购单位应当制作纸质招标文件，也可以在财政部门指定的网络媒体上发布电子招标文件，并应当保持两者的一致，电子招标文件与纸质招标文件具有同等法律效力。自招标文件开始发出之日起至投标人提交投标文件截止之日止，不得少于二十天；对于工程建设项目，自招标文件出售之日起至停止出售之日止，最短不得少于五个工作日。

（三）现场考察或召开答疑会

招标采购单位根据招标采购项目的具体情况，组织潜在投标人现场考察或召开开标前答疑会，但不得单独或分别组织只有一个投标人参加的现场考察。潜在投标人依据招标人介绍情况作出的判断和决策，由投标人自行负责。

（四）开标前的保密制度

招标采购单位和有关工作人员不得向他人透露已获取招标文件的潜在投标人的名称、数量以及可能影响公平竞争的有关招标投标的其他情况。

（五）招标文件的澄清和修改

招标采购单位对已发出的招标文件进行必要澄清或者修改的，应当在招标文件要求提交投标文件截止时间十五日前，在省级以上财政部门指定的政府采购信息发布媒体上发布更正公告，并以书面形式通知所有招标文件收受人。如招标采购单位对招标文件的澄清或修改时间离投标截止时间已不足十五日，则应相应延长投标截止时间和开标时间，满足十五日的要求。澄清或者修改的内容为招标文件的组成部分，如与原招标文件内容有冲突，则应以最后一次澄清或者修改内容为准。

（六）投标截止时间和开标时间的延长

招标采购单位需要延长投标截止时间和开标时间的，应当至少在招标文件要求提交投标文件的截止时间三日前，将变更时间书面通知所有招标文件收受人，并在省级以上财政部门指定的政府采购信息发布媒体上发布更正公告。

第二节 投标

一、获取招标文件

供应商要结合自身的经营活动关注和收集政府采购信息，取得招标文件。

（一）关注政府采购基础信息

1. 了解政府采购法律、法规。为规范政府采购行为，我国先后制定、颁布了多项政府采购管理办法和相关规则，各地方也相应出台了不少的政府采购地方性法规。供应商应该及时了解政府采购方面的法律、法规，掌握相关政策。

2. 政府采购知识。通过参与政府采购有关知识的培训，获取政府采购方面的相关知识，如政府采购的招投标、竞争性谈判及有关实务方面的知识。研究政府采购招标、投标中的流程和技巧。

3. 采购人及采购代理机构年度货物、工程、服务类政府采购计划和预算。采购人及采购代理机构每年按规定的采购方式和采购程序编制采购计划和采购预算，供应商应密切关注和收集各级财政部门通过不同媒体发布的政府采购信息，同时做好应对准备工作。依据采购法律、法规赋予的权利平等地参与政府采购竞争，获得公正的商业机会。

4. 其他供应商的商讯资料。其他供应商经营资格、经营实力、财务状况、市场资信度和履约能力直接关系到自身的竞争状态。供应商不仅要收集买方的情况资料，而且要掌握其他供应商的商讯资料，做到知己知彼，百战不殆，以获取最大的商机。

（二）获取招标文件

招标文件是投标人编制投标文件的依据。潜在供应商应尽早获取招标文件，了解招标的有关基本情况，详细研究招标文件的各项要求，以决定是否参加投标。

公开招标的，凡符合招标公告规定的资格要求的供应商均可向招标采购机构获取招标文件。邀请招标的，获得邀请的供应商方可参加投标。被邀请供应商拟参加投标的，可凭邀请书向招标机构获取招标文件。

二、编制投标文件

投标人按照招标文件的要求编制投标文件。投标文件应对招标文件提出的要求和条件作出实质性响应。投标文件一般由商务部分、技术部分、价格部分组成，相关部分是分别装订，还是装订成一册，应根据招标文件的要求。招标文件要求制作实物样品的，该样品应作为投标的一部分，同样也是评标的依据。

延伸阅读 5-1　投标文件制作前需一页一行一字啃[①]

"要想不被判定无效投标,还是要靠关系,要与招标代理机构多联系联系感情,感情好了,投出去的标还不轻松搞定……"最近记者在采访中,听到 H 公司销售部经理杨某发出这样的感言。杨某为何会得出这样的结论呢?

原来,杨某最近代表 H 公司参与过某县政府采购中心代理的一个政府采购项目。在这起采购中,杨某和别的两家供应商都因为投标文件不符合要求而被判无效投标。据杨某介绍,评委给他们公司的无效投标理由是:根据招标文件的规定,供应商投标文件授权书中需要有授权人签字,而且要求"逐页小签",而他们的投标文件中授权人只在授权书中"授权人一栏"签字,而未在右下角再签字,结果被判无效投标了!而在这次招标中,评委给另外两家公司的无效投标理由是:D 公司的投标文件格式存在问题,招标文件要求小标题序号为"(一)(二)(三)",但 D 公司的投标文件中却是"(1)(2)(3)";F 公司被判无效投标的原因却是招标文件规定用纸是 A4-80 g 的,但 F 公司投标时用的是 A4-70 g 的纸……

在杨某看来,这些问题都是小问题,不应该被判无效投标的,只是因为平时和采购中心的关系不好,评委故意在找他们的"茬"。

听完杨某的叙述,透过这次采购中的"无效投标理由",有三个问题值得我们注意:一、无效投标权该如何行使? 二、投标人在制作招标文件时该注意些什么? 三、供应商应如何理智地参与政府采购?

无效投标权该怎么行使

法律专家分析,根据《政府采购法》第三十六条的规定,在招标采购中,供应商未"对招标文件作实质性响应"应该被判无效投标,但该法并没明确何为"实质性响应"。所幸的是,《政府采购货物和服务招标投标管理办法》(简称《办法》)第十八条明确了招标文件应包括的内容,并要求"招标人应当在招标文件中规定并标明实质性要求和条件"。接着,该《办法》第三十条提出了强制性要求"投标人应当按照招标文件的要求编制投标文件。投标文件应对招标文件提出的要求和条件作出实质性响应"。

因此,在上述案例中,如果"逐页小签""投标文件格式""投标文件用纸"都是采购中心在招标文件中规定的"实质性要求和条件",而投标人又恰好没有满足相应要求,那么评委作出无效投标决定就不该有异议。

不过,也有业内专家认为,虽然实质性地违反招标文件要求的,就应该被判无效投标,但是招标文件在规定实质性要求时也应该有个"度",如小标题序号必须是"(一)(二)(三)"这样的要求就没必要纳入实质性条款。"过度的无效投标,对采购人也不一定有利啊,如果是一家管理水平高又价格最低的公司,难道就因为他们盖错了一个章或错用了一个包装就取消掉吗? 要知道这样做也许采购人要凭空多付出很多

[①] 万玉涛.投标文件制作前需一页一行一字啃[EB].政府采购信息网,2007-04-18.

钱啊,这值得吗?"

细节决定成败

"无效投标真是让人痛心!"杨某对记者如是说。记者还听另一投标人这样说过:"封标时心理压力真大,无效投标多没面子啊!"被判无效投标的问题必须引起投标人的重视。

就此,集中采购机构从业人员建议:投标前,投标单位务必仔细阅读招标文件。对招标文件中的要求应做到全面理解,不要用惯性思维。投标单位编制人员有自己的编制习惯,而每个地方的招标文件不尽相同,不同类别的招标文件也不尽相同。因此,投标人在制作投标文件前,需要一页一行一字地啃招标文件,投标文件制作完后,还要找同事认真校对,细节决定成败,投标人如果在投标文件中都错误百出,招标人如何对他有信心呢?

供应商不要走歧路

案例中,投标人杨某因自己的失误还错误地认为:是平时没有"搞好关系"才被判无效投标的。对杨某的错误结论,记者非常担忧。记者不禁想起曾看过的电视剧《忠诚卫士》,该剧中德远集团老板段德辉就把"拉关系"当成发展中最重要的东西。为此,段德辉伙同滨海市委书记的儿子卢虎拉拢腐蚀了大批的领导干部以谋取私利,但最终丢了财毁了自己,他庞大的关系网并没有保他平安。因此,记者忍不住要提醒供应商,不要走"段德辉"之路。政府采购这项阳光事业依法操作,既规范供应商的行为,又保护供应商的正当权益。

供应商如果发现违规操作的做法应举起法律的武器,维护自己的合法权益,而不是去走歪门邪道!那是法律所不容的,不要落得一个"竹篮打水一场空"。

三、投标文件的递交

(一) 递交投标文件

投标人应当在招标文件要求提交投标文件的截止时间前,将投标文件密封送达投标地点。要求制作实物样品的,同样需在投标截止时间前将样品送达指定地点。招标采购单位收到投标文件和样品后,应当签收保存,任何单位和个人不得在开标前开启投标文件。招标采购单位应当拒收投标截止时间后送达的投标文件,包括已在邮递途中的投标文件。

(二) 已递交投标文件的补充、修改或撤回

投标人在投标截止时间前,可以对已递交的投标文件进行补充、修改或撤回,相关要求补充、修改或撤回的文件应以书面形式单独密封,并在投标截止时间前送达招标采购单位。补充、修改的内容应当按招标文件的要求签署、盖章,并作为投标文件的组成部分。补充、修改后的内容与投标文件内容有冲突的,应以补充、修改后的内容为准。在投标截止时间后到招标文件规定的投标有效期终止之前,投标人不得补充、修改或者撤回

其投标文件。

四、投标保证金的交纳

投标人投标时,应按照招标文件允许的形式交纳投标保证金,并在投标截止时间前送达招标采购单位。招标采购单位应对投标保证金的形式、金额进行审核,不符合招标文件要求的,招标采购单位应当拒绝接收投标人的投标文件。以联合体方式投标的,可以由联合体中任意一方或者共同提交投标保证金,以一方名义提交投标保证金的,对联合体各方均具有约束力。

第三节 开标、评标和定标

一、开标

开标是指投标截止后招标机构按照一定程序启封所有投标截止时间以前密封送达的投标文件,并公开各投标人投标报价的招标阶段。开标阶段要点如下:

(一)开标的时间和地点

开标应当在招标文件确定的投标截止时间的同一时间公开进行,开标地点应当为招标文件中预先确定的地点,以上时间、地点如有变化,则应以招标采购单位发布的更正公告内容为准。

(二)开标前的准备工作

开标前,招标采购单位应事先准备好开标会场所需的相关设备,如电脑、打印机、投影机、音响、监控设备等;拟定开标的议程;准备签到表、开标记录资料。

(三)参加开标的人员组成

开标前,招标采购单位应通知同级政府采购监管部门、监察部门等相关部门。参加开标的人员应由招标采购单位工作人员,采购人代表,政府采购监管、监察等部门代表,公证人员,投标人代表组成,参加开标的人员应签到以证明其出席。评标委员会成员不参加开标,直接到评标场所。

(四)投标文件的检验

开标前,应当由投标人或者其推选的代表检查投标文件的密封情况,也可以由招标采购单位委托的公证人员检验,并对检验结果当场宣布、公证。经检验被确认为未密封的投标文件,招标采购机构应拒绝开标。

（五）开标的程序

开标活动由招标机构主持。招标机构应当指定一名人员为开标主持人主持开标活动；并指定监标、唱标和记录的工作人员。开标按下列程序进行：主持人宣布开标开始，宣布此次招标的有关人员名单。招标采购单位对确认为密封的招标文件，应当众拆封，并当场宣读投标人名称、投标价格、价格折扣，以及开标一览表中的其他内容，招标文件允许提供备选投标方案的，开标时应将所有方案的投标价格、价格折扣等内容当场宣读。未在开标现场宣读的投标价格、价格折扣和招标文件允许提供的备选投标方案等实质性内容，不得作为评标的依据。

（六）开标的记录

开标时，招标采购单位应指定专人负责记录，记录的内容应与宣读的内容相一致，记录人应在开标记录表上签字。开标结束后，招标采购单位应将开标记录表公布，请投标人确认开标记录表的内容是否与各自开标一览表的内容完全一致，如投标人无异议，则开标结束，进入评标阶段。如有异议，属于记录人笔误的，应按照投标人的开标一览表调整；属于投标人自身原因造成开标一览表内容有问题的，则不能调整开标记录表中内容。

二、评标

（一）评标委员会的组成

开标结束后，招标采购单位应当立即组织评标委员会进行评标。评标委员会由采购人代表和有关技术、经济等方面的专家组成，成员人数应当为五人以上的单数，其中技术、经济等方面的专家需以随机抽取的方式确定，人数不得少于成员总数的三分之二。招标采购单位对技术复杂、专业性极强的采购项目，通过随机方式难以确定合适评标专家的，经设区的市、自治州以上人民政府财政部门同意，可以采取选择性方式确定评标专家。

采购数额在300万元以上、技术复杂的项目，评标委员会中技术、经济方面的专家人数应当为五人以上单数。招标采购单位就招标文件征询过意见的专家，不得再作为评标专家参加评标；采购人代表不得以专家身份参与本部门或本单位采购项目的评标；采购代理机构工作人员不得参加本机构代理的政府采购项目的评标。

（二）评标委员会的职责

1. 审查投标文件是否符合招标文件要求，并作出评价；
2. 要求投标人对投标文件有关事项作出解释或澄清；
3. 推荐中标候选供应商名单，或者受采购人委托按照事先确定的办法直接确定中标供应商；
4. 向招标采购单位或者有关部门报告非法干预评标工作的行为。

（三）评标的基本要求

1. 评标的依据。评标委员会评审投标人的依据只能是招标采购机构的招标文件、投标人递交的投标文件,以及相关有效的补充、修改文件,招标文件要求投标人制作实物样品的,该实物样品也应作为评审的依据,除此之外,评标委员会不得再寻求其他的依据。

2. 评标的方法。货物和服务招标采购的评标方法分为最低评标价法、综合评分法和性价比法,评标委员会应按照招标文件中确定的方法进行评标。

3. 评标的标准。评标委员会对投标人的评审标准,应与招标文件中确定的标准相一致。招标文件中未规定的评标因素,不得纳入评标的范围;投标文件中有,但开标时未宣读的价格折扣或优惠,不得作为评标的优先条件。

4. 评标过程的保密要求。招标采购单位应当采取必要措施,保证评标在严格保密的情况下进行,评标委员会成员名单在招标结果确定前必须保密。评标期间,评委不得单独与供应商联系和接触。

(四)评标的工作程序

1. 投标文件初审。初审分为资格性审查和符合性审查。(1)资格性审查。评标委员会依据法律法规和招标文件的规定,对投标文件中的资格证明、投标保证金等进行审查,以确定投标人是否具备合格的投标资格。相关的资格证明只能是招标文件中明确要求提供的,否则,不得纳入审查范围。(2)符合性审查。由评标委员会依据招标文件的规定,从投标文件的有效性、完整性和对招标文件的响应程度进行审查,以确定投标文件是否对招标文件的实质性要求作出响应。招标文件中未标明的实质性要求和条件,不得作为符合性审查的内容。

对未通过资格性或符合性审查的投标文件,评标委员会将不再进行详细评标,也不得接受投标人在开标后对投标文件实质性的修改以及补交的相关资格证明文件。

2. 澄清有关问题。评标委员会对投标文件含义不明确、同类问题表述不一致或者有明显文字和计算错误的内容,应以书面形式要求投标人作出必要的澄清、说明或者纠正。投标人应根据评标委员会的要求,以书面形式对相关问题进行澄清、说明或者纠正。评标委员会不一定对所有投标人作澄清要求,也不得接受投标人超出投标文件范围或者改变投标文件实质性内容的澄清。对于报价不一致的处理,应按照招标文件中规定的办法处理,不需要投标人澄清。

3. 比较与评价。评标委员会应对通过资格性和符合性审查的投标文件进行详细的评价,评标的方法和标准应与招标文件中规定的评标方法和标准相一致。招标文件中要求投标文件制作时,将商务、技术、报价文件分开制作的,可以由评标委员会对投标文件的商务、技术部分先进行比较和评价,最后结合投标人的报价,确定最终的评价;要求投标人提供实物样品的,可以先对实物样品进行编号,由评标委员会对不确定的投标人现场进行比较和评价,再结合投标人的商务、报价响应情况,得出最终的结论。评标委员会在比较与评价过程中,不得改变招标文件中规定的评标办法、标准和中标条件,也不得与投标人就投标价格、投标方案等实质性内容进行谈判。

4. 推荐中标候选供应商名单。中标候选供应商数量应当根据采购需要确定,并在招标文件中明确。评标委员会对投标文件比较与评价结束后,必须按顺序排列向招标采购单位推荐或确定中标候选供应商。

5. 编写评标报告。评标报告是评标委员会根据全体评委签字的原始评标记录和评标结果编写的报告。在评标结束后,应由招标采购单位和评标委员会共同编写,并经所有评标委员会成员签字确认。

三、定标

(一)确定中标供应商

评标委员会可以向招标采购单位推荐合格的中标候选人,或者根据招标采购单位的授权直接确定供应商;采购代理机构应当在评标结束后五个工作日内将评标报告送至采购人;采购人应当在收到评标报告后五个工作日内,按照评标报告中推荐的中标候选供应商顺序确定中标供应商;采购人不按照评标报告推荐的中标顺序确定中标供应商的,应以书面形式向采购代理机构提出合理的解释。

(二)发布中标公告

中标供应商确定后,中标结果应在省级以上政府采购监管部门指定的政府采购信息发布媒体上公告。

(三)发出中标通知书

在发布中标公告的同时,招标采购单位应当向中标供应商发出中标通知书,并同时将中标结果通知所有未中标的投标人;中标通知书对采购人和中标供应商具有同等法律效力,双方如未在中标通知书发出后三十日内签订合同,受损害的一方有权追究责任方的法律责任。

第四节 政府采购招标评标方法

《政府采购法》规定的政府采购招标评标方法主要为最低评标价法、综合评分法和性价比法三种。

一、最低评标价法

最低评标价法是指以价格为主要因素确定中标候选供应商的评标方法,即在全部满足招标文件实质性要求的前提下,依据统一的价格要素评定最低报价,以提出最低报价的投标人作为中标候选供应商的评标方法。该方法适用于标准定制商品及通用服务项目。在采购人对货物或服务的质量没有特殊要求,只需满足招标文件规定的基本要求,选择报价最低的投标人作为中标候选供应商时,可选择该评标方法。

应当注意的是,招标采购单位选择最低评标价法时,应在招标文件中明确评标价格的组成要素,并明确折合成报价的比例或数额;在评标时,评标委员会应对通过资格性和符合性审查的投标文件,按照招标文件中规定的评标价格组成要素的折合比例或数额,结合投标文件中的报价,计算每份投标文件的评标价格,并按此价格对投标人重新排序,以提出最低评标价格的投标人作为中标候选供应商。

二、综合评分法

综合评分法是指在最大限度地满足招标文件实质性要求的前提下,按照招标文件中规定的各项因素进行综合评审后,以评标总得分最高的投标人作为中标候选供应商或者中标供应商的评标方法。该方法适用于技术比较复杂的商品及服务项目。当采购人对采购项目的要求比较复杂,不能简单地以价格作为唯一的评价依据,而是需要对投标人进行综合评价,以选择综合评价最优的投标人作为中标候选供应商时,可选择该评标方法。

招标采购单位选择综合评分法的,应在招标文件中明确评分的主要因素,一般情况下,应包括价格、技术、财务状况、信誉、业绩、服务、对招标文件的响应程度等内容,并明确每一项评分因素的分值以及对应的比重或者权值。其中,货物项目的价格分值占总分值的比重(即权值)为 30%—60%;服务项目的价格分值占总分值的比重(即权值)为 10%—30%。执行统一价格标准的服务项目,其价格不列为评分因素。有特殊情况需要调整的,应当经同级人民政府财政部门批准。

评标总得分 $= F_1 \cdot A_1 + F_2 \cdot A_2 + \cdots + F_n \cdot A_n$

$F_1, F_2, \cdots, F_n$ 分别为各项评分因素的汇总得分;

$A_1, A_2, \cdots, A_n$ 分别为各项评分因素所占的权重($A_1 + A_2 + \cdots + A_n = 1$)。

例:某项目招标文件中规定投标价格的分值为 100 分,权重为 50%;技术的分值为 120 分,权重为 30%;服务的分值为 100 分,权重为 10%;信誉的分值为 80 分,权重为 10%。经评标委员会评价、打分,某投标文件各因素的得分分别为:价格 80 分、技术 100 分、服务 90 分、信誉 70 分。则该投标文件的评标总得分计算如下:

评标总得分 $= 80 \times 50\% + 100 \times 30\% + 90 \times 10\% + 70 \times 10\% = 40 + 30 + 9 + 7 = 86$ 分。

在实际运用中,为简化评标得分的计算方法,提高评标的效率,招标采购单位可直接在招标文件中将各评分因素设定一定的分值,默认各评分因素的权重相等,则在打分时,直接将各评分因素的得分汇总,即得出各投标文件的评标总得分。

例:某项目招标文件中规定投标价格的分值为 50 分,技术的分值为 35 分,服务的分值为 10 分,信誉的分值为 5 分。经评标委员会评价、打分,某投标文件各因素的得分分别为:价格 40 分、技术 30 分、服务 9 分、信誉 4 分,则该投标文件的评标总得分计算如下:

评标总得分 $= 40 + 30 + 9 + 4 = 83$ 分。

值得提醒的是,价格分统一采用低价优先法计算,即满足招标文件要求且投标价格最低的投标报价为评标基准价,其价格分为满分。其他投标人的价格分统一按照下列公式计算:投标报价得分＝(评标基准价/投标报价)×价格权值×100。

采购人或其委托的采购代理机构对同类采购项目采用综合评分法的,原则上不得改变评审因素和评分标准。

三、性价比法

性价比法是指按照要求对投标文件进行评审后,计算出每个有效投标人除价格因素以外的其他各项评分因素(包括技术、财务状况、信誉、业绩、服务、对招标文件的响应程度等)的汇总得分,并除以该投标人的投标报价,以商数(评标总得分)最高的投标人为中标候选供应商或者中标供应商的评标方法。该方法适用于在性能上有一定层次差别的商品及服务项目。当采购人对采购项目不是简单地片面追求技术性能或价格,而且采购项目能够被不同性能层次的产品所满足,而不同的性能或技术要求对价格能产生重大影响,采购人需要选择一种性能与价格之间的平衡。选择性能价格之间比例最优的投标人作为中标候选供应商时,可选择该评标方法。

招标采购单位选择性价比法的,应在招标文件中明确除价格因素以外的其他各项评分因素(包括技术、财务状况、信誉、业绩、服务、对招标文件的响应程度等),并明确每一项评分因素的分值以及对应的比重或者权值。评标时,评标委员会各成员应当独立对每个有效投标人的标书进行评价、打分,然后汇总每个投标人每项评分因素的得分,再除以投标人的投标报价,选择商数最高的投标人为中标候选供应商。

评标总得分＝B/N

B 为投标人的综合得分,$B=F_1 \cdot A_1+F_2 \cdot A_2+\cdots+F_n \cdot A_n$,其中:$F_1,F_2,\cdots,F_n$ 分别为除价格因素以外的其他各项评分因素的汇总得分;$A_1,A_2,\cdots,A_n$ 分别为除价格因素以外的其他各项评分因素所占的权重($A_1+A_2+\cdots+A_n=1$)。N 为投标人的投标报价。

例:某项目招标文件中规定技术的分值为 120 分、权重为 50%,服务的分值为 100 分、权重为 30%,信誉的分值为 80 分、权重为 10%,对招标文件的响应程度分值为 100 分、权重为 10%。经评标委员会评价、打分,某投标文件的得分分别为:技术 100 分、服务 90 分、信誉 70 分、对招标文件响应程度为 100 分。则该投标文件的得分计算如下:

$B=100×50\%+90×30\%+70×10\%+100×10\%=50+27+7+10=94$ 分

如果投标人的报价为 100 万元,则该投标人的评标总得分＝94/100＝0.94

如果投标人的报价为 50 万元,则该投标人的评标总得分＝94/50＝1.88

假设这时其他投标人的评标总得分为 1.5,则该投标人在报价 100 万元时就不能中标,而在报价 50 万元时就可以中标。

四、政府采购评标方法的运用

一般情况下,最低评标价法比较侧重于对价格的关注,追求的是财政性资金使用效益的最大化;综合评分法比较侧重于对技术性能的关注,追求的是对采购人需求的最大满足;而性价比法则侧重于对性能和价格之间平衡的关注,追求的是物有所值原则。

在选择评标方法时,如果货物项目的价格分值占总分值的比重(即权值)不在 30%—

60%之内,或服务项目的价格分值占总分值的比重(即权值)不在10%—30%之内,则可选择最低评标价法或性价比法。执行统一价格标准的服务项目,不适用性价比法。为避免投标人的恶意报价,可采用综合评分法。

综合评分法在打分过程中,可能涉及比较多的各投标人之间的比较,性价比法一般在评标过程较少涉及各投标人之间的比较。因此,在使用性价比法时,可要求投标人将报价文件和技术文件分开递交,投标报价先不告知评委,评标委员会仅对技术文件进行评审,各投标人综合得分确定后,最后再结合投标报价,确定中标候选供应商,以保证评审结果的公正性。

第五节　政府采购废标及处理

招标作为政府采购的一种主要方式,在正常情况下,一般都能顺利进行。但在实践中,由于受到一定因素的影响,招标活动无法继续进行的现象也时常发生。在这种情况下,通常采取停止招标或采取其他方式等措施处理。

所谓废标是指在招标采购活动中,由于投标供应商不足法律规定的数量,采购当事人有违法违规行为或其他影响招标采购结果公平公正的,采购活动因国家政策等不可抗拒的因素无法进行等情况,经过一定程序,对于已进行的招标予以废除①。

一、无效投标和废标

无效投标一般是指由于投标人所递交的单个投标文件,经评标委员会审查,不符合招标文件对资格性、符合性的要求,从而导致评标委员会拒绝接受该投标文件。无效投标对其他投标人投标行为的有效性不直接产生影响,该招标项目可以继续进行。

无效投标的具体情形有:(1)应交未交投标保证金的;(2)未按照招标文件规定要求密封、签署、盖章的;(3)不具备招标文件中规定资格要求的;(4)不符合法律、法规和招标文件中规定的其他实质性要求的。

废标,不是对某一投标人的投标不合格所作的无效处理,而是针对整体招投标活动的,废止的是投标活动。

《政府采购法》规定废标的具体情形有:(1)符合专业条件的供应商或者对招标文件作实质性响应的供应商不足三家。有效投标人不足三家,就没有达到采用招标采购方式的基本要求,表明竞争性不强,难以实现招标目标。(2)出现影响采购公正的违法、违规行为的。在采购活动中,有可能发生下列情形:采购人与供应商串通排挤其他供应商;招标文件有歧视性条款;有供应商向采购人、采购代理机构行贿或者提供其他不正当利

---

① 韩宗保. 政府采购基础与实务[M]. 北京:中国财政经济出版社,2010.

益;招标活动受到了干扰,影响公正公平等。上述情形破坏了招标的公正公平的环境,如果继续下去将严重损害相关当事人利益。(3)投标人的报价均超过了采购预算,采购人不能支付的。各投标人报价都超过了预算,表明投标人报价超过了采购人的支付能力,采购人无法签订合同,为避免不必要的纠纷,应停止招标活动。(4)因重大变故,采购任务取消的。在实践中,因国家经济政策调整、压缩支出等政策因素,取消了原定的采购项目。

一般情况下,出现无效投标的情况,不会引起废标,但如果无效投标的出现造成对招标文件作实质性响应的供应商不足三家时,则会引起废标;出现废标的情况,则所有投标人的投标都可视为投标无效。

二、政府采购废标的处理

对招标中废标处理因法规不同有不同的处理方法。我国《招标投标法》没有规定废标的情形,因此只要采取招标方式的,无论发生什么情况,都必须进行下去,否则,就属于违法。《政府采购法》规定了废标的情形。废标即招标失败,招标失败表明采购人没有合适的采购对象,预期的招标目标没有实现。采购人废标后,应妥善合法进行处理。

(一) 开标前的废标处理

投标截止时间结束后,如参加投标的供应商不足三家,则不能组织进行开标仪式,应向投标人宣布终止招标,重新组织招标。

如采购人时间紧急,重新组织招标已不能满足采购人的正常需求,招标采购单位应要求采购人提出变更采购方式的理由,同时立即向同级设区的市、自治州以上政府采购监管部门提出更改采购方式申请,申请采用竞争性谈判、询价或单一来源方式采购,如政府采购监管部门同意,则可以继续按照批准的采购方式进行采购;如不同意,则需要重新招标或日后重新申请采用其他方式采购。

(二) 开标后的废标处理

正式开标前,有三家以上供应商按照招标文件的要求,递交了投标文件和投标保证金,开标后,由于个别投标人的投标文件未能通过资格性或符合性审查,而造成实质性满足招标文件要求的供应商数不足三家,招标采购单位应宣布终止招标,重新组织招标。

如采购人时间紧急,重新组织招标不能满足采购人的正常需求,招标采购单位应要求采购人提出变更采购方式的理由,同时请评标委员会出具本次招标的"招标文件没有不合理条款,招标公告时间及程序符合规定"的证明文件,然后再根据实际情况和需要,向同级设区的市、自治州以上政府采购监管部门提出更改采购方式申请,申请采用竞争性谈判、询价或单一来源方式采购,如政府采购监管部门同意,则可以继续按照批准的采购方式进行采购;如不同意,则需要重新招标或日后重新申请采用其他方式采购。

规定废标情况是为了保护政府采购当事人的合法权益,在执行中应注意防止采购人滥用废标权。因此,废标决定必须严格按照法律规定执行,做到慎重、准确。

第六章

政府采购非招标实务与技巧

第一节　非招标采购概述

一、非招标采购的概念

非招标采购是指政府采购活动中,除招标采购以外的所有形式的采购。我国《政府采购法》规定,公开招标、邀请招标、竞争性谈判、询价和单一来源为法定政府采购方式。其中公开招标、邀请招标称为招标采购;而竞争性谈判、询价和单一来源统称为非招标方式采购。

按照《政府采购法》的规定,政府采购项目以招标数额为标准,分为招标数额标准以上的采购项目和招标数额标准以下的采购项目。在招标数额标准以上的采购项目,一律要求采用公开招标方式采购。采购人因特殊情况需要采取公开招标以外采购方式的,必须在采购活动开始之前,获得相关部门批准。在招标数额标准以下的采购项目,采购人可以根据实际情况采用邀请招标或非招标方式采购。

二、非招标采购的要求和实施条件

非招标方式采购,信息公开是核心,信息公开是做好政府采购工作的首要前提。唯有信息公开,才能最大限度地堵塞政府采购中的漏洞,真正做到采购的公平和公正。非招标方式的采购如果能做到和公开招标一样的采购信息公开、采购结果公开,就会在很大程度上减少少数人利用非招标采购方式进行暗箱操作、谋取私利的机会。检验这些项目是否真的需要采用非招标方式进行采购,尤其是是否真的需要采用单一来源方式进行采购,通过信息公开,接受社会的监督,非招标方式采购才会真正受到社会的认可。通过信息公开,也能够检验非招标方式采购的结果是否公平、合理,避免不必要的损失。

根据《政府采购法》规定,公开招标是政府采购的主要方式,采购代理机构在日常工作中要尽量避免采购人找出各种借口有意规避公开招标采购,而采用非招标采购方式,尤其是采用询价和单一来源采购。但对符合条件的非招标方式采购也不要一味拒绝,对一些供应商不多的项目,竞争性谈判采购往往比招标采购能够取得更好的价格和服务上的优惠。

在公开招标失败后,转为非招标方式采购的,是当场改好,还是以后改好？如何改？在目前法律没有明确规定的前提下,征得采购人同意,以当场改为好,尤其是经过两次公开招标失败后,更应当当场改。首先在前期的采购中,采购方已根据法律的规定做到了信息公开,其次评标小组已经组建,而评标小组可以立即对招标文件进行审查,论证其有无不合理的条款对供应商进行了限制。如没有不合理条款,则说明到目前为止没有工作和程序上的违规行为,则获得财政部门的批准后,可立即转入非招标方式采购。如果以后再采用非招标方式采购,一是浪费成本,二是降低了采购的效率。不可能为了绝对的公平,而完全不顾工作效率。当然如果采购人不同意,则另当别论。在改为非招标方式采购后,原招标文件的采购需求、技术、服务要求等内容可以不变,但有关开标、评标等后续的程序内容应当终止,由原评标小组现谈判或询价小组重新制定谈判或询价程序,特别是确定中标的方法,如果原招标是用综合评分法(含价格因素)或性价比法的,在转为其他采购方式后,评定成交的原则也应当重新制定,具体办法,由现场谈判小组或询价小组在打开原招标文件前,负责制定(最低评标价法或不含价格因素的综合评分法),谈判或询价小组应当将后续程序和评定成交的办法书面通知所有供应商。

定点和协议供货采购属于何种方式的采购?有人认为这也是一种非招标方式的采购。其实,定点或协议供货只是一种采购方式的结果,它一般是通过公开招标的方式(少数地方以竞争性谈判方式)确定的成交供应商及所供商品、价格、服务。在定点供应商或协议供货处采购货物或服务,不需要发布采购信息,也不需要公示采购结果,更不需要专家评委进行任何形式的评审,它的主要内容是履行一次采购合同,因此它不是一种新的非招标采购方式[①]。

第二节 竞争性谈判采购

一、竞争性谈判采购概念与特点

政府采购中的竞争性谈判是指采购人或代理机构通过与多家供应商进行谈判,最后从中确定成交供应商的一种采购方式。竞争性谈判中采购机构邀请谈判的供应商要求三家以上,就采购事宜与供应商分别一对一谈判,根据符合采购需求、质量和服务相等且报价最低的原则确定成交供应商。竞争性谈判是《政府采购法》规定的政府采购方式之一,也是政府采购较为常用的采购方式。它作为一种独立的采购方式,是除招标方式之外最能体现政府采购竞争性原则、经济效益原则和公平性原则的一种方式。

与招标采购方式相比,竞争性谈判优点在于灵活性。这种采购方式允许采购人与供应商就一些采购需要进行直接沟通,采购人与供应商可以就采购对象的性能、规格、品牌、价格、服务等多次谈判协商,促进双方对采购对象技术、服务等方面的沟通和交流,从而有助于采购人采购到符合预期的产品。

竞争性谈判在价格上也具有较大优势。由于竞争性谈判允许采购人与供应商之间

---

① 陈泽.政府非招标采购实务讲稿[J].南京中华财经进修学院·江苏政府采购从业人员培训班,2012(4).

进行多轮谈判及多次报价,让供应商之间进行充分的价格竞争,因此能最大限度地提高采购人的资金使用效益。实践证明,政府采购中使用竞争性谈判方式采购的项目节约率是最高的。

对于技术复杂、需求难以明确的采购项目,谈判显得非常必要。由于某些采购项目技术复杂或性质特殊,采购人难以事先明晰采购需求。采用竞争性谈判方式,谈判小组可按照一定程序与每一供应商进行技术和商务谈判,不断完善和补充需求,以书面形式让各谈判对象确认,极大地提高采购的满意度。

竞争性谈判周期短。相对招标采购来说,竞争性谈判在发布采购信息上可根据采购项目的要求灵活确定,大大缩短了采购的周期,尤其适用于季节性强或时效性要求高的项目。

与招标采购相比,竞争性谈判采购的不足也是十分明显的:(1)竞争可能不十分充分。谈判对象选择可能会有一定随意性或倾向性,谈判对象的特定性限制供应商间的充分竞争,容易让某些供应商垄断。(2)在竞争性、透明度和主观性方面存在着潜在缺陷。此外,谈判还受到谈判过程、谈判经验的影响,不确定性风险较高。

二、竞争性谈判采购条件

竞争性谈判采购的适用范围主要是指政府采购的货物或者服务。《政府采购法》规定了竞争性谈判采购适用情形,当出现以下四种情形中的任何一种情形时,法律允许不再使用公开招标采购方式,可以采用竞争性谈判方式进行采购。

(一)招标后没有供应商投标或者没有合格标的或者重新招标未能成立的

这种情形主要有以下三种情况:(1)招标后没有供应商投标或者参加投标的供应商少于三家;(2)虽然有三家供应商投标,但评标委员会对投标文件进行资格性或符合性审查后,发现实质性响应招标文件要求的投标供应商少于三家;(3)第一次招标失败后,重新组织招标,参加投标的供应商或对招标文件作出实质性响应的供应商仍然少于三家。

(二)技术复杂或者性质特殊,不能确定详细规格或者具体要求的

这种情形主要有:采购项目的技术要求太复杂,采购人无法在采购文件中详细表述出自己的实际采购需求。这种情况可以理解为采购单位因受专业技术的限制无法提出详细的技术要求,或满足采购单位功能要求的产品在技术上有重大差异(如专利、知识产权保护等),或者由于采购对象的技术含量和特殊性质,采购人不能确定有关货物的详细规格,或者不能确定服务的具体要求的。在实际工作中有这样的情况,如一种产品有两家公司生产,由于技术路线的不同,造成产品功能上的差异,致使在不同的领域和范围内适用不同的产品。此外,艺术作品、设计方案等项目也难以描述采购需求。在这种情况下,采购需求不明确,无法通过清晰的招标文件进行招标。

(三)采用招标所需时间不能满足用户紧急需要的

这种情形一般仅适用于不可预见的突发性采购需求。招标方式有较长时间的等标

期,如果采购招标方式会影响采购项目投入使用的时间,这时可考虑采购竞争性谈判方式采购。需要强调的是,采购人不得采用无计划或拖延等手段利用此种情况来规避公开招标。

(四)不能事先计算出价格总额的

采购对象独特而又复杂,以前不曾采购过且很少有成本信息,不能事先计算出价格总额的。如一些大型消防设备或成套项目,难以确定合适的价格,如果采用公开招标方式可能出现所有报价高于预算的情形导致废标,这种情况下可采用竞争性谈判方式来解决。

值得注意的是,上述几种情况的采购项目金额达到公开招标的标准,需要改为竞争性谈判采购的,应事先经政府采购监管部门的批准。

对于采购金额在招标限额标准以下的采购项目一般也首先考虑竞争性谈判方式进行采购。招标限额标准以下的项目就不是法律规定的必须进行公开招标的项目,它可以进行招标也可以不进行招标。从提高采购效率的角度来看,竞争性谈判采购不失为一个明智的选择。但是竞争性谈判也要有个最低数额限制,否则同样也会导致效率低下、成本高昂。如一个二三万元或者数千元的项目按照谈判的方式进行采购同样得不偿失。

三、竞争性谈判采购程序

(一)制定谈判文件

采购人或采购代理机构应当根据采购项目的特点和需求编制采购文件。谈判文件应当包括以下内容:谈判程序,采购方式,谈判原则,报价要求,响应文件编制要求和保证金交纳方式,项目商务要求,技术规格要求和数量(包括附件、图纸等),合同主要条款及合同签订方式,评定成交的标准,提交响应文件截止时间,谈判时间及地点,财政部门规定的其他事项。

谈判文件规定的各项技术标准应当符合国家标准(包括强制性标准和行业标准)。不得要求或者标明特定的供应商或者产品,以及含有倾向性或者排斥潜在供应商的其他内容。谈判文件应当标明实质性条款。由于竞争性谈判可以通过谈判小组和供应商在谈判过程中的沟通,使采购项目的需求或供货时间更加明确,以便于采购人对采购需求进一步优化,因此,在制作谈判文件时,应尽量减少对实质性条款的要求,允许供应商在制作响应文件时有一定的自由度,扩大谈判的灵活性。

采购人或采购代理机构可以在规定的截止时间前,对谈判文件进行修改,但应以书面形式告知所有参加谈判的供应商,同时,适当顺延递交响应文件的截止时间。

(二)确定参加谈判的供应商

发出竞争性谈判公告,并提供竞争性谈判文件。通过不定向地发出竞争性谈判采购邀请,让所有愿意参加的供应商都有机会平等地参与谈判。这种做法应作为竞争性谈判采购邀请供应商的主要方式。如果确需资质预审,则采购人或采购代理机构应当在政府采购信息发布媒体上发布资格预审公告征集供应商。资格预审公告应当公布采购项目的名称、数量或者采购项目的性质以及参加谈判或报价供应商应当具备的资格条件,资格预审公告的期限不得少于三个工作日。供应商(包括已进入政府采购供应商库的供应商)应当在资格预审公告期结束之日起两个工作日内,按公告要求递交资格证明文件。采购人从符合项目资格条件的供应商中随机确定不少于五家供应商参加谈判,采购代理机构向其提供采购文件。如合格供应商只有或不足五家,则应向所有供应商提供采购文件。

供应商制作响应文件的时间要求。采用竞争性谈判方式采购的,自谈判文件发出之日起至参加谈判供应商递交响应文件截止之日止:未达到公开招标数额标准的项目,原则上不得少于五个工作日;达到公开招标数额标准的项目,原则上不得少于十个工作日。出现适用竞争性谈判第一种情形的除外。

(三)成立谈判小组

谈判小组由采购人代表及有关专家共三人以上的单数组成,其中专家人数不得少于成员总数的三分之二。对于达到公开招标数额标准以上的项目,原则上谈判小组应由五人以上单数组成,其中专家人数不得少于成员总数的三分之二。

参加过谈判文件征询意见的专家,不得再作为谈判小组专家参加同一项目的谈判。采购人代表不得以专家身份参与本部门或者本单位采购项目的谈判。采购代理机构工作人员不得以谈判小组成员的身份参加由本机构代理的政府采购项目谈判。

(四)谈判

1. 响应文件的递交。供应商应当按照谈判文件的要求编制参加谈判的响应文件,响应文件应当对谈判文件提出的要求和条件作出实质性应答。参加谈判的供应商应当在谈判文件规定的截止时间前,将响应文件密封送达规定地点。在谈判文件要求提交响应文件的截止时间后送达的响应文件,采购人或采购代理机构应当拒收。

2. 实质性响应审查。谈判小组依据谈判文件的规定,从供应商递交的响应文件的有效性、完整性和对谈判文件的响应程度进行审查,以确定是否对谈判文件的实质性要求作出响应。未对谈判文件作实质性响应的供应商,不得进入具体谈判程序。谈判开始后,在谈判文件及谈判程序符合法律规定的前提下,符合项目资格条件的供应商只有两家时,经同级政府采购监督管理部门同意,可以按照公平、公正和竞争原则,继续进行谈判采购;如果只有一家,可继续按照单一来源采购方式采购。

3. 进行谈判。谈判小组应当通过随机方式确定参加谈判供应商的谈判顺序,所有成员集中与单一供应商按照顺序分别进行谈判。谈判小组可根据供应商的报价、响应内容及谈判的情况,按谈判文件规定的谈判轮次,要求各供应商分别进行报价,并给予每个正在参加谈判的供应商相同的机会。在谈判中,谈判的任何一方不得透露与谈判有关的其他供应商的技术资料、价格和其他信息。谈判过程中,采购人或采购代理机构应当指定专人负责谈判记录。最后一轮谈判结束后,谈判小组应将对谈判文件进行修改或补充的内容,以书面形式通知参加谈判的供应商,供应商应当对谈判的承诺和最后报价以书面形式确认,并由法定代表人或其授权人签署,当场交给谈判小组。

（五）推荐成交候选供应商

供应商最后一轮谈判的报价及承诺作为谈判小组向采购人推荐成交候选供应商的依据。

谈判小组应当根据符合采购需求、质量和服务相等且报价最低的原则按顺序排列推荐成交候选供应商。如在满足采购文件需求情况下,报价高的供应商成为第一名成交候选供应商时,评审报告应当作出说明。

在推荐确定成交候选供应商之前,谈判小组认为,排在前面的成交候选供应商的最低投标价或者某些分项报价明显不合理或者低于成本,有可能影响商品质量和不能诚信履约的,应当要求其在规定的期限内提供书面文件予以说明理由,并提交相关证明材料,供应商不能提供有效证明或谈判小组认为其提供的理由不充分的,可拒绝接受其报价。

（六）编写评审报告

谈判工作完成后,谈判小组应根据全体谈判成员签字的原始谈判记录和谈判结果编写评审报告,并送采购人或采购代理机构。评审报告主要内容包括:

1. 资格预审公告刊登的媒体名称（如果有的话）、谈判日期和地点；
2. 购买谈判文件以及参加谈判的供应商名单和谈判小组成员名单；
3. 谈判方法和标准；
4. 谈判记录和谈判情况及说明,包括成交和淘汰的供应商名单及原因；
5. 谈判结果和成交候选供应商排序表；
6. 谈判小组向采购人提出确定成交供应商的建议。

（七）确定成交供应商

采购人应当在收到评审报告后三个工作日内,按照评审报告中推荐的成交候选供应商顺序确定成交供应商；也可以事先以书面形式授权谈判小组直接确定成交供应商。

在采购人确定成交供应商后,采购人或采购代理机构应当及时以书面形式通知成交供应商,并将采购结果以电话或其他方式通知所有参加谈判而未成交的供应商。对于达到公开招标数额标准以上的项目,还应在省级以上政府采购监督管理部门指定的政府采购信息发布媒体上公告其采购结果。

四、竞争性谈判采购实施

（一）依法审批

凡达到或超过公开招标数额标准而采用竞争性谈判采购的,应当在采购活动开始前获得设区的市、自治区以上人民政府采购监督管理部门的批准。未达到公开招标数额标准、金额较大的项目,应充分论证,以确定是否适合采取竞争性谈判采购。

（二）充分准备

对拟采用竞争性谈判采购的项目,一定要充分了解相关产品的历史销售情况、历史成交价格,当前产品的市场供应情况、市场价格;充分了解相关产品的供应商情况、不同产品之间功能上的差异性和用户的反映。在谈判前做到心中有数,方能在谈判中取得主动权,取得预期的效果。

（三）原则与技巧相结合

竞争性谈判采购是原则性和技巧性很强的采购方式,在实际运用时必须注意以下几点:

1. 可以更改谈判文件,但不能透露谈判内容。谈判小组可以根据供应商的响应内容和谈判情况,对原先制定的谈判文件进行完善,但不能向参与谈判的供应商透露与其他供应商的谈判内容。

2. 可以组织多轮谈判,但必须公平对待。谈判小组如果认为经过谈判尚未达到预期的效果,则可以继续要求参与谈判的供应商进行新一轮的谈判,但每轮谈判都应该给予参与谈判的供应商相同的机会。

3. 可以正确引导报价,但不能采取以价压价。谈判小组可以用事先了解的历史成交价格、产品市场价格,或产品的成本分析,来引导供应商重新核定自己的报价,但不能用其他供应商的报价来压谈判供应商的报价。

4. 可以统一谈判要求,但不能更改成交标准。对于有些复杂的采购项目,经过多轮谈判后,可能在技术要求、服务内容、交货时间、付款方式等方面需要调整,谈判小组可以重新统一谈判的具体要求,该要求不能具有排他性,应该是每个参与谈判的供应商都能响应的,在此前提下,按照事先确定的成交标准确定成交供应商。如在谈判过程中,发现原先制定的成交标准确实存在重大缺陷、需要更改的,则必须先终止该次谈判活动,重新组织谈判采购,再按重新确定的成交标准确定成交供应商。

五、竞争性谈判采购热点问题探讨

（一）关于谈判供应商数量问题

《政府采购法》规定"谈判小组应当从符合相应资格条件的供应商名单中确定不少于三家的供应商参加谈判",在实际工作中很多同志认为这意味着参加竞争性谈判的供应商不得少于三家,其实,这是一种误解。这条规定只是说要邀请三家以上的供应商,但并没有规定在谈判开始时参与谈判的供应商必须有三家,因为谈判小组邀请的供应商不一定个个都会参加谈判,有些供应商可能出于某种原因最终放弃参加谈判,这就有可能出现邀请的供应商在三家以上,但在谈判正式开始后参与谈判的供应商不足三家的情况,因为任何单位都不可能要求被邀请的供应商必须参加谈判。不定向地在固定的媒体上发出竞争性谈判采购公告,这就等于向所有潜在供应商发出了邀请,但谈判开始时也有可能出现参与谈判的供应商不足三家的情况。造成供应商不足三家的原因大致有以下几种:国内外生产某种产品或同档次产品的供应商原本就很少,甚至不到三家,如一些医疗、检测、检验等专业设备;采购项目金额不大,供应商对此没有兴趣;有些项目牵涉大量的售后服务,只有本地供应商前来参与,外地供应商不愿参与;难得采购某种产品,供应商对政府采购的信息发布媒体关注不够,造成有实力的供应商没有获得采购信息,因此没有参与采购。

(二) 关于成交的标准问题

对同一种产品,要找出质量和服务完全相同或大致相同的不同的品牌产品实在是比较困难,在实际工作中也很难操作。因此可以采用以下几种办法:(1) 最低评标价法,将采购需求的相关要求分别量化为一定的价格,评审时,在最终报价的基础上,对相关指标弱于采购文件规定的指标给予加价,最终以评审调整后的价格为标准,从低到高排列,排名第一的为成交供应商。该办法适用于标准统一或定制商品及通用服务项目。(2) 综合评分法,在去掉价格因素的前提下,对技术、商务、服务内容、信誉、业绩进行打分(各项目的分值或比重应当在采购文件中明确,其中货物项目的技术分不低于50%)。规定综合得分最高分以下一定范围内的所有得分(如五分以内或5%以内)视同质量、服务相等,则在这个范围内的供应商谁报价最低谁成交,最低报价相同的,谁得分高谁成交。

第三节 询价采购

一、询价采购概念与特点

询价采购,也称货比三家,是指采购单位向有关供应商发出询价单,让其报价,然后在报价的基础上进行比较并确定成交供应商的一种采购方式。其主要适用于货物采购。

概括起来,询价采购有如下特点:询价采购在供应商的选择和竞争程度上,与邀请招标和竞争性谈判的方式类似,在要求供应商一次报价方面又与公开招标方式有相似之处[①]。询价采购通过对多个供应商报价的比较体现授予合同的竞争性,适用于采购货物规格、标准统一、现货货源充足且价格变化幅度小的项目,如电脑和办公设备。

询价采购的缺点:规模效益差,信息透明不高。

二、询价采购规则

(一) 询价对象适度

采购人或采购代理机构应提前了解询价对象是否具有相关项目的生产或经营资格,是否具备一定的竞争实力。应注意询价对象的数量,过多会增加采购成本,太少则可能造成询价失败,最好在五至六家左右,既有足够的竞争力,又能节约采购成本。

---

① 于安,宋雅琴,万如意.政府采购方法与实务[M].北京:中国人事出版社,2012.

（二）询价对象注意保密

采购人或采购代理机构在报价截止时间前,不得向供应商透露询价的具体对象。

（三）统一要求密封报价

应要求供应商按照询价采购文件规定的时间、地点,将报价材料密封后交给询价小组,不得接受未密封的报价文件。

（四）一次报价不得更改

被询价的供应商只能一次报出不得更改的价格,并对询价文件中列出的全部商务、技术要求作出响应。询价小组也不得随意更改询价内容,否则应重新组织询价采购。

（五）成交标准是最低价

由于询价内容一般是规格、标准统一的货物,供应商对询价通知书响应后,确定成交供应商的标准只能是最低价,否则就不应采用询价采购。

三、询价采购程序

（一）制定询价文件

由于询价采购的适用范围有限,多为标准化的货物,采购过程中不会出现过多的疑义,因此,采购人或采购代理机构可以对询价文件进行格式化处理,简化询价文件内容和合同条款,提高采购效率。询价文件应当包括以下内容:技术规格要求和数量(包括附件、图纸等),报价要求,保证金交纳方式,项目商务要求,合同主要条款,成交原则,提交响应文件截止时间及地点。

（二）确定参加询价的供应商

对于采用询价方式采购的一般性项目,采购人或采购代理机构应当在同级政府采购监督管理部门的监督下,或由本单位非该项目经办人员,直接从供应商库中选择符合项目资格条件的供应商,随机确定不少于三家(最好为五至六家)供应商,向其提供询价文件。

如采购人或采购代理机构在采购活动开始前有充足理由,说明符合项目资格条件的供应商只有两家时,经同级政府采购监督管理部门批准,也可按照询价方式采购。

采取询价采购方式的,自询价文件发出之日起至规定截止之日止,原则上不得少于三个工作日。

（三）成立询价小组

询价小组由采购人代表及有关专家共三人以上的单数组成,其中专家人数不得少于成员总数的三分之二。对于达到公开招标数额标准以上的项目,原则上询价小组应由五人以上单数组成,其中专家人数不得少于成员总数的三分之二。

（四）询价

(1) 报价文件的递交。供应商应当按照询价文件的要求编制报价文件,报价文件应当对询价文件提出的要求和条件作出实质性应答。

参加询价的供应商应当在询价文件规定的截止时间前,将报价文件密封送达规定地点。在询价文件要求提交报价文件的截止时间后送达的报价文件,采购人或采购代理机构应当拒收。采购人或采购代理机构原则上不得接受供应商的传真报价。

(2) 实质性响应审查。询价小组依据询价文件的规定,对供应商递交的报价文件进行审查,以确定是否对询价文件的实质性要求作出响应。未对询价文件作实质性响应的供应商,不得继续参与采购。

询价小组如对供应商的报价文件有疑问的,可以书面形式或者当面向供应商进行质询,质询内容不得涉及对采购文件或报价作实质性的变更。被询价供应商的澄清、说明或者补充应当采用书面形式,由其授权的代表签字,并不得超出报价文件的范围或者改变报价文件的实质性内容。

询价开始后,在询价文件及询价程序符合法律规定的前提下,符合项目资格条件的供应商只有两家时,经同级政府采购监督管理部门同意,可以按照公平、公正和竞争原则,继续进行询价采购;如果只有一家,可继续按照单一来源采购方式采购。

(3) 进行询价。询价小组将全部满足询价文件实质性要求的供应商的报价由低到高排列供应商顺序,报价相同的,按技术指标优劣顺序排列。询价期间,采购人或采购代理机构一律不得接受供应商对报价的调整。

(五) 推荐成交候选供应商

询价采购的成交原则应采取最低报价法,即在全部满足询价文件实质性要求的前提下,提出最低报价的供应商作为成交候选供应商或者成交供应商。

如在满足询价文件需求情况下,报价高的供应商成为第一名成交候选供应商时,询价小组应当作出书面说明。

在推荐确定成交候选供应商之前,询价小组认为,排在前面的成交候选供应商的最低报价或者某些分项报价明显不合理或者低于成本,有可能影响商品质量和不能诚信履约的,应当要求其在规定的期限内提供书面文件予以说明理由,并提交相关证明材料,供应商不能提供有效证明或询价小组认为其提供的理由不充分的,可拒绝接受其报价。

(六) 编写评审报告

询价工作完成后,询价小组应根据全体成员签字的原始询价记录和询价结果编写评审报告,并送采购人或采购代理机构。评审报告主要内容包括:(1) 项目名称、询价日期和地点;(2) 购买询价文件以及参加询价的供应商名单和询价小组成员名单;(3) 询价记录和评定情况及说明,包括成交和淘汰的供应商名单及原因;(4) 询价结果和成交候选供应商排序表;(5) 询价小组向采购人提出确定成交供应商的建议。

(七) 确定成交供应商

采购人应当在收到评审报告后三个工作日内,按照评审报告中推荐的成交候选供应商顺序确定成交供应商;也可以事先以书面形式授权询价小组直接确定成交供应商。

在采购人确定成交供应商后,采购人或采购代理机构应及时以书面形式通知成交供应商,并将采购结果以电话或其他方式通知所有参加询价而未成交的供应商。

四、询价采购热点问题探讨①

（一）是否一定要成立询价小组问题

询价采购大多主要以价格为成交的最主要标准,因此在实际操作过程中,有时不一定成立询价小组,如果采购需求明确具体,不存在不同品牌产品间的质量和服务差异,且以符合要求的最低报价为成交的依据,可以由采购人根据价格直接确定成交供应商。这里有一个问题需要注意的是,询价采购的货物能否确定品牌、型号。因为在实际工作中除了定制产品以外,更多的时候采购的货物都是些现成的产品,如电视机、电冰箱等。一般情况下可以明确货物的品牌、型号,由于询价采购是货比三家,而最易操作的比价方式就是以同样品牌、型号的货物为标准,比较不同供应商提供的报价,价格低者成交,这样采购不易引起争议。但前提是,询价采购的货物属普通商品且经销商众多,经营门槛较低,采购金额较小。对一些专业产品在确定品牌型号时,应至少推荐2—3个品牌。因为专业产品的使用面较窄,经销商较少,价格不透明,容易形成垄断,所以询价时应让不同品牌的产品进行竞争。

（二）询价信息是否发布问题

询价也必须在政府采购指定的媒体上发布询价采购信息公告,扩大询价采购的范围,为所有潜在供应商提供平等竞争的机会,增加询价采购的公开性和信息发布的透明度,而不能仅限于从采购人或采购代理机构已有的供应商库中选择供应商,更要避免仅由采购人提供询价供应商范围,这样可能导致局限性和片面性。

（三）询价与报价方式问题

由于询价采购,只允许供应商一次报出不得更改的报价,为保证询价采购的公正性。在询价时,一般不要采用电话、传真的方式,以防止供应商报价时间的不一,造成先报价的供应商报价被泄露,一般可参照投标或谈判文件的递交方式和方法,递交报价单。然后询价小组或采购人在同一时间打开所有报价供应商的报价单,从中确定成交供应商。并且在此过程中询价小组或采购人不能再与其中任何一家供应商就报价等有关问题进行商谈。除非报价供应商不足三家。出现这种情况时,采购人或询价小组可视情况转而采用竞争性谈判方式或直接根据报价单确定成交供应商。若出现所有报价均超出预算,则应宣布本次询价无成交供应商,并说明原因,另行组织采购。

（四）询价操作规范问题

因询价采购操作环节不多,程序也简单,稍微不规范,就会被人"钻"空子。采购代理机构要重点防止有人把应实施"公开招标"的采购事项简化为"询价采购"操作,从而为其

---

① 陈泽.政府非招标采购实务讲稿[J].南京中华财经进修学院·江苏政府采购从业人员培训班,2012(4).

收受贿赂、实施暗箱操作打开方便之门。首先对达到公开招标或竞争性谈判限额的项目尽量采用公开招标或竞争性谈判方式采购。其次对询价项目要了解其是否完全符合法律的规定。一般来说,普遍消费的商品,在政府采购时可以用询价方式进行采购。如果对项目的性质和市场情况不是十分了解则应慎用询价方式,转而用招标或谈判方式。

第四节 单一来源采购

一、单一来源采购概念与特点

单一来源采购又称直接采购,是指只能有一家供应商能够满足采购需求的采购方式。

单一来源采购是一种没有竞争的采购方式。由于采购对象来源渠道单一,如专利产品、首次制造、合同追加等,因而只能由一家供应商提供。

概括起来,单一来源采购有如下特点:采购对象来源渠道单一,通常只能与唯一供应商签订合同,采购环节简单,过程相对简化;单一来源采购程序简单,具有很强的时效性;此种采购方式缺乏必要的竞争,采购价格和质量可控性差。

二、单一来源采购条件与原则

由于单一来源采购只能由一家供应商供货。从竞争态势上看,单一来源采购方式采购人处于不利地位,所以对于这种采购方法的使用,世界组织乃至各国的"规则"都规定了严格的适用条件。我国按《政府采购法》规定,符合下列情形之一的货物和服务,可以采用单一来源方式采购:

1. 只能从唯一供应商处采购。由于采购对象的限制性,采购的产品只有一家能够满足需要,且该产品没有替代品,可以适用本情形。如许多含有专用技术、专利权的产品就只能从拥有人或其授权人处采购,在此种情况下可以申请单一来源采购。

2. 发生了不可预见的紧急情况不能从其他供应商处采购。由于采购时间的限制性,出现紧急情况,如急需要现货供应,只有一家供应商在时间上能够满足紧急的需求。适用本情形有个限制条件:不能从其他供应商处采购,如可以从其他供应商处采购,即使时间紧急,也应该适用竞争性谈判,而不是单一来源采购。

3. 必须保证原有采购项目一致性或者服务配套的要求,需要继续从原供应商处添购,且添购资金总额不超过原合同采购金额的10%。

单一来源采购方式是一种最特殊的采购方式,《政府采购法》和有关政府采购制度对单一来源采购如何确定成交,均未作出明确规定。因此,在运用单一来源采购方式采购时,确定成交应主要把握两个原则:一是保证质量;二是价格合理。

保证质量的含义有:一是满足采购人的技术要求;二是满足采购人数量、交货时间、服务、付款方式等方面的要求。

价格合理的标准是:一是不能突破采购预算;二是不能高于其他单位的采购价;三是不能比同类相近产品价格高出太多。

三、单一来源采购的程序

(一)信息公示

对于达到公开招标数额标准,只能从唯一供应商处采购的项目,采购人或采购代理机构应当将有关采购信息在省级以上政府采购监督管理部门指定的政府采购信息发布媒体上公告,以听取相关供应商的意见,接受社会各界的监督。

(二)专家论证

对于有些重大采购项目,是否适宜采取单一来源采购,应当邀请专家进行论证。一方面可以论证采购方案是否合理,另一方面也可以详细了解拟采购项目的价格、技术性能等方面的信息。

(三)向供应商发出单一来源采购文件

采购文件应明确技术要求、数量、现场和售后服务要求、交货时间和地点、付款方式,以及合同主要条款等内容,以便供应商对照响应。

(四)成立采购小组

采购小组的专家按照《政府采购评审专家管理办法》确定。

(五)递交响应文件

参加单一来源采购的供应商应按照采购文件的要求制作响应文件,并在规定时间、地点向采购人或采购代理机构递交响应文件。

(六)谈判

尽管只有一家供应商能够满足需求,但也必须经采购小组与供应商谈判后,才能确定是否成交。通过谈判:一方面是审核供应商对单一来源采购文件是否全部响应,未响应的,可以通过谈判协商解决,寻求双方都能够接受的方案;另一方面是审核其报价是否合理,供应商报价明显不合理,并且通过谈判仍不能低于市场平均价的,应拒绝其报价,重新尝试寻找其替代品。采购人和采购代理机构应做好谈判现场的记录工作。

(七)确定成交内容

采购人或采购代理机构应根据单一来源采购文件和供应商的响应文件,以及谈判协商的结果,确定最终的成交内容,包括商务、技术和价格等方面的内容,采购小组应就相关成交内容签署书面意见。

四、单一来源采购热点问题探讨

在采用单一来源方式采购时,要防止以不合理的条件限制其他供应商参与竞争,从而人为地造成单一来源采购。从实际工作来看,有些采购人对某种产品有倾向性,在提出采购需求时,把该产品的技术特征作为采购的技术要求,把该产品独有的技术特点作为实质性要求,人为地设置不合理的技术门槛,从而使其他产品无法参与竞争,造成形式上的单一来源。为解决这个问题,在采购程序上可采用以下两种途径:

1. 对单一来源项目,采购人或采购代理机构应当组织专家进行事前论证,论证的重点是采购需求中供应商资质、产品的功能和技术要求是否合理,是否是工作需要。同时在指定媒体上发布征集供应商的公告(不少于五个工作日),公告应列明所要采购的产品名称和主要功能要求。如专家论证意见认为采购单位提出的需求合理,且在公告后没有别的供应商前来报名,则经过财政部门审批或集中采购机构内部审批(仅对招标限额以下的)可采用单一来源方式进行采购。

2. 按照公开招标或竞争性谈判的方式发布公告(在第一次招标或谈判没有成功后,可重新再次发布公告),到规定的开标或递交谈判文件截止时间(尤其是二次发布公告后)只有一家供应商,则在专家认为采购文件没有不合理的条款,且公示时间和程序符合规定的前提下,报请财政部门批准后实行单一来源采购。单一来源采购完毕后,其采购结果应当在指定的媒体上予以公告(内容包括:成交供应商名称、成交金额、专家名单)。

第七章

政府采购评审实务与技巧

第一节 评审活动在政府采购中的地位

一、评审专家是政府采购活动的"裁判员"

政府采购开始之初,社会上常把政府采购中心设置在财政部门的做法说成是裁判员和运动员不分。其实这是对政府采购中心的一种曲解,政府采购中心既不是裁判员也不是运动员,这个机构只不过按照政府采购法规要求和程序履行组织采购这样一种职能(仅相当于奥运会组委会的角色)。《政府采购法》规定:集中采购机构(政府采购中心)是非营利事业法人,根据采购人的委托办理政府采购事宜。因此,不能说其是"既当裁判员,又当运动员"。所谓"运动员"是指自愿参加政府采购市场竞争的供应商,"裁判员"是指包括由专家评委、使用单位代表组织的评标委员会。采购机构只是为供应商提供一个公平竞争的舞台,并维护竞争秩序,起组织协调作用,采购结果由依法组成的评标委员会决定,采购机构无权确定和更改采购结果。因此,用"裁判员"和"运动员"的关系来比喻政府采购中心并不恰当。但政府采购评审专家确确实实履行着政府采购"裁判员"的职责。

二、政府采购评审是政府采购活动的关键环节

政府采购活动因采购方式不同,其程序要求可能各不相同,但无论是询价采购、竞争性谈判采购,还是招标采购都离不开政府采购专家的评审活动。没有评审活动,政府采购结果就无法实现,没有评审专家客观公正、真实可靠的评审意见,采购人就无法采购到价廉物美、服务优良的产品,供应商无法在公平竞争的舞台上实现自己的价值,采购活动的链条就会断裂,政府采购的目标就无法实现。因此,专家评审活动不仅直接关系到政府采购的质量,而且更是一个关键环节。

三、政府采购评审是政府采购原则的集中体现

"公开、公平、公正、诚信"是政府采购原则,也是政府采购的基石。公平原则就是指政府采购评审活动必须公平地对待每一位供应商,不得排斥符合条件的供应商参加政府采购活动;公正原则要求政府采购评审活动依据事先招标文件的约定进行评审活动,对供应商不得有歧视行为,评标时不能存在主观倾向,严格按照评审标准推荐中标供应商。因此,政府采购评审活动自始至终贯穿了公平、公正的原则,没有评审专家客观公正、真实可靠的评审意见,政府采购的基石就会倒塌。

政府采购评审环节一直是政府采购监管的一个重要节点,在《政府采购法》颁布之

前,1999年财政部印发的《政府采购管理暂行办法》和《政府采购招标投标管理暂行办法》都对采购过程中评标委员会或谈判小组构成要求和职责作了明确规定。《政府采购法》颁布以后,对政府采购评审活动的监管进一步规范,目前对政府采购评审专家管理的法律法规主要有《政府采购法》《招标投标法》(侧重于工程)、《政府采购货物和服务招标投标管理办法》和《政府采购评审专家管理办法》。

第二节 政府采购评审专家职责与行为规范

一、政府采购评审专家主要职责

(一)参加政府采购评审活动,提出评审意见

以科学、公正的态度参加政府采购评审工作,认真履行自己的职责,在评审过程中不受任何干扰,独立、负责地提出评审意见,并对自己的评审意见承担责任。这是评审专家在政府采购活动中一项最主要的职责。评审专家参加政府采购评审活动具体可分为以下几个步骤。

1. 接受邀请。采购机构一般会在政府采购项目评审前1—2天,通过专家库随机抽取采购项目所需要的专家,并及时通知拟邀请的相关专家。专家根据情况确定是否接受邀请,不能接受邀请的应该说明理由,采购机构会做记录备查。

2. 接受邀请人员应准时到达评审地点,自觉尊重采购机构工作人员的安排和遵守评审工作的纪律:考勤纪律,如不迟到、不早退;出入纪律,如中途出入遵守有关规定;回避纪律,如存在须回避事项主动提请回避;通信纪律,通信工具统一保管等;保密纪律,如不得对外透露评标过程、结果;商业秘密,如不得带离有关资料等;言论纪律,如不得发表不公正倾向性意见等。

延伸阅读 7-1　某评标专家导致评标延迟而受罚

20××年某省对11名在评标活动中违反评审纪律规定和职业道德的评标专家作出了处罚。这11名评标专家中有一位专家因迟到而被处分的。20××年×月×日,某省评标专家×××被随机确定,并经本人同意参加评标工作,但在开标前,本人未作任何说明,就到外地出差,导致该项目开标过程延迟6个多小时,给招投标活动及当事人造成损失,给予警告处分。

---

3. 现场评审,一般的程序主要有:
一是采购文件初审。其分为资格性审查和符合性审查。

二是澄清有关问题。对响应文件中含义不明确、同类问题表述不一致或者有明显文字和计算错误的内容,评审专家可以书面形式要求供应商作出必要澄清、说明或者纠正。

三是比较与评价。按采购文件事先规定的标准,对资格性审查和符合性审查合格的投标文件进行商务和技术评估,综合比较与评价。

四是推荐中标或成交候选供应商名单。

五是编写评审报告。评审报告须由全体评审成员签字。

注意点:(1)评审专家在评审工作中应坚持公平公正的原则,按照采购文件确定的评审标准,客观公正地评审每一份响应文件,依法维护采购人和供应商的合法权益。(2)评标依据只能是相关法律、法规、采购文件、响应文件及其有效补充或澄清文件。(3)评审所用资料及工作底稿不得带离评审会场,评审专家不得向供应商或相关人员透露所有评审的有关情况,并对供应商的商业秘密负有保密义务。

延伸阅读 7-2 究竟谁透露了消息?[①]

一次,某监管部门收到一封评审专家的来信,信中说:"我是一位老共产党员,有些不法现象不吐不快,对不起良心。9月15日晚我刚下班到家,就接到了采购办的通知,要求我次日参加某项目公开招标的评审工作。令人不解的是,刚结束与采购办的通话,某供应商就拨通了我的电话,让我在评审时照顾一下,并许以重金,被我当场拒绝了。但在评审现场,我发现其他专家和采购人代表都毫无原则地倾向于那个曾经给我打过电话的供应商,虽然那家的综合实力明显弱于另外两家,但最终在其他专家和采购人代表的'无私照顾'下,这家供应商如愿中标了。我始终想不明白,抽取评审专家本是一项严格保密的工作,是谁走漏了消息?"

可能抽取现场人员透露消息

按照《政府采购评审专家管理办法》第三条"统一条件,分级管理,资源共享,随机选取、管用分离"的管理办法,各地评审专家库一般设在财政部门,由隶属于财政部门的政府采购办公室负责专家库的设立、管理和监督抽取工作。为了避免在抽取过程中泄密,各地一般要求只要不影响评审工作,尽量延后抽取时间。实践中,有的甚至在开标前一小时才通知。对此业内多数人认为,晚通知能达到一定的保密效果,但关键取决于抽取现场的工作人员。

某市曾发生过这样一件事,上午九点开标,八点三十分监管部门才抽取和通知评审专家。但在专家前往评标现场的路上,一供应商"劫持"了其中一位专家。不幸的是,双方"友好交流"的过程被另一供应商尽收眼底,"捅"到监管部门,两者受到了应有的处罚。

供应商到底通过什么途径知道哪些专家要参与上述项目评审?监管部门并未说出所以然。知情人士分析,是抽取现场工作人员中出了"信息告密者"。因为谁参与评

---

① 宋晓杰. 究竟谁在泄密[EB]. 政府采购信息网,2006-11-23.

标在开标前只有抽取现场有关人员知道,排除专家主动联系供应商的可能性。唯一合理的解释就是抽取现场的人提前向部分人"公示"了评审专家名单。

专家透露各家底细

供应商能否参与投标、最终能否中标,招标文件规定和投标文件描述往往是决定性因素,不受供应商背景等因素的影响。但个别有倾向性的评审专家却在现场公开分析各个供应商的背景资料。

某评标现场,采购中心项目负责人宣布评标注意事项后,例行公事地问各位专家还有什么疑问。一个专家就打开了话匣子:我已从事教学设施采购多年,也多次参加类似项目的评审工作,如A公司,我比较了解,也在咱们系统中过标,履约效果很好,实力比较雄厚;B公司,一直在做这类项目,是业内知名教育专家张三离休后办的,资信不错,也在系统中过标;C公司,原来一直经营办公设备,现在兼营教学设施和设备,也很在行,工作人员全部是专业人士,所以保证没问题;像其他几家,不了解,所以就不能保证采购质量了,售后服务自然也没有保障。

评委本应按招标文件的规定独立地对每个有效投标人进行评价、打分,尽量回避了解供应商背景资料,以免先入为主。但该专家却试图通过公开所掌握的信息给其他评委戴上"有色眼镜"。

参与评审者事后"点评"

按照法律规定,招标采购单位在评审结束后一般应公示评审专家名单和各供应商总得分及排名,每个专家的具体打分情况不能公开。

但某市一次公开招标,评标结束后第二天就有人提出口头质疑,且援引的各个评标专家的意见,与现场发言几乎一字不差。并把预中标人投标文件中某条某款的错别字都挑了出来,要求因此而宣布其中标无效。采购中心很诧异:"难道该供应商在评标室内放置了监视监听设备?"经调查才知道,原来采购人事先考察过该质疑供应商并有所承诺,一见要"爽约",惊慌失措的采购人与失意的供应商联袂上演了此出"闹剧"。

专家说,大多数无理取闹的质疑和投诉都源于采购人的内部矛盾或评审专家之间的分歧,一旦愿望不能实现,个别人往往不顾职业道德,把评审现场的意见、分歧甚至争执毫无保留地披露出去。

(二)参加政府采购项目的论证咨询活动

接受邀请对复杂的政府采购项目论证提出建议和意见。值得注意的是,按规定参加项目论证和咨询活动的专家不得再担任该项目的评委。

(三)质疑和投诉中,配合帮助调查取证工作

供应商认为参加政府采购活动中采购文件、采购过程和中标成交结果使自己的权益受到损害,提出质疑的,采购机构在处理质疑过程中可能会向评审专家进一步了解有关评审情况,需要专家对有关技术指标进行论证;同样,采购监管部门接到供应商投诉,也

会邀请评审专家进行技术咨询，甚至作必要的论证。这些都需要专家参与和帮助。

二、政府采购评审专家行为规范

政府采购行为是政府采购当事人依照一定规则在政府采购活动中的表现和行动。政府采购有关当事人在进行政府采购活动的过程中，其权利和义务必然要相互影响、相互作用，形成一定社会关系。为了保持政府采购活动的正常、有序和稳定，就需要有相应的法规、规则和标准来协调当事人之间的关系，这种协调政府采购有关当事人的行为标准或尺度，称为政府采购行为规范。具体地说，政府采购行为规范是为了维护政府采购活动的公开、公平和公正而形成的、约束政府采购当事人行为的规则、标准。政府采购行为规范按其内容的不同分为政府采购法律规范和政府采购职业行为规范。

政府采购法律规范是政府采购行为规范中最基本的、最重要的规范，它是从事政府采购工作、办理政府采购事务必须遵循的，有一定的强制性。广义地讲，它主要是国家权力机关和行政机关制定的各种法律法规；狭义地说，是指国家权力机关通过一定程序颁布施行的《中华人民共和国政府采购法》。

政府采购职业行为规范是指从事政府采购的人员在政府采购活动中应该遵循的，正确处理政府采购活动各当事人之间关系的道德行为规范。任何一种职业，对社会承担一定的义务和责任，即职业责任，这种职业责任的履行，要靠法规、职业纪律等来保证，同时也需要通过职业准则、职业道德来规范。职业道德规范也是一种重要的政府采购行为规范，与政府采购法律规范配合，规范着政府采购工作主体的行为。目前，政府采购方面尚未制定类似会计人员职业规范道德准则的政府采购人员职业道德规范。

关于政府采购法律规范，在有关政府采购法规中已有明确规定。下面根据政府采购评审工作特点以及笔者对政府采购评审活动的理解，提出评审专家职业道德六个方面的内容。

1. 独立公正。这一条强调评审专家要以独立的身份参与政府采购评审活动，不能受周围人的影响，不能受利益的诱惑，要独立客观地提出评审意见，严格按照评审标准推荐中标候选供应商。

2. 秉公评审。这一条强调一个"公"字，在政府采购评审活动中评审专家要以维护"三公"原则为己任，正确处理个体利益与社会利益的关系，时刻牢记自己所肩负的责任，按招标投标文件认真客观地对待每一位供应商，不得排斥符合条件的供应商参加政府采购活动。依据事先招标文件的约定进行评审活动，对供应商不得有歧视行为，评标时不能存在主观倾向，维护招标人和供应商合法权益。

3. 科学评判。这一条强调技术的完善，专家之所以称专家，是因为其在某一领域有很高的造诣，有的甚至是一言九鼎的人物，但科学技术不断发展，知识日新月异，新产品不断涌现，市场变化万端，评判时要科学合理，业务要熟练，用科学理论技术方法提高评审工作的质量和效率。

4. 遵纪守规。政府采购项目多，规模大，采购合同成为供应商的竞争目标，社会关注度高，评审专家要遵守政府采购评审工作纪律，遵守评审工作程序和规则，不影响他人、不受外界干扰,不私下接触有利害关系人,遵守廉政规定,自觉接受政府采购监管机构监督和社会各界的监督。

5. 保守秘密。评审工作性质决定了评审专家有机会了解投标人的技术经营状况,有可能了解重要的商业秘密。因此,作为评审专家对于自己知悉的采购活动中的各种机密,不管何时何地,都要严守秘密,不得为一己私利而泄露机密。

6. 献计献策。政府采购评审专家是各专业领域的能手和专业人士,专业扎实、知识面宽,而我国政府采购工作无论在理论和实践方面都显得年轻和不足,空白比较多,专家有责任和义务关心政府采购事业,多研究些政府采购问题,多提些建议,对自身来说也容易出成果。

延伸阅读 7-3　上海市一位专家自律宣言

上海市政府采购咨询专家,上海×××咨询事务所有限公司总经理×××提出了政府采购评审专家自律宣言,评审专家可以从中获得不少启示。

（1）热爱政府采购工作,忠于职守,为政府采购工作尽力,遵守法律、法规和政策,以高度负责的精神,维护国家和社会公共利益;

（2）努力钻研业务,始终保持与政府采购评审工作相适应的知识技能,为政府采购工作提供精心、勤勉的服务;

（3）只承担自己能够胜任的评审服务,不承担自己无把握的工作;

（4）始终为政府采购评审工作而正直、精心地工作,不隐瞒真情、不讲假话,公正地提供咨询建议、判断或决策;

（5）不以权谋私,不吃宴请,不收礼金,不接受直接、间接的各种不正当报酬;

（6）不得泄露与政府采购评审活动有关的文件、资料,自觉抵制各种诱惑,落实各项保密措施;

（7）自觉接受政府有关部门和社会各界对政府采购评审工作的监督和管理。

延伸阅读 7-4　2017 年××市评委九项承诺公开社会

为提高专家工作的透明度和依法评标的水平,更好地接受供应商、采购单位和社会公众的监督,使评标工作真正体现公开、公平、公正和诚信原则,××市评委集体向社会作出了九项承诺。

一是坚持原则,遵纪守法,热心服务招标采购评审工作,恪守职业道德,客观公正地履行评委职责,接受招投标管理部门的监督和考核;

二是廉洁自律,不私下接触投标人或其他利害关系人,不收受投标人、其他利害关系人的财物或者其他好处;

三是接到参加评标的通知后及时赶到评标现场,按抽签确定的岗位按时参加评标工作,无正当理由不得拒绝参加评标活动;

> 四是认真熟悉招标文件的全部内容,按照法律法规和投标文件进行评审;
>
> 五是坚持独立评审,不擅离职守,不受任何单位或个人的干预,详细填写评委个人意见表,对所提出来的评审意见承担个人责任;
>
> 六是自觉遵守评标工作纪律,不谈论与评标无关的内容和话题,服从工作人员统一管理,对评审的详细情况严格保密,不向他人透露对投标文件的评审与比较、中标候选人的推荐以及与评标有关的其他情况;
>
> 七是严格执行回避制度,与投标人有利害关系时主动申请回避;
>
> 八是积极配合招标人答复投标人提出的质疑以及监管部门对投诉的调查处理工作;
>
> 九是加强对招标采购法律法规和专业理论与操作技能的学习,积极参加有关部门组织的培训活动,不断提高自身素质。

第三节 政府采购各当事人在评审活动中的角色定位

政府采购公正评审,除了评审专家独立客观评审外,还受着许多条件和因素的制约,只有相关当事人共同营造政府采购评审公平公正的环境,政府采购评审才会变成真正意义上的阳光评审。接下来阐述政府采购评审活动中各主要当事人——采购代理机构、政府采购评审专家和政府采购监管部门——在构筑公正的政府采购评审机制中的角色定位。

一、代理机构在政府采购评审活动中的角色定位

(一)创造一个独立的评审环境

提供评审现场必要硬件设备、评委独立评标室,避免相互干扰;完善录像录音设备,规范约束评委和现场人员的言行;通信工具集中保管或信号屏蔽,切断与外界的联系。

> **延伸阅读7-5 指纹验证,信号屏蔽**
>
> 2015年12月26日政府采购信息报刊登了某省在评审现场的一个例子:为了规范专家评审行为,我省引进了评标区监督服务系统。评标专家必须通过指纹识别才能进入评标区。同时,评标区内安装的通信屏蔽系统将隔绝手机等通信工具的信号,专家均通过对讲机与外部联系,但所有通话将被录音。专家本人则在闭路电视的监督下工作。

(二) 严格评审程序

1. 宣读评审纪律、明确权利和义务

书写承诺书是被实践证明的规范专家评审行为又一行之有效的措施。

> **延伸阅读 7-6 某省采取《评审人员承诺书》签字制度**
>
> 某省规定评审专家在评标之前,都必须仔细阅读并在《评审人员承诺书》上签字,该承诺书共包括享有权利、履行义务、承诺事项和违纪违规所接受的处罚等内容,让评审专家在进入评标现场之前做一个"明白人",以往什么"不知者无罪"、信息"无意间向外界透露"等借口也就没有产生的土壤了。

2. 落实回避制度

要建立公正的评审机制就不可避免地提及回避制度,严格实施回避制度,这是规范评审专家行为的一个重要措施。

《政府采购法》第十二条规定,采购人员及相关人员与供应商有利害关系的,必须回避。《政府采购评审专家管理办法》第二十六条专门对评审专家回避作了规定。评审专家不得参加与自己有利害关系的政府采购项目的评审活动。有利害关系主要是指三年内曾在参加该采购项目供应商中任职(包括一般工作)或担任顾问,配偶或直系亲属在参加该采购项目的供应商中任职或担任顾问,与参加该采购项目供应商发生过法律纠纷,以及其他可能影响公正评标的情况。

政府采购回避制度的建立,是维护采购人和供应商合法权益、保证政府采购活动公正性的一道防线。但是在政府采购评审实践中,很难知晓评审专家与供应商是否有利害关系,是否存在法定回避的事由。考虑到专家松散性和兼职的特点,专家对政府采购评审回避具体规定不一定很清楚,采购机构操作人员应事先向专家告知回避的对象和理由,以及不回避一旦投诉会引起的后果等内容,以便提醒评审专家及时检查对照,是否申请回避。

(三) 项目要细化,分值要量化

评审专家能够影响评标结果。评审专家手中的自由裁量权可以决定参加投标竞争供应商的命运,往往会引起供应商或评审专家的种种想法和不规范行为。而评审专家的打分依据和自由裁量权是基于评标办法作出的。因此制定合理科学的评标办法是关键。

确定适宜的评标办法和标准,一方面要给评审专家一定的自由裁量权,另一方面专家的自由裁量权必须有限制。

评分因素要量化、细化,每个因素确定一定的分值,评审专家除了在响应程度评审上有几分的主观判断外,其余每个项目的小项都必须按客观情况打分。

譬如说售后服务占 10 分,不能简单笼统地说售后服务 10 分,而应当让专家去自由裁量。10 分怎么打,要列清售后服务里包括哪几项内容以及这几项内容分值的范围。专

家有权在一定范围内打分,自由裁量权应得到合理的限制。有人认为专家的自由裁量权限制在2—3分范围内较合理。

(四)建立复查制度

在每次评标结束后,采购经办人员要对专家的打分结果进行复查。如果出现异常打分,提请专家解释,出现明显不合理行为,如规定一项分值只有3分,专家给了10分,提请及时纠正,并及时记录。这种制度的建立,可防止一些疏漏,及时发现问题,提高质量,同时对专家评审工作起一定的复核作用。

二、评审专家在政府采购评审活动中的角色定位

政府采购评审专家在政府采购评标定标中扮演着重要角色,其行为的规范与否直接影响政府采购的公平公正。一位采购中心主任说得好,他说专家是政府采购过程中最重要的一个环节,他们是唯一可以确定结果甚至改变结果的人。因此专家评审工作规范性至关重要。

(一)要用好发言权

1. 明确参与政府采购评标工作中的职责。作为政府采购专家,是政府与社会对专家的认可,给予专家一个展现自己专业知识并服务于社会的舞台,同时,专家也承担着重大的责任。专家的主要职责应该是为政府采购工作提供真实、客观、可靠的评审意见,为采购人推荐中标单位提供可靠的技术保障。专家评审意见往往是采购项目质量的关键之一,要用好发言权,不辜负政府对专家的信任;此外,专家应该严格遵守政府采购评审工作纪律,不向外界泄露评审情况,并做好政府采购的参谋。

评审专家应经常根据财政部、监察部的《政府采购评审专家管理办法》对照自己,尤其注意对专家的基本要求:应具有良好的业务素质和职业道德,在从事和参加政府采购招标、竞争性谈判、询价、单一来源等采购活动的评审过程中都要以客观公正、廉洁自律、遵纪守法为行为准则,熟悉和掌握政府采购法律、法规、规章制度和方针政策方面的新规定。

2. 对待评标工作的态度。一是科学、公正、严谨的态度。以科学、公正、严谨的态度参加政府采购的评审工作,独立、负责地提出评审意见,并对自己的评审意见承担责任。不参加与专家有利害关系的政府采购项目的评审活动,并应主动地进行回避。二是学习的态度。在评审标书过程中经常遇到一些新的技术和产品,特别是侧重于技术解决方案的项目,自己的知识面是无法全部覆盖的,因此,评审标书的过程就是一次很好的学习过程,它给了专家广泛了解投标单位的业务水平和技术特长的机会,一些优秀的方案、先进的技术和产品往往可以不断地扩充和更新自己的知识,为进一步做好政府采购的评审工作打下更扎实的基础。三是专家要尊重投标单位的劳动成果。参与投标的单位是花费了大量精力才完成投标文件的编制的,所以对待别人的劳动成果应持有尊重的态度。四是一个专家要有与政府采购代理机构及采购人密切合作和良好配合的态度。

(二) 要敢于说"不"

作为一名政府采购评审专家,在许多时候,责任心比业务能力更重要。在一些重大问题上,要敢于说"不"。尤其是在某些具体特殊项目的评审过程中,可能会碰到不少矛盾,要处理好各种关系,有时还会受到一些不应出现的干扰、影响。在这样一种环境中,要做到独立思考、秉公直言,不人云亦云,表现出高尚的独立人格和真实的学识水平,这样才能得到大家的敬重,也才能真正实现一名专家的独特价值。

三、监管部门在政府采购评审活动中的角色定位

1. 多创造些专家学习培训机会。作为政府采购监管部门应多为专家提供学习的机会,政府采购评审专家都是单位的技术和业务骨干,分散在各行各业,平时接触政府采购的法律法规和招投标技巧不多,政府采购监管部门要多组织高层次的政府采购学习培训活动,以提高政府采购评审专家有关政府采购法规政策的水平。

2. 加强现场监督,提供良好独立的评审环境和平台。专家的独立性比较难保持,其中有专家自身的原因,也有外部原因。纵观专家出现的不诚信行为,其中有很大一部分原因是由外部原因造成的,如行政的干扰、采购人诱导等,因此监管部门要加强评审现场监管,减少现场的倾向性言论和干扰。

3. 管理好专家库,及时反馈信息。根据现场专家评审反馈情况,及时研究进行分类处理。

4. 处罚之中见规范。没有规矩不成方圆。规范评审行为,光靠道德约束恐怕也不行。对于评审活动中"走眼"专家、泄露评标机密的"跑风"专家、滥竽充数的"南郭先生"等少数不合格的评审专家,政府采购监管部门也有责任对这些违规评审专家按有关规定进行处理,处罚之中显规范。

第四节 政府采购评审专家的法律责任

财政部、监察部 2003 年颁布的《政府采购评审专家管理办法》中规定了评审专家的权利和义务。

专家的主要权利为:对政府采购制度及相关情况的知情权;对供应商所供货物、工程和服务质量的评审权;推荐中标候选供应商的表决权;按规定获得相应的评审劳务报酬。

专家相应的义务是:为政府采购工作提供真实、可靠的评审意见;严格遵守政府采购评审工作纪律,不得向外界泄露评审情况;发现供应商在政府采购活动中有不正当竞争或恶意串通等违规行为,应及时向政府采购评审工作的组织者或财政部门报告并加以制止;解答有关方面对政府采购评审工作中有关问题的咨询或质疑。

政府采购评审专家的责任主要见于《政府采购法》《政府采购货物和服务招标投标管理办法》《政府采购评审专家管理办法》和《招标投标法》这四部法规中。

1. 《政府采购法》只是原则上规定，对评审专家违反规定没有详细条款。

2. 《政府采购货物和服务招标投标管理办法》比较详细地规定了评标委员会责任。如第七十七条是这样规定的：评标委员会成员明知应当回避而未主动回避的，在知道自己为评标委员会成员身份后至评标结束前的时段内私下接触投标供应商的，在评标过程中擅离职守，影响评标程序正常进行的，在评标过程中有明显不合理或者不正当倾向性的，未按招标文件规定的评标方法和标准进行评标的，将责令改正，给予警告，可以并处一千元以下的罚款。第七十八条规定：评标委员会成员或者与评标活动有关的工作人员有收受投标人、其他利害关系人的财物或者其他不正当利益的，泄露有关投标文件的评审和比较、中标候选人的推荐以及与评标有关的其他情况的，将给予警告，没收违法所得，可以并处三千元以上五万元以下的罚款；对评标委员会成员取消评标委员会成员资格，不得再参加任何政府采购招标项目的评标，并在财政部门指定的政府采购信息发布媒体上予以公告；构成犯罪的，依法追究刑事责任。

3. 财政部、监察部的《政府采购评审专家管理办法》对评审专家违规处罚更加详细、范围更广，不仅仅对招标中评标委员会，对其他如竞争性谈判、询价、单一来源等方式采购中谈判小组、询价小组成员都有较明确的处罚规定。评审专家有下列情况之一的，将作为不良行为予以通报批评或记录。这些行为包括：被选定为某项目并且已接受邀请的评审项目专家，未按规定时间参与评审，影响政府采购工作的；在评标工作中，有明显倾向或歧视现象的；违反职业道德和国家有关廉洁自律规定，但对评审结果没有实质性影响的；违反政府采购规定，向外界透露有关评标情况及其他信息的；不能按规定回答或拒绝回答采购当事人询问的。对于以下较严重行为，如：故意并且严重损害采购人、供应商等正当权益的；违反国家有关廉洁自律规定，私下接触或收受参与政府采购活动的供应商及有关业务单位的财物或者好处的；违反政府采购规定向外界透露有关评审情况及其他信息，给招标结果带来实质影响的；评审专家之间私下达成一致意见，违背公正、公开原则，影响和干预评标结果的；以政府采购名义从事有损政府采购形象的其他活动的；弄虚作假骗取评审专家资格的。财政部门将取消其政府采购评审专家资格。

4. 《招标投标法》主要适用于工程政府采购项目，它的第五十六条对评标委员会违规事项处罚作出了规定。评标委员会成员收受投标人的财物或者其他好处的，评标委员会成员或者参加评标的有关工作人员向他人透露对投标文件的评审和比较、中标候选人的推荐以及与评标有关的其他情况的，给予警告，没收收受的财物，可以并处三千元以上五万元以下的罚款，对有所列违法行为的评标委员会成员取消担任评标委员会成员的资格，不得再参加任何依法必须进行招标的项目的评标；构成犯罪的，依法追究刑事责任。

第八章

政府采购合同

第一节　政府采购合同的概念与特点

一、民事合同与行政合同

合同,又称契约,是当事人之间设立、变更、终止民事关系的协议。合同有广义和狭义之分。广义的合同概念是指以确定权利、义务内容的协议,不仅包括民法上的债权合同、物权合同和身份合同,而且包括国家法上的国家合同、行政法上的行政合同和劳动法上的劳动合同等。狭义的合同概念是将合同视为民事合同,即指确立、变更、终止民事权利义务的合同。在认识政府采购合同前有必要将民事合同与行政合同进行比较分析。

民事合同是一种民事法律行为。民事法律行为是民事主体实施的能够引起民事权利和民事义务的设立、变更、终止的合法行为;由于合同是一种民事法律行为,因此民法关于民事法律行为的一般规定,如民事法律行为的生效要件、民事行为的无效和撤销等,均可适用于合同。

行政合同是指行政主体之间或行政主体与相对人之间,为实现国家行政管理的某些目标,依双方意思表示一致,确立、变更或消灭相互权利与义务而依法签订的协议。行政合同具有以下特征:

1. 行政合同当事人中一方必定是行政主体。在行政合同中,一方是从事行政管理、执行公务的行政主体,另一方是行政管理相对人。

2. 行政合同的内容是为了公共利益而执行公务,具有公益性。行政合同是为履行公法上的权利和义务而签订的,行政合同签订的目的是执行公务,实现特定的国家行政管理目标。

3. 行政合同中当事人并不具有完全平等的法律地位。行政合同的双方当事人具有内在的不平等性,行政主体一方承载了国民的公共利益、集体利益,所以,与普通民事合同相比,它的主体显然具有不平等性。行政合同的履行、变更或解除中,行政主体享有行政优益权。即在行政合同的履行、变更或解除中,行政主体对其与公民、法人、其他组织签订的合同,可以根据国家行政管理的需要,单方加以变更或解除。当然,由于单方变更、解除合同而使对方受到损失的,应予以补偿或赔偿。

4. 合同订立的原则不同。民事合同只要不违反法律、法规的强制性规定,双方当事人缔约自由,合同内容自由。而行政合同要考虑公共事务职能特点,如民事合同当事人的众多自由行政合同当事人都不享有。

二、政府采购合同概念与特征

政府采购合同是指采购人与供应商之间确定权利和义务关系的协议,即实行预算管理的国家机关、事业单位和团体组织为实现其职能,以消费者的身份使用财政性资金而签订的获得货物、工程和服务的法律文件。

《政府采购法》明确规定,政府采购合同适用《中华人民共和国合同法》(以下简称《合同法》),明确了政府采购合同属于一种民事合同的性质。因此,采购人通过一系列政府采购程序和规定确定中标或成交供应商之后,应当按平等、自愿的原则以合同的方式约定双方的权利和义务关系。但政府采购合同有一定的特殊性,政府采购合同显现出如下特点。

(一)合同双方特定性

采购人是依法进行政府采购的国家机关、事业单位、团体组织。供应商是具备法定条件的法人、组织或者自然人。按《政府采购法》的规定,政府采购活动的供应商应当具有独立承担民事责任的能力,具有良好的商业信誉和健全的财务会计制度,具有履行合同所必需的设备和专业技术能力,有依法缴纳税款和社会保障资金的良好记录,参加政府采购活动前三年内,在经营活动中没有重大违法记录等。

(二)合同主体地位的两重性

首先,在对合同的管理上表现为合同主体地位的不平等性。政府采购合同从其订立、履行到终止的整个过程中,法律都赋予了采购人对供应商资格审查权,并且作了严格的规定。

其次,在合同的履行和责任的承担上表现为合同主体地位的平等性。按《政府采购法》规定应当按照平等、自愿的原则约定,双方不得擅自变更、中止或终止合同。

(三)合同目的的公益性

采购人订立采购合同的目的并不是营利,而是满足社会公共利益需求。采购人在对采购什么,采购多少,向谁采购等事项进行决策时,不是体现个人的偏好,而是以社会公共利益为最终目的。

(四)合同资金来源的财政性

政府采购合同是一种有偿合同,采购人在从供货商处获取货物、工程或服务的同时,必须向供货商支付约定的价款。采购人采购对象为履行政府管理社会经济生活职能的需要,其资金主要为财政性资金。

(五)政府采购合同的公开性

政府采购合同公开和透明度很高,从签订前的招标投标,签订时的合同备案,签订后的合同履行,都置于公众的监督之下。

由于政府采购合同主体、资金来源、合同订立程序有别于一般的民事合同,《政府采购法》在合同订立、合同的履行、合同管理方面作出了一些特别的规定,因此政府采购合同是特殊的民事合同。政府采购合同签订有其特别要求。

政府采购合同不仅适用于《合同法》,而且还必须遵守《政府采购法》的相关规定,《政府采购法》对政府采购合同作了一些特别规定。

(1) 政府采购合同订立时间要求。《政府采购法》明确规定采购人与中标、成交供应商应当在中标、成交通知书发出之日起三十日内，按采购文件确定的事项签订政府采购合同。采购人或采购代理机构按照法定的方式和程序办理有关政府采购事宜，包括确定中标、成交供应商。中标、成交通知书发出后，采购人与供应商都需要有一段时间准备，特别是委托采购代理机构代理采购项目，采购人更需要一定时间对采购代理机构送交的有关采购文件进行研究和熟悉，如有必要，还需要对中标、成交供应商进一步了解和考察。当然，签订政府采购合同的时间也不能没有限制，法律规定了三十日的期限，因此采购人在与供应商达成协议后，必须在法定的时间期限内尽快与中标、成交供应商签订政府采购合同。签订政府采购合同只是采购人和供应商对采购结果的书面确认，有关事项在采购文件中都已具体确定，因此，采购人与中标、成交供应商必须按照采购文件确定的事项签订政府采购合同。

(2) 政府采购合同的形式要求。根据《合同法》规定，当事人订立合同可以有书面形式、口头形式和其他形式。《政府采购法》规定政府采购合同应当用书面形式，因此政府采购合同排除其他两种合同形式。书面形式主要指以文字方式载明当事人之间所订立的合同内容。根据《合同法》规定，书面形式是指合同书、信件和数据电文（包括电报、电传、传真、电子数据交换和电子邮件）等有形表现所载内容的形式。尽管书面合同可有以上多种形式，但通常都是当事人双方对合同有关内容进行协商订立的并由双方签章的合同书文本，政府采购合同多采用合同书这种书面形式。在实际操作中，大多数政府采购项目都使用政府采购合同格式文本。（见经典资料8-1）

经典资料8-1　×××市政府采购合同

合同编号：
政府采购计划号：

采购人：　　　　（以下称甲方）　　供应商：　　　　（以下称乙方）
住所地：　　　　　　　　　　　　　住所地：
采购代理机构：×××市政府采购中心

根据《中华人民共和国政府采购法》《中华人民共和国合同法》等法律法规的规定，甲乙双方按照×××市政府采购中心的招标结果签订本合同。

第一条：合同标的　乙方根据甲方需求提供下列货物：
货物名称、规格及数量详见"供货一览表"。

第二条：合同总价款　本合同项下货物总价款为_____（大写）人民币，分项价款在"投标报价表"中有明确规定。

本合同总价款是货物设计、制造、包装、仓储、运输、安装及验收合格之前及保修期内备品备件发生的所有含税费用。

本合同总价款还包含乙方应当提供的伴随服务/售后服务费用。

本合同执行期间合同总价款不变。

第三条：组成本合同的有关文件　下列关于×××市政府采购_____号的招投标文件或与本次采购活动方式相适应的文件及有关附件是本合同不可分割的组成部分，与本合同具有同等法律效力，这些文件包括但不限于：

（1）乙方提供的投标文件和投标报价表；

（2）供货一览表；

（3）交货地点一览表；

（4）技术规格响应表；

（5）投标承诺；

（6）服务承诺；

（7）中标或成交通知书；

（8）甲乙双方商定的其他文件。

第四条　权利保证

乙方应保证买方在使用该货物或其任何一部分时不受第三方提出侵犯其专利权、版权、商标权或其他权利的起诉。一旦出现侵权，乙方应承担全部责任。

第五条　质量保证

1. 乙方所提供的货物的技术规格应与招标文件规定的技术规格及所附的"技术规格响应表"相一致；若技术性能无特殊说明，则按国家有关部门最新颁布的标准及规范为准。

2. 乙方应保证货物是全新、未使用过的原装合格正品，并完全符合合同规定的质量、规格和性能的要求。乙方应保证其提供的货物在正确安装、正常使用和保养条件下，在其使用寿命内具有良好的性能。货物验收后，在质量保证期内，乙方应对由于设计、工艺或材料的缺陷所发生的任何不足或故障负责，所需费用由乙方承担。

第六条　包装要求

1. 除合同另有规定外，乙方提供的全部货物均应按标准保护措施进行包装。该包装应适应于远距离运输、防潮、防震、防锈和防野蛮装卸，以确保货物安全无损运抵指定地点。由于包装不善所引起的货物损失均由乙方承担。

2. 每一包装单元内应附详细的装箱单和质量合格凭证。

第七条　交货和验收

1. 乙方应按照本合同或招投标文件规定的时间和方式向甲方交付货物，交货地点由甲方指定。

如招标文件对交货时间未明确规定，则乙方应当在_____（期间）前将货物交付甲方。

2. 乙方交付的货物应当完全符合本合同或者招投标文件所规定的货物、数量和规格要求。乙方不得少交或多交货物。乙方提供的货物不符合招投标文件和合同规定的，甲方有权拒收货物，由此引起的风险，由乙方承担。

3. 货物的到货验收包括：型号、规格、数量、外观质量及货物包装是否完好。

4. 乙方应将所提供货物的装箱清单、用户手册、原厂保修卡、随机资料及配件、随机工具等交付给甲方；乙方不能完整交付货物及本款规定的单证和工具的，视为未按合同约定交货，乙方负责补齐，因此导致逾期交付的，由乙方承担相关的违约责任。

5. 甲方应当在到货后的（　　）个工作日内对货物进行验收；需要乙方对货物或系统进行安装调试的，甲方应在货物安装调试完毕后的（　　）个工作日内进行质量验收。验收合格的，由甲方签署验收单并加盖单位公章。招标文件对检验期限另有规定的，从其规定。

6. 货物和系统调试验收的标准：按行业通行标准、厂方出厂标准和乙方投标文件的承诺（详见合同附件载明的标准，并不低于国家相关标准）。

第八条　伴随服务/售后服务

1. 乙方应按照国家有关法律法规规章和"三包"规定以及合同所附的"服务承诺"提供服务。

2. 除前款规定外，乙方还应提供下列服务：
（1）货物的现场安装、调试和/或启动监督；
（2）就货物的安装、启动、运行及维护等对甲方人员进行免费培训。

3. 若招标文件中不包含有关伴随服务或售后服务的承诺，双方作如下约定：

3.1 乙方应为甲方提供免费培训服务，并指派专人负责与甲方联系售后服务事宜。主要培训内容为货物的基本结构、性能、主要部件的构造及处理，日常使用操作、保养与管理、常见故障的排除、紧急情况的处理等，如甲方未使用过同类型货物，乙方还需就货物的功能对甲方人员进行相应的技术培训，培训地点主要在货物安装现场或由甲方安排。

3.2 所购货物若为电脑则由乙方提供至少3年的整机保修和系统维护；若为其他货物则按生产厂家的标准执行，但不得少于1年（请分别列出）；保修期自甲方在货物质量验收单上签字之日起计算，保修费用计入总价。

3.3 保修期内，乙方负责对其提供的货物整机进行维修和系统维护，不再收取任何费用，但不可抗力（如火灾、雷击等）造成的故障除外。

3.4 货物故障报修的响应时间为：工作期间（星期一至星期五8：00—18：00）为××小时；非工作期间为××小时。

3.5 若货物故障在检修8工作小时后仍无法排除，乙方应在48小时内免费提供不低于故障货物规格型号档次的备用货物供甲方使用，直至故障货物修复。

3.6 所有货物保修服务方式均为乙方上门保修，即由乙方派员到货物使用现场维修，由此产生的一切费用均由乙方承担。

3.7 保修期后的货物维护由双方协商再定。

第九条　履约保证金

1. 卖方在签订本合同之日，向甲方或甲方指定的机构提交履约保证金_____元。

2. 履约保证金的有效期为甲乙双方签署验收单后的_____天。

3. 如乙方未能履行合同规定的义务,甲方有权从履约保证金中取得补偿。

4. 履约保证金扣除甲方应得的补偿后的余额在有效期满后_____天内退还乙方。

第十条 货款支付

1. 本合同项下所有款项均以人民币支付。

2. 如本合同项下的采购资金系甲方自行支付,乙方向甲方开具发票,甲方在签署验收单后的 15 个工作日内付款。

3. 如合同项下的采购资金系财政拨款资金,在乙方向×××市政府采购中心提交下列文件后的 15 个工作日内由×××市财政局拨付款项:

(1) 经甲方盖章确认的发票复印件;

(2) 经甲方签署的验收单;

(3) 合同副本。

4. 以上 2、3 款款项的支付进度以招标文件的有关规定为准。如招标文件未作特别规定,则付款进度应符合如下约定:

上述第 2 或第 3 款均仅支付至合同总价的____%,余款____%作为质量保证金于货物或系统运行满一年后的____个工作日内付清。

第十一条 违约责任

1. 甲方无正当理由拒收货物、拒付货物款的,由甲方向乙方偿付合同总价的 5%违约金。

2. 甲方未按合同规定的期限向乙方支付货款的,每逾期 1 天甲方向乙方偿付欠款总额的 5‰滞纳金,但累计滞纳金总额不超过欠款总额的 5%。

3. 如乙方不能交付货物,甲方有权扣留全部履约保证金;同时乙方应向甲方支付合同总价 5%的违约金。

4. 乙方逾期交付货物的,每逾期 1 天,乙方向甲方偿付逾期交货部分货款总额的 5‰的滞纳金。如乙方逾期交货达(   )天,甲方有权解除合同,解除合同的通知自到达乙方时生效。

5. 乙方所交付的货物品种、型号、规格不符合合同规定的,甲方有权拒收。甲方拒收的,乙方应向甲方支付货款总额 5%的违约金。

6. 在乙方承诺的或国家规定的质量保证期内(取两者中最长的期限),如经乙方两次维修或更换,货物仍不能达到合同约定的质量标准,甲方有权退货,乙方应退回全部货款,并按第 3 款处理,同时,乙方还须赔偿甲方因此遭受的损失。

7. 乙方未按本合同第九条的规定向甲方交付履约保证金的,应按应交付履约保证金的____%向甲方支付违约金,该违约金的支付不影响乙方应承担的其他违约责任。

8. 乙方未按本合同的规定和"服务承诺"提供伴随服务/售后服务的,应按合同总价款的____%向甲方承担违约责任。

9. 乙方在承担上述 4—7 款一项或多项违约责任后,仍应继续履行合同规定的义务(甲方解除合同的除外)。甲方未能及时追究乙方的任何一项违约责任并不表明甲方放弃追究乙方该项或其他违约责任。

第十二条 合同的变更和终止

除《政府采购法》第四十九条、第五十条第二款规定的情形外,本合同一经签订,甲乙双方不得擅自变更、中止或终止合同。

第十三条 合同的转让

乙方不得擅自部分或全部转让其应履行的合同义务。

第十四条 争议的解决

1. 因货物的质量问题发生争议的,应当邀请国家认可的质量检测机构对货物质量进行鉴定。货物符合标准的,鉴定费由甲方承担;货物不符合质量标准的,鉴定费由乙方承担。

2. 因履行本合同引起的或与本合同有关的争议,甲乙双方应首先通过友好协商解决,如果协商不能解决争议,则采取以下第(　　)种方式解决争议:

(1)向甲方所在地有管辖权的人民法院提起诉讼;

(2)向(　　)仲裁委员会按其仲裁规则申请仲裁。

3. 在仲裁期间,本合同应继续履行。

第十五条 合同生效及其他

1. 本合同自签订之日起生效。

2. 本合同一式_____份,甲乙双方各执_____份,_____份交政府采购中心存档,_____份报送政府采购监督管理部门备案。

3. 市政府采购中心为甲方的采购代理机构,根据甲方的授权代其采购确定乙方为中标单位,但不承担本合同规定的甲方的权利和义务。

4. 本合同应按照中华人民共和国的现行法律进行解释。

甲方(采购人):　　　　　(盖章)　　乙方(供应商):　　　　　(盖章)
法定代表人:　　　　　　　　　　　　法定代表人:
委托代理人:　　　　　　　　　　　　委托代理人:
电话:　　　　　　　　　　　　　　　电话:
开户银行:　　　　　　　　　　　　　开户银行:
账号:　　　　　　　　　　　　　　　账号:
单位地址:　　　　　　　　　　　　　单位地址:
日期:　　年　　月　　日　　　　　　日期:　　年　　月　　日

采购代理机构:×××市政府采购中心
项目负责人:
日期:　　年　　月　　日

(3) 政府采购合同备案要求。政府采购项目的采购合同自签订之日起七个工作日内,采购人应当将合同副本报同级政府采购监督管理部门和有关部门备案。政府采购合同是依法开展政府采购项目的采购活动获得结果的书面记录,采购人、采购代理机构是否按照规定采用法定的采购方式,是否执行法定的采购程序,政府采购是否严格按照批准的预算执行等,在政府采购合同中都有所表现,因此,政府采购合同是各级政府财政部门和其他有关部门对政府采购活动实施监督的重要依据。同时,采购人与中标供应商签订政府采购合同后,要按照合同约定和政府采购资金管理的有关规定,向同级财政部门申请拨付应当支付给供应商的价款或报酬,因此,政府采购合同也是各级财政部门审核拨付政府采购资金的重要依据。为了加强财政部门和其他有关部门对政府采购活动的监督,有利于财政部门及时调度和审核拨付政府资金,政府采购合同应当在规定的期限内向财政部门和其他有关部门备案。

第二节 政府采购合同的签订与履行

一、政府采购合同的签订

采购人和中标或成交供应商应当自中标或成交通知书发出之日起三十日内,按照招标文件和中标或成交供应商投标文件的约定签订书面合同。在双方签订政府采购合同时应注意以下几点:

1. 在法律规定时限内签订合同。经过一系列政府采购程序后,采购人确定中标、成交供应商并发出中标、成交通知书后,必须在法定的三十天内尽快与中标、成交供应商签订政府采购合同。

2. 备案要求。在合同签订之日起七个工作日内应当将合同副本报政府采购监督管理部门和有关部门备案。

3. 平等自愿原则。政府采购合同作为特殊的民事合同,既要适用《合同法》,也要遵守《政府采购法》的有关规定。采购人和供应商必须在平等、自愿的原则下约定双方的权利和义务。尤其是采购人多是政府部门,再加上是卖方市场,客观上采购人处于强势地位,在签订合同中要摆正位置,按照平等自愿原则,按照采购文件的约定,不得强加不公平、不合理的条款。

4. 合同主体问题。采购代理机构接受采购人委托签订政府采购合同,一般情况下以采购人名义与供应商签订合同。按照《政府采购法》规定,采购人可以委托采购代理机构代表其与供应商签订政府采购合同。由采购代理机构以采购人名义签订合同的,应当提交采购人的授权委托书,作为合同附件。

二、政府采购合同的内容

政府采购合同内容表现为合同条款。我国《政府采购法》规定,政府采购合同的必备条款由国务院政府采购监管部门和国务院有关部门确定。政府采购合同必备条款应包括以下内容:

1. 标题;
2. 合同标的;
3. 合同数量、质量和价款;
4. 权利和义务;
5. 交货和验货;
6. 资金支付;
7. 履约保证金交纳;
8. 合同变更、中止和终止;
9. 合同争议解决;
10. 特殊条款;
11. 其他条款。

在政府采购实务中,采购机构一般都提供政府采购合同格式文本,采购当事人签订合同逐条审议即可。其格式文本见经典资料8-1。

三、政府采购合同变更、中止和终止

采购人与供应商签订政府采购合同,双方当事人不得擅自变更、中止和终止合同,但当合同履行中出现了损害国家或社会利益的情形,双方当事人应变更、中止和终止合同。

(一) 政府采购合同变更

政府采购合同的变更是指政府采购合同成立后,当事人在原合同的基础上对合同内容进行修改和补充。政府采购合同变更不应是大幅度的实质性内容的变更,否则会造成对招标过程的回避。政府采购合同变更较常见的是签订补充合同。在签订补充合同时,要注意《政府采购法》对补充合同的要求:一是签订政府采购补充合同的时间要求是政府采购合同正在履行中,如果合同履行完毕,采购人就不能再与供应商签订补充合同;二是政府采购补充合同的内容要求,补充合同的标的必须与原合同标的相同,除了数量及金额条款改变外,不得改变原合同的其他条款;三是政府采购补充合同金额要求,采购人需要追加与原合同标的相同的货物、工程或者服务项目,可能是一次性,也可能是多次需要,但无论签订多少补充合同,所有补充合同的累计金额,不得超过原合同采购金额的10%;四是补充合同也需要在规定时间送达政府采购监管部门和其他有关部门备案。

(二) 政府采购合同中止

政府采购合同的中止是采购合同签订后,采购机关发现供应商存在欺骗等行为,为保护招标方利益,完成法律审查以前采取的一种紧急措施。

合同中止应按有关法律程序进行。采购机构发现需要中止的情形后,应将调查报告或问题提交监管机构以作出决定。中止决定作出后,应立即通知合同双方当事人,告知中止原因、后果等有关事项。

(三) 政府采购合同终止

政府采购合同因具备法定情形和当事人约定的情形政府采购债权、债务归于消灭,债权人不再享有政府采购合同的权利,债务人不必再履行政府采购合同的义务。如合同按约定履行完成,政府采购合同自动终止。因违法行为而取消合同,如果供应商不按合同规定履行义务,如未能按期交货等,合同终止。采购合同终止后引起的法律责任,处理这一问题的基本原则是使无过错一方不受损失。

四、政府采购合同履行违约处理

为合同的有效履行,在政府采购实务中,建立了履约保证金的制度。履约保证金约束项目中标人,以保证合同的有效而如期履行。让中标人在合同执行前交纳一定数额的履约保证金,根据合同要约随时考核验收,否则将会没收或部分扣除履约保证金。这对中标人是个很好的约束措施。履约保证金是保证合同有效执行的主要控制方式之一,履约保证金执行过程中要注意几点:一是采购人的行为依法。履约保证金是对中标人的单方面控制,但在目前诚信制度建立不完善的条件下,是不得已而为之的方法。此时采购人一定要严格按法律法规履行义务,不能以履约保证金对供应商苛刻要求,要保持公心、廉心与包容心。二是供应商要把握好正确履约与有效维权之间的关系。履约是供应商的义务,维权是供应商的权利,要善于在两者之间寻找到平衡点。

在政府采购实务中供应商的违约原因是多方面的。有的是采取不正当的竞争行为以低价谋取了中标,中标后又不能履约;有的是签订合同中采购人提出了不合理的条款,中标方难以接受,但又不愿意与采购人对簿公堂,只好无奈放弃。在实际工作中应以事实为依据,以法律为准绳,依法有理地维护自己的权益。

第三节　政府采购合同的验收与结算

一、政府采购合同履约验收

采购人经过编制采购计划和预算,委托采购代理机构以适当的方式和程序,选择成交供应商并与之签订合同,直到合同履约完毕,能否最终取得符合其需求的货物、工程或服务,取决于供应商是否完全履行合同约定的义务。因此,采购人必须要对供应商履约情况进行验收。《政府采购法》第四十一条对验收作了具体规定。采购人应当高度重视,依法组织好本单位政府采购项目的验收工作。

(一) 合同履约的验收

1. 验收前,采购人应当根据采购项目的具体情况,成立验收小组,并确定主验人和监验人。对于大型复杂的政府采购项目,采购人应当邀请国家认可的质量检测机构参加验收工作。

2. 验收时,验收人员应根据合同条款认真核对,现场检验设备运行状况或货物、服务的质量,同时做好验收记录,由验收小组成员共同签字。验收合格后,验收人员应在验收书、验收单和发票复印件上签名及加盖单位公章,以表明采购人已认可并接受了供应商对采购合同的履行结果。验收不合格,不进行签章。

(二) 合同履约验收的注意事项

1. 采购人应加强政府采购合同履约验收工作,指定专人负责验收工作。采购人员应邀请本单位具备与采购项目相关的专业及实践经验的人员参加,本单位专业技术人员不足的,应邀请本单位以外的相关技术人员参加验收;也可委托采购代理人组织验收,但必须出具委托书,并在合同中注明。此外,采购代理机构有责任协助采购人实施验收,对一些特殊项目,集中采购机构和采购人应共同验收。直接参与该项政府采购的主要责任人不得作为验收主要负责人。

2. 采购人应当在到货或者服务结束后或采购合同约定的期限内组织验收。验收过程要制作验收备忘录,并签具验收意见。对大型政府采购项目应出具书面验收报告。验收结束后,验收人员及验收主要负责人应当在采购验收书上签具验收意见和签名,并将采购验收书报市政府采购办公室备案,作为支付合同价款的必要文件。

3. 政府采购合同的履约验收,必须严格依合同的约定进行。验收结果不符合合同约定的,采购单位应当通知供应商限期达到合同约定的要求。给采购单位或采购代理人造成损失的,供应商应当承担赔偿责任。供应商有违反政府采购合同的行为,采购单位或采购代理机构应当将有关供应商违约的情况以及拟采取的措施,以书面形式及时报告采购机构。采购机构应组织调查,并对违约情况进行通报。

4. 采购人的验收不得无故拖延。在政府采购实践中,常常会遇到采购人对验收工作不及时或拖延的现象,作为供应商可以在合同条款中明确验收的时间要求及违约责任等,采购人无正当理由拖延或拒绝接收、验收和付款等违反合同约定的,应承担相应责任。供应商可以及时向政府采购监管部门和集中采购机构反映,得到它们的帮助。政府采购监管部门在日常监管中可以制定包括明确验收时间在内的一些制度来约束采购人的验收行为。

5. 采购人在使用过程中发现有严重的质量问题,假冒伪劣产品等重大可疑情况的,以及在维护、维修等售后服务方面违反合同约定或服务规范要求的,可以按合同约定主张自己的权利,并及时书面向采购代理机构或有关监督管理部门反映。采购人履约验收发现问题未向集中采购机构反映,私自与供应商协商改变中标、成交结果,造成损失的,自行负责,并承担相应责任。

二、政府采购合同结算

政府采购资金是指采购人依照《政府采购法》规定开展采购活动所需要的采购项目资金,包括财政性资金和与之配套的非财政性资金。政府采购资金实行财政直接拨付和单位支付相结合,统一管理,统一核算,专款专用。

目前,财政安排的采购资金及与之配套的其他采购资金,按照"专户储存、先存后支、专款专用"原则进行管理。政府采购资金一般实行"政府采购资金专户"管理,由专户负责采购资金的统一结算和直接拨付工作。

政府采购资金财政直接拨付分为三种方式,即财政全额直接拨付方式、财政差额直接拨付方式及采购卡支付方式。

全额拨付方式是指财政部门和采购机关按照先集中后支付的原则,在采购活动开始前,采购机关必须先将单位自筹资金和预算外资金汇集到政府采购资金专户;需要支付资金时,财政部门根据合同履行情况,将预算资金和已经汇集的单位自筹资金和预算外资金,通过政府采购资金专户一并拨付给中标供应商。

差额支付方式是指财政部门和采购机关按照政府采购拼盘项目合同中约定的各方负担的资金比例,分别将预算资金和预算外资金及单位自筹资金支付给中标供应商。采购资金全部为预算资金的采购项目也实行这种支付方式。

采购卡支付方式是指采购机关使用选定的某家商业银行单位借记卡支付采购资金的行为。采购卡支付方式适用于采购机关经常性的零星采购项目。

实行财政直接拨付方式的具体管理程序如下:第一,资金汇集。实行全额拨付方式的采购项目,采购机关应当在政府采购活动开始前,依据政府采购计划将应分担的预算外资金及单位自筹资金足额划入政府采购资金专户。第二,支付申请。采购机关根据合同约定需要付款时,向同级财政部门政府采购主管机构提交预算拨款申请书和有关采购文件。采购文件主要包括:财政部门批复的采购预算、采购合同副本、验收结算书或质量验收报告、接受履行报告,采购机关已支付应分担资金的付款凭证、采购的发货票、供应商银行账户等。第三,支付。财政部门的国库管理机构审核采购机关填报的政府采购资金拨款申请书或预算资金拨款申请书无误后,按实际发生数并通过政府采购资金专户支付给供应商。

定点采购项目的采购资金由采购人向定点供应商自行支付。

分散采购项目的采购资金由采购人按现行的资金管理渠道和合同约定付款。实行国库集中支付的,按国库集中支付的有关规定执行。(见经典资料 8-2)

经典资料 8-2　×××省省级政府采购资金的集中、支付和结算

一、省级政府集中采购资金中属当年财政安排的预算资金、专户核拨预算外资金和与上述资金配套的其他资金,实行财政直接支付,由省财政厅财政结算中心通过"政府采购资金专户"(户名:财政厅财政结算中心。账号:×××。开户行:×××银行城西支行)统一办理资金集中、支付和结算等。

2. 省级政府集中采购资金中的财政预算资金和专户核拨预算外资金,省财政厅业务处室在收到政府采购管理处批复的单位采购计划后 2 个工作日内,开具"拨款通知单",通知国库处和综合处将资金直接拨至"政府采购资金专户"。

3. 省级政府集中采购资金中单位配套的其他资金,各主管预算单位在收到我厅批复的采购计划后 5 个工作日内,将资金汇至"政府采购资金专户"。

4. 省级政府集中采购资金中全部属其他财政性资金安排的,由采购人自行向供应商支付资金。

5. 通过省财政厅"政府采购资金专户"支付的资金,由采购人填写《政府采购资金支付申请》(见附件),并附采购合同副本(含中标供应商的开户银行和账号)、采购人验收单、发票复印件,向财政结算中心提出支付申请。

6. 财政结算中心对《政府采购资金支付申请》及附件进行审核,手续齐全、资金到位,经厅领导批准后及时将资金支付给供应商。

7. 财政结算中心按季编制《政府集中采购已结束项目资金对账单》,与主管预算单位办理资金结算。政府采购结余资金由财政结算中心及时退给主管预算单位。

8. 财政国库集中支付试点单位的政府采购资金支付工作,按省财政厅《关于试点单位国库集中支付 2003 年运行有关事项的通知》规定执行。

二、实行定点采购的公务用车维修、保险、加油和大宗印刷、办公用纸、国际机票以及计算机和外部设备、空调等项目,暂由采购人在定点供应商中自行采购、自行支付资金。采购人应严格按照部门预算实施定点采购,不得实行无预算或超预算的采购。

附件:政府采购资金支付申请表

政府采购资金支付申请

填报日期： 年 月 日

单位：万元

申请单位全称（章）			经办人		电话	
采购计划文	苏财购函[ ]号		采购预算合计	预算内	预算外	其他
采购项目						
合同金额	人民币（大写）：			合同编号		
合同规定付款方式						
申请支付金额	人民币（大写）：				¥：	
收款人	单位全称			地址		
	开户行			联系人		
	账号			电话		
财政结算中心意见	支付申请日期					
	拟同意支付	合计	预算内	预算外		其他
厅领导意见						

备注：1. 支付申请必须按计划分项目填报；

2. 申请单位栏系盖单位财务章；

3. 合同规定付款方式是指一次性付款或分期付款（包括付款时间），分期付款必须提供前几次支付申请复印件；

4. 本申请一式两联，第一联报财政结算中心，第二联单位留存。

延伸阅读 8-1　政府采购合同十注意[①]

1. 政府采购合同性质要把握

政府采购合同,是指采购人与供应商之间设立、变更、终止政府采购权利义务关系的书面协定。政府采购中最基本的法律关系就是通过政府采购合同来规定和体现的,它不仅明确了政府采购的主要当事人——采购人与供应商之间基本的权利和义务,而且还是处理采购人与供应商之间的具体交易以及可能出现纠纷的主要依据。可不少人未能掌握上述政府采购合同含义。首先,他们认为,政府采购合同是一种公法性质的行政合同。其理由是,政府采购合同具有不同于普通民事合同的特殊规则和法律效果,主要表现在采购人在合同履行过程中的特殊权利和相应的特殊法律救济手段上。这种看法是对政府采购合同含义的误解,有违于我国的《政府采购法》,该法第四十三条明确规定,政府采购合同适用于《合同法》。这就说明,政府采购合同不是行政合同,而是属于民事合同范畴。因为《合同法》是依民法规则为基础制定的。其次,从政府采购的内涵看,政府采购本身就是一种市场交易行为,购销双方的法律地位是平等的,双方之间是按照自愿的原则订立协议的,这些正是民事合同的主要特征。最后,在政府采购合同的订立过程中,不涉及行政权力的行使,双方是在利益均等、充分协商、意见一致的基础上订立合同的,丝毫不带任何强制行为的行政色彩。由此可见,政府采购合同是一种民事合同。但需要说明的是,政府采购合同又不完全等同于一般的民事合同,这是因为,政府采购资金属于财政性资金,采购的目的是为了公共事务,具有维护公共利益、加强财政支出管理、抑制腐败等功能,所以说,政府采购合同是一种特定的民事合同,它既要执行《合同法》,又要执行《政府采购法》的规定。

2. 委托采购代理机构签订政府采购合同不要"越位"

有人认为,按规定采购人采购纳入集中采购目录的政府采购项目,必须委托集中采购机构代理采购;采购未纳入集中采购目录的政府采购项目,可以委托集中采购机构在委托的范围内代理采购,也可以委托经国务院有关部门或者省级人民政府有关部门认定资格的采购代理机构,在委托的范围内办理政府采购事宜。既然如此,委托采购代理机构就能以其代理机构名义与中标、成交供应商签订政府采购合同,因而在实际工作中,有的委托采购代理机构就以其代理机构名义与中标、成交供应商签订政府采购合同。这是一种"越位"行为。一方面,这与政府采购合同的主体不相符合,政府采购合同的主体是采购人,也就是说政府采购合同应当是以采购人名义与中标、成交供应商签订;另一方面,《政府采购法》明确规定,委托采购代理机构与中标、成交供应商签订政府采购合同是有条件的。这个条件就是必须以采购人名义签订,同时,采购代理机构在代理签订政府采购合同时,应当提交采购人的授权委托书,并作为合同附件。所以,采购代理机构以其代理机构名义与中标、成交供应商签订政府采购合同是不正确的,这样的合同是无效合同。

[①]　易佩富. 政府采购合同"十注意"[EB]. 中国政府采购网,2005-10-20.

3. 签订政府采购合同不要只局限在书面协议上

《政府采购法》对政府采购合同形式的规定,非常清楚,就是政府采购合同应当采用书面形式。所谓书面形式是指合同书、信件和数据电文(包括电报、电传、传真、电子数据交换和电子邮件)等可以有形地表现所载内容的形式。这就非常明显地说明,政府采购合同并非指协议书一种书面形式。因此,在实际操作中,应根据不同情况采用不同的书面形式,决不能只局限在书面协议上。如采用电子(网上)采购方式的,其书面形式就不一定非要采用协议书,可以采用电子邮件或电子数据交换、电传等,这样还可大大提高政府采购效率。但值得注意的是,采用信件、数据电文等书面形式订立的政府采购合同,还须按照《合同法》的规定,要在合同成立之前,签订确认书。

4. 政府采购合同的必备条款不要混淆

现实中,不少人以为,政府采购合同的必备条款就是指当事人的名称或者姓名和住所,标的,数量,质量,价款,履行期限、地点和方式,违约责任等条款。这种看法是不对的。这实际上是将一般合同的必备条款与政府采购合同的必备条款相混淆。政府采购合同的必备条款是指政府采购合同必须有反映下列内容的条款,同时使其内容符合政府采购法规规定。即:① 合同所确定的采购方式、采购程序,应当符合政府采购法律、法规,并经政府采购管理机构批准;② 政府采购项目金额符合政府采购预算;③ 合同的主要条款符合采购文件的规定;④ 合同还应包括政府采购管理机构对政府采购合同的履行、验收及付款等提出的特殊要求。

5. 政府采购合同不可以改变采购文件所确定的事项

这个问题具有一定的普遍性。现实中,不少人认为中标、成交通知书具有十分严肃的法律效力,这是正确的。无论是采购人,还是中标、成交供应商任何一方都不能改变。若采购人改变中标、成交结果,与其他供应商签订合同,或者供应商放弃中标、成交项目,这都是不行的,都要依法承担法律责任。而对于改变采购文件确定的事项,他们则认为是可以的。其实这也是错误的。因为他们对政府采购合同还缺乏全面的了解,不知道签订政府采购合同只是采购人和供应商对采购结果的书面确认,有关事项在采购文件中都已具体确定,因此,采购人与中标、成交供应商签订政府采购合同,不可以改变采购文件所确定的事项。这就是说,采购人不能改变招标文件确定的事项签订政府采购合同,如随意改变招标文件确定的评标方法和评标标准等;中标、成交供应商不能随意改变投标文件确定的事项,签订政府采购合同,如随意改变供货方式、供货期限、售后服务事项等。否则这就违背了《政府采购法》第四十六条所规定的:"采购人与中标、成交供应商应当在中标、成交通知书发出之日起三十日内,按照采购文件确定的事项签订政府采购合同。"

6. 采购人在政府采购合同的备案上不要出现"三差错"

所谓"三差错",是指不少采购人在政府采购合同的备案上常犯的三种错误情况的简称。第一种错误情况是采购人把政府采购合同备案推给委托采购代理机构负责,他们认为采购合同都能委托采购代理机构代其与供应商签订,合同备案工作也可以委托采购代理机构代其操办,以至于采购代理机构为他们备案,受到同级政府采购管理部门的拒绝。因为《政府采购法》第四十七条规定,政府采购项目的采购合同自签订之日起七个工作日内,采购人应当将合同副本报同级政府采购监督管理部门和有关部门备案。这就是说,政府采购合同的备案工作只能由采购人负责,因而在实际工作中,无论是采购人直接与供应商签订政府采购合同,还是委托采购代理机构以采购人名义代其签订政府采购合同,都要由采购人负责将合同副本报同级财政部门和有关部门备案。第二种错误情况是只报采购合同副本,与合同有关的其他采购文件和资料未同时报同级政府采购监督管理部门和有关部门备案。与合同有关的其他采购文件和资料,主要指授权委托书、招标书、采购计划等,这是因为这些资料是审核政府采购合同副本合法性、合规性的重要依据。第三种错误情况是漏报分包合同副本、补充合同副本、变更合同副本,错误地认为只要上报最初的政府采购合同副本就可以了。这是片面的,按照《政府采购法》规定,只要属于政府采购合同副本范畴,如政府采购合同履行过程中形成的所有分包合同、补充合同、变更合同副本,都应上报给同级政府采购监督管理部门和有关部门备案。

7. 供应商对政府采购分包合同不可小视

许多事实告诉我们,供应商若不重视政府采购分包合同工作,不是使签订的政府采购分包合同无效,就是使自己承担连带赔偿责任,因此,在实务中也必须重视政府采购分包合同工作。具体讲,主要注意三个方面的事项。首先是在签订前,中标、成交供应商必须与采购人协商,说明自己在采购项目的某个方面还不具有最强的优势,还须采取分包方式履行合同,并说明分包承担方的优势所在,经采购人同意后方可与相关供应商签订分包合同,且这种同意不是口头,而是书面形式,否则,签订的分包合同就违反《政府采购法》第四十八条的规定,成为无效分包合同。其次是在签订中还必须注意不能将采购项目的主体项目或关键性项目转让给相关供应商承包,若签订这样的合同,就等于否定了评标结果,改变了中标通知书所确定的中标、成交供应商,这也是当前招标采购中冒名顶替者所常用的一种手段,所以,政府采购监管部门应加强对分包合同的细致审查,以避免引起其他供应商的投诉。最后是在签订后,中标、成交供应商不能推卸责任,对分包合同一签了之,要监督相关承包供应商严格执行分包合同,不得擅自与采购人签订扩大分包项目的补充合同,或者偷工减料,降低质量等。这也是一些中标、成交供应商在实务中经常忽视的,以至于使他们因分包供应商违反政府采购分包合同,给采购人造成损失而承担连带赔偿责任。这是因为,政府采购合同可以依法分包履行,但并不改变中标、成交供应商的政府采购合同主体资格,中标、成交供应商必须就政府采购项目的全部包括分包项目向采购人承担责任。

8. 在政府采购补充合同方面要知道"三个不"

这是现实中,许多政府采购当事人未能掌握的一个突出问题。

第一个"不",是指签订政府采购补充合同不可以随时都签订。按照《政府采购法》规定,采购人需要追加与合同标的相同的货物、工程或服务,可以与已签订合同的供应商签订补充合同,但是前提条件是政府采购合同必须正在履行。如果合同已经履行完毕,采购人就不能与供应商签订补充合同,再签订政府采购合同,就意味着又开始了第二次的项目采购,就要重新根据《政府采购法》规定,按规定程序进行操作。因此,在实际工作中,采购人不能大意,以为要什么时候签订就可以什么时候签订,以至于贻误期限,合同已经履行完毕,再签也是徒劳。

第二个"不",是指签订政府采购补充合同不可以改变原合同的其他条款。对于这一点,不少采购当事人不理解。一个不理解是什么条款可以改变呢?按《政府采购法》规定,就是数量和金额条款可以改变,另一个不理解是他们认为既然增加了供应数量,尤其是工程采购中,工程量增加了,那么合同履行期限、供货方式、技术标准等应该作相应调整和改变,又为何不能改变呢?道理很简单,因为按照《政府采购法》的规定,补充合同的标的与原合同相同的情况下,除了数量和金额条款可以改变外,不得改变原合同的其他条款。

第三个"不",是指补充合同所增加的金额不可以超过原合同采购金额的10%。这实质上是第二个"不"的继续。但由于在实务中,违反此项规定的现象屡禁不止,故分开来加以强调,以引起政府采购当事人的高度重视。造成这种情况发生的原因是,采购当事人以《政府采购法》没有规定签订补充合同是一次还是多次为由,以及事实上在实际工作中,有时也确实存在需要多次签订补充合同的现实,因而一次一次往上追加采购金额,加之监督不到位,造成追加金额突破10%,甚至超过原合同金额一倍以上,说穿了这是他们强词夺理,有意钻空子。因此,强化补充合同的监督检查十分必要,务必要求采购人自签订补充合同之日起至七个工作日内,必须将补充合同副本报同级财政部门和有关部门备案,以便及时发现追加金额突破10%的问题。

9. 政府采购合同变更、中止或者终止的基本原则要正确理解

政府采购合同变更、中止或者终止的基本原则是指双方当事人不得擅自变更、中止或者终止采购合同。对于这一基本原则,不少采购当事人还不能正确理解。他们认为,擅自就是不随意,只要双方愿意,就可以对政府采购合同进行变更、中止或者终止。这是对这一基本原则的片面理解。我们应从以下两方面来正确理解和掌握。一方面是在政府采购合同履行中,如果没有出现继续履行合同将损害国家利益和社会公共利益的情况,采购人与中标、成交供应商双方即使协商一致,也就是双方愿意,也不得变更、中止或者终止合同。这是因为,签订政府采购合同的依据是经过法定采购方式和采购程序确定的中标、成交结果,这个结果具有法律效力,任何人都不能非法改变。另一方面是政府采购合同继续履行将损害国家利益和社会公共利益的,双方当事人应当变更、中止或者终止合同。这是采购人和供应商应当履行的法定义务。无论什么原因,一旦出现政府采购合同继续履行将损害国家利益和社会公共利益的情况,双方当事人都有义务变更、中止或者终止合同,否则,双方当事人都要承担法律责任。同时,我们还必须掌握的是,造成政府采购合同继续履行将损害国家利益和社会公共利益的原因,既可能出自采购人,也可能出自供应商,无论出自哪一方,只要因

合同的变更、中止或者终止而给对方造成损失的,就应当承担赔偿责任;双方都有过错的,就分别承担相应的责任。

10. 政府采购合同标的物的风险负担规则要全面掌握

政府采购合同标的物的风险负担规则是指按照《合同法》,当标的物发生毁损、灭失由谁来承担其赔偿责任的法律规定。对于这方面的法律规定,不少采购当事人只知道"标的物的毁损、灭失的风险,在标的物交付之前由供应商承担,交付之后由采购人承担,但法律另有规定或者当事人另有约定的除外"这一总的规定,不知道在实际运用时,还须注意掌握以下具体规定:

(1) 供应商出卖交由承运人运输的在途标的物,除当事人另有约定的以外,毁损、灭失的风险自合同成立之日起由采购人承担。

(2) 双方当事人没有在合同中约定交付地点或者约定不明确,标的物需要运输的,供应商将标的物交付给第一承运人后,标的物的毁损、灭失风险由采购人承担。

(3) 供应商按照约定未交付有关标的物的单证和资料的,不影响标的物的毁损、灭失风险的转移。这表明只要完成了标的物的交付行为,即使供应商通过保留有关标的物的单证和资料得以保留标的物的所有权,也不影响标的物风险负担的转移。

(4) 因采购人的原因致使标的物不能按照约定的期限交付的,采购人应当自违反约定之日起承担标的物的毁损、灭失的风险。

(5) 供应商按照约定期限或者法律的规定将标的物置于交付地点,采购人违反约定没有收取的,标的物毁损、灭失的风险自违反约定之日起由采购人承担。

(6) 因标的物质量不符合要求,致使不能实现合同目的的,采购人可以拒绝接受标的物或者解除合同,采购人拒绝接受标的物或者解除合同的,标的物毁损、灭失的风险由供应商承担。

(7) 标的物毁损、灭失的风险由采购人承担的,不影响因供应商履行债务不符合约定,采购人要求其承担违约责任的权利。

第九章

政府采购信息公开与档案管理

第一节　政府采购信息公开

一、政府采购信息的概述

（一）政府采购信息的概念

政府采购信息，是指规范政府采购活动的法律、法规、规章和其他规范性文件，以及反映政府采购活动状况的数据和资料的总称。政府采购法律制度如投诉处理决定、司法裁决决定等监管规范文件以及政府采购活动有关信息如供应商资格预审公告、招标公告、中标公告及有关统计资料等均可纳入政府采购信息范围。

政府采购信息根据信息来源不同，可分为法律制度类信息和采购活动类信息。法律制度类信息是政府采购的"游戏规则"，决定着政府采购各方当事人的总体行为规范，这类信息主要由政府采购监管部门制定和发布，这类信息主要包括法律、办法、规定、处理投诉决定等。法律制度类信息为政府采购活动提供了原则性规范和操作性流程，是政府采购活动的基石。采购活动类信息是与采购业务密切相关的信息，如招标信息、中标信息、谈判信息等。政府采购信息还有很多其他分类，但根据信息来源分为法律制度类信息和采购活动类信息最为常用。

政府采购信息公开是指政府采购的相关信息通过报刊、网络等有关媒体进行公布，以告知参与政府采购的供应商和其他社会公众。

（二）政府采购信息公开

政府采购信息公开促进最大限度的竞争。政府采购信息公开可以使潜在供应商和相关当事人及时掌握商业机会，尽可能全面了解采购活动的动态，促使供应商之间竞争，达到降低成本、提高采购质量的目的。政府采购信息公开，打破信息孤岛，信息透明度提高，减少内幕交易，便于社会监督。

政府采购信息公开是公平竞争的前提。政府采购公平原则就是政府采购要公平地对待每一位供应商，不能歧视某些潜在的符合条件的供应商参与政府采购活动。政府采购信息在政府采购监管部门指定的媒体上全面及时地公布，最大限度地消除信息不对称，将政府采购形成的商业机会公平地展现给每一位供应商，创造公平竞争的环境，维护政府采购的公平性。

政府采购信息公开是政府采购法规的法定要求。《政府采购法》第十一条规定，政府采购信息应当在政府采购监管部门指定的媒体上及时向社会公开发布。财政部《政府采购信息公告管理办法》对政府采购信息公开提出的具体要求，对应当公告信息而未公告、公告内容不全、公告内容不实的情形提出了相应的处罚规定。

政府采购信息公开是国际惯例。实行政府采购制度的国家和地区都通过官方指定媒体公告政府采购信息。这些国家和地区公开的政府采购信息包括政府采购预算、采购预告、选择招标以外采购方式的原因、中标和成交金额等。WTO《政府采购协议》规定，各成员国必须统一本国政府采购的信息发布媒体，并告之 WTO 秘书处及其他各个成员国。

二、政府采购信息公开原则

（一）真实及时原则

公告政府采购信息必须做到内容真实，准确可靠，不得有虚假和误导性陈述，不得以不合理条件和要求限制或排斥潜在供应商。政府采购信息发布必须及时。财政部门指定的政府采购信息发布媒体中的网络媒体，应当在收到公告信息之日起一个工作日内上网发布；指定的报纸，应当在收到公告信息之日起三个工作日内发布；指定的杂志，应当及时刊登有关公告信息。

（二）强制性原则

强制性体现在两个方面。一是政府采购信息范围是强制的，即那些信息必须发布，不发布就违规。除涉及国家秘密、供应商的商业秘密，以及法律、行政法规规定应予保密的政府采购信息以外，下列政府采购信息必须公告：有关政府采购的法律、法规、规章和其他规范性文件；省级以上人民政府公布的集中采购目录、政府采购限额标准和公开招标数额标准；政府采购招标业务代理机构名录；招标投标信息，包括公开招标公告、邀请招标资格预审公告、中标公告、成交结果及其更正事项等；财政部门受理政府采购投诉的联系方式及投诉处理决定；财政部门对集中采购机构的考核结果；采购代理机构、供应商不良行为记录名单。二是对于招标等信息披露事项作了强制性具体规定，如：公开招标必须公布采购人、采购代理机构的名称、地址和联系方式；招标项目的名称、用途、数量、简要技术要求或者招标项目的性质；供应商资格要求；获取招标文件的时间、地点、方式及招标文件售价；投标截止时间、开标时间及地点；采购项目联系人姓名和电话。

（三）相对固定的发布媒体

采购信息发布渠道必须是财政部门指定的媒体。财政部负责确定政府采购信息公告的基本范围和内容，指定全国政府采购信息发布媒体，省级财政部门负责确定本地区采购信息公告的范围和内容，指定本地区政府采购信息发布媒体。财政部已经分别指定了《中国财经报》、中国政府采购网及《中国政府采购杂志》为全国政府采购的信息发布媒体，各省也指定了本地区政府采购信息发布媒体。指定政府采购信息发布媒体可以体现权威性，同时方便社会各方获取信息。

在财政部指定的《中国财经报》、中国政府采购网及《中国政府采购杂志》上以及省级指定的政府采购网络媒体上刊登法定的政府采购信息，都是免费的。

三、政府采购信息公告程序

按财政部《政府采购信息公告管理办法》要求，监管信息由政府采购监管部门发布，采购业务信息由采购人或采购代理机构发布。

下面以江苏省为例说明公告政府采购的程序。

在南京市的采购代理机构需要在江苏政府采购网上公告采购业务方面信息的，以传真及电子邮件提交给江苏政府采购网，江苏政府采购网在收到需要公告信息后一般在一个工作日内网上发布。

不在南京市的采购代理机构需要在江苏政府采购网上公告采购业务方面信息的，以传真（加盖单位公章）及电子邮件提交给所在省辖市的财政局政府采购管理处，由他们审核后直接在江苏政府采购网上发布。

以苏州市为例，其程序见图9-1。

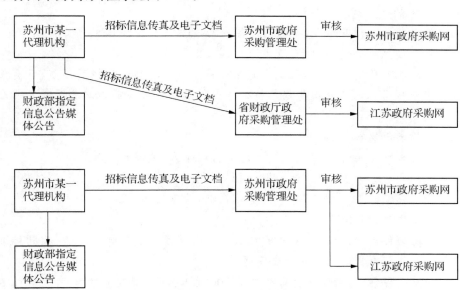

图9-1 政府采购信息公告流程示例图

发布公告有几点注意事项：

1. 内容真实：公告政府采购信息必须做到内容真实、准确可靠，不得有虚假和误导性陈述，不得遗漏依法必须公告的事项。

2. 内容一致：在各政府采购信息指定发布媒体上分别公告同一政府采购信息的，内容必须保持一致。内容不一致的，以在财政部指定的政府采购信息发布媒体上公告的信息为准，但法律、行政法规另有规定的除外。

3. 时间要符合相关规定。

四、政府采购信息公告类型

(一) 公开招标公告

公开招标应当包括下列内容:(1)采购人、采购代理机构的名称、地址和联系方式;(2)招标项目的名称、用途、数量、简要技术要求或者招标项目的性质;(3)供应商资格要求;(4)获取招标文件的时间、地点、方式及招标文件售价;(5)投标截止时间、开标时间及地点;(6)采购项目联系人姓名和电话。

经典资料9-1　××省政府采购中心关于安检门设备采购的招标公告

标书编号:ZGZC-G2017-058

××省政府采购中心受××单位委托,就安检门设备进行公开招标采购,现欢迎符合相关条件的供应商参加投标。

一、招标项目名称及编号:安检门设备采购,ZGZC-G2017-058。

二、招标项目简要说明:安检门共计66部;交货期105日内。

三、投标人资质要求:投标人必须是经有关部门批准有合法经营资质、具有良好的商业信誉和财务状况以及有提供招标公告中所采购安检门能力的法人或其他经济组织。

四、招标文件发售信息:

招标文件出售时间:2017年5月30日起每天(节假日除外)

　　　　　　　　　上午8:30—11:30

　　　　　　　　　下午15:00—17:00(北京时间)

招标文件出售地点:××市××路××号

招标文件出售方式:到××采购中心购买或通过电子邮件发送(收到标书后根据投标人提供的邮箱地址发送)。

招标文件售价:招标文件每套售价300元人民币,邮购须另加50元人民币。

其他有关事项:标书售后一概不退。

五、投标文件接收信息:

投标文件接收截止时间:2017年6月21日上午9:30整

投标文件接收地点:××市××路××号

投标文件接收人:吴飞

其他有关事项:无

六、开标有关信息:

开标时间:2017年6月21日上午9:30整

开标地点:××市××路××号××室

其他有关事项:无

七、本次招标联系事项：
  联系人：吴飞
  联系电话：12345678900
  传真电话：00-12345678
  联系地址：×××市×××路×××号
  邮政编码：200000
  网址：×××
  标书款汇款地址：×××省政府采购中心
  汇款银行及账号：
    开户行：××银行××分行城西支行
    账号：00002222444466668888
八、其他应说明事项：

××省政府采购中心
2017年5月××日

（二）邀请招标资格预审公告

  邀请招标资格预审公告应当包括下列内容：(1)采购人、采购代理机构的名称、地址和联系方式；(2)招标项目的名称、用途、数量、简要技术要求或者招标项目的性质；(3)供应商资格要求；(4)提交资格申请及证明材料的截止时间及资格审查日期；(5)采购项目联系人姓名和电话。

经典资料9-2　××政府采购邀请招标资格预审公告（格式）

  ××（招标采购单位）关于××（项目）邀请招标资格预审公告
  ××（采购代理机构）受××委托，就××（项目）进行邀请招标采购，现欢迎符合相关条件的供应商参加资格预审。
  一、邀请招标项目名称及编号：
  二、邀请招标项目简要说明：（包括具体内容、数量、简要技术要求等）
  三、投标人资质要求：
  四、资质预审材料提交信息：
    资质预审材料开始接收时间：
    资质预审材料接收截止时间：
    资质预审材料接收地点：
    资质预审材料接收人：
    其他有关事项：
  五、邀请招标联系事项：
    联系人：

联系电话：

传真电话：

联系地址：

邮政编码：

网址：

（招标采购单位）

年　月　日

（三）中标公告

中标公告应当包括下列内容：(1)采购人、采购代理机构的名称、地址和联系方式；(2)招标项目的名称、用途、数量、简要技术要求及合同履行日期；(3)定标日期；(4)本项目招标公告日期；(5)中标供应商名称、地址和中标金额；(6)评标委员会名单；(7)采购项目联系人姓名和电话。

经典资料9-3　××(招标采购单位)关于××(项目)中标公告(标题)

标书编号：

××(采购代理机构)受××委托，就××(项目)进行公开招标采购，按规定程序进行了开标、评标、定标，现就本次招标的中标结果公布如下：

一、招标项目名称及标书编号：

二、招标项目简要说明：（包括具体内容、数量、简要技术要求、合同履行日期等）

三、招标公告媒体及日期：

四、评标信息：

　　评标日期：

　　评标地点：

　　评标委员会名单：

五、中标信息：

　　中标供应商名称：

　　中标供应商地址：

　　项目中标金额：

六、本次招标联系事项：

　　联系人：

　　联系电话：

　　传真电话：

　　联系地址：

　　邮政编码：

　　网址：

各有关当事人对中标结果有异议的,可以在中标公告发布之日起七个工作日内,以书面形式向_____（招标采购单位)提出质疑,逾期将不再受理。

（招标采购单位）

年　　月　　日

（四）更正公告

更正公告应当包括下列内容:(1) 原招标公告主要信息;(2) 更正信息;(3) 其他有关事项。

经典资料 9-4　××政府采购信息更正公告

××采购中心关于××项目的更正公告

××政府采购中心受××单位的委托,就采购编号为 SSQQ201708888 该单位食堂改造项目进行公开招标采购,已于 2017 年 9 月 7 日发布了招标公告,现将有关事项更正公告如下:

一、原招标公告主要信息:

（一）原招标项目名称:××单位食堂改造项目

（二）原招标项目编号:SSQQ200508888

（三）原公告日期:2017 年 9 月 7 日

（四）原公告媒体:《中国财经报》等

二、更正信息(更正事项、内容及日期等)

（一）《工程量清单》的《分部分项工程量清单(安装)》序号第 21 至 26 项,"项目名称"栏分别增加列明:采用飞利浦系列。

（二）《工程量清单补充说明》增加:

　　8. 卫生间瓷砖　60 元/m^2

　　9. 卫生间地砖　100 元/m^2

三、本次招标联系事项:

（一）联系人:朱宇

（二）联系电话:12345678900

（三）传真电话:00-12345678

（四）联系地址:××省××市××路××号

（五）邮政编码:200000

（六）网址:×××

四、请投标人在收到此更正公告后于 2017 年 9 月 13 日 18:00 前正式书面回函(传真件)我中心,逾期不回,视同投标人收到此公告。

××采购中心

2017 年 9 月 10 日

五、快速高效地发布政府采购信息的秘诀

采购机构招标信息必须在省级以上财政部门指定的媒体上公开发布,如何快速高效地发布政府采购信息,在政府采购工作实践中必须做到以下几点:

(一)信息本身要满足法定时限的要求

按政府采购有关规定,公开招标文件发售时间至投标人提交投标书截止时间需要满足二十天的法定要求。代理机构向政府采购信息媒体提交的信息一定要满足法定时间的要求,没有满足法定的时间的信息很可能被媒体退回,延缓发布信息。即使侥幸发布了,这样的信息蕴藏着巨大的风险,随时都有可能遭到投诉,并且这种低级错误,遭遇投诉必败。

(二)提供的信息要真实合法

采购机构拟发布信息内容应当符合《政府采购法》及其他相关法规的规定,如不得指定品牌,不得对潜在供应商有歧视的条件,内容应当客观真实。信息媒体虽然作形式上的必要的审核,帮助信息提供者把关,但信息媒体如果没有能够发现信息违反政府采购有关规定,刊登了内容不真实、不合法的信息,其后果仍然由信息提供者承担。

(三)信息要完整

如采购人、采购代理机构的名称、地址和联系方式;招标项目的名称、用途、数量、简要技术要求或者招标项目的性质;供应商资格要求;获取招标文件的时间、地点、方式及招标文件售价;投标截止时间、开标时间及地点;采购项目联系人姓名和电话等。实际工作中,信息发布媒体会提供相应固定格式,信息提供者只需要按规定格式逐字全部填列即可。

(四)信息要规范,手续要完备

书写要规范,符合惯例,不应存在引起歧义的地方;有关手续要完备,如经办人签字、发布单位签章等内容是否齐全。

(五)发布信息渠道的相对一致性

1. 纵向一致性

由于同一个项目可能要发招标公告、更正公告、中标公告等多种信息,同一项目在发布信息时要注意前后的一致性,以便公众对项目有较系统的了解。要避免同一个项目前后不一致。

2. 横向一致性

在各政府采购信息发布媒体上分别公告同一信息的,内容必须保持相同,特别是一些更正公告,要注意应在原发布媒体上发布更正公告。

3. 各种形式通知渠道一致性

除了媒体上公告外,有关信息需要以书面形式通知信息接收对象,这一点也务请信

息提供者注意。例如,更正公告除了在媒体上公开发布外,还须以书面形式通知所有招标文件的收受人。

(六) 注意信息提交的及时性

信息提交要考虑到自然传播时间的要求。应当预留媒体的运作时间和信息的自然传播时间,保证信息向社会公开时间的及时有效性。信息提交不能违反法规规定的时间。如果更正公告,要满足距投标人提交投标书截止时间十五日前发布;如果延长投标截止时间和开标时间,要满足距投标人提交投标书截止时间三日前的要求。如中标公告发布日期,按政府采购有关规定,评标结束后五个工作日内将中标结果报送采购人,采购人在收到评标报告后五个工作日内确定中标供应商。由此推算应该在评标结束后十个工作日内网上发布中标公告。在政府采购实践中,有的采购代理机构考虑到质疑的时间,一般在法定质疑期七个工作日后发布公告。

延伸阅读 9-1 不可忽视的"二十天"

"如果你以后还想参加我公司组织的招标,你最好闭嘴!"近日,A科技有限公司销售经理质疑时,在招标公司项目负责人那里碰了这样的壁。据这位销售经理介绍,自己出差在外,听下属汇报说某招标公司发布了一个政府采购项目的招标公告,他便急着从广东赶回去。可去招标中心购买招标文件时,值班的人却告诉他,出售标书的时间已经结束了。公告才发出两天,就不卖招标文件了,显然不合理。但是你还不能质疑,一旦坚持要问原因,估计以后就无缘其组织的招标!如果不想错过更多竞争的机会,你最好啥也甭说,没机会就算了。此销售经理万般无奈。

半天出售——法律空白被利用

实践中,大部分政府采购代理机构出售(领取)招标文件都是从发出招标公告之日起开始的,但也有少部分代理机构在招标文件发出后一段时间才开始出售(领取)招标文件。不过从何时开始出售(领取)的问题并不是争论的焦点,大家普遍关注的都是招标文件的出售(领取)究竟应该持续多长时间才算合理。

打开形形色色的政府采购招标公告,我们不难发现,招标公告出售(领取)的时间在长短上存在很大的差异:出售标书时间长达二三十天的不在少数,十多天的也很多,几天的当然也是屡见不鲜。那么这个出售标书的时间究竟需持续多久才合适呢?法律对此并没有规定,此空白让一些政府采购代理机构钻了空子。

《政府采购货物和服务招标投标管理办法》第十六条规定,采用招标方式采购的,自招标文件开始发出之日起至投标人提交投标文件截止之日止,不得少于二十日。但没有规定"发售招标文件"这个时间应该持续的时间。于是就出现了一些中介利用缩短时间来限制供应商投标,如一些中介卖标书的时间就半天,很多供应商都被弄得措手不及,甚至失去机会,和招标公司关系好的,它可以通知你去买。而其他供应商通过标书出售的时间被限制在一定的范围内,关系好的获胜的机会就大大提高了。

图省事儿——结果可能更麻烦

当然,实践中的不合理操作不全都是"钻法律空子"的结果,也有经验不足使然的情况。如某县招投标服务中心在一套医疗设备采购中规定购标书时间为"2017年8月2日至3日",而据了解,该种医疗设备的生产厂家距离该县可谓是天南地北,周边地区又没有经销商,即便是招标公告一发布,就捕捉到了此信息,立即买上飞机票,下飞机就能转上去该县的汽车,也需要两天时间。这样做的结果是没人购买招标文件。

不过,在此值得一提的是,一些代理机构的做法也十分离谱,图省事儿、怕麻烦,少卖几天标书不仅可以多休息两天,而且参加投标的供应商少了,也少了许多麻烦事儿。殊不知,这样做的结果可能带来更多的麻烦,竞争的供应商少了,一旦响应的供应商不足三家,抑或开标后发现有限的供应商不满足招标文件的要求,流标后再组织一次采购,不是更麻烦了吗?

力求合理——没规矩也应求方圆

招标文件的发出,原则上应该力求保证有意向参与该项目招标的供应商都来得及购买招标文件。这样才能有效保证公开、公平、公正,也才能保证充分竞争,采购到质优价廉的标的。没有法律规定的东西,我们更该从合理的角度去考虑问题,从立法精神去思考。

那么,是不是出售(领取)招标文件持续的时间越长越好呢?当然不是,一些供应商反复来看招标文件,但是就是不购买,直到截止时才购买招标文件。这样做不会影响其投标,但是一旦该供应商发现招标文件有问题,提起质疑,政府采购代理机构就会措手不及,要澄清或修改招标文件得按照法律的规定,应在开标前15天,即使是延期也得提前3天。因此,出售标书的截止时间最好不要距离开标时间太近。

延伸阅读9-2 采购人提供也不能免责

"招标文件的这部分内容都是采购人提出的,有疑问你去找采购人吧。"某招标代理有限公司(以下简称"招标公司")政府采购项目负责人在接到落标供应商的电话质疑时,不耐烦地回复。

"那我们就走着瞧!"供应商愤怒地挂了电话,随即向监管部门进行了投诉。

据介绍,这个项目在操作中进展顺利:

8月10日,招标公司受市福利院的委托,就其所需医疗设备进行公开招标。

8月11日,招标公司在指定媒体上发布招标公告。

9月5日,招标公司组成5人评标委员会。

9月6日上午,招标公司组织了项目的投标、开标和评标。

9月16日,招标公司在指定媒体上发布中标公告。

此时,"插曲"出现了:C科贸有限公司未中标,于是9月16日向招标公司质疑无果后提起了投诉。最终招标公司被"责令修改采购文件,重新开展采购活动"。

指定进口品牌 既违法又违规

据了解,在招标文件"投标人须知"中,有这样的约定"投标人拟提供货物必须是该制造商原产地(注册原产地)所生产的产品,而不是其他地区所生产的产品"。在"技术规格和要求"部分则直接表明"进口品牌 50 kW 多功能 X 光机招标技术参数要求""进口品牌 CR 系统招标技术参数要求"。

显然,"投标人须知"中的约定,没有排除投标人提供外国货物的可能性。而采购人之后也表示想要的确实是进口设备。但此项目的采购并不属于《政府采购法》第十条规定的例外情形,因此,显然违反了该条的规定。也正是基于此,招标公司同时还违反了《政府采购法》第五条和《政府采购货物和服务招标投标管理办法》第二十一条第二款之规定。

业内专家指出,公开竞争是政府采购的基石。此项目的招标文件指定采购的货物均为进口品牌,实际上排斥了提供国产品牌的供应商参加竞争,最终导致不公平竞争。为防止不公平竞争,在政府采购中任何人不应指定采购品牌包括特定某一品牌或者某一类品牌。招标文件指定进口品牌的做法违反了《政府采购法》第五条规定的"任何单位和个人不得采用任何方式,阻挠和限制供应商自由进入本地区和本行业的政府采购市场"和《政府采购货物和服务招标投标管理办法》第二十一条第二款规定的"招标文件不得要求或者标明特定的投标人或者产品,以及含有倾向性或者排斥潜在投标人的其他内容"。

授权书有问题 本来早该出局

监督部门在受理此项投诉时还发现了新的问题:此项目招标文件中,合格投标人应当满足的条件之一为"若投标人拟提供的货物不是投标人制造或生产的,那么投标人须得到货物制造商或生产商的就该次投标的正式授权",该条为应严格响应的商务内容。同时,招标文件提供了"制造厂家的代理授权书"的格式。

但是监管部门在其后的审理中发现,参加投标的供应商 B 科技发展有限公司投标文件的制造厂家授权书存在以下问题:第一,授权书格式不符合招标文件的格式要求;第二,授权书不是制造商出具。根据《政府采购货物和服务招标投标管理办法》第五十六条的规定,投标文件"不具备招标文件中规定资格要求的","应当在资格性、符合性检查时按照无效投标处理"。因此,B 科技发展有限公司的投标文件应当在投标文件初审时按无效投标处理。

事先做到位 其后少麻烦

实践中,招标文件的制作往往会有采购人的参与,特别是招标文件的技术部分一般都由采购人提供,但招标公司作为组织者理应对招标采购的整个过程负责,当然也包括制作招标文件。遇到问题理应及时纠正。案例中,招标公司对采购人明显地倾向性放任自流,评标中又让无效标参与角逐,显然是错上加错。

同时专家还认为:在操作中,代理机构其实对"采购人指定品牌、专家评标不负责等问题"有时确实很无奈,这些人的错误最终都会被推到代理机构的身上。因此,如果采购人执意要指定品牌那就不要接受委托；对专家提出的问题，采购代理机构更应及时提出来，以免把自己推到尴尬的境地，这些人的责任不能为自己免责。遇到质疑时，态度是关键，发牢骚解决不了问题。

延伸阅读 9-3　更正无公告　监管举黄牌

某地进行系统集成设备采购，在发布招标公告后不久，采购代理机构邀请本次采购的潜在供应商召开了项目答疑会。本次采购的招标文件要求供应商对采购人欲采购的 20 多个设备，均提供生产厂家授权证明。在答疑会上，供应商们普遍对这一点表示出了异议，认为很难达到。最后，采购代理机构和采购人在现场经过一番商量，决定把这一条款改为只有交换机须提供厂家授权证明，供应商们都表示可以接受。

答疑会结束的第二天，采购代理机构发现，答疑会上形成共识的这个条款并没有出现在会议内容纪要上，经查明，是负责现场记录的工作人员忘记把这一条录入。但随后采购代理机构认为，既然现场都已经达成共识，会议纪要中是否体现也不重要了，现在进行改动反而很麻烦。在这种情况下，采购进入了评标程序。

采购结果公布之后，意想不到的事情发生了。一位参加了项目答疑会却未中标的供应商向监管部门提起投诉，认为中标供应商未能按招标文件的要求提供所有设备的厂家授权证明，投诉供应商主张本次评标无效，应重新组织评标。

经过调查取证，当地监管部门认为供应商投诉有效，主张成立，责令采购代理机构重新组织评标。

必须发文公告

"处理结果完全正确。"上述案例中监管部门的做法得到了业内人士的肯定。根据财政部 18 号令第二十五条的规定，采购代理机构在发布招标公告后召开答疑会是正确合法的。但需注意的是，凡是在答疑会上决定的事项，尤其是更改招标文件内容的事项，必须形成书面更正公告，发给每个招标文件收受人。这也是财政部 18 号令第二十七条的规定。

在这个案例中，工作人员误以为供应商既然已经在答疑会上与采购代理机构达成共识，即使没有书面文件也应自觉按此变更条款进行采购。殊不知口说无凭，没有书面证据，未中标的供应商出于多种原因一旦在事后提起投诉，监管部门肯定会给代理机构"判刑"。其次，参加项目答疑会的供应商不一定就是所有购买了招标文件的供应商，有的供应商虽购买了招标文件但却没时间参加答疑会，有的供应商可能是在答疑会召开之后购买的招标文件。条件如果允许，采购代理机构还应在其网站上对更正公告进行公示。

为防止在处理投诉取证时发生责任的推诿，监管机构还应敦促采购代理机构要求供应商发确认回执，或者采购代理机构电话通知供应商，由供应商派代表亲自来领取更正公告。这样一来，一旦发生投诉，责任归属才会更明确。

> **招标文件是依据**
>
> 在这个投诉处理中，监管部门坚持了一项原则，即处理投诉以法律、招标文件以及投标文件为依据。如果采购代理机构向招标文件收受人发出了更正公告，这个公告也将成为招标文件的组成部分，监管部门在处理投诉时就可以对其进行考虑了。
>
> 处理投诉就是这样，必须以招标文件为准。有时即使招标文件规定得不合理，也只能将错就错。
>
> 在本案中，采购代理机构就属于没有按照招标文件进行操作，供应商投诉是完全成立的。尽管投诉供应商已经参加了项目答疑会，造成了案情的特殊性，判定投诉成立采购代理机构可能会觉得委屈，但是必须明确的是，除去法律以及招、投标文件的任何情况、理由都不能成为监管部门处理投诉的依据。
>
> 从这个案例中，我们可以看出监管部门秉公执法的正确，同时也希望采购代理机构吸取教训不要再遭遇"委屈"。

第二节　政府采购档案管理

一、政府采购档案概述

（一）政府采购档案的概念

政府采购档案可概括为在政府采购活动中形成的具有查考、利用和保存价值的文字、图表、声像等不同载体的历史记录。政府采购档案是反映采购活动过程及各项决策的记录，是保证公开、公正、公平采购的重要手段和载体。采购档案管理是强化内部管理、规范采购行为的一项非常重要的基础工作。

政府采购档案来源于特定的专业领域即政府采购活动。政府采购档案既具有明显的专业性属性又具有价值属性特征。政府采购资料文件作为政府采购档案保存必须具有一定保存价值，并不是所有政府采购文件资料均可作为政府采购档案保存。政府采购档案的本质属性是政府采购专业活动中的原始记录，总体而言，政府采购档案是记录政府采购活动过程及其结果的，其承载的政府采购信息具有明显的原生性特征。

（二）政府采购档案的特征

1. 政府采购档案的专业特征

政府采购档案与文书档案相比，它产生于政府采购活动，其内容性质都具有明显的专业性。政府采购档案是在政府采购过程中逐步形成的反映政府采购招标投标信息的记录，是政府采购业务活动的重要依据，也是开展政府采购分析和研究的重要根据和信息参考资料。无论是招标文件、投标文件、评审报告还是采购合同,无论是传统手工条件下产生的记载政府采购活动的记录、文件还是信息技术产生的政府采购电子数据文档,都具有反映和记录政府采购活动及其结果的专业属性。

2. 政府采购档案的序时性特征

政府采购档案具有明显的序时性特征。政府采购项目一般要经过采购计划、发布信息、招投标文件制作、开标评标、合同签订、验收付款等一系列程序,这些程序环环相扣,依时形成,相应的记录政府采购活动信息的档案也具有明显的序时性特点。

(三) 政府采购档案的价值与功能

1. 政府采购档案的价值

政府采购档案是反映采购活动过程及各项决策的记录,是反映政府采购活动状况的重要依据,可以为政府采购进行统计分析、总结经验教训、接受监督检查、处理纠纷等项工作提供客观依据。政府采购档案的价值,可概括为以下两个方面。

(1) 政府采购档案的凭证价值。政府采购档案保留着政府采购监管部门、采购机构政府采购活动的真实的历史标记,如监管部门行使政府采购监管职权的法律规定,处理政府采购事务的过程与结果,它可以成为查考、争辩和处理问题的依据。政府采购档案凭证价值还表现在它是政府采购监管部门处理政府采购质疑和投诉、合同纠纷和诉讼的重要证据。政府采购活动的结束,表明采购人已经获得了其需要的采购对象,但采购事件和交易行为并未终结。供应商履约情况有待实践检验,一旦出现质量问题或者未履行有关承诺,如发生纠纷的,还可能引起诉讼或申请仲裁。采购档案可以作为解决问题的直接证据。

(2) 政府采购档案的参考价值。政府采购档案是政府采购活动的第一手资料,它以知识载体形式,凝结政府采购活动经验、技术、智慧和教训,为以后人们从事政府采购活动提供借鉴。政府采购档案与有关政府采购报纸、书籍、文章都可以作为资料来参考,但档案参考资料的特点在它的原始性和可靠性,它对政府采购工作来说,是一种宝贵的资料。对政府采购活动来说,档案是一种可靠和可以广泛参考的知识库,具有很高的参考价值。

2. 政府采购档案的功能

政府采购档案具有记忆功能、信息功能和文化功能等多种功能。

(1) 政府采购档案的记忆功能。对于档案的记忆功能的揭示,是钱学森先生首先提出来的,他在《关于思维科学》一文中指出:"现在情报、资料、档案是一个巨大的事业,已成为人们认识客观世界的锐利工具,可以说是人感觉器官的外延,就如机器是人手的外延。"具体地说,情报、资料、档案是人的记忆功能的外延,它将人"从繁重记忆的脑力劳动中解放出来"。钱学森先生的论述不仅深刻地揭示了档案与人类记忆的密切关系,也道出了档案的基本功能。

政府采购档案作为档案中一个专业分支,自然具有其记忆功能。政府采购档案客观地记载了政府采购活动全部的历史面貌,通过对档案的阅读和利用,可以十分逼真地重现过去政府采购活动的具体细节。也就是说,政府采购档案既能真实地"记",同时又能逼真地"忆"。政府采购档案使人们对政府采购的活动记忆实现跨时空的交流,使得传播更加广泛、便捷和持久。作为一种记忆工具,政府采购档案的真实性、稳定性、准确性、广泛性是其他记忆工具所无法超越的。

(2) 政府采购档案的信息功能。政府采购档案在发挥其记忆功能的同时,成为一种重要的政府采购信息载体。政府采购管理必须以信息为基础。人们进行政府采购活动,要了解以往采购活动中真实准确的信息,从档案去了解政府采购全貌可达到事半功倍的效果。

档案以其本源性的特点,最先得到历史学家的青睐,被称为"历史的粮仓"。同样,政府采购档案是研究政府采购历史、深化政府采购改革的"粮仓"。政府采购改革以记录的政府采购活动档案资料为基础,去扩展、去深化。政府采购档案伴随着政府采购自身发展形成的信息来源,是政府采购奔向未来征途的重要工具。

(3) 政府采购档案的文化功能。在人类的发展中,需要一种载体来承载文化使其长久地延续下去,在广泛文化时空中维持文化的统一性。于是,人们首先创造和选择了档案。正如尼日利亚一位历史学者说过:"如果现在未被忘却的唯有文化,那么未被丢弃的唯有档案。"档案是在人类的社会实践中产生和形成的,它记录着人类对自然和人类自身的认识以及社会实践的经验与教训,是人类文化发展必须凭借的原始资料,也是人类文化创新和文明进步的基础。正因为档案在人类文化进程中所处的地位,从而使其具有了文化功能。政府采购档案也不例外。政府采购档案是在政府采购实践中产生和形成的,记录人们对政府采购的认识发展过程及其经验和教训,是政府采购改革发展的原始资料。政府采购文化创建和发展必须有一种载体,而这种文化载体首先应该是政府采购档案。

政府采购信息分散在政府采购活动的各阶段、各环节,最初会处于一种零乱、分散、分割的状况,人们有意识地将其中有价值的内容转化为档案之后,就会犹如涓涓细流汇入水库,成为政府采购资料的信息库,成为政府采购的重要载体,真实地再现政府采购发展过程的文化元素。因此,政府采购档案不仅是政府采购文化的承载物,同时也是政府采购文化的传播工具、政府采购文化进一步发展的基础。

二、政府采购档案整理

(一) 政府采购档案整理的含义

政府采购档案整理是对政府采购档案进行分类、组合、排列和编目的活动。政府采购档案整理主要包括以下几项内容:

(1) 政府采购档案的分类,是以政府采购业务为基础,根据政府采购文件资料的有机联系和方便保管查阅对政府采购档案进行划分的过程。

(2) 政府采购档案的组卷,是依据政府采购业务内在联系,按照便于保管和利用的基本要求,将关系密切、保存价值相近的政府采购资料组合在一起的活动。

(3) 政府采购档案的排列,主要包括政府采购案卷内的文件、资料的排列和案卷的排列等项内容。

(4) 政府采购档案的编目,是对档案进行著录、标识、制作目录,将分类、组卷、排列固定下来的活动。

(二) 政府采购档案的分类

1. 分类原则

(1) 客观性原则。政府采购档案分类标准和方法的选用应当具有一定的客观性。对政府采购文件和资料进行分类时,必须根据政府采购活动的特点,深入把握政府采购资料的基本特征,将准确反映政府采购业务规律的标准作为基本的分类标准。确立一定的分类标准后,要保持相对的稳定性。

(2) 逻辑性原则。政府采购活动的复杂性决定了政府采购文件和资料也显现出复杂性的特点。档案分类可以多重标准和多重角度,如果不能严格遵循分类体系的逻辑严密性,必然导致各分类之间,母目和子类间互相交叉等许多混乱。因此,在对政府采购档案进行分类时,尤其要注意分类标准的一致性和纵横关系的逻辑性。类、目、子的概念要明确,范围和界限要清楚。

(3) 实用性原则。政府采购档案分类要有明确的目的,必须充分考虑到政府采购活动的特点及便于利用的要求。在许多分类中优选一种或几种方法,组成合理的内在结构,同时必须注意实用性。

2. 分类方法

(1) 分类标准。在政府采购分类过程中,政府采购人员应该根据档案的属性、特点、档案数量状况及查阅利用等因素,确定政府采购档案分类标准。其中包括来源标准、时间标准、内容标准和形式标准。

① 来源标准。进行政府采购档案分类时,依据政府采购文件或资料来源属性,将不同单位的文件进行建档,把各立档单位的档案统一加以整理和保管。

② 时间标准。年度分类法或时期分类法。时期分类法即根据建档单位政府采购档案所处的不同阶段来分类。按时期分类后,如需要还可按年度来分类。如《政府采购法》前和《政府采购法》后分成两个时期。

③ 内容标准。政府采购档案可根据一定的政府采购业务特点来分类。如政府采购预算、政府采购计划、政府采购方式变更、政府采购合同等。

(2) 常用分类方法。在实际工作中,在政府采购档案管理中最常用的分类有:年度分类法、组织机构分类法和问题分类法。

① 年度分类法。根据形成和处理文件的年度将政府采购档案分成各个类别的方法。一个立档单位内每一年度的政府采购文件和资料存在着自然联系,反映单位每年的工作特点和逐年的发展变化情况。按年度分类时有两类文件的归类需要妥善处理:一类是文件上有属于不同年度的几种日期,应根据最能反映文件特点日期为主要日期。如政府采购投诉处理有收到投诉日期、受理日期、投诉处理决定日期,为工作方便,可统一选择投诉的受理日期。对跨年处理的专门案件可放入关系最密切的年度或最后结案的年度。二类是没有注明日期的文件,要考证和判定文件的准确日期或近似日期。

② 组织机构分类法。根据政府采购文件各承办单位进行分类。每个机构承担某一方面的职能和任务,按照形成政府采购资料的各个组织机构进行分类,能保持文件之间在内容上的主要联系,便于查找和利用档案。组织机构分类法是简便易行的一种常用方法。按这种方法分类如涉及几个机构的文件,在一个立档单位内应有统一规定,查找起来有规可循。

③ 问题分类法。按政府采购档案内容所反映的问题进行分类。这种分类方法能使内容性质相同的文件集中在一起,能较好地保持文件之间在内容上的联系,比较突出地反映一个机关主要工作活动的画面,便于专题查找。但这种分类方法,由于档案内容的复杂性,人们认识水平存在差异,分类时往往会产生意见分歧。因此使用这种分类方法时应慎重。

在实际工作中,往往多种方法分级结合使用。通常由年度、组织机构或问题联合,构成以下几种方法:

A. 年度—组织机构分类法。首先将全部档案按年度分开,然后在每个年度下面再按组织机构分类。如:

2017 年
  省政府采购中心
  省教育厅采购中心
  省卫生厅采购中心
  ……
2016 年
  省政府采购中心
  省教育厅采购中心
  省卫生厅采购中心
  ……

B. 组织机构—年度分类法。首先将全部档案按组织机构分开,然后在组织机构下面再按年度分类。如:

省政府采购中心
 2017 年
 2016 年
 2015 年
省教育厅采购中心
 2017 年
 2016 年
 2015 年
省卫生厅采购中心
 2017 年

2016 年
2015 年
……

C. 年度—主题分类法。首先按年度将全部档案分开,然后在每个年度下面再按主题分类。如:

2017 年
  政府采购专家管理
  政府采购信息管理
  政府采购方式
  ……
2016 年
  政府采购专家管理
  政府采购信息管理
  政府采购方式
  ……

D. 主题—年度分类法。首先按主题将全部档案分开,然后在每个主题下面再按年度分类。如:

政府采购专家管理
  2017 年
  2016 年
  2015 年
  ……
政府采购信息管理
  2017 年
  2016 年
  2015 年
  ……

在采用复式结构的分类法时,必须遵循全部档案分类标准统一性要求,分类方案的类目力求明确和系统性。

(三)政府采购档案的内容和范围

《政府采购法》等有关法律文件对政府采购档案内容范围作了具体规定。采购人、采购代理机构对政府采购项目采购活动的采购文件应当妥善保存,不得伪造、变造、隐匿或者销毁。采购文件包括采购活动记录、采购预算、采购计划、招标文件、投标文件、评标标准、评估报告、定标文件、合同文本、验收证明、质疑答复、投诉处理决定及其他有关文件、资料。采购活动记录至少应当包括下列内容:(1)采购项目类别、名称;(2)采购项目预算、资金构成和合同价格;(3)采购方式(采用公开招标以外的采购方式的,应当载明原因);(4)邀请和选择供应商的条件及原因;(5)评标标准及确定中标人的原因;(6)废标的原因。

在采购实践中,政府采购档案一般应包括如下内容:

1. 政府采购预算执行文件

(1)政府采购预算表;(2)政府采购计划申报表和审核表;(3)有关政府采购预算和计划的其他资料。

2. 政府采购前期准备文件

(1)委托代理采购协议书;(2)核准采购进口产品的相关审批资料;(3)自行组织采购的申请及批复资料;(4)采购方式变更申请及批复;(5)采购文件及采购人确认记录,包括评标办法、评标细则、评标纪律等有关文件、资料;(6)采购公告、资格预审公告及其变更事项(包括报刊及电子网站等媒体原件或下载记录等);(7)获取采购文件或资格预审文件的供应商名单登记表;(8)专家咨询论证会记录;(9)已发出采购文件或资格预审文件的澄清、修改说明和答疑记录;(10)供应商资格审查情况报告;(11)评审专家名单及抽取记录;(12)库外专家使用备案审核表。

3. 政府采购开标(含谈判、询价)文件

(1)采购响应文件及有关资料等;(2)在递交采购响应文件截止时间前供应商对递交的采购响应文件进行补充、修改或撤回的记录;(3)采购项目样品送达记录;(4)接受供应商投标或谈判的记录;(5)开标一览表;(6)开标(谈判、询价)过程有关记录;(7)开标(谈判、询价)过程中其他需要记载的事项。

4. 政府采购评审文件

(1)评审专家签到表及现场监督人员签到表;(2)评审专家评审工作底稿等评审过程的记录;(3)供应商的书面澄清记录;(4)评标或谈判报告,包括无效供应商名单及说明、中标(成交)候选供应商名单等;(5)经监督人员签字的现场监督审查记录;(6)评审过程中其他需要记载的事项。

5. 政府采购中标(成交)文件

(1)采购人对采购结果的确认意见;(2)中标或成交通知书;(3)采购结果公告(公示)记录(含报刊及电子网站等媒体原件或下载记录等);(4)公证书;(5)与中标(成交)相关的其他文件资料。

6. 政府采购合同文件

(1)政府采购合同;(2)政府采购合同依法补充、修改、中止或终止等相关记录。

7. 政府采购验收及结算文件

(1)项目验收记录;(2)政府采购项目质量验收单或抽查报告等有关资料;(3)发票复印件及附件;(4)其他验收文件资料。

8. 其他文件

(1)供应商质疑材料、处理过程记录及答复;(2)供应商投诉书、投诉处理有关记录及投诉处理决定等;(3)采购过程中的音像资料;(4)其他需要存档的资料。

政府采购档案管理实践中,政府采购监管部门列出归档内容清单,相关单位逐条进行对照收录即可,这样既全面完整,又高效方便。(见经典资料9-5)

经典资料9-5　××省政府采购项目档案归档清单

序号	内　　容	必备档案(☆)
	(一)政府采购预算执行文件	
1	政府采购预算表	
2	政府采购计划申报表和审核表	
3	有关政府采购预算和计划的其他资料	
	(二)政府采购项目前期准备文件	
4	项目采购委托协议(自行采购的申请及批复材料)	
5	核准采购进口产品的相关审批材料	
6	采购方式变更申请批复	
7	采购文件相关资料:采购文件、采购文件的修改文件(通知到各个已购买标书的潜在投标人的回执)、澄清答疑材料(如果有的话)	☆
8	采购公告或资格预审公告、更正公告(如果有的话)(包括报刊及电子网站等媒体原件或下载记录等)	☆
9	资格预审相关记录	
10	评审专家抽取记录表	☆
11	库外专家申请备案表及审核意见(如果有的话)	
12	获取采购文件供应商登记表、投标保证金登记表	
13	评分办法(须与采购文件要求一致)	☆
	(三)政府采购开标(含谈判、询价)文件	
14	采购领导小组成员、监督委员会成员、公证员(如果有的话)及投标人代表等签到记录	☆
15	采购响应文件正本及截止前补充修改或撤回记录	☆
16	开标记录表及投标人开标一览表(记录唱标内容、记录员签字,招标方式必备)	☆
17	开标过程有关记录,包括采购项目样品送达记录	
18	开标(谈判、询价)过程中其他需要记载的事项	
	(四)政府采购评审文件	
19	评审专家签到表及现场监督人员签到表	☆
20	评审工作底稿等评审记录	☆
21	供应商书面澄清材料	
22	评标或谈判报告,包括无效供应商名单及说明、中标或成交候选供应商名单	☆
23	现场监督记录	
24	评审专家评审情况反馈表	
	(五)政府采购中标(成交)文件	
25	采购人对采购结果的确认意见	
26	中标、成交通知书	☆

续表

序号	内　　容	必备档案(☆)
27	中标公告、采购结果公告记录(含发布媒体下载记录等,如果有的话)	☆
28	公证书	
29	与中标(成交)相关的其他文件资料	
	(六)政府采购合同文件	
30	政府采购合同及其依法变更相关记录	☆
	(七)政府采购验收及结算文件	
31	项目验收报告或其他验收文件	
32	政府采购项目质量验收单或抽查报告等有关资料	
33	办理付款材料(资金申请支付书及用户签章的履约验收报告、发票复印件)	
	(八)其他文件	
34	供应商质疑材料、处理过程记录及答复	
35	供应商投诉书及相关资料、投诉处理决定	
36	采购过程的音像资料	
37	其他需要存档的材料(如领导关于本项目的批示等)	

注：本档案以公开招标为例，其他采购方式的项目档案可参照本目录收集、整理归档。

三、政府采购档案的收集与保管

政府采购监管部门、采购人和采购代理机构等相关当事人应当依法做好政府采购档案的收集、整理和保管工作，明确档案管理人员工作职责并建立岗位责任制度。政府采购合同签订后三个月内或项目竣工验收后一个月内，由项目经办人员或责任人将该采购项目的全套文件材料进行收集整理后移交档案管理人员归档。政府采购档案应当内容齐全完整；规格标准统一；一般应该是原件；签名、印鉴手续齐全；符合国家有关档案质量标准，便于保管和利用。

档案管理人员应按照档案管理的要求，负责收集、整理、立卷、装订、编制目录，保证政府采购档案标识清晰、保管安全、存放有序、查阅方便。光盘、磁盘等无法装订成册的应在档案目录中统一编号，单独保存。

四、政府采购档案的使用、移交与销毁

政府采购监管部门、采购人和采购代理机构应当建立健全政府采购档案查阅、使用制度。档案使用者应对档案的保密、安全和完整负责，不得传播、污损、涂改、转借、拆封、抽换。档案管理人员工作变动，应按规定办理档案移交手续，并经单位负责人签字确认。

保管期满的政府采购档案，应按照档案主管部门及档案法规规定程序和手续进行销毁。

五、政府采购档案监督检查与法律责任

采购人和采购代理机构的档案工作应当接受政府采购监管部门的监督检查。采购

人、采购代理机构违反规定隐匿、销毁应当保存的采购文件或者伪造、变造采购文件的,由政府采购监督管理部门依法予以处理处罚。按照《政府采购法》的规定,政府采购监管部门、采购人和采购代理机构将政府采购活动中形成的应当归档的文件、资料据为己有、拒绝归档的或涂改、损毁档案的,档案管理人员、对档案工作负有领导责任的人员玩忽职守,造成档案损失的,当地档案管理部门依法予以处理。

第十章

政府采购风险与救济

第一节　政府采购风险与控制

一、政府采购风险概述

风险是一定条件下或一定时期内,由于各种不确定性因素而导致行为主体遭受损失大小和损失的可能性。即在决策过程中,由于各种不确定因素作用在一定时间内出现不利结果的可能性以及可能性的大小。它包括损失的概率、损失的数量和损失的易变性。

风险因素、风险事件和风险结果是风险的基本因素。风险因素根据性质分为实质风险因素、道德风险因素和心理风险因素。风险因素是引起或增加风险事件发生的机会或扩大损失幅度的原因或条件,风险因素是风险的必要条件,是风险产生和存在的前提。风险事件是外界环境变量发生预料不及的变动而导致风险结果的事件,它是风险存在的充分条件,在整个风险中占核心地位,是连接风险因素和风险结果的桥梁,是由风险可能性转化为现实的媒介。风险因素、风险事件和风险结果构成统一体。

政府采购风险是政府采购过程中因政府采购制度、程序或外部事件等影响而导致采购结果与预期目标相偏离的现象。政府采购风险由政府采购风险因素、政府采购风险事件和政府采购风险结果组成。政府采购风险就是在政府采购管理和操作过程中,由于决策方法和程序缺乏科学性,引起某些风险因素的发生,从而导致决策结果相对预期效果的不利变化。

政府采购风险产生的主要原因有:法律制度不健全,改革超前性与现行预算体制不协调,投诉处理中因难以取证因素、程序不当因素、供应商资格审查不当、评估标准和方法错误,对各种方法的适用条件理解不正确,评估标准制定不当等。

在日常生活中,股票、投资、审计等领域的风险早为人们熟悉。但是人们对政府采购风险认识还不统一。究其原因,一是风险难免论。认为政府采购不可能面面俱到,政府采购监管和操作做到滴水不漏几乎不可能,出现一点疏漏在所难免。二是不担风险论。政府采购是公共采购,依托公共权力,代表人民的利益,所以没有多少风险,即使有风险也是公共管理的风险,应由政府来承担。三是无风险论。政府采购是带有一定的行政行为,具有强制性,就是有些差错,社会公众也难以测定,所以不会有风险。由于认识上不统一,所以对政府采购风险重视不够。

二、政府采购风险的识别

风险识别是确定可能发生的风险的类型,目的是为风险分析提供素材和框架。政府采购决策风险识别重点考察政府采购过程中可能存在的各种风险因素,特别要找出决定政府采购成败的关键风险因素。为了便于对政府采购决策风险实施有针对性的风险管理,我们可以依据政府采购风险性质及政府采购风险来源对决策风险进行分类。

(一)政府采购风险性质

政府采购风险按性质可分为:制度风险、技术风险、信息不对称风险、道德风险。

1. 制度风险。所谓制度风险是指由于政府采购法律制度体系不完善引起的风险。目前虽国家有《政府采购法》,财政部印发了一系列部门规章,各地也颁发了相应的制度办法,但对非招标方式政府采购、协议供货、供应商诚信管理、政策功能、中小企业等方面制度还不够健全,有的还是空白,这在一定程度上增加了政府采购风险发生的概率。

2. 技术风险。政府采购项目从开始到结束一般要经过从预算编制、采购需求、信息发布、专家抽取、合同签订等一系列程序和环节,每一程序和环节大部分依赖于现代信息技术,通过网上管理审批、电子认证、合同签订管理、监控系统、信息发布系统、采购文件下载上传、网上开标评标、电子招标系统、电子合同系统、电子支付系统等。网络技术的使用可以大大增强采购信息的透明度,并且所有过程都有电子记录在案,大大提高了政府采购效率,但由于政府采购技术不配套、不成熟、标准化不够,产品技术需求、参数描述、评分标准技术语言不准确导致了政府采购的技术风险。

3. 信息不对称风险。所谓信息不对称风险是指在共享信息的过程中,由于信息不充分或不对称导致的风险损失及影响。供应商与采购人和政府采购机构之间的信息不对称。采购人或政府采购机构是采购需求的制订者,在技术标准、资格条件以及发布信息时间把握方面往往处于信息优势;而对供应商而言,他们只能依据已经公开的各种信息进行决策,这种供应商与采购人间信息不对称导致采购结果产生有利于采购人方面的偏差的风险。此外,由于信息公告的不规范和地域及时间上的限制,供应商往往在获取信息方面存在差异,供应商间获取信息的不对称,可能影响企业参与政府采购市场竞争的充分性,从而导致产品质量、价格、性能和售后服务质量上的偏差。监管部门与采购部门之间的信息不对称,监管部门相对采购人或采购机构来说属于局外人,由于信息不对称,使得采购人寻租现象和寻租证据难以被发现而造成采购结果的偏差。

4. 道德风险。道德风险是指从事政府采购活动的人在最大限度地增加自身效用的同时作出不利于他人的行为。在政府采购活动中表现为,供应商为自身利益最大化,存在着供应商在投标文件中描述虚假不实、图片美化,而中标后提供的物品与投标文件承诺不一致的行为。供应商在与采购人签订采购合同后,由于采购方不能全程观测和约束供应商的行为,供应商就有可能不按合同约定的条款履约,进而设法最大化追求企业利益而损害公共利益行为等。

(二) 政府采购风险来源

政府采购风险按来源可分为：来源于政府采购监管部门的政府采购监管风险、来源于政府采购操作机构的操作风险、来源于评审专家的评审风险及来源于供应商的风险。

1. 监管风险[①]

(1) 政府采购监管风险可概括为审批风险、执法风险和救济风险。

① 审批风险。审批风险是指监管部门在履行行政许可、审批、审核、备案等法定职责时产生的风险。这种风险可分为失察和失误两类。失察是指政府采购监管部门在履行职责时，对当事人的错误行为没有发现，导致其作出错误的行政行为。失误是指政府采购监管部门自身行为发生错误，而导致不当的行政行为。

② 执法风险。执法风险是指监管部门在执法过程中，发现问题、处理问题产生的风险。财政部门作为监管机关，对政府采购活动中的违纪违法行为进行处理时，由于采购活动的复杂性和当事人利益矛盾的复杂性，导致在执法处理过程中定性难、取证难、定论难而出现执法中可能会存在与政府采购目标的偏差。

③ 救济风险。救济风险是指财政部门在解决采购人过失、处理当事人投诉时产生的风险。在目前法制意识不强的状况下，当事人的错误因财政部门处理而将风险转嫁到被处理者的情形不胜枚举，使监管部门处于两难境地。采购人未办理政府采购手续而自行组织了采购活动，事后要求财政部门补办相应手续。对于此种情形，财政部门补办了政府采购手续，则违反政府采购法律法规，应承担违法风险；如果不补办，采购人就不能办理资金结算，采购人不支付资金，就违反了《合同法》，采购人又要承担责任。

(2) 政府采购监管风险的影响因素是多方面的，有内部环境因素的影响，也有外部环境因素的影响。

① 内部环境因素主要包括：

A. 政府采购监管人员素质。政府采购监管人员综合素质直接影响政府采购监管的风险，并与风险成反比。监管人员素质高，政府采购监管风险就容易控制在低水平，监管人员素质低，政府采购监管风险高。

B. 监管部门的组织管理水平。政府采购监管机构内部职责分工明确，约束合理有效，则风险将会处于较低水平。相反，监管机构不能实行有效的管理，高风险将在所难免。

C. 工作过失。监管人员在工作中未能严格履行职责，没有足够的职业谨慎，取证不全或经验不足等，从而作出片面或错误的判断。

D. 检查方法的影响。无论是判断抽样，还是统计抽样，都会因样本不足而存在一定的误差，极易遗漏重要事项而形成风险。

② 外部环境是指监管主体以外的因素，包括：

A. 社会环境的影响。社会诚信度、社会法制建设状况、社会对政府采购认同度和执

---

① 魏承玉. 政府采购监管风险及其控制[J]. 中国政府采购杂志, 2010.

法环境等都将对政府采购监管风险产生影响。

B. 被监管事项的复杂程序以及被监管单位的内控制度的影响。

$$监管风险＝固有风险×控制风险×检查风险$$

被监管事项越复杂,固有风险就越大,查深查透的难度越大,监督检查的风险也越大;内控制度设计和遵循越好,政府采购违规行为可能会及早被内部控制制度防止、发现或纠正,因此内部控制制度有助于风险的防范。检查风险是指某一采购活动事项的违规情况未能被监管人员发现的可能。因此,固有风险和被检查单位的控制风险是检查人员的外部风险,它与检查人员的主观努力没有关系。

2. 操作风险。操作风险是来源于采购机构的风险,表现为招标机构往往在主观上期望采购比较理想而且比较熟悉的货物,因此在制定技术规格要求时就有针对性、倾向性,在技术规定中规定了某些特定的技术指标,从而排斥了一些潜在投标人,造成招标范围缩小、缺乏竞争力,带来招标困难以致失败的风险。

3. 评审风险。政府采购评审风险是指政府采购评审过程中因评审专家对项目复杂性认识不足或自身疏漏导致评审结果的偏差。政府采购评审风险影响因素可概括为以下几个方面。

(1) 政府采购当事人期望结果与评审结果之间的差异,常常会使评审人员卷入不愉快的责任纠纷之中。政府采购当事人总是希望评审专家能够在技术上胜任评标能力,以正直、独立和客观的态度进行评审工作,每个供应商都期望评审专家能发现自身物品或服务的优点和竞争对手的错误和瑕疵。然而,在客观上由于项目本身的复杂性、新技术新产品的不断涌现、招投标文件语言如技术指标等表达方面的局限性,以及现代高超造假技术等,使评审人员准确判断、鉴别真伪受到相当大的限制,再加上主观上由于评审人员经验不足,对新产品性能和市场行情把握不够等,都可能导致评审结果出现偏差。

(2) 政府采购评审模式导致评审专家法律风险的技术因素。评审专家一般在评标前一天才被邀请评标,且事先对评审对象一无所知,评标时要求其在相对短的时间内独立评审,有时需要对几十份、上百万字的投标文件是否有实质性响应招标文件技术参数进行严格详细评定。在这么短的时间内准确完成如此繁重的任务,确实相当困难,评标结果出现偏差也在所难免。

(3) 企业经济关系和评审项目复杂性增加了评审风险。在当今转型经济环境中,股份、国有、个体等各种经济形式及各种经济联合体投标层出不穷。除了技术指标进行比较评判外,评审专家还要对投标人商务条件及资格进行审查,这就要求评审人员不仅是技术专家,还应该是法律专家、经济专家,有时还要求是真伪鉴别专家。处在这样复杂的环境中,评审人员责任日益沉重。

(4) 评审人员自身原因会使其面临承担法律责任的风险。一是政府采购评审专家素质和经验不足容易引起供应商投诉。二是工作过失。评审人员在评审中未能严格履行程序,缺乏足够的职业谨慎,对作为依据的评标文件理解不透或疏忽遗漏,从而使其作出片面或错误判断导致评审风险也不在少数。三是职业道德问题。极少数评审人员为一己私利,公然置国家法律于不顾,违反职业道德,谋取私利。

(5) 外部环境的干扰,监督制约机制不完善是政府采购评审风险的环境因素。政府采购开展时间不长、执法环境不完善和社会对政府采购认同度不高给政府采购评审带来了潜在风险。由于政府采购标的大,政府采购订单一直是供应商竞相争夺的对象,评审专家无疑是各种利益集团争夺的焦点,这增加了评审人员的风险。此外,采购人的倾向性干扰也不容忽视。

4. 供应商方面风险。此类风险来源于供应商,如围标风险、低价抢标风险、履约风险等。

(1) 围标风险。供应商为了达到中标的目的找了多家企业来投标,无论这些企业哪家中标,均由此供应商获利,这俗称"围标"。

(2) 低价抢标风险。少数供应商采取不正当竞争的手段,以不合理的低价抢标,而后以"偷梁换柱"的手法谋取利益或抢标后通过协商以高于中标的价格执行。

(3) 履约风险。政府采购按照既定的程序操作,选定供应商后,供应商没有按合同规定进行履约,由此造成政府采购风险。不排除供应商以低于成本价谋求中标,履约困难而偷工减料。有些采购项目预算做得太低,而部分供应商也不顾自己真实的投标能力,盲目压低报价,采购机构又必须要执行财政部规定的低价优先原则,于是在供应商作出庄严承诺以后,没有理由不让其中标,而在实际履约阶段,供应商发现已经严重亏损,于是故意放低履约标准,由此引起政府采购履约风险。

三、政府采购风险的防范与控制

政府采购风险控制是指政府采购相关当事人采取各种措施和方法,消灭或减少风险事件发生的各种可能性,或者减少风险事件发生时造成的损失。

(一) 政府采购监管风险防范与控制

政府采购监管风险防范与控制,一直是监督检查工作的一个重要课题。提高政府采购监管的质量和效果无疑是避免法律责任和防范风险最有效的手段。政府采购监管质量越好,监管部门及个人所承担的风险就越小,反之,质量越差,承担的风险就越大。因此,政府采购监管质量控制是避免风险、降低风险水平的主要方法。所谓政府采购监管质量控制,是指政府采购监管部门为确保政府采购监管工作符合政府采购法律法规的要求,按政府采购监管的规范和程序,建立完善的控制规范和控制程序。其目的是保证政府采购监管工作的合法性和有效性,从而达到防范风险之目的。

1. 政府采购监管风险防范方法

(1) 授权批准。要求政府采购监管部门明确内部岗位及人员授权批准的范围、权限、程序和责任,经办人必须在授权的范围内办理有关监管事务。

(2) 岗位分离。按政府采购监管的要求,明确权责权限,工作内容上形成相互制衡机制。

(3) 计划和程序控制。通过制定监督检查的方案和计划,使计划的关键环节得到有效的监督,按计划和程序约束政府采购监管人员的行为。

(4) 信息反馈控制。及时反映政府采购监管过程中的重要信息,增强控制的时效性和针对性。

2. 政府采购监管风险控制方法

(1) 全面质量控制

全面质量控制是指对政府采购监管工作各环节及各方面的全方位控制。它主要包括:

① 相对独立性。其主要指监管主体必须独立于监管对象之外。

② 人员素质和专业技能。加强政府采购监管队伍建设,只有建设一支政治坚定、公正清廉、纪律严明、业务精通、作风优良的高素质的监督检查队伍,才能确保政府采购监管任务顺利完成。

③ 复核和审理。贯彻事后复核和审理制度,控制整个流程,特别是应由专人依据政府采购有关规定进行复核和审查,落实行政处罚规定的行政处罚听证制度、重大处罚决定的集体决定原则。

④ 考评和奖惩。建立监管责任制、评议考核、责任追究制度。

(2) 日常监管质量控制

日常监管是政府采购监督管理的基本形式。它的质量控制应围绕岗位责任制、合理授权、监督复核三要素进行。

① 岗位责任制。根据监督管理的需要,因事设岗,赋予各岗位权责,实行岗位责任制,对不同岗位人员的工作范围、程序和应负责任,落实到人,严格考核,公开透明。要求事事有人管,人人有专职,办事有程序,工作有标准,责任有人担。

② 合理授权。划分业务范围和内部管理环节,规定各环节操作程序、业务流程、控制内容,强化分工协作,减少重复交叉,确保监管有效。

③ 监督复核。建立经办人员、分管领导、最高领导的分级复核机制。

(3) 单项检查质量控制

单项检查是配合政府采购监管需要,根据日常监管中发现的问题和线索组织展开的。检查的对象往往多数是日常监管的单位和事项,具有专项、单一、时效性的特点。因此,结合检查的特点,单项检查质量控制围绕工作委派、指导和监督、复核和审理进行。

① 工作委派。按照业务工作选派程序,将工作委派给具有相应素质及胜任能力的人员。把质量责任层层分解,步步定位,分别落实至项目负责人、助理人员和具体操作人员。

② 指导和监督。实行实施方案指导审定制度。主要审核使用方法、程序能否达到目标,是否适合检查项目的具体情况。

③ 复核和审理。项目负责人应当及时对项目进行指导、监督和复核。及时检查计划的执行情况,对发现的异常事项或重大事项建立请示报告制度。工作底稿要由专人复核,检查报告依照"实事求是、证据确凿、定性准确、程序合法"的原则进行审理。

延伸阅读10-1　强化权力节点监控　杜绝政府采购监管"真空"

加强权力节点监控是构建反腐败惩防体系的一项创新举措。近年来,我市把政府采购确定为加强财政重要权力节点监控的试点领域,在全省率先出台加强政府采购权力节点监控实施办法,对政府采购运行中"六"大关键节点实施重点监控,初步构建了职责明确、操作规范、配置科学、制约有效的采购权力节点运行机制。

一、"精确锁定",排查政府采购运行风险点

政府采购既是财政支出改革的重要内容,也是备受社会关注的热点领域,政府采购工作规范与否,直接影响到政府采购的公信力和财政部门形象。因此,我市着力在"四个环节"下功夫,力求找准采购权力关键节点所在。一是分析流程找节点,开展"政府采购专项检查"活动,将检查触角延伸到政府采购的各个流程和环节,切实摸清我市政府采购规章制度、管理体制、监督机制、操作执行等方面存在的突出问题,进一步明确"采、管、监"三方职能定位;以不同的职能主体,分别找出最有可能出现漏洞、最有可能产生自由裁量权和影响中标结果的关键节点。二是剖析案例找节点,有重点地选择近年来发生的政府采购腐败案例,侧重剖析"采购腐败"的主要特征、形成原因以及严重危害,并紧密联系我市政府采购工作实践,提出从关键节点上预防"采购腐败"的有效途径。三是走访调研找节点,采取"走出去、请进来、发放问卷"等多种方式,广泛听取预算单位、采购机构、供应商等采购当事人的意见建议,先后深入周边城市、辖市区学习调研,积极掌握第一手资料,反复讨论关键节点所在。四是集体会商找节点,采取逆向思维、跳出采购看采购的方式,先后邀请市纪委有关部门、评委专家学者、采购服务单位等,多方征求意见,吸取集体智慧,切实找准6个关键节点,对每个关键节点的控制要素均进行定量和定性分析,科学制定各类数据标准,形成了较为合理的监控依据。依托以上"四个环节",我市确立了政府采购权力的"六"大关键节点,即"采购方式的确定与变更""采购文件的制作与发售""采购评审专家管理""采购中标(成交)结果的确定""采购合同的签订履约"以及"采购质疑、投诉",有针对性地制定了《×××财政局加强政府采购权力节点监控实施办法》(见下表),着力构筑"全方位、立体化、多层次"的政府采购权力监控机制。

二、"细分量化",重塑政府采购操作监控方式

针对政府采购运行查找出的突出问题和薄弱环节,我市把政府采购权力关键节点监控作为提高采购效率、预防采购腐败的着眼点,规范政府采购操作流程,细化权力节点监控范围,最大限度地减少人为调控和自由裁量,切实提高政府采购权力运行的透明度、公开度和规范度。

明确以公开招标为原则,监控"政府采购方式确定与变更"节点。进一步规范政府采购方式审批,完善采购方式变更制度,杜绝任意变更采购方式的行为。对达到公开招标数额标准(50万元)而采用公开招标以外采购方式的,采购单位必须出具证明资料,并在政府采购指定信息媒体公示,报市财政局分管局长批准;公开招标数额标准

(50万元)以下项目按市政府采购中心内部制度执行;50万元以下20万元以上采购项目,必须采用竞争性谈判方式采购;20万元以下采取询价方式采购。从严规范公开招标限额标准,进一步扩大公开招标比例,切实做到能公开招标的不采用其他方式,全方位保证了政府采购项目的充分竞争、公开竞争。

强化双向背离保密机制,监控"政府采购评审专家管理"节点。坚持招标人与评标人信息背离保密原则,评审专家由专人负责在"省政府采购专家库"系统中随机抽取,抽取结果必须至评标现场在公证人员监督下方可公布,提高专家抽取、确认的客观性和保密性;建立政府采购评审专家反馈机制,专家参与项目评审情况必须报市财政局采购处备案,有效防止了串标通气的现象出现。

确保采购信息及时公开,监控"采购文件制作与发售""采购中标(成交)结果确定"节点。采取指定政府采购信息发布媒体的方式,建立固定权威的信息公开平台,及时公布采购信息、招标方式、招标参数设置及评分标准、中标(成交)结果等。针对采购金额300万元以上或专业性强、社会关注度高的项目的采购文件制作,建立市场调研、专家咨询、指定媒体公告机制,邀请市纪委、采购管委会成员参与现场监督,并由市公证处现场公证,力求招标全过程真正达到"阳光透明"。

坚持抓好事中事后监督,监控"采购合同签订履约"和"采购质疑与投诉"节点。认真履行政府采购监督职能,对定点供应商履约行为采取日常监管与定期检查相结合,并将检查情况公示,市财政局采购处、监察室不定期随机对供应商履约情况验收检查;建立供应商诚信档案,对违约供应商作出处罚决定并报采购处备案;完善供应商质疑投诉处理操作规程,对投诉事项及处理结果告知被投诉人及相关当事人,并在指定信息媒体公示。

三、"分层监控",确保政府采购公开透明运行

针对排查梳理出的政府采购权力"六"大关键节点,按照民主监督、领导监督、专门监督三个层次科学划分、分层监控,采取报告备案、现场监督、信息公开等监督制约手段,保障公共权力规范运行、公开运行,形成从源头上预防政府采购权力腐败的工作机制。

抓公开,强化民主监督。主动接受人大、政协和新闻舆论监督,所有采购项目承诺接受人大代表、政协委员和义务督察员的全程跟踪监督,并确保所有采购信息发布率达100%;强化采购单位内部监督,建立采购项目公示制度,各单位必须通过各种形式,将采购项目的内容、中标(成交)供应商、价格等信息对干部职工进行公示;充分利用公证部门执法监督,明确履行招标活动必须邀请市公证部门到场执法监督,切实维护招标人的合法权益。

抓责任,强化领导监督。构建相互配合、相互制衡、相互约束、相互监督的领导责任制度,在投标人参与信息、购买标书情况、评分标准制定、评标专家抽取等重点工作环节,设置既相互衔接又相互牵制的联动机制,切实杜绝权力寻租行为;重点掌控好采购方式变更、采购合同调整等管理薄弱环节的审批权限,实行采购监管部门、分管领

导层层把关、层层负责,主动接受纪检监察部门对领导审批行为的监督检查。

抓规范,强化专门监督。建立健全财政与审计和纪检监察部门齐抓共管、高效严谨的监督机制,在强化纪检监察部门现场监督的基础上,逐步把采购计划编制、信息发布、组织采购活动、合同签订、资金支付等采购权力节点全面纳入审计监督的重要范畴,构建具有较强威慑力的动态监控体系;建立健全审批备案制度,招标现场实施封闭管理,全程电子监控,各种资料(包括音像资料)及时存档备案,随时提供备查。

监控节点	监控类型	监控方式	监控内容
一、政府采购方式变更	领导监督 专门监督 民主监督	专家论证 公示 审批	1. 达到公开招标数额标准(50万元)而拟直接采用公开招标以外采购方式的,须出具证明资料,并在政府采购指定信息媒体公示,市财政局采购处审核后报分管局长审批。 2. 采购过程中因特殊情况需变更采购方式的,按《江苏省货物及服务政府采购方式变更管理暂行办法》(苏财购〔2007〕9号)的要求执行。
	内部监督 专门监督	备案	3. 公开招标数额标准(50万元)以下项目按采购中心内部制度执行。50万元以下20万元以上采购项目,采用竞争性谈判方式采购;20万元以下采用询价方式采购。所有项目的采购方式均在指定信息媒体公告,对专业性强、技术复杂或社会关注度高的项目,采购公告发布前须报市财政局采购处备案。
二、政府采购文件制作及发售	内部监督 民主监督	公示	1. 评审方法和评审因素(细则)作为采购文件的组成部分对投标(响应)人公开。
		专家论证 公示	2. 采购预算300万元以上(含)或专业性强、技术复杂、社会关注度高的项目的采购文件制作,建立市场调研、专家论证、媒体公告等机制,杜绝因采购文件的不合理条款而造成采购活动的不规范和失败。
	领导监督 专门监督	审核 备案	3. 采购文件发布前,须经采购单位书面审核确认;定点采购(协议供货)项目,须报市财政局审核确认、备案。
	内部监督	专项检查	4. 采购文件发售由专人负责。采用单独分开记名或无记名登记的方式发售,并对获取采购文件的供应商名单、数量等信息按规定予以保密。
三、政府采购评审专家管理	内部监督 专门监督	专项检查	1. 评审专家抽取由专人负责在"江苏省政府采购专家库"系统中随机抽取。抽取记录密封,至评标现场在公证人员监督下打开。
	技术监督		2. 引进"自动语音通知系统",提高专家抽取、确认的客观性和保密性。
	专门监督	备案	3. "政府采购评审专家评审情况反馈表"报市财政局采购处备案。
四、政府采购中标(成交)结果确定	领导监督 专门监督 民主监督	现场检查	1. 采购预算300万元以上(含)或社会关注度高的项目,邀请市纪委、市政府采购管委会成员参与现场监督; 采购预算300万元以下的项目,请市财政局纪检监察室参与现场监督; 所有招标(谈判)项目,由市公证处现场公证监督。

续表

监控节点	监控类型	监控方式	监控内容
四、政府采购中标（成交）结果确定	专门监督 内部监督	现场检查 备案	2. 综合评分法价格分值设置标准统一、公开。电器设备、办公自动化设备、家具、网络设备等一般货物的价格权值不得低于45％,服务类项目的价格权值不得低于20％,其他货物类项目的价格权值不得低于40％。特殊情况需要调低价格权值的,应由采购单位在采购活动开始前向市财政局提出申请。 最高投标报价供应商被评为第一候选中标供应商时,应要求评标委员会说明原因,并形成书面意见备查； 采用最低评标价法时,对最低价未中标的,应要求评标委员会说明未中标原因,并形成书面意见备查。
	民主监督	公示	3. 中标（成交）供应商名单、价格等采购结果在指定信息媒体公示。
五、政府采购合同签订履约	内部监督 民主监督	专家论证 现场检查	1. 金额300万元以上（含）、社会关注度较高的采购项目,采购中心参与或组织专家对项目验收； 网上询价项目,采购中心每周抽查不少于1—2个项目。
	专门监督	现场检查	2. 市财政局采购处、纪检监察室对所有项目随机验收检查。
	领导监督 专门监督 民主监督	审批	3. 政府采购合同执行过程中需添购与合同标的相同的项目,在原合同金额10％以内的,由市政府采购中心报市财政局采购处备案。
	专门监督 民主监督	现场检查 公示	4. 对定点供应（协议供货）商履约行为进行日常监管与定期检查相结合,检查情况公示。
六、政府采购质疑、投诉	专门监督	备案	1. 质疑事项及答疑资料在答复发出后一日内报市财政局采购处备案。
	专门监督 民主监督	公示 备案	2. 投诉事项及处理结果告知被投诉人及相关当事人,并在指定信息媒体公示,同时报市财政局纪检监察室备案。 3. 建立供应商诚信档案,对违约供应商处罚决定（包括经济和行政）报市财政局采购处备案,并在指定信息媒体公示。

（二）政府采购操作风险防范与控制

一个采购项目的操作一般要经过采购人委托、核对需求、采购方式确定、拟定采购文件、发布采购信息、发售采购文件、抽取评审专家、接收响应文件、评审现场组织、质疑处理、鉴证采购合同、项目验收等一系列的采购程序,每个操作程序都有可能存在一定风险点。采购机构应当建立健全内部监督管理制度,明确采购活动的决策和执行程序,并使之相互监督、相互制约,将风险控制在一定的限度内。

采购机构首先应建立健全内部控制制度,如委托采购的管理制度、采购方式提请审批制度、采购文件编制规范文本、采购信息发布的管理制度、评审专家抽取使用制度、采购现场组织的管理制度、合同审核签订管理制度、关于质疑接收处理的管理制度等。

其次,要建立健全内部岗位责任制,体现出相互监督、相互制约的机制。采购文件编制人员与供应商资格预审人员相分离;项目经办人员与评审专家抽取人员相分离;项目经办人员和合同审核人员相分离;监督管理制定等。对如何防范和控制操作风险可参见经典资料10-1。

经典资料10-1　×××政府采购中心岗位责任风险点控制[①]

一、计划核对

下达政府采购计划。采购项目是否编制了政府采购预算,采购资金是否落实,采购的组织形式和采购方式是否合规。

1. 控制标准

①《中华人民共和国政府采购法》。

②《政府采购货物和服务招标投标管理办法》。

③《××政府采购目录及标准》。

2. 控制措施

一是核对采购项目是否编制了政府采购预算,是否有政府采购计划;

二是核对采购资金是否落实,要明确资金性质和渠道,采购资金未落实的采购项目不得采购;

三是按照法律法规的规定,并结合采购项目的实际情况,合理确定采购项目实施的组织形式和采购方式。

二、资金支付

采购项目资金支付。政府采购项目资金是否按规定及时进行支付。

1. 控制标准

①《中华人民共和国政府采购法》。

②《政府采购货物和服务招标投标管理办法》。

③《××政府采购目录及标准》。

2. 控制措施

一是审核采购单位是否按规定的采购组织形式和采购方式进行采购;

二是审核采购项目实施结束后,采购单位是否按规定组织相关部门进行了项目验收;

三是审核中标(成交)通知书、政府采购合同、发票、验收报告单所列的金额、供应商名称是否一致;

四是审核中标(成交)通知书、合同、发票、验收报告单、公开交易确认书等相关资料是否齐全。

---

① ××政府采购网,2015-06-12.

三、信息发布

政府采购信息发布。政府采购信息是否按照规定渠道进行了充分发布。

1. 控制标准

①《中华人民共和国政府采购法》。

②《政府采购信息公告管理办法》。

2. 控制措施

一是政府采购信息必须在政府采购监管部门指定的媒体上公开发布；

二是发布的采购公告不得含有歧视性、倾向性条款。

四、项目监审

编制招标文件。设定的资格条件、技术参数，制定的评分细则是否符合政府采购法律法规的规定。

1. 控制标准

①《政府采购货物和服务招标投标管理办法》。

②《××政府采购目录及标准》。

2. 控制措施

一是设定符合采购项目要求的资格条件，不允许设定有倾向性的资格条件，或者擅自提高资质等级；

二是所购货物规格型号及参数必须统一、准确，不能指定品牌进行招标，不能以某一品牌货物的规格型号和技术参数作为招标要求；

三是公正制定评分细则，不能将特定地域、特定业绩列为评分因素。价格评分按照《财政部关于加强政府采购货物和服务项目价格评审管理的通知》。

（三）政府采购评审风险防范与控制

$$评审风险＝固有风险×控制风险×检查风险$$

被评审事项越复杂，固有风险就越大，评审风险就越大。这要靠评审人员平时不断提高专业技术水平、积累评标经验和技巧。此外，评审内控制度和程序遵循得越好，政府采购评审过程中的偏差可能越会及早被内部控制制度发现或纠正，因此评审内部控制制度有助于风险的防范。

提高政府采购评审活动的质量无疑是避免法律责任和防范风险最有效的手段。政府采购评审质量越好，评审专家所承担的风险就越小，反之，质量越差，隐藏的风险就越大。要提高评审质量必须建立政府采购评审质量控制体系，即依照政府采购法律法规的要求和政府采购内在规律性建立起一套完善和科学的评审规范和控制程序，以降低和防范评审活动中的风险。科学的评审质量控制体系应考虑如下几方面的因素：

1. 评审人员应保持独立身份，客观公正评审。该回避的必须回避。财政部《政府采购评审专家管理办法》中规定，评审专家不得参与与自己有利害关系的政府采购项目的评审活动。正确对待采购人或其他人员的倾向性提示。评审专家应按照采购文件确定的评审标准，客观公正地评审每一份投标文件，评标依据只能是相关法律法规、采购文件和评标标准。评审人员应尽量避免外界因素的干扰，如遇到采购人评委评标现场倾向性提示时，评委应正确分析，独立评判，只有按照事先确定的标准和程序评审，才能最大限度地降低评审专家自身面临的风险。

2. 评审专家应保持执业谨慎，遵守评审标准和职业道德。在判断评审人员是否承担法律责任时，关键看评审人员是否遵循评审程序和标准。只要评审人员严格遵守政府采购法规，依据招标文件要求和评审标准，评审时保持应有谨慎，一般不会发生什么过失，至少不会发生大的失误，承担评审责任。因此保持良好的职业道德，严格遵循政府采购法规和招标文件的约定及评审标准，对于避免法律责任意义重大。

3. 明确各方责任，减少误解和避免纠纷。评审人员依据招标文件的要求和评标标准对供应商提供的产品和服务进行评判，如果在投标文件真实性、正确性方面出现问题应由投标单位承担责任，评审人员只承担评审过程中偏差失误引起的责任。在评审前明确各当事人责任，是减少和消除评审人员法律责任、避免风险的一个重要策略和手段。

4. 创造公开透明的评审环境。政府采购监管部门会同集中采购机构加强公开、公平、公正的评审环境建设，是防范评审风险的一个外在因素。一是要加强学习培训，提高评审人员政府采购法制水平和自我保护意识。二是开展评审规范和程序研究，制定相应规范和准则，用严密的制度和程序防范评审风险，将一些可能导致评审风险的因素，消灭在萌芽状态。三是作为监管部门和集中采购机构要加强宣传，加强与供应商和社会公众的沟通，正确宣传评审活动的实际作用，努力降低相关当事人过高的期望，防范评审人员承担不必要的法律责任。

（四）供应商政府采购失标风险防范与控制

1. 供应商政府采购风险的识别

（1）市场竞争的风险

市场竞争风险是政府采购中的正常风险。假定采购人、供应商都按照法律程序、法定方法参加政府采购活动，一个政府采购活动大多数供应商拿不到合同是难免的，竞争有风险，采购人总是会好中选优，对此供应商应有充分的认识。

（2）资格瑕疵的风险

供应商的行为不符合法律的规定，或没有资格进入政府采购市场，即使该供应商侥幸获得采购合同订单，最终也无效。比如说，某供应商被列入不良厂商的名单，当时未能发现，但后来被举报后，中标无效。供应商对招标资格要求应充分了解。

（3）非规范操作的风险

非规范操作的风险包括：一是采购人的非规范操作。即采购人违法、违规操作可能会使供应商中不了标，拿不到合同订单。采购人采购程序有失公允、采购方式选择违法等，可能会导致中标无效，重新招标，这可能会使原中标供应商造成损失。二是供应商的非规范操作，比如说串标、行贿等等，导致已签订的采购合同无效。

诚然，供应商在政府采购市场中要面临较多的风险，但依然是机遇大于风险，意识到

2. 供应商政府采购失标风险的防范与控制

风险的规避从法律学这个角度来说就是依法办事。严格按照《政府采购法》来办,风险最小。

供应商在政府采购活动中要遵行诚信原则,就是说合同或标书不能曲意去解释,要按本来意思也就是通常意思去解释,不能欺诈。这种现象在供应商中间也是存在的,在投标的时候,把技术标准提高,价格压低,中标之后再谈判;或者在履行合同的时候,偷梁换柱、暗度陈仓。这个供应商就违背了诚信原则。

总之,在政府采购市场中,一定要遵循法律规定,要遵循基本的商业规律,政府采购市场健康发展了,供应商的权益才会得到保护。

第二节 政府采购救济

一、政府采购救济机制概述

政府采购改革向纵深推进,在触及旧有部门采购的利益格局的同时,也产生新的法律关系,形成了采购机构、供应商和使用单位多方主体、多重法律关系。利益格局的变动、法律关系的复杂化,导致各种冲突和矛盾在所难免,于是,建立有效、科学的纠纷解决机制显得尤为迫切。

在政府采购诸多法律关系中,采购人与供应商之间采购合同关系是最重要的法律关系。供应商是采购合同的竞争者,采购合同的订立程序是否合法,采购合同的授予是否公正以及合同条件是否公平,直接关系到政府采购目标能否实现。政府采购的救济制度主要就是基于合同订立和履行而设计的。

政府采购救济制度是政府采购的当事人发生争议时,所能寻求的行政的、司法的保护制度。也就是政府采购一方当事人故意或过失造成另一方权益受损时,法律上规定另一方所能采取的保护、补救或恢复权利的方法或措施。

从各国政府采购实践看,政府采购当事人在政府采购过程中权益受损的情况根据所处阶段不同,政府采购救济制度也可分为两部分:一部分是合同订立过程中的救济制度,主要是处理合同形成过程中的争议,由于政府采购的某些程序、采购规则有失公允性,侵害了供应商的权益,这部分救济制度侧重于对供应商权益的保护;另一部分是合同履约方面的救济制度,主要是处理合同履行过程中的争议[1]。

---

[1] 于安,宋雅琴,万如意.政府采购方法与实务[M].北京:中国人事出版社,2012.

政府采购是社会公共的采购，采购数量十分巨大，支付能力强，因此政府采购合同往往是供应商竞相争夺的目标。在政府采购活动中，供应商又常常会处于"弱势"地位，原因是政府采购市场为买方市场，政府机关作为买方，决定供应商的资格条件、招标投标程序等，占有交易上的优势，供应商处于有求于人的一方，处于相对被动的地位。因此，这一阶段的救济主要针对采购人或采购机构违反法律规定、损害供应商权益行为的救济制度。我国《政府采购法》就供应商质疑和投诉以及申请复议或诉诸司法救济作出了明确的规定。《政府采购法》规定了询问、质疑、投诉、行政复议和行政诉讼等手段进行救济，以保障供应商的合法权益。

政府采购履约阶段，政府采购当事人之间已经建立了合同关系。这一阶段为围绕合同履行引起的争议，《政府采购法》规定，依《合同法》按照民事法律手段维护自身的利益。救济手段主要包括协商、调节、仲裁和民事诉讼。

二、政府采购合同授予争议救济制度

《政府采购法》第六章专门规定了质疑和投诉，标志着我国政府采购供应商救济制度正式建立。我国的供应商质疑和投诉制度，借鉴了各国的立法经验，基本符合《政府采购协定》的精神，符合国际惯例，又基于我国国情，体现我国的特色。我国的政府采购救济机制的途径包括询问、质疑、投诉、行政复议和行政诉讼程序。

（一）询问[①]

1. 询问的提出和处理

在政府采购活动中，采购人往往处在主动地位，而供应商则相对比较被动。采购人发布的采购的信息包括采购的对象、采购的标准、供应商的准入条件、实行的采购方式等多项因素。这些因素有的可能比较简单；有的可能不够清晰；有的在采购实施过程中，采购人的一些做法不够透明；中标、成交有了结果后，由于多种因素的影响，可能会导致参加采购的供应商不能及时了解整个有关政府采购的信息和情况。设立询问制度赋予供应商询问权，对于监督采购人遵守和实行公开透明原则，保障供应商的知情权、了解权等程序权利是十分必要的。

根据《政府采购法》的透明原则，供应商有权知道和了解采购过程的信息，供应商对政府采购活动事项有疑问的，有权向采购人提出询问。采购人如果委托采购代理机构进行采购活动的，供应商也可以向采购代理机构提出询问。

询问是针对采购活动事项有疑问提出的，对供应商询问的范围、时间、条件、方式均不设限制。供应商询问的范围广泛，包括政府采购活动的任何事项；对于提起询问的时间法律上没有限制，在政府采购活动的任何时间均可提出。询问主体上，所有供应商都享有对政府采购活动询问的权利。询问的方式也不作限制，既可以是口头形式也可以是书面形式。

---

① 《政府采购法》第五十一条规定："供应商对政府采购活动事项有疑问的，可以向采购人提出询问。"

询问与招标过程中的澄清是有一定区别的。询问的范围广泛,针对政府采购活动的事项,采购人仅就供应商提出的询问答复询问供应商,但询问的内容如涉及招标文件的具体内容,且影响招标投标的应当通知所有的投标供应商。澄清的内容必须明确具体,澄清的内容应当通知所有的投标供应商。

在对询问的答复,采购人或代理机构应当及时、准确和真实地进行答复,只要不涉及商业秘密的信息都应当提供,不得以任何理由回避、拖延或拒绝答复。

2. 询问事项注意点

政府采购询问时,当事人双方应注意:第一,所有供应商都可以享有对政府采购活动事项进行询问的权利。只要这个供应商对政府采购事项有疑问,就可以不受约束地向采购人提出询问。第二,对于任何供应商的询问,采购人必须及时作出答复,但答复的内容不得涉及商业秘密。第三,虽然法律未对采购人答复供应商询问的时限作出明确规定,采购人也应当自觉地、尽快地答复。第四,供应商对政府采购活动事项提出询问以及采购人作出答复的方式,法律没有规定,实际操作中,既可以采取书面方式,也可以采取口头方式。第五,对供应商提出的不合理问题,甚至涉及商业秘密的,要耐心、细致地做好宣传、解释。

(二) 质疑

1. 质疑的提出和处理

质疑是指供应商认为采购文件、采购过程和中标、成交结果使自己的权益受到损害而向采购人或向采购代理机构提出请求,要求纠正或予以赔偿的一种救济方式。《政府采购法》对质疑的范围、质疑的时限、质疑的形式、质疑的机构和质疑的处理都有明确的规定。

(1) 质疑的范围

质疑的范围仅限于采购文件、采购过程和中标、成交结果。供应商认为采购文件、采购过程和中标、成交结果造成其合法权益受到损害的,可以向采购人提出质疑。而对履约过程中发生的争议,属于违约责任,应当适用《合同法》的规定进行救济。

(2) 质疑的时限

《政府采购法》规定,供应商提出质疑应当在知道或者应当知道其权益受到损害之日起七个工作日内向采购人提出。时限的规定旨在促使供应商能及时行使其权利,同时也符合政府采购及时性的要求。

(3) 质疑的形式

质疑供应商在质疑的时限内以书面形式向采购人提出,质疑申请的内容应当包括质疑人和被质疑人的名称、住所、电话、邮编等基本情况,质疑的具体请求事项,质疑人受到损害的事实和理由。质疑文书也是政府采购文件之一,按照《政府采购法》的规定保存。所以,质疑应当采用书面形式。

(4) 质疑的机构

我国《政府采购法》规定的质疑程序属于内部的救济机制,对救济机构的设置并没有明确的规定,供应商质疑可以直接向采购人或采购代理机构提出,采购人或采购代理机构应当设立独立的质疑部门,而不能由采购部门的经办人员直接接受供应商的质疑,质疑部门应当由专职人员从事质疑受理工作。

(5) 质疑的处理

采购人或采购代理机构在收到供应商的书面质疑后应当在七个工作日内以书面形式答复质疑的供应商和其他有关供应商。采购人在受理供应商质疑之后,向采购部门调取有关的采购文件,对质疑的事实进行全面的调查,审查政府采购文件和程序的合法性。对质疑供应商的质疑请求如何处理,《政府采购法》并没有明确的规定,一般地,经审查发现政府采购的文件和程序存在合法性的问题,应当要求采购部门及时纠正,给供应商造成损害的应当给予适当的赔偿,但赔偿以供应商制作投标文件和投标之损失为限。

及时对供应商提出的质疑作出答复,是采购人应尽的义务。同时,由于在一项政府采购活动中有多个供应商参加,采购人对质疑供应商所提质疑事项作出的答复,很可能既关系到质疑供应商,也涉及参加这一采购活动的其他有关供应商。因此,采购人的书面答复,不仅应当通知质疑供应商,也要通知其他有关供应商。

采购人委托采购代理机构采购的,供应商可以向采购代理机构提出询问或者质疑,采购代理机构应当作出相应答复。采购代理机构一旦接受采购人的委托办理采购事宜,就开始以采购人的名义对外从事采购活动,在这种情况下,供应商就可以直接向采购代理机构提出质疑。对于供应商提出的质疑,采购代理机构也应当在收到书面质疑后七个工作日内以书面形式作出答复,并通知质疑供应商和其他有关供应商,但答复的内容不得涉及商业秘密。

采购代理机构在接受采购人的委托办理采购事宜时,与采购人是一种委托代理关系,在采购活动中的权限要受委托权限的限制。因此,采购代理机构在对供应商提出的询问或者质疑作出答复时,只限于采购人委托授权范围内的事项,至于采购人委托授权范围以外的事项,仍然应当由采购人负责答复。

2. 质疑处理时注意点

政府采购质疑时,当事人双方应注意:首先,采购人不得拒绝答复供应商依法提出的质疑。供应商认为采购文件、采购过程和中标、成交结果使自己的权益受到损害的,无论是政府采购活动正在进行,还是政府采购活动结束以后,都可以依法向采购人提出质疑,采购人不得以采购活动正在进行或者已经结束等理由拒绝答复供应商的质疑。其次,答复质疑时要考虑到有关系的其他供应商,质疑答复除了通知当事人,还应告知相关供应商。最后,供应商提出质疑时,要注意在有效时间内提出,否则会影响采购过程的连续性。

(三) 投诉

1. 投诉的提出

在政府采购活动中,参加采购的供应商如果能顺利成为中标者或者成交人,就与采购人、采购代理机构成了合作伙伴;如果不能成为中标者或成交人,就有可能与采购人、采购代理机构之间产生纠纷。尤其是供应商在认为采购文件、采购过程和中标、成交结果使自己的权益受到损害,向采购人、采购代理机构提出质疑得不到及时、正确处理的情况下,不满情况更加不可调和,造成这种局面的原因,既可能出自供应商本身,也可能出自采购人、采购代理机构。当采购人、采购代理机构对供应商提出的质疑作出的答复不能令质疑供应商信服,或者采购人、采购代理机构没有在规定的期限内答复质疑供应商,使供应商的权益没有得到保障时,就需要为质疑供应商继续提供一个公正、迅速解决问题的救济途径,以使供应商权益得到有效保护。根据我国目前的实际情况,各级财政部门作为采购监督管理部门,不参与具体的政府采购活动,处于比较中立的地位,完全有条件和能力处理政府采购活动中产生的纠纷和问题。基于以上考虑,作出了供应商提出投诉的有关问题由政府采购监督管理部门负责这一规定。

投诉制度对投诉条件、范围、时限、形式等作了具体的规定。

(1) 投诉的前置条件。供应商认为采购文件、采购过程和中标、成交结果使自己的权益受到损害的,应当首先依法向采购人提出质疑,对采购人、采购代理机构作出的质疑答复不满意或者采购人、采购代理机构未在规定的时间内作出答复的情况下,才能提出投诉。

(2) 投诉的事项。投诉的事项仅限于可以提出质疑的事项范围内,即采购文件、采购过程和中标、成交结果。

(3) 投诉的时限。质疑是供应商对采购人、采购代理机构作出的答复不满意或者采购人、采购代理机构未在规定的时间内作出答复的,可以在答复期满后十五个工作日内提起投诉,不能超过规定的时限。

(4) 投诉的形式。投诉人投诉时,应当提交投诉书,并按照被投诉采购人、采购代理机构和与投诉事项有关的供应商数量提供投诉书的副本。投诉书应当包括投诉人和被投诉人的名称、地址、电话等;具体投诉的事项及事实依据;质疑和质疑答复情况及相关证明材料;提起投诉的日期。投诉书应当署名。投诉人为自然人的,应当由本人签字;投诉人为法人或者其他组织的,应当由法定代表人或者主要负责人签字并加盖公章。投诉人可以委托代理人办理投诉事务。代理人办理投诉事务时,除提交投诉书外,还应当向同级财政部门提交投诉人的授权委托书,授权委托书应当载明委托代理的具体权限和事项。投诉人或投诉代理人投诉时还应提交身份证明文件。

(5) 受理投诉的机构。法律规定,县级以上各级人民政府财政部门负责依法受理和处理供应商投诉;县级以上地方各级人民政府财政部门负责本级预算项目政府采购活动中的供应商投诉事宜。供应商只能向采购人或者采购代理机构的同级政府采购监督管理部门投诉,不可以越级投诉,也不可以向其他部门投诉。

2. 投诉的处理

政府采购监督管理部门收到供应商的投诉后,需要组织人员对投诉事项的有关情况,进行深入细致的调查、取证、审查和核实,以查明事实真相,在此基础上,依法作出处理规定。具体程序如下:

(1) 财政部门收到投诉书后,应当在五个工作日内进行审查以确定是否受理。其主要应从以下六个方面进行审查：投诉人是否是参与所投诉政府采购活动的供应商；是否在提起投诉前已依法进行了质疑；投诉书内容是否符合《政府采购供应商投诉处理办法》的规定；是否在投诉有效期限内提起投诉；是否属于本财政部门管辖；是否是已经处理的同一投诉事项。

（2）告知和受理。对不符合投诉条件的，分别按下列规定予以处理：投诉内容不符合规定的，告知投诉人修改后在规定的期限内重新投诉；投诉不属于本部门管辖的，转送有管辖权的部门，并通知投诉人；投诉不符合其他条件的，书面告之投诉人不予受理，并应当说明理由。对符合投诉条件的投诉，自财政部门收到投诉书之日起即为受理。注意投诉受理通知书或不予受理通知书都需要办理投诉人签收手续。

（3）调查取证。财政部门应当在受理投诉后三个工作日内向被投诉人和与投诉事项有关的供应商发送投诉书副本。被投诉人和与投诉事项有关的供应商应当在收到投诉书副本之日起五个工作日内，以书面形式向财政部门作出说明，并提交相关证据、依据和其他有关资料。财政部门收到后应当签收。

财政部门处理投诉事项原则上采取书面审查的办法。其主要根据供应商投诉事项，对招标文件、投标文件、评分标准以及专家评委的评分情况，被投诉人和与投诉事项有关的供应商作出的说明、提交的相关证据、依据和其他有关资料等进行书面审查。

财政部门认为有必要时，可以进行调查取证，发送调查取证通知书，也可以组织投诉人和被投诉人当面质证。对财政部门依法进行调查的，投诉人、被投诉人以及与投诉事项有关的单位及人员等应当如实反映情况，并提供财政部门所需要的相关材料。投诉人拒绝配合财政部门依法进行调查的，按自动撤回投诉处理；被投诉人不提交相关证据、依据和其他有关材料的，视同放弃说明权利，认可投诉事项。对情况复杂的，财政部门可组织专家评委对原评标过程进行复议，同时应邀请有关人员进行现场监督。在复议过程中，要做好取证记录，要求到场的相关人员签字，并将有关证据复印件附后。

财政部门在处理投诉事项期间，可以视具体情况书面通知被投诉人暂停采购活动，但暂停时间最长不得超过三十日。

（4）签发处理决定。财政部门经审查，对投诉事项分别作出下列处理决定：投诉人撤回投诉的，终止投诉处理；投诉缺乏事实依据的，驳回投诉；投诉事项经查证属实的，分别按照《政府采购供应商投诉处理办法》有关规定处理。

① 财政部门经审查，认定采购文件具有明显倾向性或者歧视性等问题，给投诉人或者其他供应商合法权益造成或者可能造成损害的，按下列情况分别处理：采购活动尚未完成的，责令修改采购文件，并按修改后的采购文件开展采购活动；采购活动已经完成，但尚未签订政府采购合同的，决定采购活动违法，责令重新开展采购活动；采购活动已经完成，并且已经签订政府采购合同的，决定采购活动违法，由被投诉人按照有关法律规定承担相应的赔偿责任。

② 财政部门经审查，认定采购文件、采购过程影响或者可能影响中标、成交结果的，或者中标、成交结果的产生过程存在违法行为的，按下列情况分别处理：政府采购合同尚

未签订的,分别根据不同情况决定全部或者部分采购行为违法,责令重新开展采购活动;政府采购合同已经签订但尚未履行的,决定撤销合同,责令重新开展采购活动;政府采购合同已经履行的,决定采购活动违法,给采购人、投诉人造成损失的,由相关责任人承担赔偿责任。

财政部门应当自受理投诉之日起三十个工作日内,对投诉事项作出处理决定,并以书面形式通知投诉人、被投诉人及其他与投诉处理结果有利害关系的政府采购当事人。

财政部门作出处理决定,应当制作投诉处理决定书,并加盖印章。投诉处理决定书应当包括下列主要内容:投诉人与被投诉人的姓名或者名称、住所等;委托代理人办理的,代理人的姓名、职业、住址、联系方式等;处理决定的具体内容及事实根据和法律依据;告知投诉人行政复议申请权和诉讼权利;作出处理决定的日期。

(5)送达。投诉处理决定作出后,依照《中华人民共和国民事诉讼法》关于送达的规定执行。送达投诉处理文书必须有送达回证,由受送达人在送达回证上记明收到日期,签名或者盖章。送达投诉处理文书,应当直接送交受送达人签收;受送达人已向投诉处理部门指定代收人的,送交代收人签收。受送达人或者代收人在送达回证上签收的日期为送达日期。受送达人拒绝接收投诉处理文书的,送达人应当邀请有关单位的代表到场,说明情况,在送达回证上记明拒收事由和日期,由送达人、见证人签名或者盖章,把投诉处理文书留在受送达人的住所,即视为送达。直接送达投诉处理文书有困难的,可以邮寄送达。邮寄送达的,以回执上注明的收件日期为送达日期。受送达人下落不明,或者其他方式无法送达的,公告送达。自发出公告之日起,经过六十日,即视为送达。

(6)公示。财政部门应当将投诉处理结果在省级以上财政部门指定的政府采购信息发布媒体上公告。

(四)行政复议

投诉供应商对政府采购监督管理部门的投诉处理不服,或者政府采购监督管理部门逾期未作处理的,还可以依法申请行政复议。申请行政复议,根据《中华人民共和国行政复议法》的规定,投诉人可以自收到投诉处理决定之日起六十日内,向该政府采购监督管理部门的本级人民政府申请行政复议,或者向上一级政府采购监督管理部门申请行政复议。行政复议机关在收到行政复议申请后,应当在五个工作日内进行审查并决定是否受理:对不予受理的,应当书面通知申请人;对决定予以受理的,应当及时进行审查、研究提出处理意见,在自受理申请之日起六十日内作出维持、撤销、变更原投诉处理决定或确认原处理决定违法的行政复议决定,并书面通知申请人。

(五)行政诉讼

政府采购活动中投诉供应商对政府采购监督管理部门的投诉处理决定不服或者政府采购监督管理部门逾期未作处理的,投诉供应商可以不经行政复议程序直接向人民法院提起行政诉讼。根据《中华人民共和国行政诉讼法》的规定,投诉人不服处理决定直接向人民法院提起行政诉讼的,应当在收到投诉处理决定之日起三个月内,向作出投诉处理决定的政府采购监督管理部门所在地的基层人民法院提出。人民法院接到起诉状后,经审查在七日内立案或者作出裁定不予受理。一经立案,人民法院将及时进行审理,并根据情况,在立案之日起三个月内分别作出维持、撤销或部分撤销原投诉处理决定的第一审判决。投诉人对第一审判决不服,有权在判决书送达之日起十五日内向上一级人民法院提起上诉。

三、政府采购合同履行争议救济制度

《政府采购法》没有规定政府采购合同订立后,政府采购合同履行阶段发生的争议如何进行救济问题。《政府采购法》第四十三条规定:"政府采购合同适用合同法。采购人和供应商之间的权利和义务,应当按照平等、自愿的原则以合同方式约定。"在合同履行阶段,任何一方不履行合同义务,都应当承担违约责任。

《合同法》第一百二十八条规定,当事人可以通过和解或者调解解决合同争议。

当事人不愿和解、调解或者和解、调解不成的,可以根据仲裁协议向仲裁机构申请仲裁。涉外合同的当事人可以根据仲裁协议向中国仲裁机构或者其他仲裁机构申请仲裁。当事人没有订立仲裁协议或者仲裁协议无效的,可以向人民法院起诉。当事人应当履行发生法律效力的判决、仲裁裁决、调解书;拒不履行的,对方可以请求人民法院执行。因此,政府采购履约争议有四大解决途径:和解、调解、仲裁和诉讼[①]。

1. 和解。和解是指合同纠纷当事人在自愿友好的基础上,互相沟通、互相谅解,从而解决纠纷的一种方式。和解作为一种非诉讼的纠纷解决方式,有着诉讼难以比拟的优势:成本低,方式灵活,后遗症少。事实上,合同履行过程中,大多数纠纷可以通过和解来解决。

2. 调解。调解是指合同纠纷当事人不能达成和解协议时,在有关管理机关等的主持下,通过对当事人双方沟通、说服,自愿达成协议,以解决合同纠纷的方法。合同调解往往是当事人和解不能解决纠纷时采用的一种方式,它通过一定机构作为解决纠纷的媒介,它处理的纠纷要适当的大一些。但这种方式能够及时地、经济地解决纠纷,有利于消除合同当事人的情绪,维护双方的长期合作关系。

3. 仲裁。仲裁是指争议双方在纠纷发生前或者纠纷发生后达成协议或者根据法律规定,自愿将争议交给第三者裁决,并负有自动履行义务的一种解决争议的方式。仲裁具有公正、专业、裁决易于接受等特点,同诉讼相比,仲裁实行一裁终局原则。

4. 诉讼。诉讼是指法院依照法定程序,以审理、裁决、执行等方式解决纠纷的活动。诉讼是解决纠纷的最终方式。政府采购活动中,供应商和采购人签订合同后,合同履行中产生纠纷的可以向当地人民法院提起民事诉讼,请求法院判决被告履行政府采购合同或承担某种违约责任。

四、我国政府采购救济制度的评析

政府采购救济制度是政府采购当事人在政府采购活动中发生争议或纠纷时寻求合

---

① 肖建华.政府采购[M].大连:东北财经大学出版社,2011.

理解决的制度安排。政府采购设置较为完善的政府采购救济途径来保护各方当事人合法权益。但在实践中,政府采购救济制度由于简单原则、缺乏具体细则等原因还不能完全保护各方利益。

1. 政府采购救济对象不全面。政府采购的救济主体,理应是所有参加政府采购活动的且其权利受到或可能受到侵害的所有当事人,不仅包括供应商,还应包括采购人这一主体。虽然在政府采购活动与过程中,权利救济的主体应侧重于权利受到或可能受到损害的供应商,《政府采购法》建立与健全了供应商权利救济制度,但也不能忽视采购人的权利救济制度。采购人权利救济制度与供应商、采购机构权利救济制度共同组合构成了完整的政府采购救济制度体系。

2. 完善的政府采购救济制度必须同时关注供应商与采购人等主体的权利救济。有权利,必有救济;无救济,便无权利。在政府采购活动与过程中,无论是供应商,还是采购人,政府采购法律法规或政府采购合同均为其设立了一系列权利,这些权利并不排除受侵害的可能;而且由于政府采购的特殊性,主体权利的差异性,法律有必要设计一些特别制度,对供应商、采购人的权利救济分别作出特别的规定,以充分保护政府采购中的每一个主体的合法权益,最终确保政府职能与社会公共利益目标的实现。几乎所有的政府采购法律法规都对供应商的权利救济作出了相应的规范,但侧重保护的是第三人的合法权益。尤其是,绝大多数政府采购法律法规缺乏对采购人权利救济的规制,我们建议在设计中国政府采购救济制度时,宜参考世行指南关于招标商权利救济制度的相关规定,结合我国政府采购的实践,就采购人权利救济的特殊性作出明确规定。

3. 现行救济体系下供应商维权仍有一定难度。在政府采购活动中,采购主体所控制的证据具有较大的隐蔽性。政府采购的审批文件、采购预算文件、招投标采购文件、投标供应商的资质、中标供应商的资质、评标标准及方法、专家意见及专家资历、定标依据、授标文件、合同文本、合同履行和验收证明、采购过程的工作记录等原始证据材料,全部保存在采购人或者采购代理机构处。这给供应商或其代理律师收集证据带来了相当大的难度。

虽然政府采购当事人作为民事主体,在采购活动中的地位都是完全平等的,但采购人一般为公共权力机关,往往享有一种准司法行政权,对采购过程中的许多事项享有完全自由的裁量权,比如:审查确定供应商资格的权力、选择和确定中标供应商的权力等。采购主体行使上述审查或选择权时侵害相对人合法权益时,一方面,供应商无法取得相应证据,能够提供证明的唯一只有采购人;另一方面,明知采购主体的行为违法,为了未来不确定的中标、成交的机会,避免可能遭遇打击报复,供应商也不敢理直气壮。

往往将质疑程序作为质疑供应商维权提起投诉之前的必经阶段,简称为政府采购救济机制前置程序。质疑供应商如果未经过这一前置程序,财政部门就不受理投诉。质疑程序无形中增加了投诉供应商有效保护自己合法权益的时间长度和累赘。

4. 政府采购合同履行阶段缺乏针对政府采购合同的救济制度。政府采购活动可大致划分为两个阶段,即政府采购合同授予阶段与政府采购合同履行阶段。在政府采购活动的每一个阶段,政府采购当事人的权益若受到或可能受到相对方当事人的侵害,法律均应赋予其享有救济的权利,以切实保护当事人的合法权益,并最终实现政府采购的价值目标。而我国《政府采购法》第四十三条规定政府采购合同适用合同法,从其性质来讲,政府采购合同属于民事性质的合同,任何一方不履行合同义务,除不可抗力等免责事由外,都应承担违约责任。但由于政府采购合同毕竟与一般的民事合同不同,有其自身的特殊性,如世界各国各地区的政府采购法都规定了采购人一定的特权,如我国《澳门行政程序法典》中负责政府采购的行政部门享有五项权力:单方变更合同的权力、控制合同的权力、单方解除合同的权力、监察权、单方制裁权等。因此,在政府采购合同有效成立后,包括合同履行阶段及后合同阶段,法律均就采购人与供应商当事人之间合同纷争救济的特殊性问题,如因公共利益合同履行终止造成供应商损失如何弥补等,补偿标准、程序等作出进一步的规定。

而目前《政府采购法》主要提供了政府采购合同授予阶段对供应商的权利救济途径,没有设置合同履约阶段政府采购合同特殊的救济制度。是否可以借鉴国际上通行的做法,根据政府采购的不同阶段,分别设置权利救济制度。

5. 是否设立仲裁救济。仲裁所采取的一裁终局的原则,是解决纠纷便捷而有效的途径,避免了旷日持久的诉讼。现行政府采购救济制度中五条途径走下来,少说半年,多则一至二年,如果政府采购救济制度设立仲裁,那么就可避免旷日持久的诉讼。仲裁是否作为救济备选程序,这是值得探讨的问题。在政府采购制度创新的推进过程中,采购机构、供应商和采购人严格按照法定程序进行政府采购的前提下,尽可能避免纠纷的产生。但在纠纷产生不可避免的情况下,救济机制是不可或缺的。政府采购的救济制度应在实践中不断完善。

五、供应商政府采购权益救济路径探讨

(一) 依法维权

《政府采购法》充分营造了公平、公开、公正的采购市场秩序,全面具体地明确了采购当事人依法应享有的权利,如:《政府采购法》的第五条规定,任何单位和个人不得采用任何方式阻挠和限制供应商自由进入本地区和本行业的政府采购市场;第十一条规定,政府采购信息应当在政府采购监督管理部门指定的媒体上及时向社会公开发布等等。所有这些规定都是法律赋予供应商的正当权利,对此,供应商有权依法行使。同时,在《政府采购法》的第五十二条和第五十五条又分别规定,供应商认为采购文件、采购过程和中标、成交结果使其权益受到损害的,可以用书面形式向采购人或采购代理机构提出质疑;如质疑供应商对采购人或采购代理机构的答复不满意,或采购人、采购代理机构未在规定时间内作出答复的,可以向政府采购监督管理部门投诉。由此可见,法律为供应商维护权益作了明确规定,供应商应掌握法律,依法维权。

(二) 有效维权

在实际工作中,政府采购当事人之间的关系是错综复杂的,一个采购项目最终只能

有一个供应商中标,因而其他未中标的参与者,往往会不满意,"有意见"。如果他们不分内容、不区别目的地进行乱投诉、瞎告状,不仅会影响到自己的正常经营活动,而且也不可能取得任何结果。因此,供应商必须明确符合哪些条件的事项才能质疑和投诉,供应商首先要自觉分清责任、明辨是非,不要浪费时间和精力,提高维权效率。

(三)程序维权

如果供应商不遵循法定的维权程序,不仅浪费时间和精力,而且会失去维权的机会。对此,《政府采购法》对供应商的"维权"行为设置了具体的程序,供应商只有严格依照这些法定的程序进行质疑或投诉,才能有效、及时地行使或保护自己的合法权利。

(四)证据维权

供应商提出投诉,必须提出具体书面投诉证据,完整有效,这些材料至少应当包括自己参与某项采购活动的基本情况、向被质疑人提供的书面质疑材料、被质疑人的书面答复材料、不满答复或没有如期得到答复的理由、申请投诉的目的或要求等等。政府采购监管部门依法依靠证据进行裁决。因此,供应商维权时须做到无证据不投诉,有证据必投诉。

第十一章

政府采购监督检查

第一节　政府采购监督检查概述

监督检查是指法律规定的执法机关依照法律的规定,对某项法律、政策具体的贯彻实施情况所进行的督促和查实的行为。政府采购监督检查是依照政府采购有关法律、法规、规章对政府采购活动进行控制、监督和督促,确保政府采购活动公平公正的开展和政府采购法律法规的贯彻落实。

政府采购按照公开、公平和公正原则为行政事业单位采购物有所值、价廉物美的货物、工程和服务,提高财政性资金使用效益。政府采购当事人包括各级政府机关、事业单位和团体组织组成的采购人,采购代理机构和供应商。在政府采购活动中,由于政府采购标的大、数量多,供应商容易受利益驱动,出现欺诈、拖延供货、以次充好、钱权交易等行为,采购人或采购代理机构的利益会遭到一定程序的损害;同时,由于采购人通常是履行国家公务的政府部门以及与之相联系的事业单位,采购人会自觉不自觉地将行政权力带到采购活动中,如采购人不及时验收货物和不及时付款等,损害供应商的合法权益。因此,在政府采购监管中,既要保护采购人和集中采购机构利益,又要重视保护供应商的合法权益。政府采购监督检查的目的就是要监督政府采购各当事人是否按法律规定的权利和义务参加政府采购活动,以保护政府采购各方当事人的合法权益不受侵犯。

政府采购监督检查是维护公共利益和政府采购法律秩序的公共监管制度。我国政府采购法律体系从财政部门监管、政府采购其他部门监督以及社会监督等方面,建立了一套自上而下、内外共管、全社会监督的政府采购监督管理体系。

第二节　政府采购内生监督与外生机制

保证政府采购依照公开、公平、公正原则规范运行,关键在于建立一个全方位、多层次、科学有效的监督制约机制。在这个监督制约机制中,分为政府采购监督和监督政府采购两种类型。政府采购监督包括政府采购人、采购代理机构的内部监督和政府采购监管部门对政府采购活动的监督;监督政府采购可包括审计机关、监察机关的外部监督及包括全社会单位和个人的社会监督。

一、政府采购的内生监督

(一)集中采购机构内部控制

集中采购是政府采购的主要组织形式,政府采购实施的重要保障。政府集中采购规模巨大,据统计,2016年全国集中采购机构的采购规模为25 731.4亿元,占全国政府采购总规模的82.8%。集中采购机构建立健全内部监督管理制度,形成相互监督、相互制约机制在政府机构内部监督机制中举足轻重。

1. 集中采购机构内部控制原则

(1)边界明晰性原则。只有在制度上明确设定相关权限与职责,才能从根本上杜绝舞弊行为的发生。因此,采购机构在内部部门设置与权责分配问题上应当谨慎处理,在设置内部控制体系时应仔细斟酌、权衡利弊,从制度上明确不相容岗位和职务,使其能够在日常业务活动中发挥相互监督、相互制约的作用。

(2)制衡性原则。在内部控制制度实施的过程中,应当遵循制衡性原则,防止出现不相容职务未实现严格分离、内部审计缺乏相对独立性等原则性问题。如项目采购人员与评审专家抽取人员相分离、项目采购人员和合同审核人员相分离等。

(3)流程固化和岗位动态相结合原则。政府采购有相对固定的流程和严格的程序,政府采购程序应符合标准化、规范化和透明化的要求,采购机构应把每一个岗位最大限度地细化、量化到每一个环节,形成完备的岗位手册,以达到各岗位和环节之间的信息交流和资源共享。重视轮岗制度。长期在一个岗位工作,员工能够积累很多资源,不仅容易受人情、关系的束缚,更有可能因资源被个人垄断而对政府采购形成潜在危险。而实行轮岗制度,可以控制一定的潜在风险。当然轮岗也有一定的副作用,如轮岗会增加成本、降低短期工作效率。建立科学的轮岗制度。制定轮岗计划,明确轮岗资格、轮岗年限、轮岗比例、考核标准,做好轮岗风险评估,建立轮岗协调机制等,保证轮岗制度有序动态地开展。如可按职务和工作性质确定轮岗的比例,轮岗时人员分批进行,一般控制在人员总数的5%—10%比较适宜,部门内每次轮换应单个进行,循序渐进。

2. 集中采购机构内部监督内容

《政府采购法》对集中采购机构的内部监督管理内容作出了规定,即集中采购机构应当建立健全内部监督管理制度。采购活动的决策和执行程序应当明确,并相互监督、相互制约。经办采购的人员与负责采购合同审核、验收人员的职责权限应当明确并相互分离。因此其内部监督制度主要内容为:

(1)建立健全内部管理制度。集中采购机构根据采购人的委托代理采购纳入集中采购目录的政府采购项目。实施政府采购项目集中采购时,要做到采购价格低于市场平均价格、采购的效率更高、采购的质量更加优良,而且应当提供更为良好的服务。要达到以上目标,集中采购机构必须苦练内功,加强自身监督管理。

政府采购活动由多个环节组成,包括拟订和公布招标文件,招标评标或者谈判、询价、确定中标、成交供应商,根据中标、成交结果审核、签订采购合同,对供应商履约的验

收等,在一项采购活动的全过程中,对于每个环节的职责和权限,集中采购机构都应当作出明确的规定。(见经典资料 11-1)

经典资料 11-1　××省政府采购中心主要内控制度一览表

接受采购委托工作规范
采购需求核对工作规范
会员供应商登记管理办法
开评标活动组织工作规范
竞争性谈判采购方式操作流程规范
评标委员会职责和评标纪律
政府采购网管理及信息发布工作规范
专家选用及管理工作规范
供应商质疑和投诉处理暂行办法
内部审查监督工作规范
内设机构工作职责
项目管理信息系统使用工作规范
采购方案制定与执行工作规范
合同拟定、审核及签发工作规范
计算机及网络使用工作规范
档案管理工作规范
网上比价采购管理暂行办法

---

(2) 加强采购人员的职业素质和专业技能。《政府采购法》对集中采购机构的采购人员的职业素质和专业技能作出严格具体的规定,明确了其职业素质和专业技能必须符合政府采购监管部门规定的专业岗位任职条件。

政府采购从业人员的任职资格条件正在制定,政府采购执业资格认证制度势在必行。集中采购机构根据政府采购活动的特点,按照采购活动的不同环节提出不同专业岗位的设置要求,并具体规定每个岗位的任职要求。集中采购机构做好任职资格与岗位管理配置工作,做到岗位、资格、素质相匹配协调一致。

建立和保持一支高素质、高水平的采购队伍,是集中采购机构履行法定采购职责的基础。集中采购机构在加强教育和培训的同时,必须采取措施对采购人员实行严格的考核制度,形成优胜劣汰的良性机制,集中采购机构对采购人员专业水平、工作实绩应当定期考核,采购人员考核不合格的,不得继续任职。

(二) 采购代理机构内部控制

具有政府采购业务资格的招标代理机构,办理政府采购业务时,应当按政府采购法律法规的要求,加强内部管理,确保政府采购业务规范高效地完成。内部控制制度应包括以下要点：采购范围、采购方式和采购程序的执行情况,是否按规定的采购方式执行,采购程序是否合法合规,接受采购人委托完成其他采购情况等；采购代理机构从业人员的职业素质和专业技能情况,包括是否符合规定的专业岗位任职要求,是否遵守有关法律、规章制度,是否开展内部培训和参加财政部门组织的培训等。

（三）采购人内部控制

政府采购活动中的采购人,是指依法进行政府采购的国家机关、事业单位及团体组织。采购人是政府采购过程中重要的当事人,采购人政府采购行为的规范是政府采购监督中的一个难点。采购人行为是否规范,直接影响着政府采购的效率和规范。采购人应该建立健全内部控制制度来规范自身行为,提高本部门政府采购事务的依法采购水平。承担部门采购任务的采购人,由于在本部门内从事政府采购业务人员与同单位的其他业务机构的联系紧密,更应制定制度,规范程序,确保部门集中采购公平公正。

《政府采购法》第六十三条对采购人监督进行了明确规定。政府采购项目的采购标准和采购结果应当公开。采购人按《政府采购法》规定的方式、程序进行采购。采购人的内部控制制度着重围绕政府采购法律、法规的规定,结合政府采购业务管理的特点制定。采购人在采购活动中主要涉及采购预算计划制定、采购需求确定、采购项目依法委托、采购合同签订、采购合同验收等程序,实际的政府采购操作过程一般由采购代理机构承担。采购人内部控制内容主要包括：

1. 建立编制政府采购预算和计划的内部控制制度。政府采购预算和计划是开展政府采购工作的基础环节。政府采购预算编制范围、办法是否完善,是直接关系到采购资金是否纳入政府采购监管范围的基础。采购应纳入政府采购监管范围的项目,必须编制政府采购预算和计划,采购人不得将应该公开采购的货物和服务化整为零或者以其他方式规避公开招标采购。

2. 政府采购标准和采购结果公开制度。纳入政府采购范围的项目的采购标准由采购人制定,采购人应当准确、清晰地确定采购对象的采购标准,并按政府采购规定予以及时公开,以便最大限度地竞争,同时也有利于政府采购管理部门监督。采购结果确定后,采购人应当将采购结果及时依法公布。

采购人选择采购方式和采购程序应当符合法律规定。按照法律规定的采购方式和程序进行采购是对采购人的基本要求。政府采购有严格的采购程序,对采购人来说,公开采购方式的选择程序不仅可以排除对政府采购活动的干扰,也有利于加强对自身的监督。

经典资料 11-2　××教育厅政府采购管理暂行办法

第一章　总　则

第一条　为规范政府采购管理工作,提高资金的使用效益,保护政府采购人的合法权益,促进廉政建设,根据《中华人民共和国政府采购法》及有关规定,制定本办法。

第二条 省教育厅及所属高校、中专校和直属事业单位（以下简称"各单位"）使用财政性资金办理的政府采购，适用本办法。

第三条 省教育厅政府采购，是指各单位使用财政性资金采购省统一确定并公布的集中采购目录以内的或者采购限额标准以上的货物、工程和服务的行为。

财政性资金是指中央及省财政安排的预算资金和预算外资金（即通过各种行政事业性收费等获得的收入）。

在采购中，与财政性资金相配套使用的其他非财政性资金（自有收入、不用财政性资金偿还的借款等），一同实行政府采购。

第四条 省教育厅政府采购应当遵循公开、公平、公正和诚信原则。

第五条 省教育厅政府采购应当严格按照批准的预算执行。

第六条 省教育厅政府采购组织形式为"政府集中采购""部门集中采购"和"各单位分散采购"。

（一）政府集中采购。政府集中采购是指政府集中采购机构代理组织实施的纳入省级政府集中采购目录内项目的采购活动。

（二）部门集中采购。部门集中采购是指省教育厅组织实施的，纳入部门集中采购目录内项目和经有关部门批准的纳入政府集中采购目录内项目的采购活动。部门集中采购目录由省教育厅制定。

（三）各单位分散采购。各单位分散采购是指各单位按照《政府采购法》及有关规定自行组织的，在省级集中采购目录以外，采购限额标准以下的采购活动（含零星采购）。上述采购业务也可以委托省级集中采购机构或政府采购社会招投标代理机构办理。

第七条 省级集中采购信息应当按规定在有关媒体上公布。

第二章 政府采购管理

第八条 省教育厅政府采购范围包括工程类采购、货物类采购和服务类采购。

工程类采购主要是指工程建设项目，包括新建、改建、扩建等项目的勘察、设计、施工、监理以及与工程建设有关的重要设备、材料等采购。

货物类采购包括教学科研设备、一般设备、实验器材、耗材、药品、图书、教材、教学用品、办公用品、劳保用品、废旧物资等采购。

服务类采购包括各类装修、修缮、拆除、各类保险、校园绿化、保洁、保安、物业管理、学生公寓用品、房屋租赁、软件等采购。

第九条 政府采购限额标准：省级政府集中采购目录和部门集中采购项目的限额由省政府授权省财政厅制定，其他单项（单台件）五千元以上或批量采购金额达二万元以上的采购活动均纳入政府采购范围管理。

第十条 省属各高校必须成立政府采购领导小组，协调各方面工作，并明确政府采购管理专职机构，落实责任人。领导小组成员应由纪检监察、审计、财务、国资及设备管理、基建和后勤等部门人员组成。厅直属事业单位要确定一个部门负责此项工作。

第三章　政府采购实施

第十一条　省教育厅政府采购管理的主要职责是：制定本部门政府采购管理办法；编制部门政府采购预算，审核各单位上报的政府采购预算及计划；汇总各单位政府集中采购项目，并报省财政厅有关部门；组织实施省教育厅集中采购工作；指导各单位政府采购工作，监督检查政府采购计划执行情况；汇总编报省教育厅年度政府采购统计信息；组织各单位相关人员进行业务培训等。

第十二条　各单位政府采购职能部门的主要职责是：制定本单位政府采购管理办法；编制本单位年度采购项目计划并纳入部门预算，报省教育厅、省财政厅审批；编制并上报政府集中采购和部门集中采购执行计划，并向省级集中采购机构报送采购需求；组织实施本单位的分散采购工作；按要求签订和履行政府采购合同等。

第十三条　省教育厅政府采购工程项目，进行招标投标的，适用《招标投标法》。

第十四条　各单位政府采购采用以下方式：

（一）公开招标；

（二）邀请招标；

（三）竞争性谈判；

（四）单一来源采购；

（五）询价；

（六）省政府采购监管部门认定的其他采购方式。

第十五条　各采购方式的程序规定如下：

（一）公开招标采购、邀请招标采购

1. 公开招标采购，是指招标单位以招标公告的方式邀请不特定的法人或者其他组织投标的采购方式。达到公开招标数额标准或规定应当公开招标的项目，应当采用公开招标采购方式。

2. 邀请招标采购，是指招标单位以投标邀请书的方式邀请特定的法人或者其他组织投标的采购方式。对于某些有特殊性、只能从有限范围供应商采购的，或采用公开招标方式的费用占政府采购项目总价值的比例过大的，可采用邀请招标的方式采购。

凡是达到公开招标数额标准或规定应当公开招标的项目，因特殊情况拟采用邀请招标或招标以外其他采购方式的，必须在采购活动开始前经省教育厅审核后报省财政厅批准。

3. 实施招标采购方式的，应按《政府采购法》《招标投标法》和《政府采购货物和服务招标投标管理办法》（财政部第18号令）规定的有关程序进行：

（1）编制招标标书；

（2）在省财政厅指定的媒体上发布招标公告或发出投标邀请；

（3）接收投标人投标；

（4）组织开标；

(5) 评标及定标；

(6) 授标签约；

(7) 履行合同。

(二) 竞争性谈判采购

1. 符合下列条件之一的货物或服务，可采用竞争性谈判方式采购：

(1) 招标后没有供应商投标或没有合格供应商投标，或重新招标未能成立的；

(2) 技术复杂或性质特殊，不能确定详细规格或具体要求的；

(3) 采用招标所需时间不能满足用户紧急需要的；

(4) 不能事先计算出价格总额的。

2. 实施竞争性谈判采购方式的，应遵循下列基本程序：

(1) 成立采购谈判小组。谈判小组由采购人及有关专家共三人以上的单数组成，其中专家的人数不得少于成员总数的三分之二。

(2) 制定谈判文件。谈判文件应当明确谈判程序、谈判内容、合同草案条款以及评定成交的标准等事项。

(3) 确定邀请参加谈判的供应商名单。谈判小组应从符合相应资格条件的供应商中，确定不少于三家的供应商参加谈判，并向其提供谈判文件。

(4) 谈判。谈判小组所有成员集中与单一供应商分别进行谈判。谈判中谈判的任何一方不得透露与谈判有关的其他供应商的技术资料、价格和其他信息。谈判文件有实质性变动的，谈判小组应以书面形式通知所有参加谈判的供应商。

(5) 确定成交供应商。谈判结束后，谈判小组应要求所有参加谈判的供应商，在规定的时间内进行最后报价。谈判小组根据符合采购需求、质量和服务相等且报价最低的原则确定成交供应商，并将结果通知所有参加谈判的未成交供应商。

(三) 单一来源采购

1. 符合下列条件之一的货物或服务，可采用单一来源方式采购：

(1) 只能从唯一供应商采购的；

(2) 发生了不可预见的紧急情况不能从其他供应商采购的；

(3) 必须保证原有采购项目一致性或服务配套的要求，需要继续从原供应商处添购，且添购资金总额不超过原合同采购金额百分之十的。

2. 采取单一来源方式采购的，采购单位与供应商应当遵循有关法律规定，在保证采购项目质量和双方商定合理价格的基础上进行采购。

(四) 询价采购

1. 采购的货物规格、标准统一，现货货源充足且价格变化幅度小的政府采购项目，可采用询价采购。

2. 实施询价采购方式的，应遵循下列程序：

(1) 成立询价小组。询价小组由采购人代表和有关专家共三人以上的单数组成，其中专家的人数不得少于成员总数的三分之二。询价小组应对采购项目的价格构成和评定成交的标准等事项作出规定。

（2）确定被询价的供应商名单。询价小组根据采购需求，从符合相应资格条件的供应商名单中确定不少于三家的供应商，并向其发出询价通知书让其报价。

（3）询价。询价小组要求被询价的供应商一次报出不得更改的价格。

（4）确定成交供应商。询价小组根据符合采购需求、质量和服务相等且报价最低的原则确定成交供应商，并将结果通知所有被询价的未成交供应商。

第十六条　在招标采购中，出现下列情况之一的，应予废标：

（一）符合专业条件的供应商或对招标文件中作出实质性响应的供应商不足三家的；

（二）出现影响采购公正的违法、违规行为的；

（三）投标人报价超过了采购预算，采购人不能支付的；

（四）因重大变故，采购任务取消的。

采购人应将废标理由通知所有投标人。

废标后，除采购任务取消情况外，应重新组织招标；需要采取其他方式采购的，应在采购活动开始前经省教育厅审核后报省财政厅批准。

第十七条　参与各单位依法采购的评标专家，应从政府采购专家库内随机抽取。特殊项目经省财政厅同意后，可由招标单位直接确定专家组成员。与供应商有利害关系的专家必须回避。

第十八条　各单位采购职能管理部门或采购代理机构和中标人应当自中标、成交通知书发出之日起三十日内，按照采购文件确定的事项签订政府采购合同。所订的合同不得对招标文件和中标人的投标文件作实质性修改。

对省级集中采购项目，凡是由各单位在采购前填报采购品目技术清单、有明确采购数量且集中招标确定出中标人后由各单位自行签订合同的，各单位应在接到有关中标结果通知后三十日内按通知要求与该中标人签订书面合同。不按通知要求与中标人签订书面合同的，根据《政府采购法》有关规定，承担相应法律责任。

第十九条　各单位和供应商应当按照平等、自愿的原则签订政府采购合同，明确双方的权利和义务。

（一）省级集中采购合同可以由各单位职能管理部门与中标供应商签订，也可以委托采购代理机构代表其与中标供应商签订。由采购代理机构以采购人名义签订合同的，应提交采购人的授权委托书，并做合同附件。

（二）各单位组织分散采购的，单位职能管理部门应及时与中标供应商签订合同。合同书应经单位审计部门（合同管理部门）审核。

（三）政府采购合同依法签订后，合同双方当事人均应按照合同约定履行各自的义务，并不得擅自变更、中止或者终止合同。

（四）政府采购合同在履行过程中，采购人如需追加与合同标的相同的货物、服务的，在不改变合同其他条款的前提下，可以与供应商协商签订补充合同，但所有补充合同的采购金额不得超过原合同采购金额的百分之十。

第二十条 验收。按照政府采购合同约定,所采购的货物在运抵用户后,应立即组织有关技术人员,按合同约定的条款进行质量验收,且应在规定时间之内验收完毕并签署验收报告;对于大型或复杂的政府采购项目,应邀请国家认可的质量检测机构参加验收。验收方成员应在验收书上签字,并承担相应的法律责任。

第二十一条 实行政府采购的各单位对政府采购项目每项采购活动的采购文件应妥善保存,不得伪造、变造、隐匿或销毁。采购文件的保存期限为从采购结束之日起至少保存十五年。

(一)采购文件包括采购活动记录、采购预算、招标文件、投标文件、评标标准、评估报告、定标文件、合同文本、验收证明、质疑答复、投诉处理决定及其他有关文件、资料。

(二)采购活动记录至少应当包括下列内容:

1. 采购项目类别、名称;
2. 采购项目预算、资金构成和合同价格;
3. 采购方式,采用公开招标以外方式的应载明原因和其他相应记载;
4. 邀请和选择供应商的条件及原因;
5. 评标标准及确定中标供应商的原因;
6. 废标的原因等。

第四章 政府采购资金拨付

第二十二条 政府采购资金拨付方式主要有财政直接拨付和分散(授权)拨付两种形式:

(一)财政直接拨付。各单位参加部门集中采购或在宁各单位参加政府集中采购资金中属当年财政预算内资金、集中管理的预算外资金和与上述资金配套的其他资金安排的,由省财政厅直接拨付。

(二)分散(授权)拨付。单位分散采购或非在宁单位政府集中采购的资金,由各单位自行(或授权)拨付给中标供应商或采购代理机构。

第二十三条 财政直接拨付的政府集中采购资金,在不改变各单位预算级次和单位会计管理职责的前提下,由省财政厅在拨付之前按预算额度将采购资金预留在国库或政府采购专户,不再拨给各单位。

第五章 监督检查

第二十四条 省教育厅有关部门及各单位应当建立健全内部监督管理制度,明确采购活动的决策和执行程序,并相互监督、相互制约。明确经办采购的人员与负责采购合同审核、验收人员的职责并相互分离。

第二十五条 政府采购监督管理部门不得参与政府采购项目的采购活动。任何单位和个人不得违反《政府采购法》的规定,要求采购人员向指定的供应商进行采购。

第二十六条 政府采购监督管理部门应加强对政府采购活动的监督检查,建立、健全经常性的政府采购工作监督管理及检查制度。

政府采购工作监督管理检查的重点内容：

（一）有关政府采购的法律、行政法规和规章的执行情况；

（二）政府采购范围、采购方式和采购程序的执行情况；

（三）纳入集中采购目录的政府采购项目委托集中采购代理机构采购情况；

（四）有关政府采购按规定程序报批和备案情况；

（五）政府采购合同履行情况和采购资金拨付情况；

（六）政府采购人员的职业素质和专业技能；

（七）应当监督检查的其他内容。

第二十七条 省教育厅将对各单位的政府采购工作进行检查，并组织专家对各采购项目的运行进行评审，提出评审意见。除政府采购预算中的采购项目作为每年专项审计检查内容外，省教育厅还将定期或不定期对其他形式的政府采购活动进行监督检查。

第二十八条 对检查中发现的问题，将按照有关规定予以处理。任何单位和个人对政府采购活动中的违法违规行为，有权控告和检举，有关部门应当依照各自的职责及时处理。

第六章 法律责任

第二十九条 省教育厅有关部门和各单位以及相关人员，必须加强法律意识，严格遵守《政府采购法》《招标投标法》等相关法律、法规，认真组织实施政府采购活动。

第三十条 各单位在实施政府采购活动中，有下列行为之一的，应当承担相应责任：

（一）必须进行政府采购的项目而不实施政府采购；必须进行集中采购的项目而不委托集中采购代理机构实施集中采购；必须进行招标的项目而不招标，或者将必须招标的项目化整为零，以其他任何方式规避招标。

（二）以不合理的条件限制、排斥潜在投标人，对潜在投标人实行歧视待遇或限制投标人之间竞争，或者指定供应商。

（三）必须进行招标的项目，与投标人就投标价格、投标方案等实质性内容进行谈判。

第七章 附 则

第三十一条 各单位应当按照本办法制定本单位的具体实施细则，并报省教育厅备案。

第三十二条 非在宁各单位纳入省政府集中采购目录以内的项目，由单位委托所在地市级政府集中采购代理机构组织实施。

第三十三条 本办法自发布之日起施行。

（四）政府采购监督管理部门的监督检查

政府采购监管部门对政府采购活动的监管分为对集中采购机构、社会代理机构和采购人的监督检查[①]。

1. 对集中采购机构的监督

（1）日常监管

政府采购日常监管主要可概括为：政府采购计划审核管理；政府采购方式审批；对达到公开招标数额而采用非公开招标采购方式的审批；事先制定采购方式确定与变更审批表；公开审批流程，按一定程序进行审批；政府采购专家使用监督，建立政府采购评审专家库并适时监督采购机构日常采购活动中政府采购评审专家抽取和使用行为；合同备案管理，有关政府采购合同的备案管理；审查备案的时间是否在规定的时间内；开标现场监督；作为采购现场监督委员会成员，依法对采购活动进行监督；等等。（见经典资料11-3）

经典资料11-3 政府采购开标现场情况记录表

项目名称		开标日期		采购方式	
采购金额		开标地点		采购单位	
采购代理机构		项目负责人		联系电话	
开标现场情况	1. 现场组织情况： 2. 专家评审情况： 3. 评委意见： 4. 采购人意见： 5. 供应商意见： 监督人员：　　　　　　项目经办人：				
建议				签字：	

（2）定期考核

除日常的监督外，按照法律规定，政府采购监管部门还要对集中采购机构进行定期考核。考核工作遵循以下原则：统一规定，分级管理。对集中采购机构的考核由同级财政部门牵头，与监察部门、审计部门等共同实施。通常情况下，同级政府采购部门制定《集中采购机构监督考核管理办法》及"集中采购机构考核测评表"，明确考核目标，细化

[①] 《政府采购法》第十三条规定："各级人民政府财政部门是负责政府采购监督管理的部门，依法履行对政府采购活动的监督管理职责。"财政部门是政府采购专门的监督检查部门，监督检查的对象是政府采购活动的全过程和包括集中采购机构在内的所有当事人。

考核内容,统一标准,综合考评。这样既便于操作,提高考核的透明度和效率,也方便了考核对象。对集中采购机构考核按要求每年两次,上半年的考核在当年七月份完成,全年的考核在次年的元月份完成;统一发布,结果公开。对集中采购机构考核结果要求在政府采购指定媒体上发布,便于社会监督。

2. 对政府采购代理机构的管理

《政府采购法》第十九条规定:采购人可以委托经国务院有关部门或者省级人民政府有关部门认定资格的采购代理机构,在委托的范围内办理政府采购事宜。政府采购监管部门对具有政府采购业务资格的代理机构管理要点如下:

(1) 资格管理。社会中介机构从事政府采购业务代理必须依法取得采购代理资质,并在规定的范围内代理政府采购业务。凡取得采购代理机构资质的代理机构,实行备案告知制度。代理机构从事采购代理业务一般要求将代理机构基本情况在当地政府采购监管部门备案。政府采购代理机构出借、出租、转让或者涂改政府采购代理机构资格证书,超出授予资格的业务范围承揽政府采购代理业务的,财政部门将取消其政府采购代理机构资格。

(2) 从业人员继续教育管理。政府采购业务政策性、专业性强,采购代理机构执业人员的业务水平和道德素质直接影响政府采购工作的开展,政府采购监管部门一般要求政府采购从业人员完成一定时间的学习培训任务,培训合格方可从事政府采购业务代理。

(3) 代理机构执业监督管理。政府采购代理机构必须按《政府采购法》规定的程序从事政府采购代理业务。其从事政府采购业务活动中信息发布、专家使用、质疑处理等都受到政府采购监管部门的监管。

3. 对采购人的监督

政府采购活动中,采购人与供应商同是平等的法律主体。但实际采购事务中,采购人往往处于强势:其一,基于维护国家和社会公共利益的需要,采购人在合同中拥有诸多特殊权利,少有履行义务的限制;其二,供应商承担责任相对较大,一旦被确定违约,往往要承担民事与行政双重责任;其三,虽然同样作为合同主体,但供应商对多数采购人合同之外的行政主体身份心有所忌;其四,采购人行使合同权利多数只须备案无须审批,增加了采购人行使权利的随意性。

政府采购活动要做到公平公正,政府采购监管部门对采购人监管尤为重要,其监管要点是:

(1) 预算管理。政府采购预算是开展政府采购工作的基础和重要环节,也是政府采购活动的起始点。有些采购人不重视政府采购预算,预算刚性不强,预算编制随意性很大,致使零星采购多,重复采购多,无时间计划,影响了政府采购效率。

(2) 合同履约监管。确保政府采购合同公平,加大对采购人违约的处罚力度。应当规范政府采购合同必备条款,尤其要明确规定采购人单方行使变更、中止或终止合同权利的适用条件,以此维护供应商基于合同平等主体身份的合法权利,降低采购人滥用权利的风险。监管部门应根据《政府采购法》及其他相关法律法规的要求,对采购人作出相应的处罚。

政府采购执行应作为下一年度安排政府采购预算的依据。这样促使采购人规范自己的行为,按合同履约。

> **延伸阅读 11-1　采购人履约监管待加强**[①]
>
> 　　有这样一起关于采购人违约的案例:某省档案局就馆藏录像档案"历史录像原带修复"项目委托集中采购机构面向全国公开招标,南京某影像传播有限公司中标。随后,采购人与中标供应商签订了政府采购合同,供应商开始对这些珍贵影像资料存在的信号、色彩、声音失真问题进行数字化转化工作。但项目实施不到两个月,采购人突然毫无征兆地停止向供应商提供待数字化加工的录像原带,中止履行合同。因为这个项目专业性强,供应商为履约投入很大,在政府采购监管部门和集中采购机构召集双方协商无果的情况下,供应商将采购人告上了法庭⋯⋯最终,法院一审判决采购人支付供应商赔偿金 20 余万元。
>
> 　　笔者觉得,业界应该认真总结这个案例,反思采购人敢于单方中止履行政府采购合同的深层原因,并找到解决问题的办法,以规范采购人的行为,维护国家利益和社会公共利益。
>
> 　　在当前的政府采购活动中,对于采购人与供应商来说,采购人往往处于强势,以上案例中采购人单方中止履行合同就是证明。由于各种各样的原因,在实际操作时,政府采购合同部分转让、变更、中止或终止的决定权往往在采购人一方。
>
> 　　笔者认为,改变这种现状还得靠政府采购监管部门。首先,确保政府采购合同公平,加大对采购人违约的处罚力度。应当规范政府采购合同必备条款,尤其要明确规定采购人单方行使变更、中止或终止合同权利的适用条件,以此维护供应商基于合同平等主体身份的合法权利,降低采购人滥用权利的风险。采购人如果拒绝签订自认为"有失身份"、实则公平公正并在某种程度上要求其承担更多义务的合同,监管部门应根据《政府采购法》及其他相关法律法规,对采购人作出相应处罚。
>
> 　　其次,监管部门可以尝试"项目负责人制"。目前,对于具体的采购项目,一些地方的监管部门采取了专人负责的监管办法,即安排专人对项目采购进行全过程监管,包括合同履约环节。政府采购监管部门在审核采购人下一年度政府采购预算时,其上一年度政府采购执行情况会是重要的参考依据,因此,由监管部门安排专人负责督导采购人履约,采购人自然会规范自己的行为,按合同履约。此外,供应商也要主动求变,改变为了获得政府采购项目而一味"委曲求全"的心理,在合同签订和履约中积极维护自身权益,共同维护政府采购合同履约的良好行为秩序。

[①] 忆安.采购人履约监管待加强[N].政府采购信息报,2011-08-29.

二、政府采购的外生机制

依照法律、行政法规的规定对政府采购负有行政监督职责的政府有关部门,应当按照其职责分工,加强对政府采购活动的监督。

(一) 审计机关对政府采购活动的监督

审计机关对政府采购监督管理部门、政府采购各当事人有关政府采购活动依法进行审计监督。政府采购监督管理部门、政府采购各当事人应当接受审计机关的审计监督。

《政府采购法》就审计机关监督政府采购的职责以及有关部门和单位依法接受审计监督问题作出了专门的规定,明确要求审计机关对政府采购进行审计监督。政府采购作为财政性资金支出管理的延伸,其相关活动自然应当接受审计机关的监督。审计机关在履行审计职责过程中,有权检查被审计单位政府采购业务原始记录、采购凭证、资金支付文件以及其他与政府采购活动有关的资料。有权就有关问题向有关单位和个人进行调查,并取得有关证明。审计机关的审计监督权包括监督检查权、采购临时强制措施权、通报和公布审计结果权、处理处罚权和建议纠正处理权。

审计机关可以对整个政府采购活动进行审计监督,也可以对政府采购项目实行专项审计。目前,审计机关对政府采购活动中审计监督主要包括对集中采购机构政府采购情况及财政收支情况审计,对采购人政府采购法规执行情况审计,参加对集中采购机构的考核检查等监督活动。

(二) 监察机关对政府采购活动的监督

监察机关对参与政府采购活动的国家机关、国家公务员和国家行政机关任命的其他人员实施监察。

《政府采购法》规定了监察机关应当加强对参与政府采购活动的国家机关、国家公务员和国家行政机关任命的其他人员实施监察。对参与政府采购活动的有关公职人员依法实施监察,对防止和惩治政府采购活动中的腐败行为,促进廉政建设具有非常重要而特殊的意义。政府采购领域制度还不十分健全,采购金额巨大,权与利的诱惑性很强,少数公职人员行贿受贿现象时有发生,加强对政府采购人员的行政监察,对促进政府采购工作的健康发展意义重大。在政府采购实践中,许多地方十分注意发挥监察机关的监督职能,邀请监察机关派员加强对政府采购活动的监督,效果比较明显。

(三) 有关行政主管部门对政府采购活动的监督

加强对采购活动的监督是对政府采购负有行政监督职责的有关部门的一项重要职责①,有关行政主管部门要认真履行职责,加强对政府采购活动的监督。各有关部门应当严格依照职责分工,各司其职,密切配合,共同做好政府采购活动的监督工作。

---

① 《政府采购法》第十三条规定:"各级人民政府其他有关部门依法履行与政府采购活动有关的监督管理职责。"《政府采购法》第六十七条规定:"依照法律、行政法规的规定对政府采购负有行政监督职责的政府有关部门,应当按其职责分工,加强对政府采购活动的监督。"

政府有关部门对政府采购活动的监督,主要是指对纳入政府采购范围并实行招标方式采购的工程项目采购活动的监督。《招标投标法》规定有关行政监督部门依法对招标投标活动实施监督,依法查处招标投标活动中的违法行为,对招标投标活动的行政监督及有关部门的具体职权划分,由国务院规定。《政府采购法》规定,对政府采购工程进行招标投标的,适用于招标投标法。根据上述规定,对政府采购工程招标投标活动的监督,应当依据《招标投标法》和国务院的规定,由政府有关部门在各自职责范围内分别进行监督。

根据《招标投标法》的规定,国务院办公厅印发了由中央机构编制委员会办公室并经国务院同意的《关于国务院有关部门实施招标投标活动行政监督的职责分工的意见》。这个意见中明确规定,工业(含内贸)、水利、交通、铁道、民航、信息产业等行业和产业项目的招投标活动的监督,分别由经贸、水利、交通、铁道、民航、信息产业等行政主管部门负责;各类房屋建筑及其附属设施的建造和与其配套的线路、管道、设备的安装项目和市政工程项目的招标投标活动的监督,由建设行政主管部门负责。对政府采购工程招标投标活动的监督,也就应当按照上述规定的原则,由政府有关部门负责。因此,有关行政主管部门也负有对政府采购活动监督的职责。

值得指出的是,政府采购监督管理部门对工程政府采购项目的监管与对招投标有监管责任的有关行政主管部门的监督并不矛盾。政府采购监管理部门对工程政府采购项目的监管,不是要改变现行工程的管理体制和做法,而是在维持现行制度前提下,从财政性资金管理角度出发,按照《政府采购法》的规定,加强对工程采购的管理。政府采购监管部门主要负责工程项目政府采购政策制定、工程纳入集中采购目录和限额标准的制定、政府采购预算和计划的编审、采购方式的监管、采购资金的管理等。各有关行政主管部门主要负责对工程招投标的管理。因此,政府采购监管部门介入对工程项目的监管,是对各有关行政主管部门管理工作的支持与补充,与各有关行政主管部门监督管理是相辅相成的。

(四) 其他监督

1. 公正监督

在招标活动中,国家公正机关根据招标单位的申请,依照政府采购、招标投标法律法规和招标文件的要求,对政府采购活动主体资格和有关文件和材料进行审查,对整个政府采购活动、采购现场进行监督,证明其真实性和合法性。公正监督对规范政府采购行为,保证招标投标活动的顺利进行,预防纠纷,维护招标投标活动双方当事人的合法权益具有重要意义。

2. 司法机关的监督

司法机关监督主要是指司法机关通过监察、审判职能的独立行使,从而实现对政府采购中的违法犯罪行为的监督以及对政府采购中行政人员的渎职犯罪的监督。法院对政府采购监督主要表现在以下三个方面:(1) 处理有关政府采购合同履行中的民事纠纷;(2) 依法追究政府采购有关当事人的刑事责任;(3) 处理供应商不服政府采购监督管理部门投诉处理决定的行政诉讼。

(五) 社会监督

政府采购的监督机制是政府采购制度的一个重要方面,在政府采购监督体制中,除了审计机关监督、监察机关监督、行政机关监督、公正机关监督和司法机关监督以外,还要充分发挥社会监督的作用。社会监督是广大人民群众以及社会团体、新闻媒体对政府采购活动和过程的监督,以及对行政机关及其工作人员履行职责情况的监督。《政府采购法》十分重视发挥社会力量监督政府采购活动,明确规定了任何单位和个人对政府采购活动中的违法行为,有权控告和检举,并要求有关部门依照各自职责及时处理。由于社会监督主体和对象都具有很强的广泛性,不受时间、地点和方式等限制等特点,在对政府采购活动的监督中发挥着独特的作用。我国政府采购社会监督主要有披露、检举和控告三种形式。

1. 披露。通过广播、电视、报刊等新闻媒介公开揭露政府采购中的违法行为,让它们在社会曝光,以引起社会舆论对政府采购中的违法行为的谴责。

2. 检举。检举指与政府采购行为没有直接利害关系的单位和个人在知悉政府采购中的违法行为事实时,向行政执法机关、司法机关揭发的行为。

3. 控告。控告指向行政执法机关或司法机关揭发、控诉政府采购中违法行为的主体及其违法事实并要求依法惩处的行为。

第三节 政府采购监督检查的程序与方法

一、政府采购监督检查程序

政府采购监督检查程序是政府采购监管部门或人员实施政府采购监督检查活动中,办理政府采购检查事项时应该遵循的工作顺序和操作规程。它主要是指从政府采购监督检查工作开始到结束所经过的一系列阶段、步骤和规程。

政府采购监督检查程序是影响政府采购监督检查效果和效率的重要因素。恰当有效的政府采购监督检查程序可以使监督检查工作抓住重点,全面有序地开展各个环节的工作,有效地提高政府采购监督检查的效率和效果。按照一定程序办事是政府采购工作依法行政、依法监管的重要保证,是政府采购监管工作法制化、制度化和规范化的重要手段。科学合理的政府采购监督检查程序是政府采购监管机关正确行使政府采购监督检查职能、保证监督检查质量、控制检查风险的重要途径。

由于政府采购监督检查对象不同,监督检查的程序也会有所不同,但大致上可以分为以下几个步骤。

（一）拟订政府采购监督检查计划

政府采购监督检查计划是对一定时期监督检查事务所做的预先的安排。一般是在新的年度开始以前编制年度计划，主要依据近期政府采购的中心工作、政府采购监管的要求以及所属范围内单位的政府采购活动状况来编制政府采购监督检查计划。（见经典资料11-4）

监督检查计划以年度计划为主，年度计划一般应包括如下内容：

1. 监督检查目的和目标。明确监督检查的目的和所要达到的目标。
2. 检查的依据。根据什么依据来检查，要具体列明依据的有关法律制度。
3. 确定被检查的对象和方式。确定接受政府采购监督检查的对象，即检查的范围如单位数量；检查方式是指全面检查、专项检查还是个案检查。
4. 检查的项目和时限。确定政府采购监督检查的项目内容范围和时间范围。
5. 明确政府采购监督检查参加人员及时间。根据确定的对象、检查内容等，初步确定参加检查的部门、人员以及检查工作开始、结束的时间。
6. 其他有关事项。

一般年度计划用文字和表格结合的形式。文字内容包括监督检查的目的要求、依据等，表格是列明任务指标、时间、人员等。

年度政府采购监督检查计划应报送财政监督管理部门审核和汇总。

经典资料11-4　2018年度政府采购监督检查计划

编制单位：　　　　　　　　　　　　　　　　编制日期：

检查的主要内容或项目	应检查资料的时间范围	被检查对象（单位）	参加部门或人员	检查起止日期	备注
供应商合同履约情况检查	2017.1.1—2017.12.31	2017年省级七项定点供应商	省财政厅、监察厅、采购中心、采购人代表	2018.3.1—2018.3.30	
政府采购制度落实情况检查	2018.1.1—2018.6.30	全省各级政府采购监管部门	省财政厅、省审计厅	2018.7.1—2018.9.30	

（二）制定监督检查方案

监督检查计划被批准后，在实施前应编制政府采购监督检查工作方案。监督检查工作方案是保证检查工作取得预期效果的重要手段，也是政府采购监管部门据以检查控制监督检查质量和进度的基本依据。监督检查工作方案是根据年度项目计划的要求，针对监督检查项目的内容、被检查单位情况以及明确监督检查重点后形成的。

该工作方案内容应包括：(1)被检查对象（部门、单位）；(2)检查目标及方式；(3)检查依据；(4)检查范围、内容和时限；(5)检查步骤及时间安排；(6)检查组负责人及成员；(7)负责人审批。（见经典资料11-5）

经典资料 11-5　××政府采购监管机关政府采购监督检查方案

×年×月×日

被检查对象（部门、单位）	
检查目标	
检查方式	
检查依据	
检查内容、范围和时限	
具体实施步骤	1. 2. 3.
检查组参加单位或成员	
监管部门负责人审批意见	

检查组负责人

（三）下发检查通知

监督检查方案被批准后，应当就检查有关事项向被检查部门或单位发监督检查通知，监督检查通知应包括：被检查对象、检查依据、检查内容、时间和要求，若需要填列有关表格请附上。监督检查通知在发送被检查单位的同时，应抄送有关部门。

（四）监督检查的实施阶段

实施阶段即开展检查与取证的过程，是指政府采购监督检查人员按工作方案规定的要求和日程安排，进驻被检查单位，通过检查采购文件，查阅资料、记录，向有关单位和个人调查等方式，取得证明材料。实施阶段是整个政府采购监管检查程序的关键。

1. 召开座谈会

监督检查小组进驻被检查单位后，应与被检查单位就本次政府采购监督检查的内容、目的和要求与被检查单位沟通，听取被检查单位的情况介绍，进一步了解被检查的情况。

2. 评价内部控制制度

检查和评价被检查单位的内部控制制度，是政府采购监督检查实施阶段的一项重要工作，其目的是进一步确定检查的重点及确定检查的方法和技术。评价和检查的主要内容包括内部控制制度的建立与健全程度、贯彻执行情况、有效程度、可信程序、控制弱点及其原因。

3. 检查采购文件资料、实物及有关政府采购业务

检查有关采购文件，如采购预算、招标文件、投标文件、定标文件、合同文本、验收证明及采购活动记录等有关文件、资料。查明资料的合规、真实可靠性。对于其中发现的难点、疑点，集中精力深查，弄清原因。如有必要，可以向外单位函证或了解情况，或请有

关人员进行鉴定等。

除查证资料,还可以实地操作,实地察看政府采购活动情况。

（五）整理监督检查资料

政府采购监督检查人员查证各种资料,应对所了解的情况和掌握的资料进行综合整理,形成工作底稿,并将各监督检查人员的工作底稿加以集中分类整理复核。

（六）编写监督检查报告

根据工作底稿及全体人员充分讨论,编写检查报告,初稿完成后,可先征求被检查单位意见,对被检查单位的反馈意见应慎重考虑,确定其意见是否合理,再视情况实事求是进一步修改检查报告,定稿后向派出的政府采购监管机关报送。

（七）下发监督检查通报

根据检查报告,对被检查单位实事求是地评价,在作出重大决定前应征求有关部门的意见,征求意见后,依法独立地作出检查结论和处理决定。最后下发检查情况通报或者作出检查结论和处理决定书。

（八）整理监督检查文件,进行总结

监督检查终结后,监督检查组应整理监督检查文件,将其作为监督检查资料归档,并及时对本项目监督检查进行总结。

二、政府采购监督检查方法

监督检查方法是指政府采购监督管理部门在政府采购监督检查活动中获取证据的方法。下面简单介绍一下常见的技术方法。

（一）按检查的顺序可分为顺查法和逆查法

1. 顺查法。顺查法指检查人员按照采购活动发生的先后顺序,逐一核对、依次进行检查的方法。由于顺查法以审查采购原始记录为起点,通过证单核对、证物核对,借以查明采购活动每一道环节所存在的问题,因此,其优点是全面、系统,但工作量大,花费时间较长。因此,顺查法一般适用于采购活动单一的专项检查或个案检查。

2. 逆查法。逆查法是按照采购活动相反顺序依次进行检查的一种检查方法。它是由采购结果入手,再检查原始记录,从而找到问题根源,这种方法的优点是有选择、有重点,检查效率高,但内容不够详尽,容易发生疏漏。

在实施政府采购检查中,通常使用两者相结合的检查方法,通常先使用逆查法发现问题,再对已确定的问题采用顺查法详细审查其采购活动记录。

（二）按检查的技术方法可分为审阅法、核对法、查询法、比较法、分析法、观察法和鉴定法

1. 审阅法。审阅法是政府采购监督检查人员通过仔细阅读和审核各种采购档案,从中发现问题和线索的一种检查方法。通过审阅有关资料,检查人员可以初步判定采购资

料是否真实可靠。在审阅时,审阅采购资料的完整性和合规性,注意各项手续是否完备、有无漏洞。在运用此法进行检查时,要在全面审阅的基础上抓住重点。

2. 核对法。核对法是指检查人员将两种或两种以上的互相关联的采购活动记录等资料进行相互对照,以检查其内容是否一致。

3. 查询法。查询法是指检查人员对检查过程中发现的问题,通过对被检查单位内外有关人员调查询问,达到弄清事实真相的一种检查方法。查询法可分为面询和函证两种。面询是指检查人员采取个别谈话、访问、座谈会以及到外地直接找有关人员征询等方式,向有关经手人、关系人、责任者、知情者及其他人员征询意见、了解情况的检查方法。检查人员在面询过程中,应尽可能记录被询问者的原话,谈话结束后的记录应经被询问人审阅、修改并签名。有时,可请被询问人写书面材料或进行录音等。面询不能使用提示、引诱、威胁或套供等办法,且谈话内容应严格保密。函证是指对有些采购活动有关当事人面询有困难时,可以采取发函的方式向对方询证。函证可分为积极函证和消极函证。积极函证是要求被函证人在收到函证信件后,不论"是""否",都应给予答复。消极函证是指被征询的人在收到函证件后,认为委托或要求证实的事项有差异时,才给予回函答复,如没有差异,则不必答复。检查人员在发出函证后一定时间内未得到答复时,则认为所查事项无误。运用函证时应注意:函证问题必须有记录,如询问什么问题,结果如何,均应记录清楚;函证的内容要简单明了;发函应由检查人员亲自办理。

4. 比较法。比较法是指检查人员在检查中通过对被检查单位的有关数据、情况对比,从中找出差异的一种检查方法。

5. 分析法。分析法是指检查人员对被检查单位提供的有关采购活动资料进行分解和综合,了解其构成要素和相互关系的一种检查方法。分析法可分为:比较分析法、因素分析法和趋势分析法等。

6. 观察法。观察法是指检查人员进入采购现场对采购活动或内部管理控制制度的执行情况进行实地观察以取得检查证据的方法。有些制度可能只是写在纸上而并不认真执行,形同虚设。检查人员只有经过现场的实质性测试,才能证实是否如实执行。如集中采购机构的内部管理控制制度的执行情况只能利用观察法才能证实其实际效果。

7. 鉴定法。鉴定法是指政府采购检查人员运用专门技术对技术资料、实物性能和质量进行识别、测试和鉴定的方法。在政府采购检查过程中,某些采购货物不是检查人员运用一般的检查方法就能够确定其性能和质量等问题,而需通过专门技术人员进行识别、测试和鉴定,由专门机构或人员鉴定及出具证明。

第四节 政府采购监管的责任与控制

一、政府采购监管责任

政府采购监管责任是政府采购监管机构及人员在履行政府采购监管职责过程中所应承担的义务。它取决于政府采购监管行为及其后果。政府采购监管部门对政府采购活动进行监督检查，实施了监督检查行为，产生了检查结果，作为政府采购活动监管主体的财政部门就自然成了政府采购监管责任承担者。

分析政府采购监管责任须理清采购人责任和采购代理机构责任。采购人责任是指采购人在政府采购活动中违反了政府采购规定需承担的责任；采购代理机构责任是指采购代理机构在采购活动中违反了政府采购程序和规定实施采购而需承担的责任；政府采购监管责任是政府采购监管部门或个人未依法对政府采购活动进行监管，或在监管过程中出现遗漏、失误，未能及时发现采购活动中的违法行为，而必须承担相应的责任。

政府采购监管必须依据法律，遵循职业规范，遵守廉政纪律，否则将承担相应责任。政府采购监督管理承担责任主要起因是违法行政和不当行政。

（一）违法行政主要表现形式

1. 行政失职。政府采购监管部门不行使应行使的职责，或者行使不力。如玩忽职守、应查不查、监督失察或贻误、监督不到位。

2. 行政越权。超越法律法规授予的权限实施监督行为。

3. 滥用职权。行使的职权背离法律法规的目的。

4. 程序违法。实施的监督检查行为包括方式、形式、手段、步骤、时限不符合法律法规的规定。如没有实行回避制度、行政处罚未履行听证告知程序、没有依法送达当事人等。

5. 证据不足。作出政府采购检查结论或决定所依据的事实不清、证据不足。

6. 适法错误。实施政府采购监督检查的依据和作出的结论或决定在适用法律条款方面发生错误。具体包括：本应适用甲依据却用了乙依据，适用法律条款不当等。

（二）不当行政主要表现形式

与违法行政不同，不当行政是基于自由裁量权行为而存在的。不当行政虽然不违法但自由裁量不是任意裁量。不当行政在政府采购监管中的主要表现形式是政府采购监管结论或处理决定显失公正，明显违反了客观、合理、适度的原则。如：不适当的考虑，如考虑了人际关系等；不适当的处理，如不同单位类似的违法行为，给予畸重畸轻的不同处罚；不适当的方式，如要求被处罚当事人提供不必要的材料，承担调查费用等。

政府采购监管承担责任一般包括补救性和惩罚性两种形式。补救性措施是指政府采购监管部门发现违法行政或不当行政时,可自动纠正或通过行政复议,撤销违法或不当的行政行为。惩罚性措施是指政府采购监管人员需承担相应的行政责任,包括行政处分与行政处罚。情节轻微的处以批评教育、通报批评、取消执法资格等;情节严重的,按《中华人民共和国公务员法》规定进行行政处分;如因重大过失或舞弊行为触犯刑法的,应承担刑事责任。

二、政府采购监管责任控制

随着政府采购监督管理行为和结果的产生,财政机关或政府采购监管人员就自然成为主要监管责任承担者。行政失职、行政越权、滥用职权、程序违法、证据不足、适法错误和显失公正的不当行政是政府采购监管可能遭受行政复议或行政诉讼的主要原因。但就其某一具体事项,财政机关及其相关人员承担法律责任的构成要件有:客观上存在违法行为、主观上存在过错、有明确的法律依据,否则财政机关及相关人员就不应承担责任。因此,财政部门履行政府采购监管职责,避免行政复议或行政诉讼的责任控制措施有:

1. 坚持权利与责任挂钩,与利益脱钩的原则。行政执法公开、持证上岗执法,推行执法责任制、评议考核制和质量控制;通过学习考核、考试,提高执法人员的政治素质、业务能力和执法水平;对越权、失职、失察、滥用职权、行政不当的执法人员要追究其责任。

2. 严格履行政府采购监管的各项职责,遵循政府采购监管规定、规则和工作要求,保持良好的职业道德和职业谨慎。依法履行政府采购监管职责时,严格遵循执法的程序和手续,既不失职不作为,也不能越权乱作为。

3. 划分责任边界,明晰监管责任和监管对象责任。明确监管对象对采购活动完整性、真实性承诺和责任,分清采购当事人承担的责任和政府采购监管部门及人员责任范围。

4. 独立执法及严格执法。执法不严,滥用权力,容易带来行政复议或法律诉讼。执法人员切实贯彻执法必严、违法必究的原则,合理使用自由裁量权。

5. 进一步强化纠错机制。行政诉讼实行"不告不理"的原则。若处理决定下发后,发现事实有待进一步考查或适用法律不当,应重新审查,及时纠正,用足用好行政机关先行处理的政策。

6. 聘请熟悉政府采购法律法规的法律顾问,处理有关问题。

第十二章

政府采购法律法规

第一节　政府采购有关法律规范

按照法律效力的不同,政府采购法律规范分为三个层次:第一层次是由全国人大常委会通过的政府采购法律;第二层次是由国务院颁发的政府采购行政法规以及有立法权的地方人大颁布的地方性政府采购法规;第三层次是由国务院有关部门颁发的有关政府采购部门规章以及地方人民政府颁布的地方性政府采购规章。

一、《政府采购法》内容解读

为加强财政支出管理,规范政府采购行为,在广泛借鉴国际经验基础上,我国从1996年开始按照国际上通行做法开展了政府采购试点工作,1998年试点范围逐步扩大,2000年试点工作迅速在全国范围内推开。

随着政府采购工作的深入开展,政府采购一些问题和矛盾开始显现,如政府采购机构如何定位、回避政府采购现象如何处理,而现行的有关政府采购的部门规章法律层次较低、约束力不强;与此同时,我国面临着开放政府采购市场的现实,必须尽快建立起与国际惯例接轨的政府采购制度,因此迫切需要规范我国政府采购的法制制度。在此背景下,2002年6月29日,我国《政府采购法》正式颁布。

《政府采购法》的出台是我国社会主义市场经济法制建设的一项重大举措,是完善财政管理法律体系的重要组成部分,是我国政府采购市场的管理走上法制化轨道的重要里程碑,标志着我国政府采购进入依法采购时代,对于促进我国社会主义市场经济建设,规范政府采购行为,加强财政支出管理,促进廉政建设,具有十分重大的现实意义。

《政府采购法》共有9章88条,为加深对《政府采购法》理解,现对其内容进行简要解读。

第一章,总则。本章共13条,对本法立法宗旨、适用范围、政府采购原则、政府采购组织形式、政府采购政策取向、政府采购信息管理以及政府采购监督管理部门等作出了阐述和规定。

1. 政府采购含义及采购范围

根据《政府采购法》规定,政府采购,是指各级国家机关、事业单位和团体组织,使用财政性资金采购依法制定的集中采购目录以内的或者采购限额标准以上的货物、工程和服务的行为。政府集中采购目录和采购限额标准依照本法规定的权限制定。政府采购实行集中采购和分散采购相结合。集中采购的范围由省级以上人民政府公布的集中采购目录确定。属于中央预算的政府采购项目,其集中采购目录由国务院确定并公布;属于地方预算的政府采购项目,其集中采购目录由省、自治区、直辖市人民政府或者其授权的机构确定并公布。

2. 政府采购应当遵循的原则和要求

政府采购应当遵循公开透明原则、公平竞争原则、公正原则和诚实信用原则等四项原则。《政府采购法》规定:任何单位和个人不得采用任何方式,阻挠和限制供应商自由进入本地区和本行业的政府采购市场。其目的是禁止地方保护主义,给予供应商自由进入各地区、各行业政府采购市场的权利,消除地区封锁和行业垄断,促进全国统一政府采购市场的形成,促进公平竞争原则的实现。

为提高政府采购透明度,确保公开透明原则的实现,《政府采购法》规定:政府采购的信息应当在政府采购监督管理部门指定的媒体上及时向社会公开发布,但涉及商业秘密的除外。《政府采购法》建立回避制度,维护政府采购活动的公正性。禁止地方保护、信息公开、回避制度是政府采购原则的具体体现。

3. 政府采购在政策性方面的功能

《政府采购法》规定:政府采购应当有助于实现国家的经济和社会发展政策目标,包括保护环境,扶持不发达地区和少数民族地区,促进中小企业发展等。政府采购应当采购本国货物、工程和服务。《政府采购法》规定了政府采购政策性功能,赋予政府采购实施宏观调控的职能。发挥政府采购宏观调控的作用,利用政府采购手段保护国内产业,是国际上通行的做法,也是符合WTO规则的。

4. 政府采购监督管理体制

《政府采购法》规定:各级人民政府财政部门是负责政府采购监督管理的部门,依法履行对政府采购活动的监督管理职责。各级人民政府其他有关部门依法履行与政府采购活动有关的监督管理职责。

明确立法事项的主管部门,是立法惯例,主要是为了依法确定执法主体。财政部门监督管理职责主要有:预算管理、政府采购信息管理、政府采购方式管理、政府采购合同管理、受理供应商投诉、政府采购专业岗位任职要求的制定和监督检查。

第二章,政府采购当事人。本章共12条,对政府采购各当事人和采购人的含义、集中采购机构的设置与管理,有关当事人参加政府采购活动的条件以及各当事人的权利和义务,供应商资格条件及审查管理、联合体投标等内容作出了阐述和说明。

政府采购当事人含义和具体构成。

1. 采购人。本法规定,采购人是依法进行政府采购的国家机关、事业单位和团体组织。这规定了政府采购的需方主体。采购人对纳入集中采购目录的通用项目有被强制委托集中采购机构代理采购的义务。对于本部门、本系统有特殊要求的集中采购项目,可以由本部门集中采购。涉及某些部门的特殊项目,即分散采购项目,采购人可以委托采购代理机构代理采购,也可以自行采购。

2. 集中采购机构。明确了集中采购机构的性质,规定集中采购机构为采购代理机构。

明确了集中采购机构的设置要求:一是地域性原则,地级以上的人民政府可以设立集中采购机构,县级及以下的政府是否设置集中采购机构没有作出规定,这些地区是否设立,更要因地制宜,实事求是;二是非强制性原则,地级人民政府集中采购机构是否设立,应当根据集中采购规模具体确定;三是独立设置,集中采购机构不得设立在政府采购监督管理部门,同时规定采购代理机构与行政机关不得存在隶属关系或其他利益关系。明确了集中采购机构的预算体制:集中采购机构是非营利事业法人,即集中采购机构为事业单位。明确了集中采购机构的业务范围:其业务范围有强制性,也有非强制性的。集中采购目录中的通用政府采购项目,必须由集中采购机构代理采购;其还可以接受非集中采购项目的采购业务。集中采购机构应当与采购人签署委托采购协议,明确委托事项,包括双方权利义务,避免不必要的纠纷。明确了集中采购机构的工作要求:本法对集中采购机构提出了四项工作要求,即集中采购机构进行采购活动,应当符合采购价格低于市场平均价格、采购效率更高、采购质量优良和服务良好的要求。明确集中采购机构的工作要求,消除集中采购可能滋生的官僚主义作风、责任性不强、工作效率不高、服务意识淡薄等弊端。

此外,采购代理机构不是唯一的,除集中采购机构外,经国务院有关部门或省级人民政府有关部门认定资格的社会中介机构也是采购代理机构。分散采购项目也可以由采购人委托此类代理机构代理采购,具体委托事宜应当在委托协议书中明确。

3. 供应商。供应商是重要的政府采购当事人之一,是政府采购的供方主体。本法规定了供应商参加政府采购活动的资格,明确了供应商资格审查的主体及审查内容。本法还对以联合体形式的供应商参加政府采购的有关要求作出规定:以联合体形式进行政府采购的,参加联合体的供应商均应当具备本法第二十二条规定的条件,并应当向采购人提交联合协议,载明联合体各方承担的工作和义务。联合体各方应当共同与采购人签订采购合同,就采购合同约定的事项对采购人承担连带责任。

本法还规定了政府采购当事人的禁止事项,旨在保护国家利益、社会公共利益和其他当事人的合法权益。

第三章,政府采购方式。本章共7条,对政府采购的各种方式以及方式的确定、各种采购方式适用的采购情形和有关要求作了规定。

1. 公开招标。本法规定了公开招标是政府采购的主要采购方式,与其他采购方式不是并行的关系。明确了公开招标的范围,明确了规定实行公开招标的具体数额标准的权限。具体数额标准实行由中央、地方两级政府决定。达到数额标准的政府采购项目,因特殊情况需要采用公开招标以外的采购方式的,应当在采购活动开始前获得设区的市、自治州以上人民政府采购监督管理部门的批准。对于县级政府采购采用公开招标以外的采购方式,建议由设区的市、自治州以上的人民政府规定。

对于以化整为零、拖延时间等方式回避公开招标方式的,法律作了禁止性规定。

2. 邀请招标。公开招标虽然是最能体现充分竞争和"三公原则"的采购方式,但是确实也存在着程序环节多、采购周期长、费用较高的缺陷。邀请招标在一定程度上能够弥补其不足,而且又能相对发挥招标优势,特别在投标供应商数量不足的情况下作用尤其明显。法律对邀请招标适用情形作了明确规定。在实际工作中,要注意把握其适用条件,防止采购人过度限制供应商数量从而限制有效竞争,保证适当程度的竞争性。

3. 竞争性谈判。它是指采购人或代理机构通过与多家供应商(不少于三家)进行谈判,最后从中确定中标供应商。政府采购中的谈判是指采购单位与供应商就采购的条件达成一项双方都满意的协议的过程。法律规定了四种情形:一是招标后没有供应商投标或者没有合格标的或者重新招标未能成立的;二是技术复杂或者性质特殊,不能确定详细规格或者具体要求的;三是采用招标所需时间不能满足用户紧急需要的;四是不能事先计算出价格总额的。在执行中,要注意体现竞争要求,采购单位应与足够数量至少不少于三家的有效供应商进行谈判,以确保有效竞争。

4. 单一来源采购。本法规定了单一来源方式三种适用情形:一是只能从唯一供应商处采购的;二是发生了不可预见的紧急情况不能从其他供应商处采购的;三是必须保证原有采购项目一致性或者服务配套的要求,需要继续从原供应商处添购,且添购资金总额不超过原合同采购金额百分之十的。由于单一来源只同唯一的供应商谈判确定协议,更容易滋生不规范行为和腐败行为,所以必须严格其适用条件。

5. 询价采购。对于采购货物规格、标准统一,现货货源充足且价格变化幅度小的政府采购项目,可以依照本法采用询价方式采购。在实践中,政府采购业务很多是通过询价方式采购的,但在询价采购操作中也存在一些不规范的做法,通常是将一些可以招标或者规格、标准不统一的货物也实行询价采购方式,这里有制度规定不完善的地方,也有钻政策空子搞舞弊行为的现象,所以,必须严格加以规范。

第四章,政府采购程序。本章共10条,对政府采购预算编制要求、各种采购方式的程序、验收要求以及采购文件的保存等作了阐述和规定。

1. 政府采购预算编制与审批

政府采购资金为财政性资金,必须实行预算管理。编制政府采购预算是政府采购程序的第一个环节。部门和单位在编制下一财政年度部门预算时,应当将政府采购的项目及资金预算列出。预算安排、项目具体、资金明确是政府采购工作的前提。1999年开始,中央单位部门预算中增加了政府采购内容。在部门预算表中增加一张"政府采购预算表"。各省在编制部门预算时也加进了政府采购预算的内容。部门单位将部门支出预算中采购的项目须分别在政府采购预算表中单列出来,并相应填报各自的预算、计量单位、规模或数量、主要技术指标等事项。政府采购预算随部门预算一并报财政部门审核。财政部门在批复部门预算时,也一并批复政府采购预算。

政府采购计划是财政部门对政府采购预算执行实行管理的一种方式。政府采购计划对列入政府采购预算中的采购项目,在采购组织实施形式、采购方式、政府采购实行财政直接拨付范围等作了具体规定,目的是细化政府采购预算的执行。

2. 对五种政府采购方式有关程序的规定

(1)招标采购方式的有关规定。对采用邀请招标方式,本法作了程序上的严格规定,确保适度的竞争。邀请招标虽然也属于招标采购的范畴,但《招标投标法》对邀请招标中邀请对象的选择未作明确规定。本法规定要求公开、公平、公正确定符合相应资格条件的供应商，即要通过招资格标方式随机确定邀请不少于三家的供应商。在实务中，各级财政部门要严格把握选择邀请招标采购方式的审批关。要对邀请招标程序实行严格监督管理，要严格执行通过公开招标方式确定符合资格条件的供应商的规定，要防止通过制定歧视性条款进行资格预选，确保预选工作公正、公平和公开，要制定规范的随机选择邀请对象的程序。

对等标期的规定。货物和服务项目实行招标方式采购的，自招标文件开始发出之日起至投标人提交投标文件截止之日止，不得少于二十日。

本法对招标不成功的处理方式。在实践中，由于受到一些主客观因素的影响，使招标活动无法继续进行的现象也时而发生，《政府采购法》规定了废标的情形。一是有效投标人不足三家，即符合专业条件的供应商或者对招标文件作实质响应的供应商不足三家的。有效投标人不足三家，就没有达到采用招标采购方式的基本要求，表明竞争性不强，难以实现招标目标。二是采购的公正性受到影响，出现了串通、哄抬价格或者排挤其他供应商的现象，招标文件有明显歧视性条款等，如果继续下去将严重损害有关当事人利益。三是投标人的报价均超过了采购预算，采购人不能支付的。政府采购应当严格按照批准的预算执行，各投标人报价都超过了预算，即超过了采购人支付能力，采购人无法履行支付职能，应停止招标。四是因重大变故，采购任务取消的，或因国家经济政策调整、压缩支出等政策因素，取消了原定的项目，在这种情况下，采购项目只得取消。在实际工作中，使用废标权必须慎重和准确。

废标后，采购人应当将废标理由通知所有投标人。

本法第三十七条对废标后的处理作了规定：除采购任务取消情形外，应当重新组织招标；需要采取其他方式采购的，应当在采购活动开始前获得设区的市、自治州以上人民政府采购监督管理部门或者政府有关部门批准。这条包含三个方面的内容：一是终止采购，即不再开展此项目的采购活动；二是重新招标，招标失败，有必要重新开展招标活动；三是招标方式不适宜，确需要采取招标以外其他采购方式的，只要按规定报批也是可以的。

（2）竞争性谈判采购的有关规定。本法第三十八条明确了采用竞争性谈判的五个基本步骤。一是成立谈判小组。一般采购金额较大、技术复杂的，需要组成一支专业队伍组织采购活动。对谈判小组在数量和专业人员上也有要求，即谈判小组由采购人的代表和有关专家共三人以上的单数组成，其中专家的人数不得少于成员总数的三分之二。二是制定谈判文件。谈判文件应当明确谈判程序、谈判内容、合同草案的条款以及评定成交的标准等事项。这样谈判可以有步骤、规范化地进行，避免不必要的纠纷。三是确定邀请参加谈判的供应商名单。谈判小组要确定参加谈判的资格条件，然后从符合相应资格条件的供应商名单中确定不少于三家的供应商参加谈判，在发出邀请时向其提供谈判文件。四是谈判。谈判小组所有成员集中与单一供应商分别进行谈判。在谈判中，谈判的任何一方不得透露与谈判有关的其他供应商的技术资料、价格和其他信息。谈判文件有实质性变动的,谈判小组应当以书面形式通知所有参加谈判的供应商。五是确定成交供应商。谈判结束后,要求所有参加谈判的供应商在规定时间内进行最后报价。采购人从谈判小组提出的成交候选人中根据符合采购需求、质量和服务相等且报价最低的原则确定成交供应商,并将结果通知所有参加谈判的未成交的供应商。本法对竞争性谈判采购方式程序作了原则性规定,有许多问题如参加谈判供应商不足三家,是否继续可以谈判等,未作明确的规定。

(3) 对于单一来源的有关规定。本法规定采用单一来源采购方式的应当遵循的基本要求,遵循公开、公平、公正、诚实信用的原则,要保证质量,此外价格要合理。在采用单一来源采购时,采购单位应深入了解供应商提供的产品性能和成本,以便有效地与供应商协商价格。

(4) 对于询价采购方式。本法规定了成立询价小组、确定被询价的供应商名单、询价、确定成交供应商等询价操作程序。本法规定的询价采购程序也只是原则性的,有些问题如报价方式,是否接受电话报价等,有待进一步研究。

3. 货物的验收及采购文件的保存

《政府采购法》规定,采购人或者其委托的采购代理机构应当组织对供应商履约的验收。大型或者复杂的政府采购项目,应当邀请国家认可的质量检测机构参加验收工作。验收方成员应当在验收书上签字,并承担相应的法律责任。验收是政府采购程序中的一个不可缺少的环节,采购人要组织好验收工作,对于大型或者复杂的采购项目,应请专业机构参加验收。验收方对供应商的履约进行验收,最后将验收情况如实说明,并签署意见。验收是政府采购程序的一部分,是保证采购质量的有效措施,采购人应当给予高度重视,依法做好验收工作。

《政府采购法》规定了采购文件的构成和保存要求。采购文件是反映采购活动过程及各个环节的记录,完整妥善保存采购文件,可以为政府采购统计分析、总结经验教训、接受监督检查、处理纠纷等提供依据。

《政府采购法》规定了采购人、采购代理机构有保存采购文件的义务,采购人、采购代理机构在每项采购活动结束后,应对规定需要保存的采购文件进行妥善保存,不得缺失。法律规定采购文件保存期限为十五年。采购文件是反映采购活动各类文书的总称。应当依法保存的采购文件包括:采购活动记录、采购预算、招标文件、投标文件、评标标准、评估报告、定标文件、合同文本、验收证明、质疑答复、投诉处理决定及其他有关文件、资料。

在执行中应该专人负责,提供必要的设备和场所。要保证采购文件的完整性、安全性和保密性。采购人或采购代理机构要重视采购文件的保存工作,未按本法规定保存采购文件的,将会受到严厉的惩罚。本法第七十六条规定,采购人、采购代理机构违反本法规定隐匿、销毁应当保存的采购文件或者伪造、变造采购文件的,由政府采购监督管理部门处以二万元以上十万元以下的罚款,对其直接负责的主管人员和其他直接责任人员依法给予处分;构成犯罪的,依法追究刑事责任。

第五章，政府采购合同。本章共8条，分别对政府采购合同适用法律、合同形式、合同必备条款、合同订立、合同备案、分包履行、补充合同以及合同变更、中止或者终止等作出了规定。

《政府采购法》规定政府采购合同适用合同法。因此，政府采购有关当事人之间的权利和义务，应当按照平等、自愿的原则以合同方式约定。由于采购人委托集中采购机构等采购代理机构代理采购，采购代理机构可以在采购人授权委托的前提下同供应商签订合同。

《政府采购法》规定政府合同应当采用书面形式。书面形式可以是合同书、信件和数据电文（如电报、传真、电子邮件）等有形地表现所载内容的形式。这同《合同法》规定的当事人订立合同，可以有书面形式、口头形式和其他形式不同。《政府采购法》还对政府采购合同必备条款作了要求。政府采购须按规定的程序和方式进行采购活动，因此政府采购合同的主要内容，也不能像一般的民事合同那样由采购人与供应商随意确定。

政府采购合同的签订期限及中标、成交通知书的效力。《政府采购法》明确规定采购人与中标、成交供应商应当在中标、成交通知书发出之日起三十日内，按照采购文件确定的事项签订政府采购合同。《政府采购法》还对中标、成交通知书的法律效力作了规定。本章还对政府采购合同备案的时间和单位作了规定，最后，本章还对政府采购合同履行作了较详细的阐述。

第六章，质疑与投诉。本章共8条，分别对供应商就有关政府采购事项进行询问、质疑、投诉的方式、途径和时限，采购人或采购代理机构以及政府采购监督管理部门进行答复、处理的方式和时限，投诉处理、不服投诉处理决定的救济途径等问题，作出了明确的规定。

对本章规定，着重应当把握以下几点：一是供应商对政府采购活动事项如有疑问的，都可以向采购人或采购代理机构提出询问，其询问的范围不受任何限制。二是供应商认为采购文件、采购过程和中标、成交结果使自己的权益受到损害的情况下，才可以向采购人或采购代理机构提出质疑。询问和质疑时，必须实名，匿名质疑一般不予受理。三是采购人和采购代理机构应当及时答复供应商的询问和质疑。质疑供应商对采购人、采购代理机构的答复不满意或者采购人、采购代理机构未在规定的时间内作出答复的，可以向同级政府采购监管部门投诉。

本章主要包括以下八个方面，一是对政府采购活动事项的询问，即供应商对政府采购活动事项有疑问的，可以向采购人提出询问，采购人应当及时作出答复，但答复的内容不得涉及商业秘密。二是如何就政府采购活动事项提出质疑问题作了规定，即供应商认为采购文件、采购过程和中标、成交结果使自己的权益受到损害的，可以在知道或者应知其权益受到损害之日起七个工作日内，以书面形式向采购人提出质疑。三是对供应商质疑的答复问题作出了规定，即采购人应当在收到供应商的书面质疑后七个工作日内作出答复，并以书面形式通知质疑供应商和其他有关供应商，但答复的内容不得涉及商业秘密。四是采购代理机构对供应商询问和质疑的处理，即采购人委托采购代理机构采购的,供应商可以向采购代理机构提出询问或者质疑,采购代理机构依法就采购人委托授权范围内的事项作出答复。五是对质疑供应商投诉问题作了规定,质疑供应商对采购人、采购代理机构的答复不满意或者采购人、采购代理机构未在规定的时间内作出答复的,可以在答复期满后十五个工作日内向同级政府采购监督管理部门投诉。六是投诉的处理,即政府采购监督管理部门应当在收到投诉后三十个工作日内,对投诉事项作出处理决定,并以书面形式通知投诉人和与投诉事项有关的当事人。七是对投诉处理期间暂停采购活动的问题作出了规定,即政府采购监督管理部门在处理投诉事项期间,可以视具体情况书面通知采购人暂停采购活动,但暂停时间最长不得超过三十日。八是对供应商不服的投诉处理结果寻求行政和司法救济的问题作了规定,即投诉人对政府采购监督管理部门的投诉处理决定不服或者政府采购监督管理部门逾期未作处理的,可以依法申请行政复议或者向人民法院提起行政诉讼。

第七章,监督检查。本章共12条,分别对政府采购监督管理加强监督检查的要求和主要内容,集中采购机构设置和采购代理机构与行政机关关系等方面的禁止性规定,集中采购机构内部监督管理及对采购人员要求,采购标准公开,对集中采购机构的考核,审计、监察机关和其他有关部门对政府采购活动、采购人员的监督以及社会监督等,作出了比较全面的规定。

对于本章的规定,应当重点把握以下几点:一是政府采购监督管理部门是实施监督和管理政府采购的主管部门,依法对政府采购活动进行全方位的监督,同时要着重加强对集中采购机构的考核与监督。二是依法对政府采购负有行政监督职责的政府有关部门,如审计机关、监察机关和招投标行业监管部门应当在各自的职责范围内,加强对政府采购活动的监督及其有关人员的监督检查。三是集中采购机构应当健全内部监督管理制度,配备具备相关素质和专业技能的采购人员,加强对采购人员的教育和培训。四是任何单位和个人对政府采购活动中的违法行为,有权控告和检举。

本章从十二个方面作了规定,一是政府采购监督管理监督检查的职责和主要内容,即政府采购监督管理部门应当加强对政府采购活动及集中采购机构的监督检查。监督检查的主要内容是:(1)有关政府采购的法律、行政法规和规章的执行情况;(2)采购范围、采购方式和采购程序的执行情况;(3)政府采购人员的职业素质和专业技能。二是对集中采购机构的设置要求作了规定,即政府采购监督管理部门不得设置集中采购机构,不得参与政府采购项目的采购活动。采购代理机构与行政机关不得存在隶属关系或者其他利益关系。三是对集中采购机构的内部管理部门作了规定,即集中采购机构应当建立健全内部监督管理制度。采购活动的决策和执行程序应当明确,并相互监督、相互制约。经办采购的人员与负责采购合同审核、验收人员的职责权限应当明确,并相互分离。四是对集中采购机构采购人员的任职要求以及培训与考核问题作出了规定,即集中采购机构的采购人员应当具有相关职业素质和专业技能,符合政府采购监督管理部门规定的专业岗位任职要求。集中采购机构对其工作人员应当加强教育和培训;对采购人员的专业水平、工作实绩和职业道德状况定期进行考核。采购人员经考核不合格的,不得继续任职。五是对政府采购项目采购标准和采购结果的公开问题作出了规定,即政府采购项目的采购标准应当公开。采用本法规定的采购方式的,采购人在采购活动完成后,应当将采购结果予以公布。六是对采购人选择采购方式和采购程序的法定要求作出了规定,即采购人必须按照本法规定的采购方式和采购程序进行采购。任何单位和个人不得违反本法规定,要求采购人或者采购工作人员向其指定的供应商进行采购。七是对政府采购监管部门对政府采购活动进行检查的问题作出了规定,即政府采购监督管理部门应当对政府采购项目的采购活动进行检查,政府采购当事人应当如实反映情况,提供有关材料。八是对政府采购监管部门对集中采购机构的考核问题作出了规定,即政府采购监督管理部门应当对集中采购机构的采购价格、节约资金效果、服务质量、信誉状况、有无违法行为等事项进行考核,并定期如实公布考核结果。九是对政府采购负有行政监督职责的政府有关部门的监督问题作出了规定,即依照法律、行政法规的规定对政府采购负有行政监督职责的政府有关部门,应当按照其职责分工,加强对政府采购活动的监督。十是对审计机关的监督问题作出了规定,即审计机关应当对政府采购进行审计监督。政府采购监督管理部门、政府采购各当事人有关政府采购活动,应当接受审计机关的审计监督。十一是对监察机关的监督部门作出了规定,即监察机关应当加强对参与政府采购活动的国家机关、国家公务员和国家行政机关任命的其他人员实施监察。十二是对政府采购活动的社会监督问题作出了规定,即任何单位和个人对政府采购活动中的违法行为,有权控告和检举,有关部门、机关应当依照各自职责及时处理。

第八章,法律责任。本章共13条,分别对采购人、采购代理机构及其工作人员、供应商、政府采购监督管理部门及工作人员,以及其他单位和个人违反本法规定应当承担的法律责任,作了较为全面、具体的规定。

本章规定的法律责任包括民事责任、行政责任和刑事责任三个方面。

民事责任是平等主体之间违反民事法律规范依法所必须承担的法律后果,如政府采购当事人有违法行为影响采购合同履行并给采购人、供应商造成损失的,由责任人承担赔偿责任等。

行政责任是指对行政法律关系的主体违反行政管理秩序但尚未构成犯罪的违法行为依法实施的法律制裁。本章规定的行政处罚,主要有对违反本法规定的采购人或采购代理机构"给予警告,可以并处罚款""依法取消其进行相关业务的资格"等,对违法采购人"停止按预算向其支付资金",对有不良行为的供应商"在一至三年内禁止参加政府采购活动""没收违法所得";行政处分是指行政机关内部、监察机关对违反政纪的公务人员依法给予的惩戒,是行政机关对国家公务员故意或过失侵犯行政相对人合法权益所实施的法律制裁。本章明确了由有关行政主管机关对违法人员"给予处分,并予通报",对政府采购监管部门中有违法行为的工作人员"依法给予行政处分"等。

刑事责任是由刑法规定的对触犯刑法构成犯罪的人适用的并由国家强制力保障实施的刑事制裁措施。由于刑事责任由刑法规定,因此本章中只就本法与刑法的衔接问题作了原则规定,即有关单位和个人违反本法规定"构成犯罪的,依法追究刑事责任"。

对于本章规定，着重应当把握以下几点：

（1）采购人、采购代理机构有违反本法行为的，依法分别给予警告、罚款、没收违法所得、取消采购代理机构进行相关业务的资格等行政处罚；对直接负责的主管人员和其他直接责任人员，依法给予处分；构成犯罪的，依法追究刑事责任。因采购人、采购代理机构的违法行为而影响或者可能影响中标、成交结果的，按照不同情况分别采取终止采购活动、撤销合同并另行确定中标、成交供应商以及由责任人承担赔偿责任等处理措施。

（2）供应商有违反本法行为的，依法分别给予罚款、没收违法所得、吊销营业执照等行政处罚；并可列入不良行为记录名单，在一至三年内禁止参加政府采购活动；构成犯罪的，依法追究刑事责任。

（3）政府采购监管部门的工作人员有违反本法行为的，依法给予行政处分；构成犯罪的，依法追究刑事责任。

（4）任何单位或者个人阻挠和限制供应商进入本地区或者本行业政府采购市场的，责令限期改正；拒不改正的，由该单位、个人的上级行政主管部门或者有关机关给予单位责任人或者个人处分。

二、政府采购与《招标投标法》

《招标投标法》对我国境内的招标投标活动进行了规范，它明确规定了必须招标的范围，对招标投标程序、招标投标的行政监督管理及法律责任进行了规定。《招标投标法》的颁布结束了我国招标投标活动中无法可依的局面，规范了招标投标活动中各当事人的行为。

对《招标投标法》的内容这里不一一叙述，现就对《招标投标法》涉及政府采购的方面作一简介。

1. 政府采购工程受到《招标投标法》和《政府采购法》双重约束。《政府采购法》第四条规定"政府采购工程进行招标投标的，适用招标投标法"，因此对政府采购工程进行招标投标的，直接适用《招标投标法》。工程属于政府采购范围，但先于《政府采购法》颁布实施的《招标投标法》已对工程招标投标作了具体规定，政府采购工程在采取招标投标方式时，执行《招标投标法》的规定。不过对政府采购工程的规范，要考虑如下情况：一是工程项目采用招标以外其他方式采购的，应执行《政府采购法》的规定。二是招标投标流程只是政府采购流程中的一个环节，招标投标流程始于招标文件的制作，止于中标供应商的确定。而政府采购流程始于采购预算的编制，止于采购资金的支付，比招标流程长得多。《招标投标法》只能规范政府采购工程招标投标环节，其余环节由《政府采购法》加以规范。三是《招标投标法》属于程序法，对招标和投标程序作出规范。对于工程项目采购预算编制要求，采购过程监督、采购合同订立、采购资金的拨付等，执行《政府采购法》的规定。

2. 《招标投标法》和《政府采购法》内容上的对应性。对于货物或者服务采用招标投标方式，《政府采购法》有关条文作了明确的规定，其规定与《招标投标法》的规定相比，具有明显的对应性。如《政府采购法》第二十八条规定,采购人不得将应当以公开招标方式采购的货物或服务化整为零或者以其他任何方式规避公开招标采购,这同《招标投标法》的第四条相对应。《政府采购法》第二十九、三十四、三十五、三十六、三十七条等条款都能在《招标投标法》中找到类似的条款。

3.《政府采购法》与《招标投标法》立法目的不同。《招标投标法》主要是为了规范招标投标市场竞争秩序,明确招标投标的具体程序以及相关要求,保证招标活动公开、公平、公正地进行。而《政府采购法》,通过采购政策性和技术性规定,有利于加强支出管理,有利于发挥财政政策的宏观调控作用,保护国家和公众的利益。两法的采购主体也不一样。《政府采购法》仅规范行政事业单位的采购行为,而《招标投标法》不对采购主体作特别限定,无论是国家还是私营,任何企业、组织和机构,只要采购都可以采用招标这种方式,只要使用了这种方式,即只要进行招标投标活动,都必须按照《招标投标法》规定进行。招标和政府采购的运行过程也不尽相同。招标从招标公告开始,经过投标、开标、评标、中标、授予合同而结束。政府采购则经过采购计划编报、采购方式确定、采购程序的实施、授予合同、合同的履行、货物的验收、资金支付、资料归档等环节才告终。因此,政府采购涉及的环节更多、管理的时间更长,对政府采购管理部门的要求更高。招标是政府采购主要方式,但不是唯一方式。事实上,哪种方式最为经济有效,哪种方式就应成为政府采购的方式,当然这些方式需要法规加强规范和限定。因此政府采购方式除招标采购方式外,还包括询价、单一来源、竞争性谈判等方式。而《招标投标法》只规范了招标采购这一种采购方式。

三、政府采购与《合同法》

《政府采购法》第四十三条规定,政府采购合同适用于合同法。政府采购中最基本的关系是通过政府采购合同来规定的,因此《合同法》也是政府采购活动涉及的一部非常重要的法律。《合同法》是规范了平等主体自然人、法人、其他组织之间签订、履行民事合同的基本法律,它包括合同的订立、合同的效力、合同的履行、合同的变更和转让、合同的权利义务终止、违约责任以及其他各类主要合同的规范。《合同法》规定,民事合同当事人依法享有自愿订立合同的权利,任何单位和个人不得非法干预;当事人应当遵循公平原则确定各方的权利和义务。平等、自愿是民事合同当事人应当遵循的基本原则。采购人和供应商也必须按照平等、自愿的原则,以合同方式约定双方的权利和义务。由于《政府采购法》的"政府采购合同"章节中已有所介绍,并且很多书上对《合同法》都有详细论述,这里不再作详细解释。

第二节 政府采购监管部门规章

根据《中华人民共和国立法法》第七十一条第一款规定:"国务院各部、委员会、中国人民银行、审计署和具有行政管理职能的直属机构,可以根据法律和国务院的行政法规、决定、命令,在本部门的权限范围内,制定规章。"第二款规定:"部门规章规定的事项应当属于执行法律或者国务院的行政法规、决定、命令的事项。"部门规章应指由法律所授权的,由国务院部门所制定的、具有普遍约束力的规范性文件。

作为政府采购监管部门——财政部,根据《政府采购法》的规定,制定了一系列有关政府采购的办法和规定。目前主要有《政府采购货物和服务招标投标管理办法》(财政部令第87号)、《政府采购信息公告管理办法》(财政部令第19号)、《政府采购供应商投诉处理办法》(财政部令第20号)、《政府采购代理机构资格认定办法》(财政部令第61号),财政部、监察部联合颁发的《政府采购评审专家管理办法》,财政部、监察部《集中采购机构监督考核管理办法》,财政部、国家发展改革委的《节能产品政府采购实施意见》等。下面对这几个办法规定作简要介绍。

一、《政府采购货物和服务招标投标管理办法》解读

财政部对《政府采购货物和服务招标投标管理办法》(财政部令第18号)进行了修改,修改后的《政府采购货物和服务招标投标管理办法》以第87号财政部部长令签署颁布、于2017年10月1日起实施。它是对《政府采购法》在货物和服务招标投标管理方面更深一步的细化和解释,进一步规范了政府采购当事人的采购行为,加强了对政府采购货物和服务招标投标活动的监督管理,进一步维护社会公共利益和政府采购招标投标活动当事人的合法权益。其主要内容及特点如下:

1. 该办法是对《政府采购法》在货物和服务招标投标管理方面更深一步的细化和补充。《政府采购法》对招标投标,特别是对货物和服务的招标投标作出了规定,但是由于在制定《政府采购法》时,《招标投标法》已经公布,《政府采购法》不可能再重复《招标投标法》中有关招标投标的大量细节和操作性内容,因此,《政府采购法》对招标投标的规定比较原则,操作性不强,需要具体办法进行细化和补充。该办法对货物和服务招标投标管理的具体规定正是对《政府采购法》具体的细化和补充。

2. 与《招标投标法》相比,该办法体现了对国家和公共机构在招标投标活动的特殊需要。《招标投标法》尽管对招标投标作了规定,但是制度设计上更多地以规范建设工程为条件和侧重点,并且没有将国家及其公共机构作为专门的规范对象,没有对法人和组织规定公共义务,因此财政部以部门规章的形式对货物、服务类招标投标活动作出进一步

规定,这是对《招标投标法》不足的弥补。

3. 该办法是属于公平竞争原则的一部重要规章。办法分总则、招标、投标、开标评标、中标和合同、法律责任和附则七个部分,基本结构以招标和投标、开标和评标、中标和合同三部分进行布局和展开的。该办法在结构布局上与《招标投标法》基本一致,但条款上增加至88条,《招标投标法》只有68条。为了保持制度的完整性和立法文件表达的连贯性,该办法有选择性地引用了《政府采购法》和《招标投标法》的一部分内容。总则部分根据《政府采购法》第九条、第十条,对采购人规定了执行社会经济政策和国际贸易政策的公共义务。它对回避原则规定得更加充分到位,明确规定了财政部门的法定职责。

在第二章招标制度的安排上,其主要内容为招标主体、信息公告、招标文件制作和招标管理四个方面。它明确招标人是进行货物和服务采购的政府采购单位。招标信息公告是执行公开透明原则的重要方面。该办法第十四条规定了邀请招标资格预审公告及其确定投标人的方式,这一规定是《招标投标法》与《政府采购法》所欠缺的,对于保证邀请招标活动的公开透明和公平竞争提供了重要的制度保证。在招标文件制作规定方面,其特点是,第二十条对招标文件的必备内容作出了比《招标投标法》更多和更详细的规定。在招标文件管理方面的特点是,第二十四条规定出售招标文件的定价标准等。

在第三章投标制度方面。其内容主要有投标主体、投标文件制作和投标管理三个方面。该办法投标主体制度设计上充分考虑了竞争的充分性和执行公共政策的可能性。该办法规定了投标人资格条件既有保证履行采购合同能力的条件,又有执行公共事务政策的考虑。该办法在投标文件制作上明确规定了投标文件由商务部分、技术部分、价格部分和其他部分组成。投标管理方面,规定了包括送达、补充、修改、撤回、分包、投标联合体和不得串通等禁止性规则。第三十八条特别规定了投标保证金要求,这是与《招标投标法》不同的地方。

在第四章开标、评标方面。该办法规定了对竞争不能达到最低数量的处理方法。该办法在开标要求方面体现了政府采购公共性所必备的监督措施和防止不公平竞争的处理措施。评标制度在该办法中体现了更多的监督内容。

在第五章中标和合同方面,中标制度包括中标方法、中标公告、中标异议、签订书面合同以及办理备案批准和登记手续。第七十一条明确规定,采购人不得向中标人提出任何不合理的要求作为签订合同的条件。

在法律责任方面,该办法同样体现了《政府采购法》《招标投标法》和《合同法》的法律精神。

二、《政府采购信息公告管理办法》解读

该办法以第19号财政部部长令签署颁布,于2004年9月11日起实施。

实行公开透明是政府采购公共性的重要体现,其意义不但是创造充分竞争,而且还为社会监督防止腐败提供了基本条件。为此,财政部根据《政府采购法》规定于2004年8月颁布了这个办法,其颁布对于规范政府采购信息公告行为、提高政府采购透明度、促进

公平竞争等具有重要意义。该办法主要内容特点如下：

该办法主要根据《政府采购法》第十一条规定，规范在政府采购监督管理部门指定的媒体上及时向社会公开发布政府采购信息的行为。该办法在结构上包括公告的范围与内容，信息公告管理和对指定媒体的管理，指定媒体的管理及法律责任等。

该办法第四条规定的信息公告原则比较概括地反映了本办法的思路，即信息发布及时、内容规范统一、渠道相对集中和便于获得查找。政府采购信息公告范围与内容，分为必须公告的事项范围和若干公告事项应包括的内容。第八条规定了最低限度的必须公告的事项，第九条进一步授权省级以上财政部门可以根据需要，增加需要公告的信息。这样既体现了原则，又考虑了各地实际情况。政府采购信息公告管理分为第十七、十八条的公告一致性原则及第十九至二十二条的公告义务人。第四章与第五章政府采购公告指定媒体管理和法律责任，使公告办法显得完整和便于执行。

三、《政府采购供应商投诉处理办法》解读

该办法以第20号财政部部长令签署颁布、于2004年9月11日起实施。

供应商投诉是维护政府采购公正，保护供应商合法权益的有效措施。能否顺利解决争议，是检验一部办法实施有效与否的关键环节。财政部门究竟如何处理供应商的投诉事项，才能做到依法行政，更加快捷、有效地保障所有采购当事人的合法权益？财政部2004年8月出台的《政府采购供应商投诉处理办法》回答了这一问题。该办法的内容特点如下：

该办法分为总则、投诉提起与受理、投诉处理与决定、法律责任及附则五个部分，在提起与受理部分，供应商投诉理由和提起投诉条件是主要的，决定着投诉是否被受理。该办法第七条规定采购文件、采购过程、中标和成交结果侵权是供应商提起投诉的理由。第十条规定了投诉前已经过质疑程序等七个条件。投诉的处理与决定是财政机关作出裁决决定的具体行政行为，是本办法的核心部分。它的主要内容是：以书面原则的审查方式，财政部门依职权进行调查的权限和程序；对具有明显倾向性或者歧视性的采购文件导致侵权的若干处理；对采购文件、采购过程影响或者可能影响中标、成交结果的，或者中标、成交结果的产生过程存在违法行为的若干处理办法。

《政府采购供应商投诉处理办法》为实施《政府采购法》发布的部门规章，比较系统地规定了财政部门处理投诉的权限、程序以及投诉供应商的权利和义务、投诉程序、受理投诉的条件以及处理要求等，标志着政府采购供应商投诉的制度化、程序化建设翻开了新的一页。

四、《政府采购代理机构资格认定办法》解读

为加强政府采购代理机构资格认定工作，财政部颁布了《政府采购代理机构资格认定办法》（财政部令第31号）。2010年10月，财政部修订了《政府采购代理机构资格认定办法》（财政部令第61号）。

财政部修订后的《政府采购代理机构资格认定办法》,一是提高了注册资本要求。财政部第 31 号令规定,甲级政府采购代理机构,注册资本应在 400 万元以上,乙级应在 50 万元以上。修订后的办法将甲级政府采购代理机构注册资本提高到 500 万元以上,乙级提高到 100 万元以上。二是明确了对代理机构专职人员规模的要求。财政部第 31 号令没有对政府采购代理机构的专职人员总数提出要求,不能准确地反映代理机构的规模和能力。修订后的办法对代理机构应具有的专职人员的最低数量作出了规定:乙级资格为"专职人员总数不得少于十人",甲级资格为"专职人员总数不得少于三十人",并明确专职人员是指"与申请人签订劳动合同,由申请人依法缴纳社会保障资金的在职人员,不包括退休人员"。三是改进了对代理机构专职人员素质的要求。在代理机构专职人员的素质方面,财政部第 31 号令规定,乙级资格政府采购代理机构"技术方面的专业人员,具有中专以上学历的不得少于职工总数的 50%,具有高级职称的不得少于职工总数的 10%",甲级资格政府采购代理机构"技术方面的专业人员,具有中专以上学历的不得少于职工总数的 70%,具有高级职称的不得少于职工总数的 20%"。修订后的规定:乙级机构专职人员中"具有中级以上专业技术职务任职资格的不得少于专职人员总数的 40%",甲级机构专职人员中"具有中级以上专业技术职务任职资格的不得少于专职人员总数的 60%"。四是增加了对申请甲级资格的业绩要求。规定申请甲级政府采购代理机构应当具备的业绩条件是:"取得政府采购代理机构乙级资格一年以上,最近两年内代理政府采购项目中标、成交金额累计达到一亿元人民币以上;或者从事招标代理业务两年以上,最近两年中标金额累计达到十亿元人民币以上。"五是增加了资格延续的条件。财政部第 31 号令没有明确规定政府采购代理机构资格延续的条件。新办法规定了资格延续的条件:一是要满足资格申请时的基本条件;二是对甲级代理机构提出了业绩条件,需在"《资格证书》有效期内代理完成政府采购项目中标、成交金额一亿五千万元人民币以上",形成了有效的退出机制。

五、《政府采购评审专家管理办法》解读

由财政部、监察部颁发的、2017 年 1 月 1 日起施行的《政府采购评审专家管理办法》对评审专家资格管理、专家的权利和义务及使用和管理作了明确的规定,进一步规范了评审专家执业行为,为提高政府采购评审工作质量提供了制度上保证。其内容特点如下:

该办法分总则、评审专家选聘与解聘、评审专家抽取与使用、评审专家监督管理、附则等五章三十六条,对政府采购评审专家资格取得、使用与管理等一系列环节有关问题作了明确的规定。总则中第三条规定,评审专家实行统一标准、管用分离、随机抽取的管理原则,这是整个办法的主线和原则。该办法第二章中规定评审专家应具备的条件、取得程序和手续以及后续管理等,保证了评审专家的素质和质量。第三章明确评审专家抽取和使用规定,便于对评审专家评审行为进行管理和监督。第四章回答了对评审专家如何监督管理,特别是为确保评审活动公正公平,明确了需要回避的各种情形,做到了原则

性和可操作性统一,尤其是对评审专家评审活动中禁止行为和被处罚行为的规定,为确保评审活动公正公平提供了法律上的保证。

该办法体现了原则性和灵活性的结合,既规定了申请评审专家资格应具备的较高条件,同时也考虑到某些地区的实际情况,就取得评审专家资格作了特别规定,增强了办法的可操作性,体现了理论和实际的结合。

六、《集中采购机构监督考核管理办法》解读

对集中采购机构建立考核制度,是防止集中采购机构产生腐败行为,保证采购质量和效益的重要措施,《政府采购法》对此作了明确规定。依据《政府采购法》的规定,财政部、监察部于 2003 年 11 月出台了《集中采购机构监督考核管理办法》,以指导和规范对集中采购机构的考核工作。该办法主要内容特点如下:

该办法分总则、考核内容、考核要求、考核方法、考核结果及责任、附则六章三十三条。该办法总则中对考核工作的原则、考核主体及考核工作的总体要求作了明确规定。第二章规定了对集中采购机构考核的八个方面的内容,对《政府采购法》的有关条款作了具体的细化,便于考核工作开展。第三章及第四章对财政部门如何组织考核、采取什么方法考核作了进一步明确,为考核工作程序化、规范化提供了制度保证。第五章对考核结果及发现问题如何处理作出了具体规定。

该办法的颁布为财政部门正确开展对集中采购机构的监督考核工作和确保监督考核的规范性提供了制度保证,同时也促进了集中采购机构服务质量、采购效率的提高。

七、《节能产品政府采购实施意见》解读

《节能产品政府采购实施意见》(以下简称《实施意见》)主要是依据《中华人民共和国节约能源法》和《政府采购法》及国务院关于节约能源的有关文件而制定的。制定《实施意见》总的指导思想是在政府采购活动中增加节能的要求,通过政府采购政策功能的实施,使政府机构优先采购节能产品,发挥政府的表率作用,扩大节能产品市场规模,降低节能产品成本,促进节能技术的进步。在《实施意见》中,坚持了统一管理、积极稳妥、规范高效、分步实施的原则。在节能产品实施政府采购工作中,实行政策和节能产品范围的统一管理,分步实施,逐步推进。该《实施意见》要求政府采购属于节能清单中产品时,在技术、服务等指标同等条件下,应当优先采购节能清单所列的节能产品。为便于供应商投标和公正评标,《实施意见》还要求采购人应当在采购文件中明确提出对产品的节能要求,即在采购活动中,采购人应当在政府采购招标文件中载明对产品的节能要求,合格产品的条件和节能产品优先采购评审标准。《实施意见》的出台与实施,是从源头上提高能源利用效率、推广节能产品、降低政府机构能源消费的重要措施,是降低能源费用、减少公共财政支出的有效途径,是扩大节能产品市场份额、促进节能技术进步的一项重要举措。

八、其他部委有关招标投标管理规定

《招标投标法》颁布后,尤其是中央机构编制委员会办公室《关于国务院有关部门实施招标投标活动行政监督的职责分工的意见》的出台,为更好地贯彻这个意见,许多有关部门纷纷出台规章和规定,对实施招标投标活动具体问题进行了进一步明确、细化和补充,如国家发改委等七部委联合发布的《评标委员会和评标方法暂行规定》《工程建设项目招标投标活动投诉处理办法》《工程建设项目施工招标投标办法》《工程建设项目货物招标投标办法》,卫生部、国家计委、国家经贸委等联合下发的《医疗机构药品集中招标采购工作规范(试行)》,建设部发布的《房屋建筑和市政基础设施工程施工招标投标管理办法》《建筑工程设计招标投标管理办法》,对外贸易经济合作部发布的《机电产品国际招标管理办法》等。

第三节 政府采购当事人行为规范

一、政府采购当事人行为规范概述

(一)政府采购有关当事人职责特点

政府采购当事人是指政府采购活动中享有权利和承担义务的各类主体。《政府采购法》规定政府采购的当事人包括采购人、采购代理机构和供应商。采购人指使用财政性资金从事采购活动的国家机关、事业单位和团体组织。采购人从事购买活动,所购物品主要用于履行国家和公共服务职能,因此同一般的购买者不同,它除遵守商务活动中诚实守信、公平交易等商业法则、规则和规范外,还得履行一些承担社会责任或公共责任的义务,作为公共事务的管理者,其所作所为一定是社会关注的热点,在社会上起一定示范和导向作用。因此,采购人职责的履行及其行为具有影响大、责任重、自我约束更显重要的特点。

以集中采购机构为核心的采购代理机构接受采购人委托代理组织采购活动。集中采购机构尽管受采购人委托组织采购事务,委托时须签订委托协议,明确双方的权利和义务,但由于它由政府设立,有强制的业务来源,资金来源稳定,设立数量有限,这些都决定了集中采购机构在政府采购活动中的特殊地位,这种特殊地位可能会使集中采购机构容易滋生官僚主义作风、责任性不强、服务意识淡薄等弊端,因此在赋予其特殊权利的同时,要进一步明确其承担的义务和履行的职责,使集中采购机构责任与权利更好地相结合。

供应商是指向采购人提供货物、工程和服务的法人、其他组织和自然人。供应商在政府采购活动中为政府部门履行公务需要而提供物品和服务,因此,对供应商本身资格和物品的质量提出了更高的要求。供应商与政府部门打交道,供应商在政府采购活动中的行为必然会受到社会的关注,其不当行为有一定的放大效应。此外,政府采购标的大、市场份额大,极易成为供应商争夺的焦点,巨大的诱惑也容易导致供应商采用不正当的手段谋取非法利益。因此进一步明确供应商在政府采购活动中的责任与权利意义重大。

政府采购监管部门虽不作为政府采购活动中当事人,但肩负着对政府采购活动全方位监管的责任,其行为必然会对政府采购活动产生重大影响。因此,政府采购监管部门职责也是笔者讨论的重点。

(二) 政府采购行为规范

1. 政府采购行为与规范的含义

政府采购是指各级政府及其所属机构为了开展日常政务活动或满足社会公共需要,以法定的形式、方式、方法、程序,利用财政性资金购买货物、工程或服务的活动。政府采购行为是政府采购当事人依照一定规则在政府采购活动中的表现和行动。政府采购有关当事人在进行政府采购活动的过程中,其权利和义务必然要相互影响、相互作用形成一定社会关系,为了保持政府采购活动的正常、有序和稳定,就需要有相应的法规、规则、标准来协调当事人之间的关系,这种协调和表明政府采购有关当事人行为的标准或尺度,称为政府采购行为规范。具体地说,政府采购行为规范是为了维护政府采购活动的公开、公平、公正而形成、制定约束政府采购当事人行为的规则、标准。政府采购行为规范按其主体不同可分为政府采购人行为规范、采购代理机构行为规范、供应商行为规范、政府采购监管部门行为规范等。政府采购行为规范按其内容的不同分为政府采购法律规范和政府采购职业规范。

2. 政府采购行为规范的功能

政府采购行为规范是政府采购当事人的行为规则,其功能分为三个方面。

(1) 政府采购行为规范的引导功能。引导功能主要表现为三种行为模式引导:授权性模式引导、命令性模式引导和禁止性模式引导。授权性行为模式代表一种选择的引导,引导政府采购当事人可以这样做,可以那样做,允许当事人在政府采购活动中自行决定是否这样做的范围或选择余地。如《政府采购法》第十八条规定:"采购未纳入集中采购目录的政府采购项目,可以自行采购,也可以委托集中采购机构在委托的范围内代理采购。"命令性行为模式引导,《政府采购法》第十八条规定:"采购人采购纳入集中采购目录的政府采购项目,必须委托集中采购机构代理采购。"又如《政府采购法》第十二条:"在政府采购活动中,采购人员及相关人员与供应商有利害关系的,必须回避。"这类属于命令性模式。命令性的行为模式,引导政府采购工作主体应该或必须根据行为规范方向办事,这是一种确定的行为模式的引导。禁止性行为模式引导,如《政府采购法》第十九条第二款规定:"采购人有权自行选择采购代理机构,任何单位和个人不得以任何方式为采购人指定采购代理机构。"《政府采购法》第二十五条规定:"政府采购当事人不得相互串通损害国家利益、社会公共利益和其他当事人的合法权益;不得以任何手段排斥其他供应商参与竞争。"这类属于禁止性的行为模式引导,表明政府采购当事人的行为绝对被禁止、不应该或不得这样做的引导方向,这也是一种确定的指引模式。

(2) 政府采购行为规范的示范功能。示范功能主要是通过政府采购行为规范的实施,对政府采购当事人现在所发生的和今后将要发生的正面或反面教育的示范影响。如《政府采购法》规定公开招标应作为政府采购的主要采购方式。采购人不得将应当以公开招标方式采购的货物或者服务化整为零或者以其他任何方式规避公开招标采购。应当采用公开招标方式而擅自采用其他方式采购的,责令限期改正,给予警告,可以并处罚款。按照规定,采购人应当把公开招标作为政府采购的主要方式,如果采购人这样做,符合法律规定,对其他人起到正面的示范作用;如果应当采用公开招标方式而擅自采用其他方式采购的,就会受到法律的处罚,这又对其他人起到了反面的警示作用。

(3) 政府采购行为规范的评价功能。政府采购行为规范具有判断、衡量他人政府采购行为是否符合规则的评价功能。在评价他人的政府采购行为时,总有一定的、客观的评价标准,在政府采购工作中,政府采购行为规范就是这样的评价标准,由此来判断政府采购行为是否符合规范,从而确定对行使的政府采购行为,是给予肯定、保护和支持,还是防止、制止、限制或处罚制裁这种行为。

3. 政府采购行为规范的种类

政府采购行为规范可以有不同的表现形式,这些表现形式包括:规则、规定、办法、规程、规章、条例、法规等多种形式。这些不同形式大致可分为政府采购法律规范和政府采购职业规范。

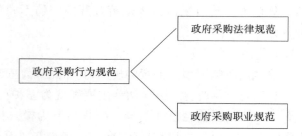

政府采购法律规范是政府采购行为规范中最基本、最重要的规范,它是从事政府采购工作、办理政府采购事务必须遵循的具有国家强制力作保证的政府采购行为规范。狭义的政府采购法律规范是指国家权力机关通过一定程序颁布施行的《中华人民共和国政府采购法》。广义地讲,政府采购法律规范是指国家权力机关和行政机关制定的各种规章、办法和规范性文件。本书的政府采购法律规范是针对广义上而展开的。政府采购职业行为规范是指从事政府采购工作的人员在政府采购活动中必须遵循的,正确处理政府采购活动各当事人之间关系的道德行为规范。任何一种职业,对社会承担一定的义务和责任,即职业责任,这种职业责任的履行,要靠法规、职业纪律等来保证,同时也需要通过职业准则、职业道德来规范。它是一种重要的政府采购行为规范,与政府采购法律规范配合,规范着政府采购工作主体的行为。

二、政府采购各有关当事人职责及行为规范

(一) 政府采购监管部门职责及行为规范

1. 政府采购监管部门职责

《政府采购法》第十三条规定,各级人民政府财政部门是负责政府采购监督管理的部门,依法履行对政府采购活动的监督管理职责。由于政府采购监管部门对政府采购活动中全过程、全方位的监督管理,对政府采购监管部门的职责划分不尽相同,本书主要根据《政府采购法》规定及实际情况概括为以下八个方面。

(1) 集中采购目录和限额标准等草拟和执行的监督管理。政府集中采购目录管理监管包括拟订集中采购目录、采购限额标准和公开招标数额标准,及时报批或按照授权的范围和程序公开发布。

由于政府采购的范围很广,性质各异,大到工程项目、小到铅笔纸张,政府采购不可能也没有必要把所有采购项目列入政府采购的监管范围。因此必须制定政府集中采购目录和限额标准调整其政府采购监管范围。政府采购规模大小在某种程度上也取决于集中采购目录的范围和限额标准的高低。政府采购规模的大小是衡量政府采购工作的一个重要指标。政府采购范围的不断扩展是政府采购规模扩大的重要前提,而政府采购范围正是由政府集中采购目录和限额标准确定的。集中采购目录和限额标准还是考核集中采购机构、检查采购人的依据。

根据《政府采购法》规定,政府集中采购目录和限额标准由省级以上人民政府确定并公布,但是在实际工作中,无论是由省级以上人民政府还是由其授权的机构确定和公布,基础工作基本上都是由财政部门承担的。因此对政府集中采购目录和限额标准的草拟及执行的监督管理是政府采购监管部门一项非常重要的基础工作。

(2) 政府采购预算和计划管理。政府采购预算是开展政府采购工作的基础,政府采购预算编制质量是源头上加强采购资金监控和编制政府采购实施计划的前提。政府采购监管部门要加强培训,及时提出编报的要求,制定政府采购预算和计划,指导和帮助采购人编制政府采购预算,同时协调好财政部门内部同预算、国库及有关业务部门的关系,扎扎实实帮助采购人做好政府采购预算的编制工作。在此基础上,及时汇总审核政府采购计划,提高工作效率及服务水平。

(3) 政府采购信息管理。政府采购信息是指规范政府采购活动的法律、法规、规章和政府政策规定以及反映政府采购活动状况的数据和资料。其具体包括有关政府采购的法律、规章、制度、政策、采购预算和计划、招标公告和中标公告、投诉处理决定、政府采购统计资料等。这些信息是否公开直接影响到政府采购活动的公开、公平和公正,因此,除涉及商业秘密外,都应当及时向社会公开发布,使社会公众及时了解政府采购制度的发展变化、商业机会、采购要求以及采购活动进展情况,提高政府采购透明度,使其广泛接受社会公众的监督。

《政府采购法》第十一条规定,政府采购信息必须在政府采购监管部门指定媒体上公

开发布。这样一方面可以使社会公众在同一时间获得同样的信息内容,维护政府采购公平性,另一方面,方便供应商获得政府采购信息,便利省时。

政府采购监管部门在政府采购信息管理中的工作要点如下:

① 财政部门健全和完善政府采购指定媒体的建设。省级以上财政部门根据地区和政府采购工作的需要应及时向社会公布该地区的政府采购指定媒体。

② 省级以上财政部门依法及时确定政府采购信息公告的内容、范围和要求,最大限度促使政府采购信息的公开,创造公开竞争的环境。

③ 为提高规范和效率,应制定发布各种信息的格式内容。

④ 按照政府采购有关规定,及时公布需要由财政部门发布的各类信息,如集中采购目录、限额标准和公开招标数额标准;政府采购招标业务代理机构的名录;财政部门受理政府采购投诉的联系方式及投诉处理决定;财政部门对集中采购机构的考核结果;具有不良行为记录的采购代理机构、供应商名单等。

⑤ 监督检查政府采购信息内容格式的规范性,依法及时处理有关政府采购信息发布过程中的违规行为。

⑥ 加强政府采购的数据信息的汇总、统计和分析工作,及时为社会各界提供服务。

⑦ 推动政府采购电子化进程,提高工作效率和透明度。

实现政府采购信息管理和操作电子化,是政府采购监管部门的一项重要工作。政府采购上规模、上水平,不提高效率和手段是难以实现的,而要达到这一目的主要依靠政府采购电子化建设,因此推动和推进政府采购信息管理和操作电子化建设是政府采购监管部门的一项长期任务。

(4) 政府采购专家监督管理。政府采购监管部门对评审专家管理的主要职责和要点如下:

① 建立健全维护政府采购评审专家库系统。要科学合理地确定政府采购专家评审品目。政府采购专家的专业类别,与政府采购活动中涉及的采购项目以及政府采购品目表有一定的差异。如何在政府采购品目表的基础上,根据政府采购评审专家的专业资料,结合本地区政府采购目录和政府采购实践等特点,将专家分别归类于相应的评审品目中一直是我们对专家库管理的难点。政府采购品目表虽然完整,但品目过于繁杂,品目表的分类与专家专业类别有很大的差异,因此需要作一定调整。如:品目表中分为电话机、传真机、碎纸机,而专家专业中并没有如此详细,需要进一步合并;政府采购品目表中对医疗方面只有医疗设备器械和计划生育二类,在采购实践中涉及医疗设备方面的品种相当复杂,并且各种设备类别之间差异很大。结合工作实际,江苏省将医疗设备细分为放射影像设备、妇科设备、手术设备、生化设备等15类评审项目,基本上满足政府采购评审工作需要。如不进一步细分,根本无法满足采购人的需要。因此,政府采购监管部门要组织专家、操作机构的专业人员,根据专家的原始资料,细心归类、整理、匹配,使专家特长和拟评审项目相一致。如江苏省在原来200多个品目的政府采购品目表的基础上,根据目前该省近年来政府采购的实践,经过反复讨论和调研,确定了80多个政府采

购评审品目。尽管这种分类还需在采购实践中不断补充完善,但新确定的评审品目基本涵盖了目前该省政府采购项目的范围,使用起来也更为便捷。

② 做好评审专家征集,申报登记工作。采用各种途径如网上征集,主动到有关部门、学校等单位上门征集,请评审专家帮助推荐,通过采购单位征集等办法最大限度地扩大专家库数量。要细化评审专家资格认定内容,设计资格认定登记表格,简化申报程序,方便政府采购评审专家资格的申报工作。

③ 重视评审专家培训工作。对专家培训不仅是《政府采购法》对评审专家的要求,更是评审专家自身提高评审工作质量和效率,满足不断规范和发展的政府采购事业的需要。对于专业技术知识,毋庸讳言,评审专家在所从事的专业领域具有相当丰富的专业知识,但由于政府采购在我国还是新事物,介绍和研究的资料较少,专家在这方面也不一定很关注,尤其是《政府采购法》颁布以来,我国出台一系列办法和规定,非常需要组织专门培训让专家在较短时间内较系统地了解一些政府采购、招标投标方面的知识。培训可以采取多种形式,可以通过培训班、发放手册、看录像等办法,逐步提高专家政府采购的政策水平。

④ 管理工作要跟上。加强对政府采购评审专家动态管理。政府采购评审专家在实际评审工作中表现出的业务水平、工作能力、职业道德必须跟踪记录并在专家库中有所反映。对于遵守政府采购法规制度、评审经验丰富、专业娴熟的评审专家,需给予表彰;对于评审活动中不能以科学、公正的态度参加政府采购评审活动的专家要予以相应记录和处罚。这既是规范专家评审行为的有效措施,也是《政府采购评审专家管理办法》对专家管理的基本要求。加强对评审专家的动态管理,建立健全政府采购评审专家信息反馈机制。可以采用信息反馈表、考评卡、专家评标情况记录表等多种形式对专家评审活动进行跟踪管理。

⑤ 要建立政府采购评审专家管理和使用相分离的工作机制,建立专家库软件随机抽取的新模式。

⑥ 政府采购评审专家管理档案要有专人管理,根据反馈信息进行动态登记,及时更新专家库评审专家的评审记录。

(5) 供应商投诉处理。供应商是政府采购活动的重要当事人之一。赋予供应商对政府采购事项的知情权和对政府采购活动的监督权,对保护供应商合法权益,提高政府采购活动透明度、公平性和有效竞争性,都具有十分重要的意义。供应商质疑和投诉的处理,是政府采购监督管理活动不可缺少的重要环节和内容。认真做好这项工作,既是保障供应商知情权得以落实的重要措施,也是充分发挥供应商对政府采购活动实施监督作用的有效途径。

政府采购监管部门收到供应商投诉后,应当及时认真处理。在处理供应商投诉的过程中,要组织人员对供应商投诉事项的有关情况,进行深入细致的调查、取证、审查和核实,以查明事实真相,在此基础上依法作出处理决定。在处理投诉过程中,应注意以下几点:

① 投诉供应商的资格条件审核。接到投诉时,政府采购监管部门应审核其是否符合财政部有关投诉处理办法中设定的投诉人投诉应符合的条件。审核要点如下:投诉人是否是参与所投诉政府采购活动的供应商;提起投诉前是否已依法进行质疑;投诉书内容是否符合规定;是否在投诉有效期限内提起投诉;是否属于本财政部门管辖;等等。审核完后,决定是否受理。

② 投诉书内容审核。投诉书内容是否符合法定要求。财政部门一般根据投诉书内容要求事先设计成固定表格,因此审核内容只要检查各栏目是否填列、内容是否完整等。

③ 时间要求值得注意。财政部门收到投诉书后要求五个工作日内进行审查,决定是否受理。不符合条件按规定告知,符合条件即可受理。由于有时间限制,因此接到投诉书应登记签字,以免日后在时间上引起纠纷。受理后进入投诉处理程序,在处理过程中更要注意处理投诉的时间要求。如受理投诉后三个工作日内向被投诉人和有关供应商发送投诉副本。政府采购监管部门在受理投诉后三十个工作日内,对投诉作出处理决定。(供应商投诉处理时间规定一览表,见表12-1)

表12-1 供应商投诉处理时间规定一览表

序号	事项	对财政部门要求	对供应商要求
1	提起投诉时效		质疑答复期满后15个工作日内
2	受理与否时间规定	收到投诉书后5个工作日内	
3	发送投诉书副本	受理投诉后3个工作日内	
4	书面提供证据等时间要求		应当收到投诉书副本之日起5个工作日内
5	作出投诉决定书时间要求	受理投诉这日起30个工作日内	
6	被投诉人暂停采购活动时间	最长不得超过30日	

④ 依法处理投诉。由于投诉事项不同,很难有一套统一的处理投诉的模式,但处理投诉是一件严肃的事情,处理不好还有被行政复议或起诉的危险。因此处理应把握如下内容:建立严密的投诉处理程序,每一环节材料移交要履行手续,有条件的要邀请法律人士参加,调查取证都要有书面记录及相关人签章,处理投诉期间职权如自由裁量权履行要符合法律规定,并慎重。相关证据要妥善保存,作出处理决定应依据法律规定,事实清楚,处理决定书格式要规范,内容要简明严密。

⑤ 手续完备。有关证据、投诉处理书送达符合规定,如挂号信、回执等。

⑥ 及时送达有关人员并在指定媒体上公布。

(6)监督检查和监管活动。《政府采购法》规定:各级人民政府财政部门是负责政府采购监督管理的部门,依法履行对政府采购活动的监督管理职责。政府采购监管部门监督检查的主要内容有:采购人使用财政性资金采购集中采购目录以内的或者限额标准以上的货物、工程和服务是否纳入政府采购范围;采购人对纳入集中采购目录的政府采购项目是否委托集中采购机构实行集中采购,政府采购项目批准预算的执行情况;采购人采购本部门有特殊要求的项目,实行部门采购是否经政府采购监管部门批准;采购人是否按时组织验收并按合同支付货款;采购人采购定点采购项目是否按定点采购规定和程序进行采购,有无超范围采购。

在日常采购活动监管中,既要依法办事,公开办事程序,减少环节,又要提高效率和服务质量。其主要内容包括以下几项:依法对从事政府采购招标代理业务机构资格的认定和管理。《政府采购法》规定,此项工作由省级以上财政部门承担。对达到公开招标数额而采用非公开招标采购方式的审批。为审批便捷,事先应制定采购方式确定与变更审批表,审批时应认真研究申请确定与变更方式的理由是否符合法定的要求,需要公示的是否已公示,审批时还须履行一定程序手续。监督采购人或采购代理机构在日常采购活动中政府采购评审专家抽取和使用行为;有关政府采购合同的备案管理;审查备案的时间是否在规定的时间内。视情况进行采购活动的现场监督,作为采购现场监督委员会成员,依法对采购活动进行监督。

(7) 政府采购培训及制定专业岗位任职要求。政府采购宣传培训是政府采购监管部门长期的任务,政府采购宣传培训工作要注意与普法教育结合起来,根据法制建设的进程和特点,适时地开展一些政府采购宣传教育活动。在开展培训时要注意结合工作进展情况和受训对象采取多种形式开展多层次的培训工作,如可以组织专家专题研究,通过组织专家学者对政府采购宏观性、全局性的问题进行前瞻性研究,对目前采购实践中一些棘手的、争论性的问题进行攻关研究;同时提出政府采购人员专业岗位任职资格要求。对于政府采购人员执业资格标准问题,《政府采购法》第六十二条规定,集中采购机构的采购人员应当具有相关职业素质和专业技能,符合政府采购监督管理部门规定的专业岗位任职要求。但到目前为止,还没有一个"法定"的条款明确要求采购人必须具备哪些最起码的专业知识和基本技能。各地专业技术要求没有统一,人员素质也各不相同,确实不利于对政府采购人员进行实质的考核,也不利于政府采购队伍的整体提高。而一旦对政府采购从业人员实施了资格化管理,就能使采购人员技能有了明确的考核和衡量标准,能督促各地严格按照资格标准来教育和培训现有采购队伍,以进一步规范采购行为,统一操作程序,严肃工作纪律,提高职业素质;同时可以有效地促进和提高采购工作的质量和效果,不同资格进入不同岗位,不但可以充分发挥不同人才的技术特长,提高采购工作的质量,而且能有效地避免或防范各种难以预见的风险和矛盾。

(8) 处理违法违规行为。根据《政府采购法》有关规定,处理政府采购活动中违法违规行为是政府采购监管部门的职责。在处罚时应注意以下几点:

根据举报或监督检查中发现采购当事人确实存在违法行为,政府采购监管部门在实施处罚前,须经过财政部门内部一系列程序,如果财政部门对处理违法违纪案件由专门部门统一扎口,那么应及时移交包括证据在内的有关材料。

履行告知义务,告知当事人有举行听证的权利。如当事人要求听证,按听证程序和要求举行听证。

下达处理决定。经告知程序后,在吸收当事人合理意见的基础上,根据有关法律法规的规定,对当事人违法行为依法作出处理决定。

2. 政府采购监管部门行为规范

如前所述,政府采购监管人员行为受法律法规的约束和职业规范的约束,对于法律制度的约束前面已详细叙述,这里着重讨论职业上的规范。政府采购监管人员作为国家公务人员理应遵守国家公务员职业道德规范,此外,作为政府采购监管人员,应遵循政府采购监管职业规范,对于政府采购监管人员职业规范尚未出台,笔者结合政府采购实践将政府采购监管人员行为规范概括如下:

(1) 依法监管。政府采购监管部门履行监管职能必须在法律、法规赋予的权限内,依据政府采购法律和法规的相关规定行使政府采购监管权,以保证政府采购活动有序有效地运行。

(2) 忠于职守。政府采购监管人员应认真履行自己的职责,爱岗敬业,勤奋工作,钻研业务,甘于奉献,维护国家和公众的利益。

(3) 客观公正。客观公正是指政府采购监管部门在政府采购监管的过程中,要以事实为依据,以政府采购法律法规为准绳,对政府采购监管事项进行客观、公允的判断,不掺杂个人主观臆断,不为人情世故所左右。处理问题不能存在任何主观倾向,对政府采购各当事人要一视同仁,不得以个人的偏好或关系好坏,歧视政府采购某类当事人。要一切以事实来评判,一切用事实来说话。

(4) 勤政廉洁。处理政府采购监管事务要勤勉、勤奋,讲究效率,不得拖拉;要注重调查研究,刻苦钻研业务。政府采购监管人员在监管工作中应当保持清正廉洁的风范,洁身自好,不徇私情,不以权谋私。

(5) 开拓创新。政府采购是一项新的事业,涉及面很广,政府采购各种问题和矛盾不断出现,只有不断开拓,创造性地做好监管工作,才能完成法律赋予的政府采购监管职责。

(6) 文明服务。政府采购监管人员要牢记权为民所用,利为民所谋,情为民所系。一切从人民利益出发,全心全意为人民服务,密切联系群众,改进工作作风,讲求工作方法,注重工作效率,提高工作质量。自觉做人民公仆,让人民满意。

(二) 集中采购机构职责及行为规范

1. 集中采购机构职责

(1) 接受委托实施集中采购事宜。根据采购人委托,负责本级政府集中采购目录中通用项目的代理采购事务,这是集中采购机构的法定职责和义务。集中采购机构进行政府采购活动,要充分利用其优越条件,做到采购价格低于市场平均价格,采购的效率更高、采购的质量更加优良,而且应当提供更良好的服务。在负责承办法定委托业务时,要注意以下几点:

① 依法办理采购事务,集中采购机构属于为政府机关办理采购事务的机构,不以营利为目的,属于公益性机构。集中采购机构在办理采购事务时,必须遵守政府采购法律法规,应当建立健全内部监督管理制度,形成相互监督、相互制约的运行机制。采用非公

开招标方式该审批的审批,信息该公开的应及时公开,该按程序的必须按程序操作。

② 热情服务。集中采购机构承办强制委托业务时,因缺乏竞争,容易滋生官僚主义、效率低下的弊端。集中采购机构要认真履行其职能,加强集中采购业务的管理,提高采购质量和服务水平。

③ 工作人员不得以评标委员会专家身份参加本单位代理的政府集中采购项目的评审工作。

④ 在实施采购活动中,要特别注意有无限制和排斥供应商参加政府集中采购活动的行为。

(2) 代理其他采购业务。在确保完成集中采购目录规定任务的前提下,可以代理其他采购任务。在承办非法定采购事务时,更应该充分利用集中采购机构的人、财、物优势,赢得招投标市场一定的份额。在竞争的环境中挑战自我,发展壮大。在引导诚实守信、公开透明和公平竞争的行为中起示范带头作用。

(3) 质疑处理。在采购人委托的范围内处理供应商质疑是集中采购机构的一项重要职责。集中采购机构应当依照《政府采购法》规定就采购人委托授权范围内的事项对供应商的询问或质疑按规定期限作出答复。

(4) 其他事务。① 主动为财政部门集中采购目录草拟以及政府采购政策制定提供建议,及时报送有关政府采购执行情况信息。② 做好政府采购评审专家的推荐工作及提供评审专家评审活动的记录,为政府采购监督管理部门对专家监管提供依据。③ 帮助采购人验收货物和签订合同及支付资金,在定点采购中与供应商签订合同并监督定点供应商的履约行为。④ 采购档案的管理。《政府采购法》规定对每项采购活动的采购文件应当妥善保存。集中采购机构负责同级政府机关单位办理采购事务,项目多、金额大,采购文件档案管理工作量大,而采购文件又是整个采购过程的客观反映,是以后进行监督考核、答复质疑、处理投诉的客观依据,因此必须依照政府采购有关规定做好采购文件的管理工作。⑤ 支持和配合政府采购监管部门对其监督考核。

2. 集中采购机构行为规范

(1) 依法采购。这是指集中采购机构在接受采购人委托办理采购事务时,必须遵循政府采购法律法规的规定开展采购活动,履行法律规定的程序,始终坚持规范、规程、规则。

(2) 公平公开。公平竞争、公开透明是政府采购的基石。集中采购机构在进行采购活动时,除商业秘密外,该公开的信息都要公开,使政府采购活动在完全透明的状态下运作,广泛接受社会监督。要引进公平竞争的机制,通过充分的竞争,优中选优,提高财政性资金的使用效益。

(3) 程序为上。政府采购以其规范、高效的程序来保证政府采购活动公平、公开、公正。集中采购机构在从事采购事务时,要严格按法定程序进行,要把建立规范、便捷的规程贯穿各项采购活动的过程中。凡事要讲程序,不仅是政府采购规范化的重要手段,更应该成为政府采购人员良好的行为习惯。

(4) 廉洁自律。集中采购机构几乎每天要接触上百万元的订单,每月要成交上百笔业务,每年要采购上亿元金额的产品,要做到"常在河边走,就是不湿鞋",采购人员要不断自我约束、自我调整,严于律己,防微杜渐。廉洁自律是政府采购从业人员抵御各种诱惑的试金石。

(5) 敬业奉献。采购机构工作量大,事务繁忙,工作要求高,集中采购机构人员要热爱本职岗位,努力钻研业务,吃苦耐劳,甘于奉献,勇于奉献,做一个政府采购事业的开拓者。

(6) 优质服务。政府采购机构是一个窗口单位,因此对采购人员来说,提高服务水平至关重要。采购机构人员的服务态度、服务水平直接关系到政府采购事业的声誉,因此,集中采购机构人员要树立强烈的服务意识,要在合法、合理和合情的前提下,尽可能地满足服务对象的需要,要利用政府采购技能主动为采购人出谋划策,要把优质服务贯穿到采购活动始终,贯穿于日常点点滴滴行为之中。

(三) 采购人职责及行为规范

1. 采购人职责

(1) 编制预算计划。采购人应当按规定编制政府采购预算和政府采购实施计划,由主管部门审核后报财政部门。采购人作为采购项目主体负责政府采购项目的具体实施工作。

(2) 委托集中采购事务。采购人应当将政府集中采购目录中的通用项目,委托集中采购机构代理采购。采购人采购未纳入集中采购目录的政府采购项目,可以自行采购,也可以委托采购代理机构代理采购。采购人委托采购代理机构采购,应当与采购代理机构签订政府采购委托代理协议,约定双方的权利和义务。采购人应当按规定做好部门集中采购和分散采购工作。

(3) 签约验收支付资金。采购人应当在规定期限内与中标或成交供应商签订采购合同,并负责合同履行与验收。采购人应当按照合同约定及时办理资金支付事项。

(4) 报送有关信息。及时汇总所属单位政府采购有关信息,定期报送。

2. 采购人行为规范

(1) 计划采购。在政府采购活动中,采购人必须按照预算和计划进行采购,预算和计划是采购人开展政府采购的前提,因此采购人首先应根据采购预算编报政府采购计划,按计划规定的项目、用途进行采购,不得随意采购、盲目采购。按计划进行采购活动是《政府采购法》的要求,也是采购人必须遵守的行为准则。

(2) 规范为重。政府采购当事人之间平等互利关系和按规定的权利和义务参加政府采购活动是政府采购活动中各当事人应该遵循的法则。但在实际工作中,由于采购人多为政府部门,容易将行政行为带到交易中,采购人常常会自觉不自觉地出现不按时支付资金、不按时验收等不规范的现象,因此采购人应自觉做到自我约束、自觉遵守政府采购规范,规范自身政府采购行为是采购人行为规范的重要内容。

(3) 节俭实用。采购人使用财政性资金采购履行公务需要的产品,使用的是纳税人的钱,因此采购人对采购资金要节约使用,采购物品要实用,以满足公务需要为原则,不能追求品牌和奢华。节约而又实用应该成为采购人提出政府采购需求的重要规则。

(4) 服从评审。采购人委托采购代理机构采购物品,应自觉与采购代理机构协调配合,尊重采购代理机构,按规定程序进行采购活动,尊重和信任政府采购专家的评审结果。不能因结果与预先的推测或与自己的偏好不一致而找理由不接受或拖延签订合同、验收或支付资金。服从评审是采购人特别应该遵守的。

(四) 政府采购评审专家职责及行为规范

1. 政府采购评审专家职责

(1) 参加政府采购评审活动,提出评审意见。以科学、公正的态度参加政府采购评审工作,自觉遵守政府采购规定和客观公正等职业道德规范,遵守政府采购评审工作纪律,认真履行自己的职责,在评审过程中不受任何干扰,独立、负责地提出评审意见,并对自己的评审意见承担责任。

(2) 参加政府采购项目的论证咨询活动。接受邀请对复杂的政府采购项目进行论证,提出建议和意见。认真学习政府采购、招标投标相关政策法规,不断提高政府采购政策水平和业务专业知识。

(3) 在供应商质疑和投诉中,配合调查取证工作。

2. 政府采购评审专家行为规范探讨

(1) 独立公正。评审专家在评审活动中要恪守独立、公正评审的原则,按采购文件的约定认真客观地对待每一位供应商,不得排斥符合条件的供应商参加政府采购活动。对供应商不得有歧视行为,评标时不能存在主观倾向,应独立、客观、公正地提出评审意见,严格按照评审标准推荐中标供应商。

(2) 秉公评审。评审专家要以维护"三公"原则为己任,正确处理个体利益与社会利益的关系,时刻牢记自己所肩负的责任,维护招标人和供应商合法权益。

(3) 科学评判。评审专家要加强学习,不断提高自身政府采购法规和政策水平,刻苦钻研业务,用科学理论技术方法提高评审工作的质量和效率。

(4) 遵纪守规。遵守政府采购评审工作纪律,遵守评审工作程序和规则,不影响他人、不受外界干扰、不私下接触有利害关系人,遵守廉政规定,自觉接受政府采购监管机构监管和社会各界的监督。

(5) 保守秘密。评审工作性质决定了评审专家有机会了解投标人的技术经营状况,有可能了解重要的商业秘密。因此,作为评审专家对于自己知悉的采购活动中的各种机密,不管何时何地,都要严守秘密,不得为一己私利而泄露秘密。

(6) 献计献策。政府采购评审专家是各专业领域的能手和专业人士,专业扎实、知识面宽,而我国政府采购工作无论在理论和实践方面都显得年轻和不足,因此专家有责任和义务关心政府采购事业,多研究些政府采购问题,多提些建议。

(五) 供应商职责及行为规范

1. 供应商职责

(1) 作为供货方参加政府采购活动。对招标信息有兴趣的供应商,购买招标文件,并编制投标文件,按照采购单位要求参加政府采购活动。

(2) 签订合同和履约。在采购活动中,中标或成交供应商,按规定的程序与采购人签订合同,并提供合同约定的货物、工程或服务。

(3) 质疑和投诉。供应商认为采购活动中自己的权益受到损害时,可以按规定向采购人质疑。对质疑答复不满时可以依法提起投诉;对投诉处理决定不满意时可申请行政复议或行政诉讼。

2. 供应商行为规范

(1) 诚实守信。讲信誉、重信义是供应商在市场竞争中必须遵循的规则。供应商在政府采购活动中,本着诚实、守信的态度履行自己的权利和义务,讲究信誉,兑现承诺。其提供的投标文件、资格证明、产品服务都不得言过其实、弄虚作假。不得提供虚假材料谋取中标和成交,中标后不得无故放弃合同,不得擅自中止、终止合同。

(2) 公平竞争。供应商以公平竞争、优胜劣汰原则参加政府采购活动,应该以质量和服务取胜,不得采取不正当手段妨碍、排挤其他供应商投标中标,不得向采购人、采购代理机构人员或评委等行贿,以获取不正当的利益。

(3) 遵守程序。在政府采购活动中,自觉履行采购人或采购代理机构的正当要求,包括遵守法定采购程序,履行必备手续,如按时递交投标文件,交纳投标保证金,遵守采购活动现场纪律,按招标人的要求对投标文件进行答疑。

(4) 服从监管。《政府采购法》规定政府采购监管部门有权对包括供应商参加政府采购活动的情况进行监督检查,供应商在参加政府采购活动时应自觉接受有关部门的监督和管理,配合提供有关资料和情况,当存在违法行为时,服从有关部门依法作出的处理。

(5) 依法维权。维护自身在政府采购活动中的权益是供应商的权利,但在维护自身权益时,必须依照法律规定的程序,必须依法有据,不得损害其他当事人的权益。

(6) 公益意识。政府采购具有政策性功能,如保护民族中小企业、保护环境等。供应商在参加政府采购时,要胸怀大局,要有公益意识,要理解和支持政府采购的宏观调控政策,要把维护国家、社会利益作为处理国家、企业经济关系的基础。

第四节 政府采购当事人内控制度

一、集中采购机构内控制度

集中采购机构是政府采购的代理机构,是政府采购的主要当事人之一。集中采购机构核心的任务是,按照采购人委托,通过合法程序选择出符合要求的供应商,为采购人提供优质的服务质量。在整个政府采购活动中,要做到有法可依,有章可循。靠制度约束每一个岗位,靠制度管理每一项工作。《政府采购法》第六十一条对集中采购机构的内部的监督管理作出了规定,即"集中采购机构应当建立健全内部监督管理制度。采购活动的决策和执行程序应当明确,并相互监督、相互制约。经办采购的人员与负责采购合同审核、验收人员的职责权限应当明确,并相互分离"。集中采购机构内部制度建设不仅是自身完善、发展的需要,也是《政府采购法》对其的一项法定要求。集中采购内部制度建设应包括以下几个方面:

(1) 计划决策方面的制度建设。计划是未来行动的方案,通过对过去和现在情况的分析,对未来进行预测,描绘未来前景,并努力实现预定的目标。集中采购机构应制定有关战略目标调研、规划计划乃至项目方案等方面的制度,探索制定计划方案科学的程序和方法,使规划计划定位准确,切实可行。

(2) 政府采购业务操作制度。集中采购机构要优质高效地完成采购任务,遵循公开、公平、公正和诚实信用原则,为采购人采购价格低于市场平均价格、采购效率更高、采购质量优良的物品和提供优质服务,必须建立健全一系列业务操作制度作为其支撑。这些业务制度应包括:接受采购人委托业务方面的制度如委托采购内部操作规程等;实施采购业务活动方面的制度,包括明确公开招标等各种采购方式的程序以及定点、网上采购、协议供货等操作规程办法;采购合同管理、协助采购人验收及采购档案管理规定等。为提高采购质量、提高采购活动规范性和防范采购风险所制定的内部控制如采购业务执行与合同审核相分离、招标业务与评审专家抽取相分离等制度也相当重要。

(3) 人员激励和廉政建设方面的制度。集中采购机构应制定工作人员廉政建设规定、岗位工作规范、考核和奖惩办法、学习培训方面的制度,通过这些制度规范员工行为,激励员工行动,促进员工自觉为创造一流的政府采购业绩而贡献。

(4) 其他内部运行管理制度。如《中心内部资产管理制度》《中心内部财务管理控制制度》和《中心财务会计核算制度》及《工作出勤休假制度》等,这些制度是为保障单位正常运行而设立的。

二、采购人内控制度

政府采购中的采购人,是指依法进行政府采购的国家机关、事业单位及团体组织。采购人是政府采购过程中最重要的当事人,规范采购人行为是政府采购制度建设的重要方面。采购人能否科学编制采购预算及计划,采购人行为是否规范,直接影响着政府采购的效率和规范。采购人应制定《政府采购业务人员岗位职责和工作规范》《部门政府采购预算和计划编制工作规范》《政府采购货物验收制度》《政府采购信息反馈制度》《政府采购档案管理规定》等制度来规范采购人行为,提高本部门政府采购事务的管理水平。

三、供应商内控制度

供应商政府采购内部管理制度是指供应商为了争取获得政府采购合同及实现盈利目标,通过计划、组织、控制等手段,对企业所拥有资源进行合理配置和有效利用,以实现其目标所需要的管理规程规定。供应商要在政府采购市场中占一席之地,除了自身产品、质量、服务等过硬外,还应制定针对相应政府采购投标方面的制度。如《政府采购业务信息处理程序》《政府采购项目供货制度》《政府采购合同管理制度》《政府采购档案管理制度》,如果是政府采购定点供应商,还应订立《政府采购业务操作流程》《定点供应商政府采购业务信息报送规定》。供应商对政府采购业务制定专门制度,不仅应对政府采购业务要求高、工作量大、违约成本高的需要,而且可以促使自身内部资源的结合,提高自身形象和信誉,提高政府采购市场竞争力。

第五节 政府采购法律责任

一、政府采购法律责任概述

政府采购法律关系是指政府采购过程中,采购人、供应商、采购代理机构等主体之间所形成的由政府采购法律规范所调整的权利义务关系。政府采购法律责任有广义和狭义两种含义。广义的政府采购法律责任包括政府采购的法律义务,如政府采购当事人都有遵守政府采购法律的责任。狭义的政府采购法律责任是指政府采购行为人对其违法行为必须承担的某种法律上带有强制性、惩罚性的责任。法律作为国家制定并由国家强制力保障实施的行为规范,一经颁布,任何人都必须遵守,如有违反,就要承担相应的法律后果,受到法律的制裁。

政府采购法律责任的特征可以概括为:

第一,政府采购法律责任是与违法行为相联系的。没有违法行为,就谈不上法律责任。只有对违法者才能追究其法律责任;违法是承担法律责任的根据,不构成违法,不承担惩罚性的责任。

第二,政府采购法律责任内容是政府采购法律规范明确加以具体规定的。政府采购法律责任是一种强制性法律措施,必须由政府采购法、政府采购行政法规或部委规章等加以明文规定。《政府采购法》作为国家制定并由国家强制力保障实施的最高政府采购行为规范,任何政府采购当事人必须遵守,如有违反,就要承担相应的法律后果,受到法律的制裁。

第三,政府采购法律责任具有国家强制性。这主要是指国家司法机关或者国家授权的行政机关采取强制措施强迫违法行为人承担法律责任。它是由国家授权机关依法实施的。对违法行为追究法律责任,实施法律制裁,是国家权力的重要组成部分,必须由国家授权的机关,主要是指国家司法机关和有关的国家行政机关依法进行。其他任何组织和个人均无权进行。

二、政府采购法律责任的条件

1. 法律责任主体必须有政府采购违法行为存在。政府采购违法行为不仅是产生政府采购法律责任的前提，而且也是承担政府采购法律责任的必备条件。政府采购法律责任的主体范围广泛，它既包括政府采购的当事人，即采购人、供应商和采购代理机构等，也包括政府采购监督管理部门的工作人员。政府采购主体在政府采购过程中有违反政府采购法律的行为如串标、围标、提供虚假材料谋取中标等才承担法律责任。

2. 主体的违法行为必须给国家、社会或个人造成损害事实。政府采购行为主体或行为人有过错是指政府采购过程中政府采购行为主体或行为人在主观上有违反《政府采购法》的故意或过失。故意是指行为人明知自己行为的不良后果，却希望或放任其发生。过失是指行为人应当预见到自己的行为可能发生不良后果而没预见，或者已经预见而轻信不会发生或自信可以避免。这种过错或过失造成政府采购当事人的损害事实，需要承担相应的法律责任。

3. 主体的政府采购违法行为与损害事实之间存在因果关系。政府采购主体要承担政府采购法律责任，不仅要有政府采购行为和损害事实，而且要求政府采购违法行为与损害事实之间必须具有内在的、必然的引起和被引起的关系。如果违法行为仅仅是损害事实产生的外部的、偶然的条件，一般就不应要求主体承担政府采购相应法律责任。

承担政府采购法律责任应注意以下问题：

1. 事实依据。承担政府采购法律责任是以事实为依据，这种行为是客观存在的，必须具有客观性、外在性。

2. 法律依据。承担经济法律责任不仅要求具有事实根据，而且要求具有法律依据，也就是说，政府采购法律责任不仅是事实责任，而且是法定责任，非法定的政府采购责任，不能成为政府采购法律责任。政府采购的法律责任目前主要依据为《政府采购法》《招标投标法》及其实施条件以及财政部有关政府采购部门规章。

三、政府采购法律责任的实现形式

《政府采购法》规定的法律责任，包括民事责任、行政责任和刑事责任三个方面。民事责任是平等主体之间违反民事法律规范必须承担的法律后果，如政府采购当事人有违法行为影响采购合同履行并给采购人、供应商造成损失的，"由责任人承担赔偿责任"等。

（一）行政责任

行政责任是指行政法律关系主体违反行政管理法规而依法承担的行政法律后果，一般分为行政处罚和行政处分两大类。行政处罚的种类包括警告、罚款、没收非法所得、责令停产停业、吊销许可证等。《政府采购法》中规定的行政处罚，主要有对违反《政府采购法》规定的采购人或采购代理机构"给予警告，要求并处罚款"，对违法采购的采购人"停止按预算向其支付资金"等。行政处分是指行政机关内部上级对下级、监察机关或人事部门对违反政纪的公务人员依法给予的惩戒。《政府采购法》没有具体规定对违法人员给予何种行政处分,只是原则明确了由有关行政主管部门对违法人员"给予处分,并予以通报"。

(二) 民事责任

民事责任是民事违法行为人依法所应承担的法律后果。政府采购虽然是一种行政行为,但在采购人和中标供应商签订政府采购合同后,双方都必须严格依《合同法》的约定履行义务。我国《政府采购法》第四十三条规定:"政府采购合同适用合同法。采购人和供应商之间的权利和义务,应当按照平等、自愿的原则以合同方式约定。采购人可以委托采购代理机构代理其与供应商签订政府采购合同。由采购代理机构以采购人名义签订合同的,应当提交采购人的授权委托书,作为合同附件。"第四十九条规定:"政府采购合同履行中,采购人需追加与合同标的相同的货物、工程或者服务的,在不改变合同其他条款的前提下,可以与供应商协商签订补充合同,但所有补充合同的采购金额不得超过原合同采购金额的百分之十。"政府采购合同的双方当事人不得擅自变更、中止或者终止合同。政府采购合同继续履行将损害国家利益和社会公共利益的,双方当事人应当变更、中止或者终止合同。有过错的一方应当承担赔偿责任,双方都有过错的,各自承担相应的责任。

(三) 刑事责任

由于政府采购业务量大、涉及人员多、影响范围广,因此,《政府采购法》也列有追究其刑事责任的条款。我国《政府采购法》规定了在政府采购行为中的违法行为构成犯罪的,要依法追究其刑事责任。如我国《政府采购法》分别规定了采购人、采购代理机构的工作人员、供应商和政府采购监督管理部门的工作人员违反法律规定构成犯罪的违法行为,都将要受到法律的制裁。不过,刑事责任由《中华人民共和国刑法》(以下简称《刑法》)规定,《政府采购法》对与《刑法》的衔接问题作了原则规定,即有关单位和个人违反《政府采购法》规定"构成犯罪的,依法追究刑事责任"。

四、政府采购各当事人的法律责任

《政府采购法》等相关法规规定了政府采购活动中各责任主体、违法行为及所承担的相应法律责任,现分述如下。

(一) 采购人、采购代理机构的法律责任

《政府采购法》规定的采购人、采购代理机构法律责任见表12-2。

表 12-2 采购人、采购代理机构法律责任一览表

	行为人	违法行为	法律责任	行为影响结果的处理	处罚主体
1	采购人、采购代理机构	(一)应当采用公开招标方式而擅自采用其他方式采购的	责令限期改正 给予警告 罚款 处分	1.终止采购活动 2.撤销合同,另选供应商 3.承担民事赔偿责任	政府采购监管部门及有关机关
2	采购人、采购代理机构	(二)擅自提高采购标准的	责令限期改正 给予警告 罚款 处分		政府采购监管部门及有关机关
3	采购人、采购代理机构	(三)委托不具备政府采购业务代理资格的机构办理采购事务的	责令限期改正 给予警告 罚款 处分		政府采购监管部门及有关机关
4	采购人、采购代理机构	(四)以不合理的条件对供应商实行差别待遇或者歧视待遇的	责令限期改正 给予警告 罚款 处分		政府采购监管部门及有关机关
5	采购人、采购代理机构	(五)在招标采购过程中与投标人进行协商谈判的	责令限期改正 给予警告 罚款 处分		政府采购监管部门及有关机关
6	采购人、采购代理机构	(六)中标、成交通知书发出后不与中标、成交供应商签订采购合同的	责令限期改正 给予警告 罚款 处分		政府采购监管部门及有关机关
7	采购人、采购代理机构	(七)拒绝有关部门依法实施监督检查的	责令限期改正 给予警告 罚款 处分		政府采购监管部门及有关机关
8	采购人、采购代理机构	(八)与供应商或者采购代理机构恶意串通的	刑事责任 罚款 没收违法所得 行政处分		政府采购监管部门、有关机关、司法机关
9	采购人、采购代理机构	(九)在采购过程中接受贿赂或者获取其他不正当利益的	刑事责任 罚款 没收违法所得 行政处分		政府采购监管部门、有关机关、司法机关

续表 12-2

	行为人	违法行为	法律责任	行为影响结果的处理	处罚主体
10	采购人、采购代理机构	（十）在有关部门依法实施的监督检查中提供虚假情况的	刑事责任 罚款 没收违法所得 行政处分	1. 终止采购活动 2. 撤销合同，另选供应商 3. 承担民事赔偿责任	政府采购监管部门、有关机关、司法机关
11	采购人、采购代理机构	（十一）开标前泄露标底的	刑事责任 罚款 没收违法所得 行政处分		政府采购监管部门、有关机关、司法机关
12	采购人、采购代理机构	（十二）违反本法规定隐匿、销毁应当保存的采购文件或者伪造、变造采购文件的	处以二万元以上十万元以下的罚款 刑事责任 行政处分		政府采购监管部门、有关机关、司法机关
13	采购代理机构	（十三）代理政府采购业务中有违法行为的	罚款 取消其进行相关业务的资格 刑事责任		政府采购监管部门、有关机关、司法机关
14	采购人	（十四）对应当实行集中采购的政府采购项目，不委托集中采购机构实行集中采购的；拒不改正的，由其上级行政主管部门或者有关机关依法给予其直接负责的主管人员和其他直接责任人员	责令限期改正 停止按预算向其支付资金 行政处分		政府采购监管部门、有关机关
15	采购人	（十五）未依法公布政府采购项目的采购标准和采购结果的	责令限期改正 行政处分		政府采购监管部门、有关机关
16	集中采购机构	（十六）在政府采购监督管理部门考核中，虚报业绩，隐瞒真实情况的	处以二万元以上二十万元以下的罚款 通报 取消其代理采购的资格		政府采购监管部门

1. 采购人的法律责任

采购人的民事法律责任。依据《政府采购法》的规定，采购人承担民事责任的违法行为主要有：① 采购人应当采用公开招标方式而擅自采用其他方式采购的；② 擅自提高采购标准的；③ 委托不具备政府采购业务代理资格的机构办理采购事务的；④ 以不合理的条件对供应商实行差别待遇或者歧视待遇的；⑤ 在招标采购过程中与投标人进行协商谈判的;⑥中标、成交通知书发出后不与中标、成交供应商签订采购合同的;⑦采购人对应当实行集中采购的项目,不委托集中采购机构实行集中采购的。采购人实施上述违法行为的,采购活动终止,采购人应承担采购终止的法律后果。① 责令限期改正。对上述违法行为的第⑥⑦条情形,由政府采购监督管理部门责令限期改正,依法进行采购活动并签订书面合同。② 采购活动终止。采购人有上述违法行为的,在采购活动未确定中标、成交供应商的,该采购活动终止,采购人可以依法重新确定新的供应商或重新进行采购的招标活动。③ 撤销合同。采购人确定中标、成交供应商,但采购合同未履行的,撤销合同。④赔偿损失。在采购合同已经履行完毕的情况下,给其他潜在供应商造成损失的,由责任人承担赔偿责任。

延伸阅读 12-1 某省一采购人被赔 21 万元

据《法制日报》报道,历经近 3 年的"诉讼长跑"之后,法院近日送达一审判决:原政府采购合同终止履行,被告某省档案局支付原告赔偿金 211 421 元。

2007 年 3 月,某省档案局就馆藏录像档案"历史录像原带修复"项目第一期 28 万分钟抢救计划委托某省省级行政机关政府采购中心(以下简称"采购中心")向全国公开招标。S 公司中标。2007 年 5 月 17 日,双方签订了《政府采购合同(专用条款)》。之后开始了对这些珍贵影像资料存在的信号、色彩、声音失真问题进行数字化转化工作。

但项目实施不到 2 个月,某省档案局突然停止向原告提供待数字化加工的录像原带,中止了合同的履行。在采购中心召集双方协商无果的情况下,S 公司于 2007 年 10 月 26 日将某省档案局告上了法庭。

原告诉称,为完成此项目,公司配置了 4 条数字化加工线,从国外进口了 20 多万元的零配件,所需的数字化载体光盘已全部采购到位,并配备动员了全部技术力量和维修保障力量。与此同时,还放弃了多部电视专题片的拍摄订单和其他单位声像档案数字化的项目。被告单方中止合同的履行给原告造成了巨大的经济损失。请求法院判决被告继续履行合同、赔偿停工之日起至合同期限届满之日利润损失 350 700 元、给付逾期提供被修复录像带的违约金 976 626 元等 3 项诉讼请求。

被告某省档案局答辩认为,合同是经政府采购中心招标后签订的,应属于《合同法》规定的承揽合同,定做人可以随时解除承揽合同,且该解除权的行使无须附带任何条件,更不以对方是否违约为前提,据此请求法院驳回原告诉讼请求。

诉讼中,原告认为所涉合同性质为政府采购合同,而非普通的承揽合同,要求按政府采购合同的约定继续全面履行。

一审法院判决认为:合同属承揽合同,被告委托采购中心通过集中采购的方式确定服务供应商,在合同相对人的选择和合同签订的方式、程序上采用了《政府采购法》,但并没有使合同在性质上发生变化。但一审法院认为应优先适用《政府采购法》的"政府采购合同的双方当事人不得擅自变更、中止或者终止合同"的规定,被告擅自

> 停止履行合同的行为已构成违约。
>
> 此外,由于被告在审理中表示除已修复完毕及另外的 1 820 盘约 65 520 分钟录像带外,再无其他录像带可供原告修复、转化,法院认为合同已无继续全面履行的条件,没有支持原告继续全面履行合同的请求。
>
> 对于双方争议的损失问题,法院采信了原告编制并于投标时提供的 2006 年度"利润及利润分配表"的内容,确定应以被告拒绝履行部分合同的价款为损失计算基础,以 24.23% 利润率为确定原告可得利益损失的计算比例,判决对政府采购合同中确定的 28 万分钟外,尚未履行的 19 万多分钟的可得利益 211 421 元由被告予以赔偿。
>
> 原告法定代表人向记者表示,对合同性质等判决内容不服,已经上诉至南京市中级人民法院。(中国政府采购报 宗禾)[①]

采购人的行政法律责任。采购人的行政责任是指采购人在政府采购过程中因违反法律、法规、部门规章的行政规定而应承担的法律责任。依《政府采购法》的规定,采购人承担行政责任的违法行为有:① 采购人应当采用公开招标方式而擅自采用其他方式采购的;② 擅自提高采购标准的;③ 委托不具备政府采购业务代理资格的机构办理采购事务的;④ 以不合理的条件对供应商实行差别待遇或者歧视待遇的;⑤ 在招标采购过程中与投标人进行协商谈判的;⑥ 中标、成交通知书发出后不与中标、成交供应商签订采购合同的;⑦ 拒绝有关部门依法实施监督检查的;⑧ 采购人在政府采购过程中与供应商或者采购代理机构恶意串通的;⑨ 在采购过程中接受贿赂或者获取其他不正当利益的;等等。采购人的违法采购行为应当承担相应的行政法律责任。具体方式有:① 责令改正;② 没收其违法所得;③ 罚款;④ 停止按预算支付资金;⑤ 对其直接负责的主管人员和其他责任人员进行行政处分,视情节的轻重,可分别给予行政记过、记大过、警告、降职、降级、开除等不同的行政处分。

采购人的刑事法律责任。采购人在政府采购中与供应商或者采购代理机构恶意串通,构成串通投标罪,情节严重的,处三年以下有期徒刑或者拘役,并处或单处罚金。采购人在政府采购中接受贿赂、接受供应商金钱及其他物质利益构成犯罪的,按受贿罪论处,情节严重的,对单位并处罚金,对直接负责的主管人员和其他直接责任人员处五年以下有期徒刑或者拘役。采购人在开标前泄露标底的,情节严重的构成侵犯商业秘密罪。采购人伪造、变造采购文件,构成伪造国家机关公文罪,处三年以下有期徒刑、拘役、管制或者剥夺政治权利;情节严重的,处三年以上十年以下有期徒刑。采购人隐匿、销毁应当保存的采购文件,构成毁灭国家机关公文罪,处三年以下有期徒刑、拘役、管制或者剥夺政治权利;情节严重的,处三年以上十年以下有期徒刑。

2. 采购代理机构的法律责任

(1) 代理机构的民事法律责任。采购代理机构承担民事责任的违法行为主要表现

---

① 吴小明.政府采购实务操作与案例分析[M].北京:经济科学出版社,2011.

为:在招标采购过程中与投标人进行协商谈判的;与供应商或者采购代理机构恶意串通的;在采购过程中接受贿赂或者获取其他不正当利益的;在有关部门依法实施的监督检查中提供虚假情况的;开标前泄露标底的;等等。依据相关民事法律规定,采购代理机构承担民事责任的方式主要表现为:招标行为无效及赔偿损失等民事责任。

(2) 代理机构的行政法律责任。采购代理机构行政违法行为有:应当采用公开招标方式而擅自采用其他方式采购的;擅自提高采购标准的;以不合理的条件对供应商实行差别待遇或者歧视待遇的;等等。代理机构承担行政法律责任的方式主要有:责令限期改正并给予警告;罚款;没收违法所得;取消其代理资格;收回政府采购代理机构资格证书;等。

(3) 代理机构的刑事法律责任。采购代理机构有违法行为,情节严重,构成犯罪的,依法追究其刑事责任。根据《刑法》规定,采购代理机构因违法应承担的刑事责任有:串通投标罪;受贿罪;侵犯商业秘密罪;伪造、毁灭国家机关公文罪;滥用职权罪;签订、履行合同失职被骗罪;等。

(二) 供应商法律责任

供应商在政府采购活动中为了争取商业利益如果违法,甚至犯罪,都要承担相应的法律责任。供应商在政府采购活动中承担的法律责任为民事责任、行政责任和刑事责任。

1. 供应商的民事法律责任

供应商在政府采购过程中承担民事责任的主要方式表现为:中标、成交无效,承担赔偿责任等。

(1) 中标、成交无效的情形。供应商在政府采购中有提供虚假材料谋取中标、成交的,采取不正当手段诋毁、排挤其他供应商的,与采购人、其他供应商或者采购代理机构恶意串通的,向采购人、采购代理机构行贿或者提供其他不正当利益的,在招标采购过程中与采购人进行协商谈判的等这些情形之一的,其中标、成交无效。供应商不得以向采购人、采购代理机构、评标委员会的组成人员、竞争性谈判小组的组成人员、询价小组的组成人员行贿或者采取其他不正当手段谋取中标或者成交,有此情形的,其中标、成交无效。

(2) 承担赔偿的情形。如果以上违法情形给他人造成损失的,并应依照有关民事法律规定承担赔偿责任。

2. 供应商的行政法律责任

《政府采购法》中对供应商行政法律责任的规定有:① 提供虚假材料谋取中标、成交的;② 采取不正当手段诋毁、排挤其他供应商的;③ 与采购人、其他供应商或者采购代理机构恶意串通的;④ 向采购人、采购代理机构行贿或者提供其他不正当利益的;⑤ 在招标采购过程中与采购人进行协商谈判的;⑥ 拒绝有关部门监督检查或者提供虚假情况的。供应商承担行政法律责任的方式有:罚款、并处没收违法所得、在一定期限取消供应商参加政府采购活动的资格、吊销营业执照等行政处罚。

3. 供应商的刑事法律责任

供应商承担刑事法律责任的违法行为主要有：利用他人名义；提供伪造资质证书、营业执照；在递交的资格审查材料中弄虚作假；损害其他竞争者的权益。依据我国《刑法》的相关规定追究其刑事责任。供应商承担的刑事法律责任主要有：承担伪造国家机关公文罪和毁灭国家机关公文罪；承担串通投标罪；承担行贿罪。

《政府采购法》规定的供应商应承担法律责任行为及相应责任见表12-3。

表12-3 供应商政府采购活动法律责任一览表

	行为人	违法行为	法律责任	行为影响结果的处理	处罚主体
1	供应商	（一）提供虚假材料谋取中标、成交的	1. 处采购金额千分之五以上千分之十以下的罚款 2. 列入不良行为记录名单 3. 在一至三年内禁止参加政府采购活动 4. 没收违法所得 5. 吊销营业执照 6. 刑事责任	中标或成交结果无效 承担民事赔偿责任	政府采购监管部门及有关机关 工商行政管理机关
2	供应商	（二）采取不正当手段诋毁、排挤其他供应商的	同上		同上
3	供应商	（三）与采购人、其他供应商或者采购代理机构恶意串通的	同上	中标或成交结果无效 承担民事赔偿责任	同上
4	供应商	（四）向采购人、采购代理机构行贿或者提供其他不正当利益的	同上		同上
5	供应商	（五）在招标采购过程中与采购人进行协商谈判的	同上		同上
6	供应商	（六）拒绝有关部门监督检查或者提供虚假情况的	同上		同上

延伸阅读12-2 重庆某区校园"床垮垮"事件三名责任人被判刑[①]

据了解，2009年6月，某区政府采购中心为辖区十五所中小学统一招标采购的一批新木床，一抠就掉木屑，人一睡上去就垮，在冬天到来之际，造成大量学生无奈打地铺，"像猪儿一样"睡在冰冷的地上，某校园"床垮垮"事件备受关注。

经法院审理查明，2009年5月，被告人吴某在得知某区政府采购中心需为该区教委采购学生木床的信息后，找到四川省S教学试验设备厂法定代表人，要求借用四川

---

① 朱薇.重庆某区校园"床垮垮"事件三名责任人被判刑[EB].新华网，2010-12-12.

省S教学试验设备厂的资质证明到某区采购中心参加招投标。在获得S教学试验设备厂法定代表人授权委托和相关资质证明文件后,遂向某区政府采购中心递交了投标人法定代表人授权委托书、相关资质证明材料等,吴某顺利中标,并与该区城市建设投资(集团)有限公司签订了《政府货物采购购销合同》。合同约定,吴某向该区教委供应木床2 996组,单价323.80元,共计金额97万余元。

合同签订后,被告人吴某遂与被告人姚某、唐某签订协议,约定唐某、姚某各生产学生木床1 200组,每组木床价格230元,并约定质量规格与样品一致。为达到赚钱赢利的目的,被告人唐某、姚某共谋缩短床的尺寸规格和选用劣质木材进行加工生产。在交付给吴某时,被告人吴某明知生产的木床材质不是协议约定的,存在严重质量问题,仍将2 114组学生木床分别运送到该区十五所学校,影响了学生的正常生活学习,甚至危及学生的人身安全,造成了严重社会影响。

重庆某区法院近日对校园"床垮垮"事件的三名责任人分别以销售伪劣产品罪、生产伪劣产品罪判处七年至一年八个月不等有期徒刑。

(三)政府采购监管部门法律责任

政府采购监管部门应当认真履行监管义务,在实施监督管理过程中,不得滥用职权、玩忽职守、徇私舞弊,否则将承担相应法律责任。《政府采购法》对政府采购监管部门具体规定见表12-4。

表12-4 政府采购监管部门法律责任一览表

序号	行为人	违法行为	法律责任	处罚主体	备注
1	政府采购监管部门工作人员	监督管理中滥用职权、玩忽职守、徇私舞弊	行政处分刑事责任	行政机关、监察机关	《政府采购法》第八十条
2	政府采购监管部门工作人员	对供应商的投诉逾期未作处理	行政处分	行政机关、监察机关	《政府采购法》第八十一条
3	政府采购监管部门负责人及工作人员	对集中采购机构业绩的考核,有虚假陈述,隐瞒真实情况的,或者不作定期考核和公布考核结果的	通报行政处分	行政机关、监察机关	《政府采购法》第八十二条

(四)政府采购评标委员会法律责任

1. 评标委员会成员承担行政法律责任的违法行为

根据《政府采购法》《政府采购货物和服务招标投标管理办法》规定,政府采购评标委员会成员承担行政责任的违法行为主要有:明知应当回避而未主动回避的;非法接触;在评标过程中有明显不合理或者不正当倾向性的;未按招标文件规定的评标方法和标准进行评标的;收受投标人、其他利害关系人的财物或其他利益的;泄露有关投标、评标、中标候选人的推荐;等。

2. 行政法律责任方式

评标委员会成员行政法律责任方式有：警告；取消担任评标委员会的资格，不得参加任何政府采购招标项目的评标；没收违法所得；罚款；等。

3. 刑事法律责任方式

评标委员会成员违法行为情节严重，构成犯罪的，依法追究其刑事责任。评标委员会承担的刑事法律责任有：受贿罪、侵犯商业秘密罪等。

（五）其他单位与个人政府采购法律责任

《政府采购法》规定，任何单位或个人阻挠和限制供应商进入本地区或本行业政府采购市场的，责令限期改正；拒不改正的，由该单位、个人的上级行政主管部门或有关机关给予单位责任人或个人处分。

第十三章

国际政府采购与政府采购电子化

第一节　国际政府采购

一、世界贸易组织与政府采购协议

（一）政府采购协议的产生和发展

世界贸易组织（WTO）是一个独立于联合国的永久性国际组织。该组织的宗旨是通过实施市场开放、非歧视和公平贸易等手段，来达到推动实现世界贸易自由化的目标。

随着世界贸易自由化进程的加快，潜力巨大的政府采购市场日益引起各国的关注，早在20世纪60年代初，"经济合作与发展组织"（OECD）率先开始就政府采购问题进行谈判。由于各方的利害冲突和分歧很大，谈判未能取得实质性结果，只是起草了一份"关于政府采购政策、程序和做法的文件草案"。为了消除国际贸易的采购壁垒，关贸总协定的多数缔约方都感到有必要对政府采购政策予以约束和监督，在第七轮多边谈判中，政府采购问题被纳入东京回合谈判范围，并于1976年7月成立了政府采购的分题组，专门谈判政府采购问题。经过长期的谈判，东京回合多边贸易谈判于1979年4月12日在各缔约方的共同努力下，特别是经发达国家的积极推进，达成了《政府采购守则》，这是世界上第一个关于政府采购的协议。该守则将关贸协定的一些基本原则，如最惠国待遇、国民待遇和透明度原则延伸到政府采购领域。但此时《政府采购守则》包括的范围非常有限，性质也是非强制性的，由各缔约国在自愿的基础上签署，通过相互谈判确定政府采购开放的程度。当时有美国、加拿大、欧共体、奥地利、芬兰、挪威、瑞士、瑞典、新加坡、中国香港、以色列、日本等12个缔约方，此外，尚有30多个关贸总协定缔约方和非缔约方（包括我国）以及国际货币基金组织、联合国贸发会议等派观察员参加委员会会议。从此，政府采购已从一项财政政策延伸为国际贸易政策。

在乌拉圭回合谈判后期，《政府采购守则》成员为了进一步扩大政府采购的开放程度，开始谈判新的政府采购协议，1987年开始对原有的《政府采购守则》进行修改。此次修改的内容主要有：受协议管辖的采购合同的起始金额由15万特别提款权降到13万；将租赁合同包括在协议管辖范围内；增加了在交换资料、信息方面的透明度；将公开选择招标的结标时间内原来的30天改为自招标通知公布之日起的40天。1993年12月15日，缔约国在乌拉圭回合中达成了基本意向，形成了世界贸易组织的《政府采购协议》（GPA）。

《政府采购协议》于1996年1月1日正式生效实施，并在世贸组织内建立政府采购委员会，负责与《政府采购协议》有关的事宜，包括对申请加入者进行审查和批准。《政府采购协议》由序言、24项条款、4项附录和1个原文注释组成。

2006年，对1994年《政府采购协议》进行了修订，2006年12月8日星期五，在政府采购委员会的正式会议上由该委员会主席提交，目前《政府采购协议》主要为2007年版。

《政府采购协议》的基本目标：一是通过建立一个有效的关于政府采购的法律、规则、程序和措施方面的权利与义务的多边框架，实现世界贸易的扩大和更大程度的自由化，改善并协调世界贸易现行的环境；二是通过政府采购中竞争的扩大，加强透明度和客观性，促进政府采购程序的经济性和高效率，在国内采购行为中加入国际竞争因素。

（二）政府采购协议的原则和范围

1. 政府采购协议原则

（1）国民待遇原则和非歧视待遇原则。各缔约方不得通过拟订、采取或实施政府采购的法律、规则、程序和做法来保护国内产品或供应商而歧视外国产品或供应商。协议第三条规定，各缔约方应保证无条件地向来自另一方的产品、服务及供应商提供的待遇不低于向任何其他一方的产品、服务及供应商所提供的待遇。各缔约方还应保证，不能基于外国属性和所有权成分的比重而在当地设立的供应商之间实行差别待遇；不能基于被提供的产品与服务的生产国别而歧视在当地设立的供应商，如果该生产国是协议的缔约方。

（2）透明度原则。各缔约方有关政府采购的法律、规则、程序和做法都应公开。每一缔约方应鼓励其实体说明受理来自非缔约方国家投标的条件，以确保各实体授予合同的透明度。

（3）对发展中国家的特殊与差别待遇原则。各缔约方在实施执行GPA时，应考虑到发展中国家的经济和社会发展目标、国际收支状况等，以照顾其发展、财政和贸易的要求，对发展中国家提供种种特殊与差别待遇，从而促进发展中国家国内工业的建立和发展。

2. 政府采购协议适用范围

（1）采购主体。采购主体是"由直接或基本上受政府控制的实体或其他由政府指定的实体"。这不仅包括政府机构本身，而且包括政府代理机构；不仅包括中央一级的政府实体，而且包括地方政府采购实体。各缔约方在加入《政府采购协议》时应提供一份采购实体清单，列入《政府采购协议》附件。只有被列入清单的采购实体才受《政府采购协议》的约束。清单以外的其他政府部门或地方政府的采购则不受约束。由于各国政府采购的领域有很大的差别，签署国在适用协议的主体范围上往往千差万别。

（2）采购对象。从采购对象来看，协议适用于以任何契约形式采购的产品、建筑工程和服务，包括购买、租赁、分期付款购买、有无期权购买等。但协议不适用于基本建设工程的特许合同的采购，如BOT（Build-Operate-Transfer，建设-经营-转让）等。

（3）采购限额。从采购限额上看，协议的适用限额规定在附件中，其中对各签署国中央一级采购实体在货物采购方面受协议管辖的最低限价为13亿特别提款权，地方一级采购实体在货物和服务方面受协议管辖的最低限价由各成员方协商确定，并列入《政府采购协议》附件。

(4) 适用范围的例外。协议规定了例外情形。对于涉及国家安全的采购,包括武器、弹药、战略物资的采购,或与国家安全及国防密切相关的连带采购,以及涉及维护公共道德、公共秩序、公共安全、人民与动植物的生命或健康、知识产权、保护残疾人组织、慈善机构或劳改产品等方面的采购。

(三) 政府采购协议的采购方法

《政府采购协议》规定了采购的方法主要包括:公开招标、选择性招标、限制性招标和谈判采购等。

公开招标程序是指所有有兴趣的投标者均可进行投标。在公开招标程序中,采购实体应在参加投标的供应商的请求下向其提供招标文件,并对有关解释招标文件的合理要求迅速给予答复。

选择性招标是指由采购实体邀请的供应商进行投标。在选择性招标程序中,应在要求参加投标的供应商的请求下向其提供招标文件,并对有关解释招标文件的合理要求迅速给予答复。

限制性招标是采购实体可与各供应商进行个别联系。

谈判采购。缔约方被允许在授予合同程序中同投标人进行谈判。这些条件包括:采购方在发出招标邀请时已表达这种意图;通过评估,没有一个投标明显优于其他投标。

(四) 政府采购协议的质疑与争端解决

1. 磋商

当某一个供应商对一项采购违反本协议的情况提出质疑时,每一缔约方应鼓励其通过与采购实体进行磋商来解决。

2. 质疑

每一缔约方应提供一套非歧视的、及时、透明且有效的程序,使各供应商对与自己有利益关系的采购过程中违反协议的情况进行质疑。供应商须在从知道或应知道该质疑时起算的时限内开始质疑程序,时限不得少于 10 天。应由法院或与采购无关的独立公正的审议机构进行审理。质疑程序应规定纠正违反协议行为、保留商业机会的临时性措施;对质疑理由进行评价及作出有关决定的可能性;纠正违反协议行为的措施或对所受损失的补偿,此类补偿仅限于准备投标或提出质疑的费用。为了维护商业和其他有关方面的利益,质疑程序一般应及时结束。

3. 争端解决

每一缔约方对任一其他缔约方提出的关于影响《政府采购协议》实施的任一问题的申诉,应给予同情的考虑并提供充分的磋商机会。如任一缔约方认为其从《政府采购协议》应取得的利益,由于其他缔约方行为而丧失或损害,或认为其他缔约方行为阻碍《政府采购协议》的目标实现时,该缔约方应以书面形式要求与该缔约方或各缔约方进行磋商,每一缔约方应对另一缔约方提出的磋商请求,立即开始进行所要求的磋商。

如有关各缔约方进行磋商未能达到相互满意的解决办法,委员会在争议的任一缔约方请求后 30 日内举行会议对该问题进行调查,以促进达成互相满意的解决办法。如该委员会审查后 3 个月内仍未达成互相满意的解决办法,委员会应在争议的任一缔约方的请求下设立咨询小组,以便审查办事,与争议各方定期磋商,为他们达成相互满意的解决办法提供充分机会,并就适用《政府采购协议》有关问题的事实提出报告并提出调查结论,协助该委员会就此问题提出建议或裁决。

二、联合国《采购示范法》与《贸易法委员会担保交易立法指南》

联合国国际贸易法委员会(UNCITRAL)是联合国大会的一个政府间机构,于 1966 年设立,是联合国大会为促进协调和统一国际贸易法,消除因贸易法的差别对国际贸易造成不必要的障碍而设立的专职机构。联合国国际贸易法委员会的使命是制定法律文件,以促进国际贸易和给那些准备改革其国际贸易方法的国家提供指导。它所制定的法律文件具有国际协议或条约的形式或具有示范法的性质,被许多国家所认可。

(一)联合国《采购示范法》的产生背景

采购属于贸易范畴,政府采购在国际贸易中占有相当大的份额。各国和地区政府采购制度发育程度很不一致,政府采购法规差异很大,透明度不高,这种局面直接导致两大问题:第一,降低了政府采购支出的效益。有些国家和地区没有制定政府采购方面的法规,有些国家和地区的政府采购法规体系不完备或已不适应国内外贸易的要求,致使采购活动很不规范,在公共采购中公共资金的支出得不到应有的经济和社会效益。第二,客观上形成了不利于国际贸易的一道非关税壁垒,影响政府在国际采购市场中获得价廉物美的商品和服务。

考虑到政府采购与国际贸易有着密不可分的关系,联合国国际贸易法委员会在 1986 年第十九届会议上决定对政府采购问题进行统一规范。1993 年 7 月通过了《联合国国际贸易法委员会货物和工程采购示范法》及其《贸易法委员会担保交易立法指南》(简称《立法指南》),作为各国和地区评价和更新其政府采购法的主要蓝本。1994 年 5 月,联合国国际贸易法委员会第二十七届年会上,其对示范法进行了完善,讨论了对货物和工程采购法规定的补充和修改问题,并重点讨论了服务采购问题,将服务采购纳入示范法中,随后通过了《联合国国际贸易法委员会货物、工程和服务采购示范法》(简称《采购示范法》),并同时通过了《采购示范法》的配套文件《立法指南》。

《采购示范法》对正在进行采购立法和使其采购立法现代化的国家具有很好的示范作用,各国可以仿效实施。同时,《采购示范法》只是一部框架法律,有待以采购条例作为补充。因此各国可以有自己的采购条例去充实采购立法。《采购示范法》针对采购实体在各种情况下进行的采购规定了必不可少的程序和原则,但它本身并未提供颁布国为执行那些程序而必需的全部细则和条例,这就要求由颁布国来颁布"采购条例",就《采购示范法》允许的程序定出执行细则,并使之适合于颁布国变化中的具体情况,但不能损及《采购示范法》的各项目标。

(二) 联合国《采购示范法》的原则与内容

1. 主要原则

《采购示范法》规定,政府采购规则应促进下列目标的实现:

(1) 使采购尽量节省开支和提高效率。

(2) 促进和鼓励供应商和承包商参与采购过程,尤其是在适当情况下促进和鼓励不论任何国籍的供应商和承包商的参与,从而促进国际贸易。

(3) 促进供应商和承包商为供应拟采购的货物、工程或服务进行竞争。

(4) 给予所有供应商和承包商以公平和平等的待遇。

(5) 促使采购过程诚实、公平,提高公众对采购过程的信任。

(6) 使有关采购的程序具有透明度。

这些目标对于提高采购的透明度、节约财政性资金、杜绝腐败和促进国际贸易都有着积极的意义。任何国家将《采购示范法》纳入本国或本地区的法律之后,需要创造必要的环境,向公众表明政府采购部门能够在使用公共支出时,做到廉洁奉公、认真负责,对供应商一视同仁,实现物有所值。

2. 主要内容

《采购示范法》包括两大部分:法律条款和立法说明。法律条款部分涉及的主要内容有:总则、采购方法及其使用条件、招标程序、征求投标和资格预审和比较、服务采购的主要方法、招标方法以外的采购程序、审查等。

(1) 总则

总则中对本法的一些基本问题作出了相应的规定,包括使用范围、相关定义、与采购有关的国际义务、供应商与承包商资格、资格预审、通信的形式、采购过程的记录、采购合同的生效、公告与语言要求等等。

(2) 适用范围

《采购示范法》只规定了采购法所适用的采购实体的最低限度。采购实体系本国从事采购的任何政府部门、机构、机关或其他单位或其任何下属机构。颁布国也可列入其他实体或企业。

采购形式及类型。《采购示范法》适用于以任何方式进行的货物、工程或服务的采购,包括购买、租赁,甚至可以易货采购。

所覆盖的采购过程的阶段。《采购示范法》的范围仅限于采购活动中选择中标人、最终签订采购合同所使用的程序和规则。它不涉及合同履行或执行阶段,也不包括采购活动发生之前的采购计划阶段。因此,在《采购示范法》之内找不到合同执行阶段中发生的问题的有关规定,例如,合同管理、履约争端的解决或合同的终止等问题。

《采购示范法》有关条款规定把关系到国防和安全的采购排除在外,颁布国在其采购法或实施条例中也可指明另外的不适用部分。

(三) 联合国《采购示范法》的采购方法和程序

《采购示范法》提出了多种采购方法,使采购实体得以解决可能遇到的各种不同情况。

1. 公开招标方法

《采购示范法》规定的招标方法具有以下一些重要特点：

（1）一般情况下，邀请供应商或承包商参与的人权是无限制的；

（2）招标文件须对拟采购的货物、工程或服务作详细的说明，使供应商和承包商有共同的依据来编写标书；

（3）向供应商或承包商充分透露评价和比较标书以及选定中标者的标准（仅以价格来评定，或加上其他的技术性或经济性标准），严格禁止采购实体与供应商或承包商就标书实质内容单独谈判；

（4）在提交标书的最后截止日公开开标；

（5）公开采购合同生效所需的手续。

值得注意的是，《采购示范法》提到了两阶段招标形式。这实际上是公开招标的一种特殊形式而已。对于货物或工程采购，在采购实体不可能按招标的要求精确而细致地拟定技术规范的情况下，《采购示范法》提出了三种选择，供拟定国内法时决定采用。这三种方法是：两阶段招标、征求建议书和竞争性谈判。在两阶段的第一阶段，采购实体可以广泛征求就拟购货物或工程的技术、质量或其他特点以及就合同条款和供货条件等提出各种建议。在第一阶段结束时，采购实体即可最后确定技术规范；根据那些技术规范，第二阶段即可遵照《采购示范法》的规定进行正常的招标程序。

2. 限制性招标

以下两种特殊情况：一是技术复杂或专门性的货物、工程或服务，只能从有限范围的供应商取得；二是采购价值低，采购实体只能通过限制投标人数来达到节约和提高效率的目的。《采购示范法》允许对其进行限制性招标，此种采购方法与招标的不同之处只在于它允许采购实体向有限数目的供应商或承包商发出投标邀请。

3. 竞争性谈判

竞争性谈判在形式上是相对无序的采购方法，在紧急情况下使用谈判采购。

4. 询价

对于标准化货物或服务的低价值采购，《采购示范法》提供了征求报价方法，以简单而快速的程序来适应低价值的采购。这种方法在实际中有时又被称为"选购"，采购实体只需从少数供应商当中征求报价，然后选定报价最低又符合要求的签约。

5. 单一来源采购

对于某些特殊情况，如因灾难事件而产生的紧急需要，或者只能从某一供应商或承包商取得货物、工程或服务的情况下，《采购示范法》建议使用单一来源采购方法。

（四）我国政府采购与《采购示范法》

《采购示范法》包含了几乎所有的政府采购活动，反映了在政府采购领域较为合理、易为各国接受的实践性做法，内容凝聚了通行于世界大多数国家和地区的政府采购方法的精华。而且，《采购示范法》是以示范而不是以国际公约的形式存在的，这就给予各国政府以较大的自主权。

《采购示范法》对我国的政府采购立法具有重要的参考价值。我国可以将其作为制定政府采购立法的参考。从我国政府采购的现状看,基本不存在歧视外国商品的现象,相反在许多采购活动中,国内厂家产品有时处于不利地位。因此,我国政府采购立法中要确定一个门槛金额:对于门槛金额以下的采购,原则上要在国内市场进行;对于门槛金额以上的政府采购,则应确保国内外供应厂商在投标中的公平待遇。

三、世界银行《采购指南》

(一)《采购指南》产生背景

世界银行是世界银行集团的简称,它由国际复兴开发银行(IBRD)、国际开发协会(IDA)和国际金融公司(IFC)组成。我们通常所说的世界银行就是指国际复兴开发银行,它成立于1945年12月,是联合国的专门机构。国际开发协会成立于1960年9月,是国际复兴开发银行的一个附属机构;国际金融公司成立于1956年7月,也是国际复兴开发银行的一个附属机构,它有自己的业务和法律人员,但行政管理和其他服务工作则由国际复兴开发银行承担。

世界银行不是国家政府,它是为经济发展服务的多边性质的开发银行,目前有180多个会员国。世界银行的主要活动就是为发展项目提供资金,为借款的会员国提供技术援助。

世界银行的主要活动是为发展项目提供资金,为借款的会员国提供技术援助,因此项目贷款是其主要的活动。由于世行的资金来自各会员国以及国际资本市场的借贷资金,因此要求世行保证它贷出的款项只能用于提供贷款所规定的目的,并且要讲求节约和效率。它还负有监督资金使用的责任,这是世界银行决定制定采购规则的主要原因。因为世界银行成员有180多个,但世行的工作人员是有限的,他们不可能参与每一项招标活动,因此通过制定《采购指南》,明确采购方式、采购条件、供应商资格审查等的标准化程序,可以使得世行的贷款项目都能够按规定执行,实现世行贷款的目标。

然而,世界银行放贷有其自身的特点。其中包括由世界银行批准的项目,其规划、设计和实施均由借款国负责。这包括借款方有责任签订有关合同,如实施项目所需的土建、物资设备供应以及提供咨询服务等合同。这意味着借款方(而不是世界银行)是必须执行采购规则的一方。即使这些规则被称作"世界银行采购指南",只要项目是由世界银行提供资金的,借款方就必须遵循这些程序。

所有这些因素一起构成了世界银行采购规则的基础。由于世界银行属于多边性质、为全体会员国所有。因此,采购规则必须为所有会员国的公司提供赢得合同的公平机会。又鉴于各会员国对世界银行借出并负责管理的资金都拥有自己的利益,因此,对这些资金严加监督确保其合理使用,显得尤为重要。协定条款要求制定能节约资金和提高效率的程序。由于采购的种类繁多、数量巨大,制定能适合各种情况的基本规则显得尤为重要。最后,由于世界银行的工作重点是在为项目提供资金上,因此需要制定适合于缔结实施项目所需的物资、工程和服务合同的采购程序。

(二)《采购指南》主要内容

1. 采购原则

世界银行《采购指南》提出四项基本原则:在项目实施、包括有关的货物和工程采购中,必须注意节约和效率;世界银行力图为所有合格的供应商提供竞争合同的机会;作为一个开发机构,世界银行愿意促进借款国国内承包业和制造业的发展;采购过程要有高度的透明度。

2. 采购公告

《采购指南》采用总采购公告和具体合同预告相结合的公告制度,规定凡是项目中以国际竞争性方式采购的货物和工程,贷款人必须准备并交世界银行一份总采购公告。世界银行将免费在联合国出版的《发展商务报》上刊登。

公告应包括下列内容:借款人的名称、贷款金额和用途、国际竞争性招标采购的范围以及借款人负责的单位名称和地址。

除了总采购通告外,借款人应将具体合同的投标机会及时通知各方,及时刊登具体合同的招标公告,即投标邀请书。大型的、专业性强的或重要的合同,世界银行也可要求借款人把招标广告刊登在国际上发行很广的著名技术性杂志、报纸或贸易刊物上。

从发出广告到投标人作出反应之间应有充分的时间,以便投标人进行准备。从刊登招标广告或发售招标文件算起,给予投标人准备投标的时间应不得少于 45 天,工程项目通常为 60—90 天,大型工程或复杂的设备,投标准备时间应不少于 90 天;特殊情况可长达 180 天。

3. 国际竞争性招标

世界银行认为,在大多数情况下,《采购指南》的要求和意愿可以通过管理得当的并且适当给予国内承包商以优惠的国际竞争性招标得以充分实现。世行规定采取这种方法的目的是将借款人的要求及时充分地通知给所有合格的、有意参加投标的投标人,并为其提供货物和土建工程进行投标的平等机会。但是另一方面,在有些情况下,国际竞争性招标不是最经济和有效的采购方式,而采用贷款协议中规定的其他采购方式则更为经济有效,《采购指南》第 3 章描述了其他采购方式以及在什么情况下采用这些方式较为合格。一个具体项目的货物和土建的采购将采用什么采购方式在具体项目的贷款协定文件中有明确的规定。

在国际竞争性招标程序中详细说明了这种方式的程序和方法,包括总则、招标文件、开标评标和授标。修改后的国际竞争性招标,规定了会员国的供应商和承包商都有公平地参与投标竞争的机会。根据不同地区和国家的情况,规定凡采购金额在一定限额以上的货物和工程合同,都必须采用国际竞争性招标。对于一般的借款国而言,10 万—25 万美元以上的货物采购合同,大中型的工程采购项目,都应使用国际竞争性方式。在世行用于采购的贷款总额中,国际竞争性招标占 80% 左右。

世界银行的《采购指南》在国际竞争性招标方面的规定,在下述情况下可采取两步法招标程序,即规定在无法事先确定技术规格的特殊情况下可以采用,这个特殊情况是指交钥匙的合同或大型复杂的工厂或特殊性质的土建工程。该程序的步骤是:第一步,先由投标人根据基本的运转和性能要求提出技术性建议,经与几个投标人谈各个建议的优点,达成共同的技术标准和性能技术规格;第二步,提出最终的建议书和带报价的投标书,按照正常的招标方式进行招标。

《采购指南》规定的其他采购方式,见表13-1。

表13-1 《采购指南》采购方式一览表

采购方式	适用的条件	目标要求
有限国际招标	直接邀请投标人进行国际竞争性投标	价格要有竞争性,向尽可能多的供应商征求投标
国内竞争性招标	货物或工程的性质、规模,不太可能吸引外国供应商参加国际竞争性投标	寻求有效、经济的采购方法,大大节省采购时间
询价采购	为获得现货或价值较小的标准规格设备	至少要求2个国家的3个供应商来报价
直接签订合同	在现有合同的基础上增购或增建类似性质的货物或工程;基于产品的专卖性质只能从一家厂商获得	不经过竞争,快捷
自营工程	无法事先确定工程量、工程小而分散;工程地点较远,没有供应商对承包工程感兴趣	使用自己部门的人员和设备进行工程建设
从联合国机构采购	从联合国有关专门机构采购小批量的现货	最经济有效的采购
中间金融机构贷款的采购	由中间金融机构向子项目的受益者进行转贷	按当地的私营部门或商业惯例进行
社区参与采购	项目需要当地社区或非政府组织参与;或需要增加使用当地的专有技术和资料,或使用劳动密集型和其他合适技术的	有效、恰当地达到项目的要求

(三)我国与世行贷款项目

世行在多个领域经过精心选择和明确限定后,确立一些项目来提供贷款。这些项目通常要求我国在国际市场上采购货物、土建工程和服务,从而为企业提供了许多潜在商机。我国每年通过世行贷款项目授予企业的合同多达3 000多个,其中货物和设备采购约占60%,土建工程占35%,咨询服务占5%。

我国企业通常不能直接向世界银行申请项目贷款。只有具备借款资格(人均国民收入在5 435美元以下)的世行成员国的政府才能申请贷款。世界银行在我国的业务主管部门是中华人民共和国财政部,财政部代表我国政府从世行贷款并提供还款担保,世行贷款计划和项目清单由财政部以及国家发展和改革委员会与世行协商制定。每个世行贷款项目(无论金额多少或属于哪种类别)都要经过一个由若干阶段组成的项目周期,企业通过对项目周期的各个阶段进行跟踪,可以找到潜在的商机和开发市场营销计划。

世行在我国开展常规的经济和部门分析调研,这些调研都是与政府部门密切合作开展的,为世行制定适当的援助战略和贷款计划提供了依据。具体的项目是调研的产物,所有项目都必须在技术上和财务上无懈可击,能产生适当的回报率,并有助于我国的经济增长和发展。

我国有 100 多个世行贷款项目在实施,每年新增贷款项目 10—15 个,新增贷款承诺额 15 亿—20 亿美元。世行通常只资助每个项目的外汇支出部分,因此上述数字仅代表项目总投资额的 30%—40%。世行支持的项目投资总额远远超过世行贷款,每年约 50 亿—60 亿美元左右。

四、欧盟的政府采购"公共指令"

(一) 欧盟的政府采购"公共指令"产生背景

欧共体成立之后,为了消除贸易壁垒,促进实现货物、资本和人员流动的目标,通过了一系列协议和指令,其中包括政府采购的立法和协议。欧共体的政府采购协议远远超前于其他经济组织,早在 1966 年,欧共体就通过了有关政府采购的专门规定,比世界贸易组织的《政府采购协议》还要早 13 年。

欧共体之所以对政府采购给予极大关注,是由于政府采购金额在欧共体的 GDP 和贸易额中占有很大的比重。据欧共体统计,各成员国的政府采购和国有企业的采购总额平均每年达到 4 000 亿欧洲货币单位,占欧共体 GDP 的 14%,以上的统计数字还未包括运输、能源和邮电等部门进行的采购。

但是,由于在执行欧共体有关规定的严格程度方面,各成员国间存在着很大的差距,结果,仅有一部分政府采购实行了国际招标,其余部分则是各国政府从本国企业直接购买。回避国际市场的竞争必然带来价格的垄断、采购成本上升,因而增加了纳税人的负担。欧共体估计,这部分损失每年为 400 亿欧洲货币单位。

因此,为了在欧共体范围内彻底消除货物自由流通的障碍,欧共体(欧盟)相继颁布了关于公共采购各个领域的"公共指令",构成了目前欧盟的公共采购法律体系。在这个法律体系中有四部指令是关于政府采购的实体性法律,有两部是程序性法律。这六部指令是适用于欧盟范围内的公共采购的主要规则。其中:针对政府的有四个指令,即《关于协调授予公共服务合同的程序的指令》(1992 年颁布,简称《服务指令》)、《关于协调授予公共供应品合同的程序的指令》(1993 年颁布,简称《供应指令》)、《关于协调授予公共工程合同的程序的指令》(1993 年颁布,简称《工程指令》)和《关于协调有关对公共供应品合同和公共工程合同授予及审查程序的法律、规则和行政条款的指令》(1989 年颁布,简称《公共救济指令》);针对公共事业的有两个指令:《关于协调有关水、能源、交通运输和电信部门采购程序的指令》(简称《公共事业指令》)、《关于协调有关水、能源、交通运输和电信部门的采购程序执行共同体规则的法律、规则和行政条款的指令》(简称《公共事业救济指令》)。

（二）欧盟的政府采购"公共指令"主要内容

1. 目标和原则

公共指令的目标是确保各成员国遵守关于在单服务的自由流动。具体包括：

第一，在共同体范围内增加采购程序和活动的透明度；

第二，促进成员国之间货物和服务的自由流动；

第三，改善公共供应和服务合同有效竞争的条件。

为了实现这些目标，欧盟通过其制定的指令确立了三项基本原则，即透明度原则、非歧视原则和竞争性原则。

2. 适用对象

（1）公共工程合同

① 定义及起点价。公共工程合同是指执行工程或者建筑工程的合同，或者根据该合同，采购者雇佣人员依照具体要求进行的工程采购。如果租赁是采购者要求进行制定的新工程合同也被视为工程合同。

受指令约束的工程合同，起点价为 500 万欧洲货币单位。在单一合同涉及一个以上子合同的情况下，在决定是否达到起点价时，必须是所有子合同估价的合计价。在已达到起点价的情况下，除小合同（又称"小批量"）外，指令将适用于每一个子合同。小合同的价值按合计低于 100 万欧洲货币单位计算。

② 采购方式。在正常情况下应该采用公开招标或限制性招标采购方式，但在例外情况下，也可以采用竞争性谈判采购方式。例外情况是指：根据合同规定，工程或多个合同纯粹是为了研究、实验或者开发的需要，而不是为了商业性或者为了收回研究与开发费用；根据工程的性质，由于涉及一定的风险，禁止事先作出总体定价。

当因技术或艺术，或者因与保护专利有关，合同只能由某一特定的人来执行时，也可以采用非竞争性采购方式。

③ 采购信息发布要求。符合指令要求的工程计划决定后，必须尽快将相关信息通知给欧盟的官方杂志。采购信息的发布要给予供应商充足的准备时间。

采用公开招标采购方式的，给予供应商的准备时间从将信息传给官方杂志时开始计算不少于 25 天，如事先已发布了信息的情况下为 36 天。采用限制性招标采购方式的，申请投标的时间从发送时计算不少于 37 天（紧急情况下不少于 15 天）；如事先已发布了信息的情况下为 26 天（紧急情况下 10 天）。在招标阶段，投标准备时间至少为 40 天。采用竞争性谈判采购方式的，申请参加谈判的时间，从发送信息时起不少于 37 天（紧急情况下不少于 15 天）。合同授予通知应该在合同授予者已确定后的 48 天期限内送到官方杂志处。

（2）公共工程特许合同

① 定义及起点价。公共工程特许合同是指特殊的公共工程合同，在这种合同中，公共部门给予一定的补偿，包括执行工程（或多个工程）的权力。公共特许工程的起点价为 500 万欧洲货币单位，起点价的计价规则与公共工程的规则相同。

② 采购方式。没有竞争要求,但不能以国籍为理由而拒绝有兴趣的投标商。

③ 采购信息发布要求。合同通知送至官方杂志处时,从发送时计算不少于52天,以便于因可能让步而作出反应。

(3) 补贴工程合同

① 定义。补贴工程合同是指给予一个机构而不是一个公共部门的某类工程合同,在这种合同中,公共部门承担一半以上的补偿。

② 范围。补贴工程是指一些国内工程活动,包括医院建筑、娱乐休闲设施、学校和大学建筑,或者用于行政管理。

(4) 公共供应合同

① 定义及起点价。公共供应合同是指购买或租赁货物和对这些货物进行运送或安装的合同。

起点价包括两个层次:符合列入世界贸易组织《政府采购协议》附件一的部门(大多数为中央政府部门,但对国防部另有特别条文),起点价为13万特别提款权;其他部门的合同为20万欧洲货币单位。确定起点价的依据,一是单一合同的总估价,二是系列批量合同价,包括所要支付或期望支付的补贴。

② 采购方式。一般情况下,要求采用公开招标采购方式和限制性招标采购方式,谈判性谈判方式只有在例外的情况下才能使用。在下列情况下,可采用不需要竞争的谈判采购方式:生产的货物纯粹用于研究、实验者开发目的,购买这种货物不是为了商业目的或为了收回研究与开发的费用;因技术或艺术,或者与保护专利有关,购买的货物只能由某一特定的人来生产或者供应。

③ 采购信息的发布要求。就规定范围内的合同而言,当一个部门的财政年度开始后,必须尽快将采购信息送至官方杂志处。在这种情况下,该部门根据合同情况要给予某一特别产品的补贴为75万欧洲货币单位,或者更多。具体要求为:采用公开招标采购方式的,从发送信息时计算,不少于52天。采用限制招标采购方式的,申请投标的时间,从信息发送之日计算不少于37天(紧急情况下不少于15天)。在已发出招标书后,等标期不少于40天(紧急情况下为10天)。采用竞争性谈判方式的,申请谈判的时间,从信息发送之日计算不少于15天。合同授予通知应在合同被确定授予后的48天内送至官方杂志。

(5) 公共服务合同

① 定义及起点价。公共服务合同是指合同部门雇佣某人所签订的合同,而不是服务特许合同。服务包括两部分共27类:

第一部分:车辆与设备的保养和维修;陆路运输,包括装甲车服务和外交信使服务路运输;航空运输,不包括航空邮政运输;陆路邮政运输,不包括铁路和空中邮政运输,不包括邮政运输电信服务,不包括音频电话、电传、无线寻呼和卫星通信服务;金融服务,一是保险业服务,二是银行与投资服务,不包括与证券及其他金融汇票的发行、销售、购买及运输有关的金融服务和中央银行服务(此项的例外是不适用于公共事业部门);计算机及相关服务;研究与发展服务(收益全部归购买者或服务费全部支付给购买者);会计、审计和记账服务,市场调研和民意测验服务;管理咨询服务和相关服务,不包括仲裁和调解服务;建筑设计服务、工程服务和综合工程服务、相关的科技咨询服务、技术检测分析服务;广告服务;建筑物清扫服务和财产管理服务;交费或按合同出版与印刷服务;排污和垃圾处理服务、环保与类似服务。

第二部分:宾馆与饭店服务;铁路运输服务;水上运输服务;支援辅助运输服务;法律服务;人事安排与供应服务;调查与保安服务;教育与就业教育服务;健康与社会服务;文化娱乐与体育服务;其他服务。

其中,第二部分服务不受竞争规则的约束。起点价为20万欧洲货币单位,但也有许多例外规定。除标准例外以外,指令中规定的例外还包括雇佣合同,某些电信服务、土地、广播器材和广播时间、仲裁或者调解服务、某些金融和研究服务的合同以及具有专利性质的合同。

② 采购方式。正常情况下,应该使用公开招标或限制性招标的采购方式,但在下列情况下,竞争性谈判采购方式也可以使用:一是所提供的服务具有风险,禁止估算总价;二是拟采购的服务难以明确适应招标要求的技术规格。因技术或艺术,或者因与保护专利权有关,拟采购的服务只能由某一特定的人来提供,在此情况下,还可以采用非竞争谈判采购方式。

③ 采购信息发布要求。就第一部分服务而言,在财政年度开始后,必须尽快将采购信息送至官方杂志处。要求如下:采用公开招标采购方式的,投标准备期从信息发送日起计算,不少于52天,已发布信息时为36天。采用限制性招标采购方式的,申请投标的时间从信息发送之日起计算,不少于37天(紧急情况下不少于15天),已发布信息时为26天(紧急情况下为10天)。采用竞争性谈判采购方式的,申请谈判的时间从信息发送之日计算,不少于37天(紧急情况下不少于15天)。合同授予通知的期限为48天。对第二部分服务合同是否授予通知,由采购者自行决定。

(6) 公共事业许可合同

① 定义。公共事业许可合同是指一个公共机构向社会提供其职责范围内的服务并授权对服务收费而产生的一种合同。

② 适用范围。欧盟的规定不适用于服务许可合同,因此没有竞争要求。但是在指令中规定,如果一个公共机构授予某人而不是某公共机构特别或排他性权利为民众提供服务时,不能以国籍为由歧视某成员的供应商,或以合同商来自另一成员为由拒绝其他成员的供应商。

(7) 设计竞争合同

① 定义及起点价。设计竞争合同是指获得计划或设计而签订的一种服务合同。指令适用于有望获得价值20万欧洲货币单位(包括奖金)以上的公用事业合同。

② 采购信息发布要求。设计竞争必须在官方杂志上刊登广告,对参加方的数量必须限制,但要按明确和无歧视标准进行选择。

（8）公用事业合同

① 定义及适用范围。公用事业合同是指与证券发行、销售、购买或转让有关的财政服务合同或其他金融证券和中央银行服务包括在内的合同。适用范围包括：公共机构、公用事业（指公共机构可以直接或间接施加影响的公用事业）、以特别获得排他权利为基础经营的经营机构（包括私营机构）。

上述特别或排他权利是指：提供或经营固定网络，以向社会提供饮用水、电或天然气、热力有关的生产；运输或分配有关的服务；向这种网络提供饮用水、电、热或气；水网经营者进行的排污或水利工程活动；利用地理区域勘探或开采石油天然气、煤或其他固态油；利用地理区域提供机构、水下或内陆港口措施；经营网络，通过铁路、公共汽车、电缆或自动体系向社会提供运输服务；提供或经营电信网络或提供电信服务。

关于适用规则的起点价，一般为500万欧洲货币单位，能量、水及运输部门的供应和服务为40万欧洲货币单位，电信部门的供应服务为60万欧洲货币单位。

达到起点价的服务，除标准例外以外，还有许多例外，包括雇工合同、土地、仲裁和调解服务，某些研究和开发服务的合同。受某些条件的约束，因下列原因，服务合同也被排除在外：在欧共体外进行；货物、工程或服务的获得是为了竞争性转售；水利机构对水利的购买，以及能源机构对能源或石油的购买是为了能源的生产；在其他人根据实质上相同的条件提供这些服务而不受限制的领域中，与公共汽车服务或电信服务的提供相关。

欧共体的规定还不适用于给予附属企业的合同。在欧共体，附属企业的80%以上的营业额来源于向主营机构提供的服务。

② 采购方式。采购方式包括三种：公开招标采购、限制性招标采购以及竞争性谈判采购，具体的采购方式，采购机构有权自由选择。在特定的情况下，也可以采用非竞争采购方式。

③ 采购信息发布要求。超过起点价的货物和第一部分服务合同以及工程合同，至少每年要发布一次采购通告。

投标准备期要求如下：

采用公开招标采购方式的，准备期从信息发送到官方杂志处时计算，不少于52天。事先已发布信息的为36天。

采用限制性招标采购方式或竞争性谈判采购方式的，申请投标或谈判的时间，从信息发送时计算不少于5周，任何情况下，不得少于22天。通过参与协商，或者未经协商，在发出标书后，收讫标书的时间一般至少是3周，任何情况下都不得少于10天。

④ 对欧共体以外第三国的限制。欧共体规则中对第三国提供的货物（包括电信软件）有限制性规定。当欧共体提供的产品与第三国提供的产品价格差异在3%以内的，欧共体提供的产品要给予优先。如果欧共体与第三国有互惠协议，如世界贸易组织的《政府采购协议》，则不存在限制问题。

3. 采购程序

（1）公告

公共采购领域最重要的程序之一是所有受指令管理的合同必须在官方杂志上发布公告,邀请承包商进行投标,这就是所说的"竞争邀请"。竞争邀请也必须公布在 EC 计算机信息系统,即每日电子标讯上。现将 EC 采购指令所规定的最重要的四种公告介绍如下:

① 定期合同预告,即 PIN 公告。绝大多数缔约方机构都必须发布 PIN 公告,列出其未来合同的细节。在公共领域,PIN 公告只是向投标人预告未来合同的一种方法。在发布 PIN 公告的情况下,发布招标公告之后接受投标的期限就要缩短。但供应合同是一个例外,因为《政府采购协议》规则禁止缩短接受投标的时间。同时,《公共指令》对发布 PIN 公告的时间规定也有细微的差别。《工程指令》规定,在进行工程建设的决策作出之后,缔约机构应立即将限额以上的工程发布 PIN 公告。《供应指令》《服务指令》规定,缔约机构应在财政年初将未来 12 个月内拟授予的合同发布 PIN 公告,只要合同的实际价值超过了限额。在公用事业领域,PIN 公告相当于竞争邀请,在发布 PIN 公告的情况下,缔约机构可以不必再发布招标公告。同时,PIN 公告发布的时间,在工程、供应和服务合同之间也有差别,这一点同公共领域的情况相似。

② 使用合格者名单公告。这一公告只适用于受《公共事业指令》管理的合同。使用了资格预审制度的公用事业机关,必须每年将该制度公布于众。公共领域的采购指令没有正式规定可以使用合格供应商名单,但只要缔约机构选择合格供应商的标准与有关指令和 EC 法律保持一致,比如非歧视性以及授予合同应对所有投标商公开,他们就可以在非正式的情况下使用该名单并没有必要将该非正式名单公布于众。

③ 招标公告。这是最重要的采购公告,缔约机构公布其将要授予的单个合同。即使已经发布了 PIN 公告,指令也仍然要求缔约机构发布招标公告,除非在公用事业领域和在有限的情况下使用非竞争性谈判程序时。同时,根据指令的规定,缔约机构只能授予招标公告所描述的合同,因此缔约机构对招标公告的措辞应十分小心,除非在公告中特别规定允许变更公告内容。

④ 授予合同公告。一旦授予了一项合同,缔约机构必须将该结果公布在指定的刊物上。该公告必须详细说明合同授予的方式和对象,包括授予日期、使用的标准、投标商数量以及合同的最终价格。在公共领域,授予合同公告必须在授予合同的 40 天内公布在指定的刊物上。指令对公告使用的语言作出规定:公告应以本国语言在指定的刊物上全文发表,同时以别国官方语言摘要发表。每个指令均有标准公告形式供缔约机构使用。

(2) 招标程序

缔约机构必须使用两种程序,即公开招标、限制性招标和谈判程序。

① 公开招标。根据这一程序,所有有兴趣的供应商、承包商或服务提供者都可进行投标,并且所有在适当的时间内向缔约机构呈递标书的投标人都应给予授予合同的考虑。

② 限制性招标。只有那些受到了缔约机构邀请的供应商、承包商或服务提供者才能进行投标。在使用限制性程序时,招标过程分为两个阶段:投标申请和正式投标。

③ 谈判程序。缔约机构同一个或一个以上的供应商、承包商或服务提供者直接谈判以作出选择。如果缔约机构发出邀请，该程序的前一阶段类似于限制性招标的第一阶段，具有严格的时间限制。如果没有发出竞争邀请，则没有时间限制。公共领域的指令详细地罗列了使用谈判程序的条件，并指出在使用了竞争邀请的谈判程序中，应至少有三个投标人以保证竞争，而《公共事业指令》只要求所选择的投标人数量能保证适当的竞争即可。除了《公共事业指令》外，所有的指令都鼓励使用公开和限制性招标，并对使用谈判程序的条件作出规定。《公共事业指令》允许缔约机构可以选择使用任一种招标方式。

(3) 合同文件的提供

根据公开采购程序，缔约机构必须在接到投标申请后的 6 天内将合同文件提供给有兴趣的投标人，而与合同有关的其他信息必须在投标截止日至少 6 天前提供。如果不可能在 6 天内提供合同文件或者需要现场考察或进一步提供文件时，时间限制就必须延长。

根据限制性程序和谈判程序，缔约机构必须同时以书面的形式将招标邀请、合同文本和其他信息提供给所有的投标候选人。其他与合同文本有关的信息也必须在投标截止日至少 6 天前由缔约机构提供（谈判程序中紧急情况除外）。在谈判程序中出现紧急情况时，额外信息必须在投标截止日至少 4 天前提供。

五、亚太经济合作组织的《政府采购非约束性原则》

(一)《政府采购非约束性原则》产生背景

政府采购纳入亚太经济合作组织（APEC）的历史并不长，始于 1995 年年底。为了促进 APEC 各成员之间贸易的进一步开放，并与 WTO 的《政府采购协议》接轨，1995 年 12 月，APEC 部长级会议和领导人非正式会议在日本的大阪举行。这次会议通过的《大阪行动议程》中，政府采购被列为 APEC 贸易投资自由化与便利化的 15 个具体领域之一。会后，APEC 投资贸易委员会成立了由各成员参加的政府采购专家组，负责具体落实《大阪行动议程》中有关政府采购要求的相关工作。

政府采购的总目标是要求 APEC 各成员最迟于 2020 年相互开放政府采购市场。阶段性目标之一是在 2000 年以前，制定 APEC 的《政府采购非约束性原则》，到 2020 年，政府采购非约束性原则将成为约束性原则，各成员必须统一执行。

所谓非约束性原则，就是非强制性原则，类似于指导办法，对象可以执行，也可以不执行。首先制定非约束性原则，通过非约束性原则的制定，让发展中成员进一步理解政府采购制度；找出本成员现行制度与非约束原则之间的差异，并迅速采取措施，消除差异，尽快将 APEC 各成员的政府采购制度统一起来。

(二)《政府采购非约束性原则》简介

APEC 政府采购专家组制定的《政府采购非约束性原则》，实际上是 APEC 的政府采购准则，它是许多具体原则和要求的总称。提出进行讨论的具体原则包括：透明度原则、公开和有效竞争原则、物有所值原则、公平交易原则、国民待遇原则等。非约束性原则对透明度原则的基本内容作了详细说明,现简介如下:

透明度的基本原则是:有关采购的信息应通过各种稳定、广泛的媒介,持续、及时地向所有有兴趣的团体公布。基本原则对政府采购的所有方面都是适用的,包括总体运行环境、采购机会、购买要求、评价标准及授予合同等。

有关政府采购的法律、条例、司法决定、管理规则、政策(包括任何歧视或优惠待遇政策,如禁止某一类供应商等)、采购程序或其运作过程(包括采购方法的选择)等都应是透明的。这一要求的目的是使供应商知道游戏的规则。

第一,公开发布"游戏规则";第二,针对这些"游戏规则",公开开放实体名单(准许进入的领域)或非开放实体的名单(禁止进入的领域);第三,公开法规政策的任何变化情况;第四,建立信息联系点;第五,尽可能将以上信息输入因特网中 APEC 政府采购子目录。

采购机会应是透明的。采购机会透明将鼓励更多的参加者参与竞争,为采购实体提供更多的选择机会并促进竞争,提高资金的使用效率。

落实这一要素的措施包括:第一,实行公开竞争的招标方法。如果采用其他采购方法,采购邀请信中应说明具体的采购方法;如果采用公开招标的方法,应在一家公开的媒体上公布采购公告(如官方杂志、政府公报、报纸、专业贸易刊物、网络或通过大使馆、领事馆);留给有兴趣的供应商充足而合理的时间准备投标文件;对于高价值、复杂的采购可采用两阶段性招标程序,在前一阶段公开征询信息,征求建议或发送资格预审邀请书。每一阶段都要留给有兴趣的供应商充足的时间准备并作出实质性的响应;公开资格预审的要求和程序。

供应商作出实质性响应的信息都应公开。落实这一要素的措施包括:第一,在采购需知中应包括下列内容:商品或服务的地点、数量、交货时间、截止日期、招标文件的获得、投标地点联系方式等;第二,及时公布上述信息的变化情况;第三,应投标人的要求,及时提供招标文件及其他信息;第四,利用国际的或其他标准,根据性能或运行特点制定技术规格。

所有评标标准都应是透明的,严格按评标标准授予合同,以确保公正性和统一性。落实这一要素的措施包括:第一,在采购须知或招标文件中明确评标标准,包括优惠条款;第二,做好采购记录。

合同的授予应是透明的。这是政府向供应商及公众表明其信誉的方式。落实这一要素的措施包括:第一,公布投标结果,包括中标供应商的名称和标的价值;第二,将评标结果及时通知落标人,公布签约的时间和地点,答复落标人的问题。

正当程序和公众的信誉,是公正、公开和公平采购程序的重要因素,因此,处理申诉的途径也应是透明度的要素之一。落实这一要素的措施包括:第一,指定一个团体或人员负责处理供应商对采购过程提出的申诉,可建立一个独立的机构处理申诉问题;第二,处理申诉的程序应公开;第三,申诉程序对国内供应商和国外供应商应平等适用。

六、中国政府采购国际化

（一）我国政府采购与WTO《政府采购协议》

我国《政府采购法》对政府采购制度适用的范围与WTO的《政府采购协议》的要求是基本一致的。从采购人的规定上，WTO希望成员方将地方政府以及某些特定的公共部门和企业与中央政府部门一起统一纳入适用政府采购法的主体范围之内。我国对政府采购主体的各级国家机关、事业单位、团体组织的界定比较广泛，虽然出于采购目的的考虑而排除了以营利为目的的国有企业采购的适用，但如果将来在加入谈判时就某些公共服务部门的企业适用政府采购协议作出承诺，也并不能说与当前《政府采购法》相冲突。

我国目前实施的政府采购制度是以集中采购为主、分散采购为辅的采购模式，即在对主要物品和劳务进行集中采购的前提下，各部门可在财政监督下完成分散的采购，地方有一定的管理权限；同时将公开招标作为强化这一模式的重要手段。这是符合世界其他国家的一般做法和《政府采购协议》的基本要求的。

透明度原则是《政府采购协议》确定的最基本的原则，《政府采购协议》要求成员方在政府采购中要有良好的信息管理制度。一是采购需求信息的发布，这是指主管部门将确定下来的有关采购信息，及时、公开、规范、无歧视地向供应商提供，并按一定的制度和规范，将采购通告刊登在采购主管部门指定的、公开发行的刊物上。二是各项采购信息的管理和公开。政府采购部门对大量庞杂的政府采购有关记录要保管好，随时提供给有关部门检查，并按一定的程序利用这些记录做好供应商的质疑答复工作。公开透明是我国《政府采购法》立法原则。

在规范政府采购操作程序的基础上，《政府采购协议》对政府采购监督约束机制的良好运行非常关注。要求各成员国建立合乎规范的质疑和投诉程序，设立独立机构对政府采购活动中的争端进行公正的裁决，并详细地对必须适用的具体程序作了规定，要求达到这些最低标准或者为当事人提供司法审议的条件。我国《政府采购法》中质疑和投诉的规定以及可以启动行政诉讼程序的规定完全达到了其要求。

（二）我国加入《政府采购协议》的利弊分析

加入《政府采购协议》后，政府采购作为贸易壁垒，保护国内产业以及实行许多公共政策功能将受到限制。加入GPA无疑会对我国一些竞争力较弱的产业带来冲击，在一定程度上造成政府采购资金外流，国际收支失衡、加大失业等问题。特别是在一些资本、技术密集型的产业，欧美等发达国家在产品、价格和服务等方面均具有更大的竞争优势。

随着我国社会经济的发展，开放我国政府采购市场，是我国政府采购制度改革的发展趋势。从长远发展的角度，加入《政府采购协议》后，对增强我国企业国际竞争力，完善和规范我国政府采购法规体系，提升我国政府采购监管水平都有积极作用。

1. 政府采购市场开放，必将增加国内企业的压力，将有利于国内企业不断改进技术，加强管理，提高产品质量和服务水平，提高我国国内企业在国际市场上的竞争力和抗风险能力。这一点可从我国加入 WTO 经验得到证实。在加入 WTO 后,我国在银行、保险、邮电、通信等很多领域均实行了适度的对外开放,很多主导产业的产品质量和技术含量均得到了很大的提升,产业结构也在竞争中得到优化。因此,从我国加入 WTO 的经验来看,加入 GPA 虽然在短期内会对我国部分产业带来一些不利影响,但对我国经济社会等方面的长远发展具有积极意义。

2. 有利于完善和规范我国政府采购法律体系,提升我国政府采购监督水平。我国已经建立了以《政府采购法》为中心的政府采购法律制度框架体系,形成了"管采分离"的管理体制和运行机制,但是法律体系及管理体制还不够健全。加入 GPA 意味着国内政府采购法律体系将与 GPA 要求相衔接,需要我国政府采购法律进行调整和规范。GPA 对公开招标、公开竞争、程序透明、信息披露和质疑程序等内容进行了详细的规定和说明,这些规定会一定程度上影响和规范我国政府采购法规和监管水平。

3. 加入 GPA 有利于我国龙头企业市场份额的扩大。我国一些企业在技术、产品和服务上已经具备了国际竞争优势,这些企业在进一步巩固国内市场的同时,也在不断扩展国外市场。但是,一些国家常常寻找各种借口对我国企业实施歧视性政策,妨碍了我国企业在国际市场上的发展。加入 GPA 能够帮助这些龙头企业通过参与国际政府采购的方式扩大市场,提高我国企业和产品的竞争力。

4. 加入 GPA 有利于提升我国的国家形象。随着我国经济实力的壮大,我国在世界经济中发挥的作用越来越重要,特别是在几次全球性经济和金融危机中,我国日益体现出一个负责任的大国形象,国际影响力日趋显著。加入 GPA 能够促进我国建立一个更加开放、透明的市场经济体制,并且可以利用《协议》中创立的争端解决机制,有理、有据、有效地解决政府采购活动中发生的双边或多边争端,促进国家软实力的发展,从而提升我国的国家形象。

因此,从全局和长期来看,我国加入 GPA 利大于弊。

(三) 我国加入《政府采购协议》应对策略

加入 GPA 是大势所趋,要将这种挑战转化为机遇,需要我国政府采取具有针对性的政策。

1. 政府要建立健全自身的政府采购法律体系和采购制度体系,保证我国政府采购市场的公平和透明。我国《政府采购法》对政府采购进行了规范,但都过于原则和简单化,缺乏可操作性,要利用加入 GPA 之际,将《政府采购法》原则进一步细化,特别将《政府采购法》与《招标投标法》相统一。目前,这两种法律适用主体、范围和实用程序有一定交叉和矛盾,建议对《政府采购法》增加工程招标的内容,这样有关政府采购对象都由《政府采购法》来规范而不是目前由《政府采购法》和《招标投标法》两部法律来规范,而将《招标投标法》改为《商业招标投标法》。我国在政府采购方面法律的多头管理和无所适从,显然不利于开放政府采购市场的。

2. 充分利用 GPA 相关原则为中国经济服务。一方面,政府要在加入 GPA 的谈判当中以国家利益为主,充分利用 GPA 的规则,争取更多的权益,保护本国产业的发展。

另一方面，我国还可以在谈判中利用"出价与要价"的谈判方式，选择开放的部门和产品，以保护我国竞争力较差或是需要扶持的产业。GPA 规定，愿意加入《协议》的成员方首先提出本国的"让步"，列出本国将遵守《协议》各项条款的采购部门、机构，相应的才能要求谈判国家（地区）将哪些部门和机构列在政府采购国际协议的管辖范围内。我国可以充分利用这种制度有重点地安排选择开放的部门数量和开放的程度。并且，我国还应坚持我国发展中国家的定位，充分利用 GPA 对发展中国家的各种优惠。GPA 为吸引更多的发展中国家加入，专门制定了多条针对发展中国家的特殊待遇。例如，GPA 允许发展中国家与谈判方商谈不属于国民待遇原则的实体、产品或服务清单；发展中国家还可以根据自身的需求修改适用范围。而发达国家则需要购买与发展中国家出口利益相关的产品和服务，并且为发展中国家缔约方提供一些技术援助。最新一版的 GPA 条款还扩大了发展中国家的过渡措施。因此，我国完全可以以发展中国家的定位合理利用 GPA 的有关优惠制度，为国内企业的发展创造条件。

3. 加强集中采购机构建设，提高政府采购集中采购比例。在我国加入 GPA 的谈判中，加拿大和韩国对我国是否存在集中采购机构表示怀疑，这是我国在 GPA 的谈判中遇到困难的一个原因。政府采购是一项系统和政策性强的工作，确实需要一个专门的机构来进行。但我国目前集中采购机构存在定位不准和削弱的倾向，政府采购有被等同工程招标的趋势，过于强调腐败的源头治理措施，如现在各地开始普遍将集中采购机构并入公共交易采购机构，实行市场化运作，"管采分离"可能会演变成"管采割裂"，削弱政府的集中采购份额。因此在加入政府采购协议之际，要重新审视集中采购机构定位，强化集中采购的公共性质。

4. 将优先购买本国产品政策落到实处。政府采购制度是一种非关税的贸易壁垒，一直是各国保护本国产业的有效手段。多数国家以国家安全等种种理由为借口，禁止或限制外国供应商进入本国政府采购市场。即使加入 GPA 的国家，美国、日本、西欧 13 万特别提款权以上的政府采购中，外国产品所占比重都不高，美国为 9%，日本为 16%，而西欧只有 1%①。而目前我国地方政府采购外国软件的比例高达 90%；一位匿名官员透露，实际上目前中国电子政务建设中，涉及的 IT 产品有 95% 是国外的。公共采购要尽量采购国内产品，在政府采购中要加强对国内产品的优先购买。

5. 我国应该加大科学技术的投入，提高企业的创新能力。创新能力是企业获得持续竞争能力的源泉，也是攻占产业制高点的根本之道。第一，我国应加大基础研究的投入，鼓励自主创新，掌握产业发展方向；鼓励产学研的结合和发展，形成科技带动产业、产业促进科技的良性发展循环；积极推进科学技术发展的中长期计划，利用重大科技项目推动我国科学技术的发展，带动高科技企业的产生、发展和壮大。第二，我国应采取财政税收等多种方式促进产业结构调整。我国应紧跟当今世界产业布局的调整，采取各种措施抢占产业制高点。例如，当前环保和节能减排产业成为世界各国重点发展的产业，也会

---

① 肖建华. 政府采购[M]. 大连：东北财经大学出版社，2011.

成为未来世界的主导产业。因此，完全可以在政府采购向相应产业倾斜的同时，采取更加灵活的措施促进产业结构的调整和新兴产业的发展。第三，我国应加大对中小企业的扶持力度，促进中小企业的可持续发展。中小企业在我国的经济发展中有着重要的作用和地位，并且我国的很多中小企业在世界上均具有一定的竞争优势，例如长江三角洲和珠江三角洲一带的民营企业等。我国应在融资等方面为中小企业的发展提供良好的发展环境[①]。

总体来说，政府采购市场的开放具有两面性，加入《政府采购协议》既可以享受他国开放市场的好处，同时还要承担开放本国市场的义务与责任。占领他国市场的前提是要出让本国的一部分。策略的做法是我们的市场不要出让得太多，起码要保证利益均沾。

综上，在西方国家经济势力雄厚、竞争力强的态势下，我们必须有适当的保护，在国际惯例许可的前提下，制定我国的法律法规，有效地保护我国竞争能力不强、规模与技术等方面尚不成熟的企业。同时，鼓励本国企业走向国际公共产品市场，使我国企业在国际竞争中走向成熟。

第二节　政府采购电子化

一、传统采购与电子采购

电子采购是由采购方发起的一种采购行为，是一种不见面的网上交易，如网上招标、网上竞标、网上谈判等。人们把企业之间在网络上进行的这种招标、竞价、谈判等活动称为电子商务。事实上，这只是电子采购的一个组成部分。电子采购比一般的电子商务有更多的扩展，它不仅仅完成采购行为，而且利用信息和网络技术对采购全程的各个环节进行管理。在这一全新的商业模式下，随着买主和卖主通过电子网络而联结，商业交易开始变得具有无缝性，其自身的优势是十分显著的。

传统采购模式下，企业采购流程非常复杂，包括采购申请、信息查询发布、招标投标评标、洽谈签约结算、物流配送交割、协调相关部门等在内环节全部手工操作，浪费了极大时间成本和人力成本，过程效率低下。下面就传统采购模式和电子采购作一个简要分析。

（一）传统采购模式分析

传统采购通过手工操作，或电话传真，或直接见面，来进行信息交流。各单位之间缺乏在采购及相关环节的联合和沟通。由于采购政策不统一，使重复采购、采购效率低下

---

① 赵谦.我国加入GPA的利弊分析[N].政府采购信息报，2009-07-27.

等现象十分突出,很难实现经济有效的采购目标。

1. 低效的产品选择过程。在传统采购中,采购人需要到众多的供应商的产品目录里查询产品及其定价信息,产品及供应商的选择是一项费时费力的事情。采购周期冗长。

2. 费时的手工订货操作。商品和供应商确定后,传统采购还要安排订货,以手工方式和书面文件为基础的订货过程,有时需要与供应商见面,通过多次传真、电话联系,才能正式下订单,在下订单后很可能还要监督订单的执行过程。

3. 不规则采购。在传统采购中有很多不合规则的行为存在,如采购人拿回扣,不按照正常的采购程序采购,很多采购都是没有合同的非授权采购,这使得原单位无法得到经过采购合同谈判所带来的好处,甚至会带来损失。

4. 多头对外,分散采购。如同批发和零售的价格差距一样,物资采购的数量越大,采购的价格越低。单位之间联合采购,可合并同类物资的采购数量,获得批量采购带来的价格优惠。但传统采购模式下,不同隶属关系的各单位无法共享信息。

5. 昂贵的存货成本和采购成本。由于采购过程的低效率,大型单位常常大量采购,以应付未来之需。这样,很多单位需要一定的费用支持存货。此外,由于采购人对供应商的比选不充分,或者运作费用较高,采购产品和服务的价格往往可能很高。采购环节的质量控制和技术管理工作重复进行,管理费用居高不下。

(二) 政府采购电子化概念探讨

随着信息技术特别是互联网技术的迅速发展,电子采购技术在政府和企业采购领域得到越来越多的应用。由于信息技术应用于政府采购活动时间不长,对于政府采购电子化理解存在较多的争议。比较有代表性的观点有:

多边发展银行(Multilateral Development Banks,MDBs)认为政府采购电子化的定义应该包括以下三个层次:第一个层次是对政府采购电子化的一般定义,即政府采购电子化是指政府部门在进行采购的过程中,通过现代信息技术,特别是互联网技术,从供应商手中购买所需的工程、货物、咨询服务。第二个层次是将政府采购电子化区分为电子招标系统和电子购买系统这两种完全不同的采购过程。电子招标系统主要是通过电子公开招标过程,为公共部门采购数量小但价值高、有特殊要求的货物、工程、服务。电子购买系统则是为了方便公共部门采购量大但价值较低的标准货物和服务。第三个层次是政府采购电子化的定义涵盖了电子招标和电子购买的基本步骤。然而,电子招标考虑了更多阶段的实现过程,电子购买则是基于若干业务模块。

国际关系学院院长刘慧教授通过多年的跟踪研究,认为政府采购电子化不仅是政府部门或公共部门运用电子(网络)技术与信息技术手段,采购货物、服务和工程的行为,而且是现代政府采购制度的扩展,是新型政府采购制度的一种表现形式。

还有的学者认为,政府采购电子化是指利用计算机网络和通信技术,通过基于国际互联网的政府采购电子化平台进行政府采购的过程,其实质在于全方位地利用电子信息技术,完成从发布采购信息到签订合同、提供商品或服务的整个过程,减少人为参与操作,进而增强采购的透明度,更好地体现公正、公平的原则。

综上所述,笔者认为,政府采购电子化是通过计算机网络和通信技术,基于国际互联网的电子采购平台,进行政府采购活动的一种崭新形式。

政府采购电子化是政府采购与信息技术的有机结合,与传统的政府采购方式相比,政府采购电子化最显著的特点就是其运用了信息技术,以计算机网络为媒介来完成采购的申报、审批、发布采购公告、招标、开标、评标、签订合同等一系列程序。与传统采购方式相比,政府采购电子化的优势非常显著,对政府采购制度本身乃至经济、社会、政治领域都会产生深远的影响。

降低交易成本,提升管理水平。政府采购电子化的优势首先是降低了招标方管理成本,将政府资产的采购、验收、管理、维护、核算、支付等管理事项有机统一,提高了政府支出管理水平和效率。降低投标方成本,在网上,通过采购双方双向互动,节约大量人力物力资源,降低企业时空的门槛,吸引更多企业参与,引入有效的竞争机制,达到采购成本最小化。

诺贝尔经济学奖获得者诺斯认为一个国家45%的GDP被交易成本消耗掉了,而信息技术的应用则可以有效地减少交易成本,促进生产力和竞争环境的大大改善。据有关机构统计,通过政府采购电子化,政府可降低5%—10%的直接采购成本,节约1%—2%的人员和办公费用。而欧盟提出,理想的政府采购电子化目标是节省5%的政府开支。

信息公开透明,利于各方监督。政府采购电子化通过政府采购全程的各个环节、各种资源信息进行整合、融通和自动化,过程实时记录,实现了整个采购过程的公开透明。通过随时查询调阅,监管部门可以适时监管,而传统采购形式由于监管部门与操作机构业务上的差别,监管部门缺少获取信息的稳定及时的信息渠道,掌握信息不充分,监督容易留死角;同时便于社会各界获取政府采购信息及对其进行监督。

减少信息不对称,利于公平竞争。电子化政府采购过程中,整个流程采用现代信息技术,缩短了采购各方的时空距离,所有供应商都有平等机会获取采购信息,消除供应商间在时间空间上的信息不对称,形成更为充分的竞争机制;政府采购电子化大大增强参与竞争便利性,供应商无论在哪里只要可以接入网络,就有参与政府采购竞争的机会,这有利于促进中小企业和个人甚至包括残疾人企业等弱势群体参与竞争,为更多潜在的供应商提供了公平竞争机会,减少了歧视。政府采购电子化使政府采购支持弱势群体的功能和引导社会公平正义的作用更好地得到实现。

标准规范性。政府采购电子化有利于规范政府的采购行为,最大限度地避免人为因素的干扰。通过信息技术的使用,借由流程的自动化,诸如自动化的核准申请和付款方式。电子化采购使政府采购更规范。

(三)政府采购电子化与电子政务、电子商务

电子政务是指运用计算机、网络和通信等现代信息技术手段,实现政府组织结构和工作流程的优化重组,超越时间、空间和部门分隔的限制,建成一个精简、高效、廉洁、公平的政府运作模式,以便全方位地向社会提供优质、规范、透明、符合国际水准的管理与服务。

电子政务包含以下三类模式：G2G（Government-to-Government，政府间电子政务）、B2G（Business-to-Government，政府-商业机构间电子政务）、C2G（Consumer-to-Government，政府-公民间电子政务）。

电子商务通常是指在商业贸易活动中利用互联网开放的网络环境，买卖双方不相谋面而实现交易达成的一种新型的商业运营模式，即个人、企业和政府之间运用电子信息网络进行商业交易的一种形式。根据电子商务的主体不同可分为 B2B、B2C、C2C、B2G 四类电子商务模式，其中企业对企业（Business-to-Business，B2B）和企业对消费者（Business-to-Consumer，B2C）两种发展最早，另外还有消费者对消费者（Consumer-to-Consumer，C2C）这种销售额大幅增长的模式，而 B2G（Business-to-Government）就是政府与企业的交易行为。

政府采购电子化因为涉及如采购方式审批、代理机构资格审批等一些管理和审批事项，所以它可以是电子政务一部分；同时因为涉及政府与供应商的交易，它也是一种电子商务行为。政府采购电子化横跨了电子商务、电子政务。政府采购本身是政府职能部门的一项管理工作，政府采购电子化自然就成为电子政务的重要组成部分，政府采购电子化的实现过程就是一项重要的电子政务活动。同时，政府采购是一种交易行为，涉及政府与企业两个交易主体。政府采购电子化与电子商务二者之间是可以相互促进的，电子商务的成功可以为政府采购电子化建设提供技术上的支持，而政府采购电子化的顺利开展也可以加快推进电子商务的环境建设，扩大电子商务的交易规模。

二、国际政府采购电子化概况

20 世纪末，政府采购公共采购数量日益扩大，采购程序和过程日趋复杂，尤其是随着电子通信和网络技术的迅速发展，各国都在积极探索、规划和大力推行电子化政府采购。各市场经济国家的电子化政府采购虽然发展不平衡，但目前国际上许多国家在政府采购电子化方面已初见成效。

（一）联合国

联合国除率先在采购与电子商务立法外，十分重视自身采购的电子化实践，主要措施有：一是建立了潜在供应商库，供采购官员选择使用。二是建立了采购网站。联合国采购司、联合国项目服务办公室等十四个主要采购机构联合建立了供所有采购官员使用的联合国全球市场网站，用来发布采购指南和招标信息，提供供应商表格下载。三是采购过程中信息发布、沟通交流均用现代网络信息技术。

（二）韩国

1997 年在政府机构、采购厅、公司之间建成了电子数据交换系统（EDI），1998 年建成商品网上交易市场，2000 年建成电子招投标系统，2001 年开放电子支付系统，电子政府采购系统最终完成。在 2004 年建成 CRM（客户关系管理系统），可以在任何时间和任何地方参与政府采购，通过客户关系管理系统可以对每一个客户群体提供更便捷的、个性化的服务。同时，韩国政府还在不断完善电子政府采购系统，使其服务更加普及、专业化。韩国制定的《电子商务基本法》,对电子交易活动作出了严格的规范。

(三) 美国

美国的政府采购大都利用了电子技术,逐步建立起具有现代技术与手段的政府采购网络管理系统。该系统设有较快速查找采购信息的"采购改革网络",并设有信息窗、最佳资产采购方式、采购方法培训等栏目,分别发布政府采购的法律文件、采购计划、采购信息等。同时,当采购的金额大于 25 000 美元时,都可刊登在《商业时报》特设网络上或刊登在《商业日报》上;并且美国机构还使用了电子目录及电子合同网络系统对一切合同进行分类安排,为公众提供了便捷的采购信息,而政府机构也可运用电子技术浏览合同目录或网络系统直接进行采购,并加强了政府采购的管理。

(四) 德国

2005 年,德国联邦内政部宣布,未来联邦政府部门所需的商品或服务将全部通过网络招标采购。其已经拥有了一套试运行系统,这套由联邦内政部、经济部、交通部及建设部共同研发的网络招标系统,将所有政府采购相关作业完全统一电子化,并计划陆续扩展到国防、各邦及各级地方政府采购。

据估计,德国政府每年采购金额约 5 000 亿马克。通过网络公开招标,商品或服务价格将更加透明化,德国政府每年可节省几亿马克的采购经费。由于一切作业都在网络上公开,对小型公司而言,将更为有利且更有机会中标。德国联邦物资协会总干事认为,一方面,通过电子商务,政府可以买到价格较低廉的产品或服务,另一方面,网络化的作业程序也将降低投标公司的成本。[1]

三、我国政府采购电子化现状

随着我国政府采购范围的不断扩大,财政部对电子化政府采购进行了许多尝试。中国政府采购网是国内第一个发布政府采购信息的大型统一网站。它主要发布政府采购的政策和规定,使公众了解招标和投标程序、供应商和产品信息等。财政部能够通过这个网站自动挑选评标专家。中国政府采购网具有网上查询、下载部分采购项目招标文件和合同的功能。许多省市也相继创立了政府采购网站,通常都具备信息管理、项目管理、评估专家信息管理、数据库管理等,有的已开发了在线投标功能。现就珠海、济宁、深圳、沈阳等地政府采购电子化实践作简要介绍,以了解我国政府采购电子化发展现状。

珠海市政府采购中心网上采购相对比较成熟。一般的政府采购网站只发布采购信息和公布中标结果,采购过程并不在网上显示,而珠海市的采购网站,不仅有买方所需商品的型号、数量,还有参考价,即买方心目中的理想价,而且还有参考品牌、技术性能、经手人的姓名、联络电话、投标开始时间、投标截止时间。如果是供应商,还可看到财政预算价。最重要的是预中标公告,不仅是中标单位、中标价格、中标理由、投标时间都一目了然,落标者的出价和投标时间也同时在网上公示,在规定时间无异议,便自动生成中标

---

[1] 吴昊. 探讨:如何解决电子化采购出现的三大问题[J]. 政府采购信息网,2006-10-16.

结果通知书。迄今为止,珠海市842个行政事业单位,从纸张、笔墨、汽油到汽车、装修工程已全部纳入网上采购平台,其广度、深度和覆盖面堪称居全国前列。

作为全国电子化政府采购试点城市之一的济宁,整合区县政府采购资源,实现了政府采购统一平台。2003年,济宁市开始建设政府采购电子政务平台。

无纸化渗透政府采购。参与济宁政府采购活动的所有机构必须在政府采购信息平台上注册,经政府采购中心审核通过后发放密钥和数字证书,凭密钥参与电子化政府采购活动。其中供应商审核由济宁市检察院职务预防犯罪处进行终审。

"采购单位、供应商、政府采购中心、专家在网上的权限范围各不一样。"供应商只能见到采购项目的内容、结束时间以及最后的中标通知;采购单位只能在网上见到最终确定的供应商;采购中心只能在网上发通知;专家只能见到项目的数据和自己的打分结果。

采购资源大统一。济宁市通过电子化整合区县的政府采购中心,发挥政府采购的集中效应,电子化政府采购平台按照管理层次分为市级和区县级两大部分。市级除实现市级政府采购的功能外,还承担数据集中管理中心的职能,以达到全市政府采购资源整合的目标。区县级以子网的方式建立分级管理的政府采购网,既能达到满足区县个性化需求的目的,又能实现与上一级和同级财政、政府内网的信息交换和共享。

电子化监控政府采购全过程。政府采购签订的是三方合同——采购中心是甲方,供应商是乙方,使用单位是丙方。政府采购履约验收实行电子化监控。这样不仅能节省时间,方便采购中心监督,而且还能更好地保证工程质量。

济宁市电子化政府采购平台将采购人、财政部门、采购执行机构、采购监管机构、第三方服务机构、供应商、评审专家等政府采购参与者有机结合起来,实现对政府采购的高效管理,达到电子化采购的目标。同时与电子政务服务平台、电子监察平台、反腐倡廉办公平台、党风廉政教育和舆论监督平台无缝对接,形成了覆盖各环节的科技防腐网络,实现对工作监督的有效化、服务的效能化、信息的公开化,建立了工作运行管理、监督机制和反腐倡廉工作长效机制,推动了政府采购工作深入开展。

深圳市2003年9月在全国率先实行了网上采购。深圳网上政府采购就是使用深圳自主开发的采购管理系统,在国际互联网上完成政府采购的全过程,包括在网上申报、审核、发布采购公告、招标、投标、评标、询价、投诉、监管等。

目前,深圳市政府采购中心已成功建设了一个以深圳市政府采购网为统一平台,集政府采购中心内部业务操作、对外发布信息及采购实施管理于一体的,功能全面、专业性和操作性强的综合型网上政府采购管理系统。

采购集中化实现统一管理。所有政府采购项目必须先通过财政部门下达采购计划,并导入网上政府采购系统计划库中统一集中管理。政府采购项目均通过网上政府采购系统集中受理,并按照法定的公开招标、邀请招标、询价采购、竞争性谈判和单一来源谈判等采购方式规范运作,确保采购行为的规范统一。网上政府采购系统实现了涉及政府采购的五种当事人(采购单位、市财政部门、市政府采购中心、供应商和评标专家)集中在网上协同工作。

预警机制堵塞漏洞。网上政府采购系统对采购申报和合同履约环节设置预警功能,堵塞采购前不按计划申报和采购后不按结果履约的采购漏洞。

采购申报预警。在政府采购申报环节,该系统能够严格按照预先设定好的采购申报控制规则,限制采购单位的不合理申报行为,同时人性化地提示并纠正其错误申报,确保采购申报与采购计划的一致。

投标响应预警。当采购项目公告后,距开标截止时间前5日内,如参与投标的供应商不足法定人数时,系统会自动预警,并给予提示,以便采取必要措施落实供应商投标,确保在开标前供应商投标数量符合规定要求,避免招标失败。

合同履约预警。在履约过程中,一旦出现供应商交货不及时、产品不合格、售后服务不到位或采购单位违规申报、拒签合同、拖延验收等行为时,系统将自动进行预警,经监管人员核实后记录于违规行为档案库,并及时对违规供应商进行查处。

沈阳:搭建"四段式"政府采购信息平台。沈阳市政府采购工作依托政府采购信息化平台于2009年1月至12月完成采购项目1 636项,预算金额8.15亿元,合同金额7.43亿元,节支0.72亿元,节支率9%。

据悉,该平台融合了"四段式"业务操作流程的精髓,把每一项业务在软件设计上划分为需求落实、组织采购、项目评审和合同管理四个阶段,分别由不同的处室负责。

通过权限配置、定岗定员管理、工作流程管理与审批,将每个采购项目按照权限的分工进行分解,实现了从采购计划自动接收、导入,采购需求落实、信息发布、评审表格自动生成、合同自动生成、履约验收情况记录到资料结转、存档采购过程的电子化管理。其中:业务督办和采购人短信通知等功能提高了采购效率;开标统计和评标室管理等功能为科学合理地安排每日的开标项目提供了保障;投标保证金的缴退系统减少了工作中可能出现的操作失误,提高了保证金收退的效率;废标项目管理功能为准确地查找工作中存在的问题与不足提供了依据;项目跟踪、统计图表和统计查询等功能为领导分析决策提供了依据。

沈阳市政府采购信息化平台十分重视安全性和可靠性。不断提高业务系统的安全性,有效防范了电子化政府采购中存在的风险。一是采用CA数字认证技术,确保每一个进入业务系统的账户已通过系统的识别,避免了不安全账户的入侵;二是所有服务器口令密码全部由中心专人管理,并不定期修改,凡需修改服务器配置均由专人输入密码后方可操作,极大地增强了网络系统的安全程度;三是建立备用应用系统,当原系统出现问题时,工作人员可直接访问备用系统(因两套系统采用同一数据库,因而保证了两套系统数据的一致性);四是划定网络U盘,取代实物U盘,在服务器上以部门为单位划定共享存储空间作为文件交换场所,减少病毒在内部系统的传播。

另外,采购中心建设了供应商库、采购人库、商品库、验收专家库等基础数据库,并开发了相应的统计分析系统,用户可以按照采购项目接受时间、完成时间、采购类型、采购方式、采购金额等信息进行分类统计,并根据统计结果进行分析检查。

因此,在政府采购电子化建设中,不应该简单地将政府采购电子化看作是信息技术手段在政府采购中的应用,而应该深刻理解政府采购电子化的本质内涵。

我国政府采购电子化发展的特点正如中央财经大学徐焕东教授概括:

规范平台。按照法律和制度要求,建立统一规范的政府采购流程、操作规则和管理平台,通过技术的方式、固定的模式和标准化作业,实现统一规范。

透明平台。政府采购本质上是纳税人的采购,公开透明是政府采购的本质要求。通过网上公告、网上采购过程与采购结果公开,无论是对各方当事人,还是对社会公众,都可以实现最便捷透明目标。

竞争平台。公开信息发布,吸引更多供应商参与竞争,政府通过供应商的竞争获得价廉物美的商品,更好满足社会公共需要。而透明的社会监督,为供应商提供更加公平、便利的竞争平台。

评价平台。通过电子化政府采购,政府采购各方当事人、监管部门和社会公众对政府采购如需求是否合理、采购方式与过程是否合法科学、采购结果是否公正进行客观公正的评价。

监督平台。强调"采""管"分离,但也容易产生另一种倾向,即容易导致"采""管"割裂。在统一规范的网络平台上所有当事人、所有关心政府采购的社会公众,都可以通过网络平台了解政府采购法律制度、政府采购需求与计划、采购的方式与方法、政府采购的结果、投诉及投诉处理情况,这就自动形成了监督最优良的平台。

优化平台。统一的采购平台也是一个优化平台。通过公开和透明的采购操作、监督管理,由于众多人的监督和评价,可以不断发现采购中不科学、不合理的因素,然后不断改进,从而形成促进政府采购不断优化的平台。

但是,我国政府采购电子化仅部分地区建立平台,政府采购全国性的统一平台尚未建立。

首先,我国目前正处在构建政府采购体系的初级阶段,无论是社会群体的认识,系统的整合,还是采购人员的培训,都远没有达到电子化政府采购的要求;其次,电子化政府采购的法制环境尚不成熟,电子化政府采购的发展需要对现有法律体系增加许多新的内容;最后,信息技术的基础设施建设滞后,限制了政府采购在线交易的全面推开,对客户认定、货币支付、商业秘密提供安全保障的相关技术还不够健全。

政府采购电子化是政府采购制度改革的一个基本趋势和发展方向。根据电子化政府采购的基本规则和我国的现实情况,必须进一步加强研究和规划,建立政府采购改革和电子化政府采购建设的互动机制,逐步扩大电子化政府采购的范围和功能,先易后难,最后覆盖各个领域和地区。一方面要充分利用信息网络技术,为采购信息透明化、采购规模扩大化、采购管理规范化提供技术支持;另一方面,就是要逐步建立全国统一的政府采购信息系统,为今后全面建立电子化政府采购制度服务。

延伸阅读 13-1　南通市运用现代信息技术 打造政府采购精细化管理模式

　　为建立科学规范的政府采购管理及操作机制，全面推行政府采购科学化、精细化管理，我市于 2008 年 10 月起推进市级政府采购信息化建设，以财政内、外网平台为载体，运用现代信息技术，固化政府采购流程关键权力节点，将政府采购行为的管理落实到政府采购的具体活动之中。经过 3 年的不懈努力，我市政府采购工作实现从预算编制开始，到采购资金支付结束全过程信息一体化，并与部门预算、国库集中支付、资产管理等有机融合，相互制约。管采分离、权责清晰、程序严密、运行公开、制约有效的政府采购阳光型操作体系和制约型监管体系基本形成。2011 年，我市市级政府采购完成项目 3 860 个，规模达 9.36 亿元，增长 114.63%，节约资金 1.19 亿元，采购资金节约率为 12.71%，连续两年实现政府采购"零"投诉。

预算编制向精细化延伸

　　政府采购预算是部门预算的重要组成部分，是项目经费的细化和补充。预算编制精细化，就是要求部门预算单位在编制政府采购预算时，对涉及政府采购的项目，在系统中按细化了的政府采购末级品目编制预算及申报，做到应编尽编、编实编细。一是细化政府采购品目。根据市政府办公室颁布的市级政府集中采购目录、限额标准和公开招标数额标准，制定"南通市市级政府采购品目表"。同时，将细化的政府采购末级品目及相对应的采购类型、采购方式、审核流程、配置标准由系统进行固化，将大量的计算及汇总工作交由计算机完成。既使部门预算单位"按部就班"，又提高了政府采购预算编审的质量和效率。二是严把政府采购预算审核关。部门预算单位编报的政府采购预算，财政业务处室负责配置标准、资金来源、数量金额等方面的审核；政府采购管理处负责采购类型、采购方式等方面的审核。审核通过后，由预算处按规定程序报批，与部门预算一并批复单位执行。三是严格执行配置标准。根据《南通市市直行政事业单位常用办公设备配置标准》，由系统对常用办公设备配置标准进行固化，单位在编制政府采购预算时，不得突破。从源头上有效防止了天价采购现象的发生。四是取消政府采购计划。单位的政府采购项目需要采购时，直接根据政府采购预算网上提交执行申请，真正做到无采购预算的不得采购。五是在采购预算执行过程中，严格控制政府采购预算的调整，确需调整的按规定程序报批。

执行操作向标准化迈进

　　由系统将政府采购当事人"并联"，依托五项机制实现政府采购预算编制、预算执行、监督检查、效能监察"四位一体"。一是执行申请直达制。为提高政府采购效率，单位根据政府采购预算提交的执行申请，如购买国货且不改变采购方式的，直达代理机构或单位。由公开招标改变为其他采购方式和购买进口产品的，则采购处按规定报批后下达代理机构或单位执行采购。二是采购操作分段制。采购中心依据政府采购相关法律法规规定，组织实施政府集中采购活动，建立健全岗位责任制，分工操作，相互监督，每一步操作，系统都有详细记录。三是项目限时办结制。建立政府采购项目预警、报警机制。通过信息条的颜色(红色为超时项目)变化,提示经办人抓紧时间办理。超时项目,系统自动归总,由政府采购管理处负责调查了解相关情况,并作出处理。四是采购合同网上备案制。采购单位与中标(成交)供应商按规定签订政府采购合同后,应将合同中资金支付的主要条款实行网上备案。凡有采购文件编号的项目,付款金额及次数必须与采购文件一致(采购中心经办人在采购结果登记时录入)。同时,需将纸质合同送政府采购管理处备案审核。审核通过后,采购单位方可在网上提交资金支付申请。五是资金支付快速制。取消财政拨款业务处室审核环节,采购单位政府采购项目的资金实行财政直接支付。采购单位根据合同规定支付货款时,只需将项目验收情况向财政部门网上备案(在线填写"政府采购项目履约验收情况表"),并对供应商作出评价,即可在网上提交支付申请,通过代理银行将该货款直接支付给供应商。

专家管理向智能化转型

开发运用南通市政府采购评审专家智能通知系统,对政府采购评审专家抽取及通知实行封闭式操作、信息化管理。工作人员只要输入项目名称、专家抽取类型和数量、评标时间和地点、需要回避人员信息等,系统即自动排除需要回避的人员随机选取专家,通过固定电话自动拨号,通知专家出席政府采购评审会议。专家手机接通后,只要根据语音提示,进行简单操作即可反馈是否参加。对确定出席的专家,系统将自动发送短信,通知其评审时间及地点。评审会正式开始,出席评审会的专家名单才能打印。评审专家直到走进评标室,才知道自己参评的项目。

监督管理向实时化推进

一是提高报表统计工作自动化水平。根据上级要求,将统计报表的主要要素嵌入预算执行申请和采购结果登记等处,系统自动生成市直单位政府采购的有关报表。经办人导出报表数据后,将导出的数据导入"全国政府采购信息统计"平台,完成报表编报工作。同时系统还为采购单位、财政业务处室和采购中心提供政府采购预算汇总、政府采购预算月底执行情况、政府采购项目进度等的查询功能。二是规定时间内未完成的超时项目、评审专家迟到项目、供应商评价不佳项目等,系统自动归总到政府采购管理处。三是将中标(成交)供应商的商务技术得分及评委的打分录入系统,由系统自动将评审专家的打分和中标(成交)供应商的商务技术得分做比较,实行定量考核。四是定期对采购单位的公用经费支出实行动态检索,发现采购单位的违规支出及时处理。

诚信考评向电子化升级

开发应用政府采购诚信体系建设考评系统,建立政府采购效能监察、评审专家考评、供应商网上评价、采购单位政府采购支出实时监控、政府采购在线免费培训、政府失信惩戒等六大机制。考评中如发现政府采购当事人有违法乱纪行为的,一经查实,将作为不良记录记入系统。力争通过2—3年的扎实工作,基本建立起我市市级政府采购诚信制度体系、评价体系和奖惩体系。

四、我国政府采购电子化发展思路

目前,我国政府采购电子化建设和应用取得了很大的成绩,但整体上仍然相对落后,面临着许多挑战。从宏观层面上分析,存在规章制度缺失、信息孤岛严重、数据共享困难等问题,从微观层面上看,存在操作流程不统一、升级维护难、专业人才缺乏,个别地区还存在人才资金不足、低水平重复建设等问题。具体挑战如下:

一是制度建设和标准建设落后。我国至今未出台一部指导政府采购电子化的相关法律、法规,也没有颁布相关政府采购电子化系统建设和应用方面的国家标准。虽然个别法规涉及了政府采购电子化,但相对滞后,科学性、可操作性较差。各部门、各地区在摸索中前进,走了不少弯路,存在一些风险。比如,由于缺乏法律统一的依据,试行电子化招投标的部门和地区自行制定了若干流程和规定,但流程及相关要求不统一,科学性、规范性有待提高。招标文件没有国家统一范本或标准格式,技术方面也没有规定数据文本格式,一方面既难以实现招投标工作标准化,使供应商无所适从,比较混乱,另一方面又不利于电子文档的数据交换和长期保存;《政府采购货物和服务招标投标管理办法》规定"电子招标文件与纸质招标文件具有同等法律效力",但出现纸质文档与电子文档不一致时,则没有规定以何为准。实际工作中,招投标机构往往以纸质为准,造成部分供应商参与不积极、敷衍了事。

二是信息化规划滞后,共享协调困难。各部门、各地区信息化发展良莠不齐、阶段不一,信息共享机制不畅,数字认证机构不能互通互认,信息孤岛严重等问题已经成为目前阻碍我国电子化招投标发展的较大障碍。招投标采购活动中,监管部门、采购人和代理机构等部门需要实时查询供应商真实、准确、动态的资质信息、商品信息和知识产权等信息,但短期内还难以实现。

三是指导原则不明,需求分析不清。目前,许多部门、专家和供应商等都在呼吁建设全国统一的政府采购电子化平台。但政府采购电子化平台的建设,缺乏统一指导,其定位、目标和职责尚不清楚。建设统一的政府采购电子化平台有其客观必要性。统一的平台,首先是建立在制度完善、权责明确、职能清晰、资源共享的运行机制基础上,采用标准化的流程、界面、编码等,根据职能和岗位,分级次、分地区使用和维护,实现个性化、分布式处理的功能,有利于系统高效、科学地运行。但是,在政府采购电子化实际工作中,仍然存在不考虑我国部门、地区和行业发展不均衡、系统使用角色不明确的客观情况,盲目投资开发脱离国情和实际工作的系统的情况。

四是低水平重复建设。通行的电子化系统开发模式,一般有三种:一是外包,二是自行开发,三是自行开发与外包相结合。实力较强的部门和地区可选择后面两种来实施,有资金但缺乏技术和管理力量的部门和地区可完全外包。部分部门和地区在没有搞清现状和需求的前提下,选择了不适合自身发展的模式,由于人员调离、资金短缺、公司撤摊等原因,造成系统无法继续升级,难以可持续发展。不管是外包还是自主开发,都一定要培训自己的复合型专业人才,核心需求及相关知识产权要牢牢把握。

但是，我国实行电子化政府采购是推进政府采购制度改革健康、可持续发展的方向和根本出路。电子化不仅可以满足政府采购公开、透明的需要，而且可以让与采购活动有关的各方当事人在同一网络平台上操作，接受社会各方的监督，符合廉政建设的要求。提高采购效率，减少采购成本，有效解决目前"一单一采"难以形成规模的问题，从而确保政府采购各项政策功能作用的实现。电子化政府采购有助于推进政府采购的规范化和标准化。这是从根本上改变政府采购不良形象、提高政府采购信誉、完善政府采购诚信体系建设的一项行之有效的手段。从客观上看，实行政府采购电子化的时机和条件均已成熟。对于我国改进政府采购电子化措施思考如下：

1. 必须对政府采购流程进一步细化和规范，这是政府采购电子化的必备条件。目前，全国各地的政府采购代理机构各自为政，做法不统一，监管部门与执行机构职责不清，集中采购机构和社会中介争业务。推行电子化将有助于尽快统一操作流程，规范各地的做法，大家同台操作也可以避开一些因机构分设、管理体制不顺带来的矛盾。

2. 形成资源和信息共享机制。要实现这一目标，除了需要法律和制度保障外，我们还必须形成这样的共识，即政府采购不同于一般的市场行为，是政府公共服务的一种特殊行业，有些问题是不能靠简单的市场竞争来解决的。

3. 建立统一政府采购电子化平台。必须对现有网络资源、系统平台进行有效的整合，绝不能各自为政，重复建设。统一规划是当务之急。建议由财政部牵头，做到统一规划、统一标准和统一建设，减少低水平重复开发工作和浪费，实现不同部门在同一平台上运转。电子化采购平台建设应本着由国家投入、共同参与、集中处理、共同管理的原则，应用平台应既是具有公共性、共享性、标准性的资源平台，同时又是能支持特殊需求的个性化平台。引入先进的计算机和虚拟化技术，由招标和政府采购监管部门、信息化管理部门及集中采购机构等组建数据中心，以SAAS（软件即服务）方式向采购人、供应商等提供信息发布、网上交易、数据存储及信息共享等非营利的平台使用服务。在建设中要注意吸取和培养具备开发能力的大型软件公司承担这项工作，确保信息平台的不断完善和升级。统一建设方式可以共享全国的资源，吸引代理机构、采购人和供应商等积极参与，实现集中实时监管，切实降低成本，建设节约型电子化招投标采购系统。

4. 建立政府采购电子化法律框架。电子化政府采购的进程要有好的制度环境，目前涉及电子化政府采购的法律框架还没有建立起来，现有法律也有不适应之处，如《招标投标法》和《政府采购法》在电子化政府采购方面如何协调、如何一致的问题等，都需要认真对待。此外，政策、硬件环境等都要有支撑。

附录一

练习及案例分析训练题

（一）选择题

1. 批准的采购预算在执行中不得突破。超预算时,采购人应当调整采购需求,或调整 （ ）
   - A. 采购计划
   - B. 采购价格
   - C. 采购数量
   - D. 部门预算支出

2. 对供应商履约的验收可由 （ ）
   - A. 采购人或者其委托的采购代理机构组织完成
   - B. 社会中介机构或财政监督管理部门组织完成
   - C. 集中采购机构组织完成
   - D. 监督机关组织完成

3. 货物和服务项目实行招标方式采购的,自招标文件开始发出之日起至投标人提交投标文件截止之日止,不得少于 （ ）
   - A. 10 天
   - B. 15 天
   - C. 20 天
   - D. 30 天

4. 中央预算的政府采购项目,其集中采购目录及采购限额标准由 （ ）
   - A. 国务院确定
   - B. 财政部确定
   - C. 北京市人民政府确定
   - D. 中央有关部、委、办确定

5. 纳入集中采购目录的政府采购项目应 （ ）
   - A. 严格按规定自行采购
   - B. 委托集中采购机构代理采购
   - C. 实行部门集中采购
   - D. 组织公开招标采购

6. 政府采购目录中的服务是指 （ ）
   - A. 软件开发
   - B. 各类印刷
   - C. 物业管理
   - D. 除货物和工程以外的其他政府采购对象

7. 财政部门在对集中采购考核工作中要做到 （ ）
   - A. 要求明确,事先通知,程序规范,考核认真
   - B. 公开、公平、公正原则
   - C. 现场考核与资料审核相结合原则
   - D. 对集中采购机构的工作随时干预

8. 财政部门对集中采购机构的监督考核结果应当在哪种媒体上公布 （ ）
   - A. 在纪检监察部门指定的媒体上
   - B. 在财政部门的网站上
   - C. 在同级人民政府指定的媒体上
   - D. 在财政部门指定的政府采购信息媒体上

9. 投标人在投标文件递交截止时间之后递交的投标文件,招标单位应当 （　　）
   A. 拒收　　　　　　　　　　　　B. 先接收交由监管部门处理
   C. 先接收交由领导处理　　　　　D. 先接收交由评标委员会处理

10. 《政府采购货物和服务招标投标管理办法》规定:投标人根据招标文件载明的标的采购项目实际情况,拟在中标后将中标项目的(　　)工作交由他人完成的,应当在投标文件中载明。
    A. 非主体、关键性　　　　　　　B. 主体、非关键性
    C. 非主体、非关键性　　　　　　D. 主体、关键性

11. 供应商依法向采购人、采购代理机构提出质疑的范围不包括 （　　）
    A. 采购文件　　　　　　　　　　B. 投诉处理决定
    C. 中标和成交结果　　　　　　　D. 采购过程

12. 我国《政府采购信息公告管理办法》自 （　　）
    A. 2003年1月1日起施行　　　　B. 2003年9月11日起施行
    C. 2004年1月1日起施行　　　　D. 2004年9月11日起施行

13. 政府采购信息指定发布媒体应当按照信息提供者提供的信息内容如实发布信息。但是,对信息篇幅过大的,政府采购信息指定发布媒体 （　　）
    A. 有权拒绝刊登
    B. 不可进行压缩和调整
    C. 可按照统一的技术要求进行适当的压缩和调整,但不得改变提供信息的实质性内容
    D. 可按意愿随意修改

14. 政府采购信息指定发布媒体应当对其发布的政府采购信息进行分类统计,并将统计结果按期报送 （　　）
    A. 政府采购的采购人　　　　　　B. 采购代理机构
    C. 中标、成交供应商　　　　　　D. 同级人民政府财政部门

15. 网上竞价按照下列采购方式填写 （　　）
    A. 公开招标　　B. 询价　　C. 邀请招标　　D. 竞争性谈判

16. 采购日期,是指采购项目合同的签订日期,无论合同是否分期执行,也无论合同是否已经付款,均按 （　　）
    A. 公告发布日期填列　　　　　　B. 开标日期填列
    C. 合同签订日期填列　　　　　　D. 验收日期填列

17. 评标委员会成员应当履行哪些义务 （　　）
    A. 遵纪守法,客观、公正、廉洁地履行职责
    B. 不对评标过程和结果,以及供应商的商业秘密保密
    C. 不参与评标报告的起草
    D. 按照招标文件规定的方法和标准进行评标,对评审意见不承担个人责任

18. 采购数额在300万元以上、技术复杂的项目,评标委员会中技术、经济方面的专家人
    数应当为   (   )
    A. 3人以上的单数   B. 5人以上的单数
    C. 7人以上的单数   D. 9人以上的单数
19. 投标文件中开标一览表(报价表)内容与投标文件中明细表内容不一致的   (   )
    A. 以开标一览表(报价表)内容为准
    B. 以投标文件中明细表内容为准
    C. 由投标人以书面形式进行澄清,确认以哪个内容为准
    D. 在评标时作无效标处理
20. 投标人提供虚假材料谋取中标的,处以中标金额   (   )
    A. 千分之三以上千分之五以下的罚款
    B. 千分之五以上千分之八以下的罚款
    C. 千分之五以上千分之十以下的罚款
    D. 千分之三以上千分之十以下的罚款
21. 采购代理机构工作人员不得参加下列哪个机构组织的政府采购项目的评标   (   )
    A. 集中采购代理机构   B. 本机构
    C. 社会采购代理机构   D. 非本机构
22. 下列情形不视为投标人相互串通投标   (   )
    A. 不同投标人的投标文件由同一单位或者个人编制
    B. 不同投标人委托同一单位或者个人办理投标事宜
    C. 不同投标人的投标文件载明的项目管理成员不同
    D. 不同投标人的投标文件异常一致或者投标报价呈规律性差异
23. 评标报告应当由   (   )
    A. 评标委员会全体成员签字   B. 认可评标结果的评标委员会成员签字
    C. 个别评标委员会成员签字   D. 主评委签字
24. 某政府采购代理机构是取得乙级资格的,那么其代理的单项政府采购项目预算金额
    只能在   (   )
    A. 200万元以下   B. 300万元以下
    C. 600万元以下   D. 1 000万元以下
25. 某镇发生了强烈地震,急需采购帐篷,该镇政府可以采用下列采购方式   (   )
    A. 单一来源采购   B. 公开招标采购
    C. 邀请招标采购   D. 竞争性谈判采购
26. 对采购人出现故意规避政府采购公开招标的行为应受到下列处理   (   )
    A. 口头警告   B. 通报批评
    C. 给予罚款   D. 口头警告与具体处罚措施相结合

27. 属于政府采购监督管理方面的招投标信息,由 (　　)
   A. 同级人民政府财政部门进行公告　　B. 集中采购机构进行公告
   C. 代理采购机构进行公告　　D. 省级财政部门进行公告

28. 电子化政府采购是一种即时采购,从提出采购需求到采购品的到位紧密衔接,对于下列商品,电子化采购的优势则更加明显 (　　)
   A. 极为分散、种类多而数量并不大的商品
   B. 金额较大的商品
   C. 工程类采购
   D. 种类单一的商品

29. 不适用电子化政府采购的采购方式是 (　　)
   A. 公开招标　　B. 询价采购
   C. 竞争性谈判　　D. 邀请招标

30. 建设一套网上采购系统,是自制还是外购,需要考虑的因素是 (　　)
   A. 管理成本和项目成本　　B. 战术成本和战略成本
   C. 开发成本和运行成本　　D. 直接成本和间接成本

31. 确定政府集中采购范围的是 (　　)
   A. 财政部　　B. 省财政厅
   C. 省级以上人民政府　　D. 市级人民政府

32. 集中采购目录包括的范围是 (　　)
   A. 货物、工程、服务　　B. 设备、工程、办公用品
   C. 货物、设备、服务　　D. 电器设备、汽车、软件开发

33. 关于中标通知书,说法正确的是 (　　)
   A. 中标通知书是要约　　B. 中标通知书是承诺
   C. 中标通知书是要约邀请　　D. 中标通知书与合同订立无关

34. 政府采购合同履行中,采购人需追加与合同标的相同的货物、工程或服务的,在不改变合同其他条款的前提下,可以与供应商协商签订补充合同,但所有补充合同的采购金额不得超过原合同采购金额的 (　　)
   A. 百分之五　　B. 百分之十
   C. 百分之十五　　D. 百分之二十

35. 对集中采购机构监督检查最重要的是什么 (　　)
   A. 采购程序的规范性如何,采购信息发布是否及时准确,专家抽取和使用是否合规
   B. 协助采购人签订合同情况,受理答复供应商质疑情况
   C. 集中采购机构的内部制度、岗位设置是否合理
   D. 内控机制健全,以及内部人员业务培训、执业资格管理和廉洁自律情况等

36. 财政部《集中采购机构监督考核管理办法》颁布出台时间是 (　　)
   A. 2003年　　B. 2009年　　C. 2011年　　D. 2012年

37. 以联合体形式参加政府采购的,联合体各方应签订联合协议,载明联合体各方应承担的工作和义务,并将联合协议连同投标文件一并提交给 （   ）
   A. 当地政府采购监管部门　　　B. 采购人或其委托的采购代理机构
   C. 当地工商管理部门　　　　　D. 当地公证机关

38. 供应商投诉应当有具体的投诉事项及事实依据,不得进行虚假、恶意投诉,其投诉应实行 （   ）
   A. 实名制　　　B. 假名制　　　C. 匿名制　　　D. 无名制

39. 《政府采购货物和服务招标投标管理办法》规定:投标人在投标过程中不得 （   ）
   A. 以向招标采购单位行贿或者采取其他不正当手段谋取中标
   B. 与其他供应商接触
   C. 向招标采购单位咨询有关采购情况
   D. 到项目施工现场进行实地勘察

40. 公告政府采购信息不得有虚假和误导性陈述,不得遗漏依法必须公告的事项,必须做到内容真实、 （   ）
   A. 表述清楚　　　B. 时间合理　　　C. 准确可靠　　　D. 需求正确

41. 政府采购信息指定发布媒体发现信息提供者提供的信息违反法律、法规、规章规定的,应当 （   ）
   A. 不应修改
   B. 及时建议信息提供者修改
   C. 由政府采购信息指定发布媒体自行修改
   D. 直接向信息提供者同级的人民政府财政部门报告

42. 国库集中支付,是指按照政府采购合同确定的采购金额,通过国库集中支付方式支付给中标供应商的资金数额,应按照实际支付金额填列。国库集中支付的方式包括 （   ）
   A. 直接支付　　　　　　　　　B. 授权支付
   C. 直接支付和授权支付　　　　D. 其他支付

43. 评审专家不得从事评审工作的前提是被通报批评或有过不良记录 （   ）
   A. 一年内发生一次　　　B. 一年内发生两次
   C. 一年内发生三次　　　D. 两年内发生两次

44. 地级市政府采购公开招标限额标准由 （   ）
   A. 所在省人民政府规定　　　B. 所在省财政部门规定
   C. 地级市人民政府规定　　　D. 地级市财政部门规定

45. 货物和服务项目实施邀请招标方式采购的,自招标文件开始发出之日起至投标人提交投标文件截止之日止,不得少于 （   ）
   A. 二十日　　　　　　B. 七个工作日
   C. 五个工作日　　　　D. 三十日

46. 采购代理机构的选择权在 （　　）
    A. 政府采购代理机构　　　　　　　　B. 政府采购监督管理部门
    C. 同级人民政府　　　　　　　　　　D. 政府采购的采购人
47. 根据《政府采购法》的规定，A市人民政府需要采购一批货物，这批货物具有特殊性，是只能从有限范围的供应商处采购的货物，那么A市人民政府适用的政府采购方式是 （　　）
    A. 公开招标方式　　　　　　　　　　B. 竞争性谈判方式
    C. 单一来源方式　　　　　　　　　　D. 邀请招标方式
48. 采购人、采购代理机构对政府采购项目每项采购活动的采购文件应当妥善保存。采购文件的保存期限从采购活动结束之日起至少 （　　）
    A. 5年　　　　B. 10年　　　　C. 15年　　　　D. 20年
49. 在招标采购中，出现下列情形之一，不应废标的是 （　　）
    A. 符合专业条件的供应商不足5家的
    B. 出现影响采购公正的违法、违规行为的
    C. 投标人的报价均超过了采购预算，采购人不能支付的
    D. 取消采购任务的
50. 不属于政府采购监督检查实施主体的是 （　　）
    A. 财政部门　　　　　　　　　　　　B. 审计机关
    C. 新闻媒体　　　　　　　　　　　　D. 监察机关和有关行政主管部门
51. 政府采购监督管理部门对集中采购机构监督考核的准则是 （　　）
    A. 考核内容全面，结果定期如实公布
    B. 采购水平提升，从业人员素质不断提高
    C. 有效防止行业腐败
    D. 督促集中采购机构更加自觉地遵守法律
52. 远程评标采取两种方式，即远程项目评标和 （　　）
    A. 远程电子评标　　　　　　　　　　B. 远程专家评标
    C. 远程询价评标　　　　　　　　　　D. 远程会诊评标
53. 不属于统一政府采购网络建设标准原则的是 （　　）
    A. 统一实施　　B. 统一标准　　C. 统一投资　　D. 统一平台
54. 中国政府采购网是财政部依法指定的国家级政府采购信息发布网络媒体，其域名为 （　　）
    A. www.ccgp.gov.cn　　　　　　　　B. www.zycg.gov.cn
    C. www.cgpnews.cn　　　　　　　　D. www.caigou2003.com
55. 政府采购信息化系统通常包括 （　　）
    A. 电子政务和电子商务　　　　　　　B. 管理功能和交易功能
    C. 网上询价和电子反拍　　　　　　　D. 在线采购和在线支付

56. 评标时,供应商的资格性检查应由 （   ）
    A. 政府采购代理机构负责   B. 监督人员负责
    C. 评标委员会负责   D. 政府采购的采购人负责
57. 地方预算的政府采购项目,其集中采购目录及采购限额标准由 （   ）
    A. 县人民政府财政部门确定
    B. 市、县人民政府确定
    C. 省、自治区、直辖市财政厅确定
    D. 省、自治区、直辖市人民政府或者其授权的机构确定
58. 政府采购目录中的货物是指 （   ）
    A. 办公用品   B. 各种形态和种类的物品
    C. 所有大小家电   D. 产品与设备
59. 政府采购的采购人采购纳入集中采购目录的政府采购项目时,必须 （   ）
    A. 进行公开招标   B. 报经主管行政部门批准
    C. 委托集中采购机构代理采购   D. 报市级人民政府审批
60. 政府采购当事人不包括 （   ）
    A. 政府采购采购人   B. 政府采购供应商
    C. 政府采购采购代理机构   D. 政府采购的监管部门
61. 采购进口产品专家论证工作由采购人负责组织(协议供货项目除外),专家组应当由 （   ）
    A. 5人以上的单数组成   B. 5人以上的双数组成
    C. 7人以上的单数组成   D. 7人以上的双数组成
62. 监察部门对集中采购机构监督的完整内容是 （   ）
    A. 集中采购机构及其工作人员
    B. 集中采购机构的工作人员
    C. 集中采购机构及其工作人员,财政部门的监督考核工作
    D. 财政部门的监督考核工作
63. 集中采购机构对其工作人员是如何进行考核的 （   ）
    A. 定期考核   B. 不定期考核
    C. 定期考核与不定期考核相结合 D. 不考核
64. 采购人对供应商的资格进行审查的内容不包括 （   ）
    A. 单位有关资质证明文件   B. 技术参数
    C. 个人有关资质资格   D. 业绩情况
65. 经采购人同意,中标、成交供应商履行合同方式依法可以采取 （   ）
    A. 分包   B. 承包
    C. 转让   D. 总承包

66. 《政府采购促进中小企业发展暂行办法》规定联合体视同为小型、微型企业的条件为
（　）
   A. 联合体中有大型企业和小型、微型企业的
   B. 联合体各方均为小型、微型企业的
   C. 联合体中有中型企业和微型企业的
   D. 联合体中有大型企业和小型企业的

67. 投标人可以对所递交的投标文件进行补充、修改或撤回,并书面通知招标单位,其时限必须在
（　）
   A. 评标结束之前　　　　　　　　B. 采购合同签订之前
   C. 开标结束之前　　　　　　　　D. 投标截止时间之前

68. 在各政府采购信息指定发布媒体上分别公告同一政府采购信息的,内容必须保持一致。内容不一致的
（　）
   A. 以采购代理机构最终解释结果为准
   B. 以各政府采购信息指定发布媒体上的信息为准
   C. 以在财政部门指定的政府采购信息发布媒体上公告的信息为准
   D. 以法院判定为准

69. 任何单位或者个人发现政府采购信息发布活动不符合《政府采购信息公告管理办法》有关规定的,有权向
（　）
   A. 上级监察部门控告和检举
   B. 上级财政部门控告和检举
   C. 同级人民政府财政部门控告和检举
   D. 同级监察部门控告和检举

70. 协议供货和定点采购的项目填报,组织形式填"集中采购",采购方式按照下列方式填列
（　）
   A. 公开招标
   B. 询价
   C. 竞争性谈判
   D. 确定协议或定点结果时所采用的采购方式

71. 政府采购供应商投诉情况统计表中,按被投诉人分类,不包括
（　）
   A. 政府集中采购机构　　　　　　B. 政府采购供应商（竞争对手）
   C. 政府采购采购人　　　　　　　D. 政府采购监管机构

72. 评标委员会成员应当履行哪些义务
（　）
   A. 按照招标文件规定的方法和标准进行评标,不对评审意见承担个人责任
   B. 对评标过程和结果,以及供应商的商业秘密进行保密
   C. 不需配合财政部门的投诉处理工作
   D. 不参与评标报告的起草

73. 综合评分法,是指在最大限度地满足招标文件实质性要求的前提下,按照招标文件中规定的各项因素进行综合评审后,以评标总得分的投标人作为中标候选供应商或者中标供应商的评标方法。中标人是 ( )
   A. 总得分最低者   B. 总得分最高者
   C. 价格最低者   D. 价格最高者

74. 财政部、监察部关于《政府采购评审专家管理办法》的通知颁布时间是 ( )
   A. 2003年11月   B. 2004年11月
   C. 2006年9月   D. 2009年9月

75. 政府采购采购人与中标供应商按照采购文件确定的事项签订政府采购合同应当在中标通知书发出之日起 ( )
   A. 五个工作日内   B. 七个工作日
   C. 二十日内   D. 三十日内

76. 采用性价比法进行评标的,投标人的评标总得分=B/N,其中 N 代表 ( )
   A. 该投标人的投标报价   B. 所有投标报价中的最高报价
   C. 所有投标报价的平均报价   D. 所有投标报价中的最低报价

77. 政府采购项目的采购标准应当公开。采用法律规定的采购方式的,采购人在采购活动完成后,应当 ( )
   A. 将有关文件存档备查   B. 对采购结果保密
   C. 将采购结果予以公布   D. 将所有采购情况予以公布

78. 在政府采购过程中,应采取的主要采购方式是 ( )
   A. 竞争性谈判   B. 公开招标
   C. 单一来源采购   D. 邀请招标

79. 根据政府采购法律制度的规定,某市人民政府采用公开招标方式采购。自招标文件发出至投标人提交投标文件的截止时间要求是不得少于 ( )
   A. 10日   B. 20日
   C. 30日   D. 60日

80. 有权对违法、违规的政府采购代理机构作出取消其业务资格的部门是 ( )
   A. 地市级财政主管部门   B. 中央财政主管部门
   C. 省级财政主管部门   D. 县级财政主管部门

81. 政府采购监管部门对评审专家重点监督的环节是 ( )
   A. 评标环节   B. 专家库管理
   C. 开标环节   D. 专家抽取使用环节

82. 为了方便政府部门,购买一些量大但价值低的标准化商品和服务可采用 ( )
   A. 电子招标系统   B. 电子反拍系统
   C. 电子购买系统   D. 电子监管系统

83. 下列不属于电子政府采购的应用模式是 （ ）
    A. 电子邮件发送　　　　　　　　　B. 在线支付
    C. 电子商务系统　　　　　　　　　D. 电话传真
84. 信息系统项目绩效审计不包括 （ ）
    A. 离任审计　　B. 效果审计　　C. 效率审计　　D. 经济审计
85. 为依法确定委托代理的事项,约定双方的权利和义务,采购人依法委托采购代理机构办理采购事宜时,应当由采购人与采购代理机构签订 （ ）
    A. 委托代理协议书　　　　　　　　B. 调解协议书
    C. 劳务合同书　　　　　　　　　　D. 代购合同书
86. 制定政府采购目录的主要目的是 （ ）
    A. 提高政府采购效率
    B. 节约政府采购资金
    C. 规范政府采购行为
    D. 提高政府采购质量,降低政府采购成本
87. 集中采购目录中属于本单位有特殊要求的项目,单位可以 （ ）
    A. 自行组织采购　　　　　　　　　B. 进行部门集中采购
    C. 委托中介机构采购　　　　　　　D. 经省级人民政府批准,由单位组织采购
88. 政府采购实施计划中项目的具体实施方案是由采购人根据 （ ）
    A. 政府采购预算来编制的　　　　　B. 部门预算来编制的
    C. 采购品目录来编制的　　　　　　D. 企业年度预算来编制的
89. 政府采购采购人根据采购项目的特殊要求可以 （ ）
    A. 指定采购某种品牌
    B. 指定某供应商供货
    C. 规定供应商的特定条件,但不得以不合理条件对供应商实行差别待遇或歧视待遇
    D. 自行采购
90. 财政部门在处理投诉事项期间,可以视具体情况书面通知被投诉人暂停采购活动,但暂停时间最长不得超过 （ ）
    A. 15日　　　　　　　　　　　　　B. 30日
    C. 45日　　　　　　　　　　　　　D. 60日
91. 依法履行对政府采购活动的监督管理职责的部门是 （ ）
    A. 各级人民政府　　　　　　　　　B. 各级人民政府财政部门
    C. 各级纪委部门　　　　　　　　　D. 各级监察审计部门
92. 对集中采购机构考核时,财政部门是否可向采购人、供应商征求对集中采购机构的意见 （ ）
    A. 可以　　　　　　　　　　　　　B. 不可以
    C. 需要经过纪检部门同意　　　　　D. 需要经过相关程序方可

93. 采用竞争性谈判方式采购,确定成交供应商的依据为 ( )
   A. 符合采购需求、质量和服务相等且报价适中
   B. 符合采购需求、质量和服务最好且报价最高
   C. 符合采购需求、质量和服务相等且报价最低
   D. 符合采购需求、质量和服务相等且报价不高于预算
94. 政府采购信息指定发布媒体发布政府采购信息,应当体现的原则是 ( )
   A. 收益性   B. 合理性   C. 公益性   D. 准确性
95. 政府采购采购人、采购代理机构公告政府采购信息应当按照 ( )
   A. 政府采购需求
   B. 有关政府采购的法律、行政法规和规定
   C. 以往政府采购的惯例
   D. 各地规定的操作规章
96. 不在政府采购统计范围的单位 ( )
   A. 各级国家机关 B. 各事业单位 C. 各团体组织 D. 各企业
97. 通过协议供货采购的复印机,采购方式为 ( )
   A. 公开招标   B. 询价采购   C. 竞争性谈判   D. 自行采购
98. 在何种情况下评审专家应执行回避制度 ( )
   A. 评审专家在三年内曾在参加该采购项目供应商中任职或担任顾问
   B. 亲属在参加该采购项目的供应商中任职或担任顾问
   C. 与参加该采购项目供应商没有发生过法律纠纷
   D. 其他可能影响公正评标的情况下也不回避
99. 最低评标价法确定中标候选供应商的主要因素是 ( )
   A. 质量   B. 价格   C. 服务   D. 商品
100. 具有特殊性,只能从有限范围的供应商处采购的项目,可以依法采用 ( )
   A. 竞争性谈判   B. 询价   C. 单一来源   D. 邀请招标
101. 评标委员会成员泄露有关投标文件的评审情况的,可以处以 ( )
   A. 三千元到五千元罚款   B. 三千元到一万元罚款
   C. 三千元到三万元罚款   D. 三千元到五万元罚款
102. 政府采购合同适用 ( )
   A. 经济法   B. 公司法   C. 合同法   D. 采购法
103. 由采购代理机构以采购人名义签订合同的,应当提交采购人的 ( )
   A. 计划申请书   B. 预算批复函
   C. 中标通知书   D. 授权委托书
104. 根据《政府采购法》的相关规定,乙级政府采购代理机构资格审批权属于 ( )
   A. 中华人民共和国财政部   B. 省级人民政府
   C. 省级人民政府财政部门   D. 地、县级人民政府财政部门

105. 根据政府采购法律制度规定,采购人不包括下面哪一项 （　）
    A. 南京市秦淮区人民政府　　B. 南京财经大学
    C. 江苏省消费者协会　　D. 江苏省国有资产经营公司

106. 政府采购监督检查的目的是 （　）
    A. 工作上的任务和要求
    B. 实现应采尽采
    C. 维护政府采购活动的正常秩序,保障政府采购目标的实现
    D. 《政府采购法》明文规定

107. 监察机关如何行使对政府采购评审专家的监督职责 （　）
    A. 建立政府采购评审专家库
    B. 进行日常的监督检查
    C. 进行定期考核
    D. 建立政府采购评审专家注册登记制度

108. 通过电子化公开招标过程,为公共部门采购数量小但价值高,有特殊要求的货物、工程和服务的是 （　）
    A. 电子招标系统　　B. 电子反拍系统
    C. 电子购买系统　　D. 电子监管系统

109. 实现远程评标的方法,其中不正确的是 （　）
    A. 本地集中采购机构与异地集中采购机构建立 VIP 通道
    B. 通过电脑终端设备及互联网实现连接
    C. 专家可随时随地参加评标
    D. 通过视频会议系统进行语音、图像、文本之间的传递

110. 政府采购内部监督管理制度应体现的机制是 （　）
    A. 相互协调、相互合作　　B. 相互监督、相互协调
    C. 相互制约、相互合作　　D. 相互监督、相互制约

111. 政府采购评标委员会成员名单在招标结果确定前必须保密,评标委员会成员名单确定时间原则上应在 （　）
    A. 投标前　　B. 开标前　　C. 定标前　　D. 评标前

112. 下列情形不属于投标人相互串通投标的是 （　）
    A. 投标人之间协商投标报价等投标文件的实质性内容
    B. 投标人之间约定中标人
    C. 投标人之间约定部分投标人放弃投标或者中标
    D. 不属于同一集团、协会、商会等组织成员的投标人按照该组织要求协同投标

113. 任何一个系统的建设,都必须关注这个系统包括哪些内容,不包括哪些内容。以下关于项目范围的观点正确的是 （　）
    A. 它在项目的早期被描述出来并随着项目的开展而更加详细

B. 它在项目的早期被描述出来并随着范围的蔓延而更加详细
C. 作为政府部门,没有必要关心项目范围管理
D. 项目范围的变更是开发单位的问题,与甲方没有关系

114. 采用询价采购方式的,采购人根据什么原则确定成交供应商 ( )
    A. 采购人根据产品性能和价格的情况即性价比确定成交供应商
    B. 采购人根据自行对市场产品的调研情况,自行确定成交供应商
    C. 采购人与招标监管部门组成询价小组,采用综合评分的办法确定成交供应商
    D. 采购人根据符合采购需求、质量和服务相等且报价最低的原则确定成交供应商

115. 根据政府采购法律制度的规定,下列情形中,采购人可以采用单一来源方式采购 ( )
    A. 只能从唯一供应商处采购的
    B. 具有特殊性,只能从有限范围的供应商处采购的
    C. 采用招标方式所需时间不能满足用户紧急需要的
    D. 不能事先计算出价格总额的

116. 招标人下列行为不属于以不合理条件限制、排斥投标人或者潜在投标人的是( )
    A. 就同一招标项目向投标人或者潜在投标人提供有差别的项目信息
    B. 设定的资格、技术、商务条件与招标项目的具体特点和实际需要相适应
    C. 依法必须进行招标的项目以特定行业的奖项作为加分条件或者中标条件
    D. 对投标人或者潜在投标人采取不同的资格审查或者评标标准

117. 目前电子政务、电子商务中应用最普遍、技术最成熟、可操作性最强的一种电子签名方法是 ( )
    A. 指纹识别   B. 语音识别   C. 面部识别   D. 数字签名

118. 某政府采购代理机构经过多年的发展,积累了很多知识产权,其中不属于该代理机构的知识产权范畴的是 ( )
    A. 专利权   B. 版权   C. 解释权   D. 软件著作权

119. 通过互联网发布竞价采购信息,接受供应商在网上报价,达到网上定标,网上公布采购结果的全过程活动是 ( )
    A. 电子招标系统   B. 网上竞价采购
    C. 电子购买系统   D. 电子监管系统

120. 异地电子评标时,投标人将电子版的投标文件保存在不可更改的存贮介质上,当电子版投标文件与纸制文件不一致时以 ( )
    A. 纸制投标文件为准   B. 电子版投标文件为准
    C. 异地评标专家确定为准   D. 本地政府采购监管部门确定为准

121. 我国首次开展全国政府采购执行情况专项检查时间是在 ( )
    A. 2006年9月   B. 2008年9月
    C. 2009年9月   D. 2010年9月

122. 下列不属于政府采购监督员享有的权利是 （   ）
   A. 发现问题及时进行处罚
   B. 政府采购制度及相关执行情况的知情权
   C. 对政府采购当事人采购行为的合法性实施监督
   D. 对中标、成交供应商确定及政府采购合同的履行验收情况实施监督

123. 政府采购监督管理部门对供应商投诉逾期未处理的 （   ）
   A. 处以20万元以上25万元以下罚款 B. 处以15万元以上20万元以下罚款
   C. 处以10万元以上15万元以下罚款 D. 处以5万元以上10万元以下罚款

124. 某国家机关采购一批货物,甲供应商中标,经该国家机关同意,甲将该成交项目分包给乙和丙。根据《政府采购法》的有关规定,下列说法中正确的是 （   ）
   A. 甲的行为不合法
   B. 甲仅就采购项目向采购人负责,分包项目不予负责
   C. 甲、乙和丙应就分包项目承担责任
   D. 乙和丙仅受分包合同的约束,不受采购合同的约束

125. 某区在招标采购一批办公设备时,发现所有前来投标的供应商的报价均超过了该区的采购预算,而且区里不能支付。当出现上述情况时 （   ）
   A. 导致废标,应重新组织招标
   B. 不会导致废标
   C. 导致废标,采取竞争性谈判方式重新采购
   D. 导致废标,采取邀请招标方式重新采购

126. 根据《政府采购法》的相关规定,甲级政府采购代理机构资格审批权属于 （   ）
   A. 中华人民共和国财政部   B. 省级人民政府财政部门
   C. 省级人民政府   D. 地、县级人民政府财政部门

127. 政府采购采购人、采购代理机构违反《政府采购法》规定,隐匿、销毁应当保存的政府采购文件或者伪造、变造采购文件的,由政府采购监督管理部门处以 （   ）
   A. 一万元以上十万元以下罚款   B. 二万元以上二十万元以下罚款
   C. 五万元以上十五万元以下罚款 D. 二万元以上十万元以下罚款

128. 采用邀请招标方式采购的,采购人发布的资格预审公告的期限是 （   ）
   A. 五个工作日   B. 七个工作日
   C. 十五个工作日   D. 二十个工作日

129. 政府采购采购人采购货物或者服务时应当采用公开招标方式,但因特殊情况需要采用公开招标以外的采购方式的,应当在采购活动开始前获得 （   ）
   A. 县级及县级以上人民政府采购监督管理部门的批准
   B. 同级人民政府采购监督管理部门的批准
   C. 省级以上人民政府财政监督管理部门的批准
   D. 政府集中采购机构的批准

130. 有权认定中标结果无效的部门是 （ ）
    A. 采购代理机构　　　　　　　B. 采购人
    C. 财政部门　　　　　　　　　D. 纪检监察部门
131. 中标候选人的经营、财务状况发生较大变化或者存在违法行为,招标人认为可能影响其履约能力的,应当在发出中标通知书前 （ ）
    A. 认定中标结果无效,重新组织采购活动
    B. 由原评标委员会按照招标文件规定的标准和方法对采购项目重新组织评审
    C. 按评标委员会提出的中标候选人名单排序确定其他中标候选人为中标人
    D. 由评标委员会按招标文件规定的标准和方法审查确认后,按相关规定处理
132. 未纳入政府采购集中采购目录的政府采购项目采购人 （ ）
    A. 可以任意采购
    B. 可以自行采购
    C. 不能委托集中采购机构采购
    D. 不可委托具有政府采购代理资格的中介机构在委托的范围内代理采购
133. 集中采购目录根据实际进行修改与完善,一般使用周期是 （ ）
    A. 1 年　　　B. 2 年　　　C. 3 年　　　D. 4 年
134. 政府采购项目必须编制 （ ）
    A. 项目计划表　B. 政府采购预算　C. 年度财务预算　D. 项目方案书
135. 政府采购代理机构资格分为甲级资格和乙级资格。取得乙级资格的政府采购代理机构只能代理单项政府采购项目预算金额在 （ ）
    A. 500 万元以下项目　　　　　B. 800 万元以下项目
    C. 1 000 万元以下项目　　　　D. 1 500 万元以下项目
136. 对集中采购机构考核的书面意见由 （ ）
    A. 考核小组决定　　　　　　　B. 财政部门决定
    C. 审计部门决定　　　　　　　D. 纪检监察部门决定
137. 政府采购供应商不包括 （ ）
    A. 法人　　　B. 其他组织　　　C. 自然人　　　D. 国家机关
138. 不符合资质条件要求的供应商 （ ）
    A. 可以通过借用他人资质参加政府采购活动
    B. 可以利用过期的资质证书参加政府采购活动
    C. 可以以联合一方的身份参加政府采购活动
    D. 不容许参加政府采购活动
139. 下列内容中,不属于应当包括在采购代理机构、供应商不良行为记录名单公告内的有 （ ）
    A. 处理机关和处理结果　　　　B. 当事人名称
    C. 申诉机关　　　　　　　　　D. 事由

140. 政府采购供应商投诉情况统计表中,按处理对象分类,不包括 (　　)
   A. 供应商　　　B. 监督人　　　C. 专家　　　D. 采购人

141. 政府采购合同授予情况表中,按性质划分为 (　　)
   A. 国内和进口　　　　　　　　B. 大型企业和中型企业
   C. 中型企业和小型企业　　　　D. 小型企业和大型企业

142. 采购人自行组织招标的,确定中标供应商应当在评标结束后 (　　)
   A. 3个工作日内　　　　　　　B. 5个工作日内
   C. 7个工作日内　　　　　　　D. 9个工作日内

143. 评审专家在一年内发生两次通报批评或不良记录的,将取消其 (　　)
   A. 1年以上的评审资格　　　　B. 2年以上的评审资格
   C. 3年以上的评审资格　　　　D. 4年以上的评审资格

144. 作为政府采购的主要采购方式应是 (　　)
   A. 邀请招标　　　　　　　　　B. 竞争性谈判
   C. 公开招标　　　　　　　　　D. 单一来源采购

145. 招标采购的评标委员会由采购人代表和专家五人以上的单数组成,其中技术、经济等方面的专家不得少于成员总数的 (　　)
   A. 1/2　　　　　　　　　　　B. 1/3
   C. 2/3　　　　　　　　　　　D. 4/5

146. 评审专家原则上在一年之内,不得连续参加政府采购评审工作 (　　)
   A. 2次　　　　　　　　　　　B. 3次
   C. 4次　　　　　　　　　　　D. 5次

147. 《中华人民共和国政府采购法》正式颁布日期是 (　　)
   A. 1996年12月30日　　　　　B. 1999年4月21日
   C. 2002年6月29日　　　　　　D. 2003年1月1日

148. 质疑供应商对采购人、采购代理机构答复不满意,或者采购人、采购代理机构未在规定时间内作出答复,可以在答复期满后15个工作日内向 (　　)
   A. 同级政府采购监督管理部门投诉　　B. 同级政府部门投诉
   C. 上级政府采购监督管理部门投诉　　D. 上级政府部门投诉

149. 政府采购监督管理部门是指 (　　)
   A. 各级采购仲裁机构　　　　　B. 各级财政部门
   C. 各级地方法院　　　　　　　D. 各级地方检察院

150. 采用性价比法的评标,排列中标候选供应商的顺序原则是 (　　)
   A. 投标报价低高、商数得分高低、技术指标优劣
   B. 商数得分高低、技术指标优劣、投标报价低高
   C. 商数得分高低、投标报价低高、技术指标优劣
   D. 技术指标优劣、商数得分高低、投标报价低高

151. 下列不属于公开招标公告内容的是 （ ）
    A. 采购人、采购代理机构的名称、地址和联系方式
    B. 供应商的资格要求
    C. 招标项目的名称、用途、数量、简要技术要求或者招标项目的性质
    D. 提交资格申请及证明材料的截止时间及资格审查日期

152. 申请乙级政府采购代理机构的,应当具有参加过规定的政府采购培训,熟悉政府采购法律、法规、规章制度和采购代理业务的法律、经济和技术方面的专业人员,其中,具有中级以上职称的人员不得少于职工总数的 （ ）
    A. 40%   B. 50%   C. 60%   D. 70%

153. 为听取有关各方对评审专家业务水平、工作能力、职业道德等方面的意见,核实并记录有关内容,政府采购监管部门应当建立政府采购专家 （ ）
    A. 检查制度   B. 调研制度
    C. 信息反馈制度   D. 考核制度

154. 标准定制商品及通用服务项目的评审最适用哪种方法 （ ）
    A. 性价比法   B. 最低评标价法
    C. 综合评分法   D. 其他方法

155. 政府采购应当严格按照批准的 （ ）
    A. 计划执行   B. 预算执行   C. 项目执行   D. 资金执行

156. 采购人采购纳入集中采购目录的政府采购项目,必须 （ ）
    A. 委托集中采购机构代理采购   B. 委托社会中介机构代理采购
    C. 可以自行组织采购   D. 委托招标代理机构采购

157. 采购人可以根据采购项目的特殊要求,规定供应商的特定条件,但不得以不合理的条件对供应商实行 （ ）
    A. 平等待遇   B. 限制
    C. 优惠待遇   D. 差别待遇或者歧视待遇

158. 废标后,除采购任务取消情形外,应当 （ ）
    A. 暂时停止招标   B. 就近采购
    C. 重新组织招标   D. 委托中介机构采购

159. 采用询价方式采购的,应当遵循下列程序 （ ）
    A. 发出询价单;邀请报价;确定成交供应商
    B. 成立询价小组;反复询价;确定成交供应商
    C. 成立询价小组;确定被询价的供应商名单;询价;确定成交供应商
    D. 成立询价小组;选择供应商;讨价还价;确定成交供应商

160. 经采购人同意,中标、成交供应商可以依法采取下列方式履行合同 （ ）
    A. 联合方式   B. 协约方式
    C. 合作方式   D. 分包方式

161. 政府采购监管部门对投诉事项作出处理,并以书面形式通知投诉人和投诉事项有关的当事人,应当在收到投诉书后 (　　)
    A. 15个工作日内　　　　　　　　B. 30个工作日内
    C. 45个工作日内　　　　　　　　D. 60个工作日内

162. 政府集中采购机构的采购人员应当具有相关职业素质和专业技能,要符合 (　　)
    A. 集中采购机构认定的专业任职要求
    B. 中、高级以上专业任职要求
    C. 国际上通用的采购职业任职要求
    D. 政府采购监督管理部门规定的专业岗位任职要求

163. 被投诉人和与投诉事项有关的供应商被投诉后,需要在5个工作日内以书面形式向财政部门作出说明,并提交相关证据、依据和其他有关材料。其时限是以收到 (　　)
    A. 投诉书之日起算　　　　　　　B. 投诉书副本之日起算
    C. 举报信之日起算　　　　　　　D. 投诉受理决定书之日起算

164. 对政府采购活动过程中的违法行为,有权向有关部门、机关控告和检举的人只能是 (　　)
    A. 人大代表和政协委员　　　　　B. 经财政部门授权的单位和个人
    C. 政府采购的采购人　　　　　　D. 任何单位和个人

165. 财政部门应当组织考核小组对政府集中采购机构进行考核,考核小组可以邀请审计部门和下列部门人员参加 (　　)
    A. 质量检查　　B. 工商　　C. 检察院　　D. 纪检监察

167. 符合下列情形之一的货物、工程或者服务,可以采用邀请招标方式采购 (　　)
    A. 经过部门领导同意
    B. 具有特殊性,只能从有限范围的供应商处采购的
    C. 采购人自己认为理由充分
    D. 为节约公开招标费用开支

168. 公开招标的主要缺点是 (　　)
    A. 成本高、周期长　　　　　　　B. 给投标人提供的机会不均等
    C. 不能防止腐败　　　　　　　　D. 可以节约成本,但周期长

169. 采购人对应当实行集中采购的政府采购项目,不委托政府集中采购机构实行集中采购的,应由 (　　)
    A. 上级行政主管部门责令改正　　B. 同级纪检部门责令改正
    C. 政府采购监督管理部门责令改正　D. 政府集中采购机构责令改正

170. 采购人采购纳入集中采购目录的政府采购项目,必须委托 (　　)
    A. 具有政府采购代理资质的社会采购代理机构采购
    B. 经上级行政管理部门批准,可以分散采购
    C. 政府集中采购机构采购

D. 社会中介机构代理采购
171. 部门集中采购属于 （   ）
    A. 未纳入集中采购目录的项目   B. 本部门、本系统特殊采购项目
    C. 通用的政府采购项目   D. 分散采购项目
172. 我国政府采购的主管机构是 （   ）
    A. 民政部   B. 经贸委   C. 贸易部   D. 财政部
173. 政府集中采购机构在政府采购监督管理部门考核中,发现有虚报业绩、隐瞒真实情况行为的将被 （   ）
    A. 处罚2万—20万元,并予以通报   B. 处罚3万—5万元,并予以通报
    C. 处罚3万—30万元,并予以通报   D. 处罚5万—50万元,并予以通报
174. 在政府采购监督管理部门 （   ）
    A. 可以设置集中采购机构   B. 不可以设置集中采购机构
    C. 可以设置集中采购隶属机构   D. 设置需经过财政部门同意
175. 以联合体形式参加政府采购的,为使采购合同约定的事项对采购人承担连带责任中标成交后采购人应及时与 （   ）
    A. 联合体中承担主要工作的一方签订采购合同
    B. 联合体中注册资金最多的一方签订采购合同
    C. 联合体中掌握项目核心技术的一方签订采购合同
    D. 联合体各方应当共同签订采购合同
176. 供应商认为采购文件、采购过程和中标成交结果使自己的权益受到损害的可以在知道或应该知道权益受到损害之日起七个工作日内向 （   ）
    A. 政府采购监督管理部门提出质疑   B. 仲裁机构提出质疑
    C. 采购人或采购代理机构提出质疑   D. 法院提出质疑
177. 在各政府采购信息指定发布媒体上公告同一政府采购信息的时间不一致时,公告时间和政府采购当事人对有关事项应当知道的时间 （   ）
    A. 以在各政府采购信息指定发布媒体上最早公告信息的时间
    B. 以在财政部指定的政府采购信息发布媒体上最早公告信息的时间
    C. 以在各政府采购信息指定发布媒体上最晚公告信息的时间
    D. 以在财政部指定的政府采购信息发布媒体上最晚公告信息的时间
178. 以下不属于政府采购信息公告应当遵循原则是 （   ）
    A. 信息发布及时   B. 内容规范统一
    C. 查询快捷方便   D. 渠道相对集中
179. 全国政府采购信息统计工作分为季报和年报,各省级财政部门和中央一级预算单位于每个季度结束后 （   ）
    A. 7日内上报季报   B. 10日内上报季报
    C. 15日内上报季报   D. 20日内上报季报

180. 招标采购单位对已发出的招标文件进行必要的澄清或修改的,应当在招标文件要求提交投标文件截止时间 (   )
    A. 五日前   B. 七日前   C. 九日前   D. 十五日前

181. 以下说法中正确的有 (   )
    A. 开标应当在投标文件截止时间的同一时间公开进行
    B. 联合投标的,可由其中一方提交保证金,但只对提交保证金方有约束力
    C. 采用综合评分法,评审后如得分相同,则按技术指标优劣排序确定投标人
    D. 评审委员会在评标过程中,未按招标文件规定的方法和标准评标的,中标结果无效

182. 招标采购单位规定的投标保证金数额,不得超过采购项目概算的 (   )
    A. 0.8%   B. 1%   C. 1.5%   D. 2%

183. 政府采购项目验收主体是 (   )
    A. 审计部门   B. 招标监管部门
    C. 政府集中采购机构   D. 采购人或采购代理机构

184. 采购人有下列哪种情形的责令限期改正,给予警告,可以并处罚款 (   )
    A. 与供应商或者采购代理机构恶意串通的
    B. 开标前泄露标底的
    C. 在采购过程中接受贿赂或者获取其他不正当利益的
    D. 应当采用公开招标方式而擅自采用其他方式采购的

185. 根据政府采购法律制度的规定,采取邀请招标方式采购的,采购人发出投标邀请书的对象应当从符合相应资格条件的供应商中选择 (   )
    A. 1家   B. 2家   C. 3家   D. 4家

186. 根据政府采购法律制度的规定,在政府采购中,经采购人同意,供应商可以依法采取分包方式履行合同。对于分包项目的履行,下列表述中,正确的是 (   )
    A. 分包供应商就分包项目直接向采购人负责
    B. 供应商就采购项目和分包项目向采购人负责,分包供应商就分包项目承担责任
    C. 供应商和分包供应商仅仅需要就分包项目向采购人承担连带责任
    D. 供应商和分包供应商均不承担责任

187. 治理政府采购领域商业贿赂的重点环节是 (   )
    A. 政府采购项目委托   B. 政府采购文件编制
    C. 政府采购信息公开发布   D. 政府采购方式审批等管理交易环节

188. 财政部《集中采购机构监督考核管理办法》颁布出台年份是 (   )
    A. 2003年   B. 2006年   C. 2009年   D. 2011年

189. 不属于政府采购活动开标或谈判现场的监管内容是 (   )
    A. 对开标现场的监督   B. 对评标现场的监督
    C. 对供应商的监督   D. 对政府集中采购机构的监督

190. 下列事项不属于网络安全方面的问题是 （ ）
    A. 黑客 B. 无效投标
    C. 系统稳定 D. 数据的保密

191. 电子化政府采购具有很高的科学技术含量,是以 （ ）
    A. 《政府采购法》为基础 B. 《招标投标法》为基础
    C. 信息技术为基础 D. 采购程序为基础

192. 总结信息化建设的经验,在项目收尾阶段,最多的矛盾来自 （ ）
    A. 技术瓶颈 B. 功能设计 C. 进度问题 D. 页面设计

193. 评审委员会成员在评审工作开始前,必须将手机等通信工具或相关电子设备交由
 （ ）
    A. 供应商统一保管 B. 政府采购代理机构统一保管
    C. 监督人员统一保管 D. 公证人员统一保管

194. 纳入集中采购目录的政府采购项目,应当实行 （ ）
    A. 分散采购 B. 公开招标采购 C. 集中采购 D. 邀请招标采购

195. 政府采购工程项目进行招标投标的,受到下述哪两部法律的双重约束 （ ）
    A. 《招标投标法》和《合同法》 B. 《政府采购法》和《合同法》
    C. 《招标投标法》和《政府采购法》 D. 《行政许可法》和《合同法》

196. 招标采购单位对已发出的招标文件进行必要澄清或者修改的,应当在财政部门指定的政府采购信息发布媒体上发布更正公告,并以书面形式通知所有招标文件收受人,其招标文件要求提交投标文件截止时间应该在 （ ）
    A. 3日前 B. 5日前 C. 7日前 D. 15日前

197. 根据地区和政府采购工作的需要,哪一级财政部门应及时向社会公布该地区的政府采购指定媒体 （ ）
    A. 省级以上 B. 市级以上 C. 县级以上 D. 镇级以上

198. 负有编制部门预算职责的部门在编制下一年度部门预算时,应当列出该财政年度政府采购的 （ ）
    A. 详细清单 B. 需求时间表
    C. 项目及资金预算 D. 资金来源

199. 政府采购当事人是指在政府采购活动中享有权利和承担义务的各类主体,包括
 （ ）
    A. 政府采购监督管理部门、采购单位、供应商
    B. 政府采购采购人和供应商
    C. 政府采购监督管理部门和采购单位
    D. 政府采购采购人、供应商、采购代理机构等

200. 《中华人民共和国政府采购法》的调整范围是 （ ）
    A. 在中华人民共和国境内进行的政府采购

B. 在中华人民共和国境内进行的所有采购
C. 所有货物、服务和工程的采购
D. 在中华人民共和国境内外进行的所有采购

201. 政府采购的信息,除涉及商业秘密的以外,都应当及时在下列媒体中向社会公开发布 （ ）
    A. 报纸杂志上　　　　　　　　B. 电视广播中
    C. 政府采购监管部门指定的媒体上　D. 广告中

202. 政府采购实行 （ ）
    A. 集中采购和分散采购相结合　　B. 招标采购和询价采购相结合
    C. 公开采购和限制采购相结合　　D. 招标采购和谈判采购相结合

203. 政府集中采购机构为 （ ）
    A. 政府采购监督管理部门　　　　B. 社会中介机构
    C. 政府采购代理机构　　　　　　D. 招标中介机构

204. 投诉人捏造事实或者提供虚假投诉材料的,属于虚假、恶意投诉,财政部门应当驳回投诉,并将其列入 （ ）
    A. 政府采购不守信名单　　　　　B. 政府采购不诚信名单
    C. 政府采购黑名单　　　　　　　D. 政府采购不良行为记录名单

205. 政府采购监督管理部门 （ ）
    A. 既要设置集中采购机构,也要参与政府采购项目的采购活动
    B. 不得设置集中采购机构,但可以参与政府采购项目的采购活动
    C. 不得设置集中采购机构,也不得参与政府采购项目的采购活动
    D. 可以设置集中采购机构,但不得参与政府采购项目的采购活动

206. 集中采购机构的采购人员应当具有相关职业素质和专业技能,符合下列任职要求 （ ）
    A. 集中采购机构认定的专业　　　B. 中、高级以上专业职称
    C. 国际上通用的采购职业　　　　D. 政府采购监管部门规定的专业岗位

207. 供应商对政府采购活动事项有疑问,或者认为采购文件、采购过程和中标、成交结果使自己的权益受到损害的,可以分别向采购人或者采购委托的代理机构询问和书面质疑,采购人或者受采购人委托的采购代理机构应当在 （ ）
    A. 在五日内和七日内作出答复
    B. 抓紧时间尽快作出答复
    C. 在收到供应商的书面质疑后七个工作日内作出答复
    D. 分别在五个工作日和十个工作日内作出答复

208. 对政府采购活动进行审计监督的机关是 （ ）
    A. 司法机关　　　　　　　　　　B. 审计机关
    C. 公安机关　　　　　　　　　　D. 行政机关

209. 被投诉人和与投诉事项相关的供应商应当在收到_____之日起5个工作日内,以书面形式向财政部门作出说明,并提供相关证据、依据和其他有关材料。（ ）
   A. 举报信　　　　　　　　　B. 投诉受理决定书
   C. 投诉书　　　　　　　　　D. 投诉书副本

210. 财政部门经审查,认定采购文件具有明显倾向性或者歧视性等问题,给投诉人或者其他供应商合法权益造成或者可能造成损害的,可以按不同情况分别予以处理,下列表述错误的是（ ）
   A. 采购活动尚未完成的,责令修改采购文件,并重新开展采购活动
   B. 采购活动已经完成,但尚未签订政府采购合同的,决定采购活动违法,责令重新开始采购活动
   C. 采购活动已经完成,并且已经签订政府采购合同的,决定采购活动违法,责令重新开始采购活动
   D. 采购活动已经完成,并且已经签订政府采购合同的,决定采购活动违法,由被投诉人按照有关法律规定承担相应的赔偿责任

211. 评标委员会中的专家人数应当为5人以上的单数的采购项目应该是:技术复杂且采购数额在（ ）
   A. 200万元以上　　　　　　B. 300万元以上
   C. 400万元以上　　　　　　D. 500万元以上

212. 政府采购监督管理部门对供应商的投诉逾期未作处理的,给予（ ）
   A. 当事人记过处分
   B. 当事人警告处分
   C. 直接负责的主管人员和其他直接责任人员行政处分
   D. 直接负责的主管人员和其他直接责任人员罚款处理

213. 集中采购机构在政府采购监管部门考核中,虚报业绩、隐瞒真实情况的,处以（ ）的罚款,并予以通报;情节严重的,取消其代理采购的资格。
   A. 二万元以上十万元以下　　B. 一万元以上二十万元以下
   C. 二万元以上二十万元以下　D. 一万元以上十万元以下

214. 任何单位或者个人发现政府采购信息发布活动不符合《政府采购信息公告管理办法》规定的,有权向下列部门控告和检举（ ）
   A. 同级人民政府监察部门　　B. 同级人民政府财政部门
   C. 同级人民政府审计部门　　D. 同级人民政府检察部门

215. 任何单位或者个人阻挠和限制供应商_____的,责令限期改正;拒不改正的,由该单位、个人的上级主管部门或者有关机关给予单位责任人或者个人处分。（ ）
   A. 参与政府采购招标　　　　B. 履行政府采购合同
   C. 进入本地区、本行业政府采购市场　D. 使用投诉权利

216. 军事采购法规由_____另行制定。（　　）
    A. 国务院 B. 国防部参照《政府采购法》
    C. 原总后勤部参照《政府采购法》 D. 中央军事委员会

217. 采取单一来源方式采购的,采购人与供应商应当遵循采购法规定的原则,在保证采购项目质量和_____的基础上进行采购。（　　）
    A. 两相情愿 B. 互利互惠
    C. 互相协作 D. 双方商定价格

218. 不适用《政府采购法》的情形是指：因严重自然灾害和其他不可抗力事件所实施的紧急采购和_____（　　）
    A. 采购人有特殊要求的采购 B. 部门采购
    C. 涉及国家安全和秘密的采购 D. 小额采购

219. 采购人未依法公布政府采购项目的_____和采购结果,责令改正,对其负责的主管人员依法给予处分。（　　）
    A. 采购方式 B. 采购标准 C. 采购目的 D. 采购预算

220. 下面对投标文件表述错误的是（　　）
    A. 投标文件的大写金额与小写金额不一致的,以大写金额为准
    B. 投标文件中单价金额小数点有明显错位的,应以总价为准,并修改单价
    C. 投标文件中总价金额与按单价汇总金额不一致的,以总价金额为准
    D. 投标文件中,开标一览表(报价表)内容与投标文件中明细表内容不一致的,以开标一览表(报价表)为准

（二）思考题

1. 什么是政府采购？

2. 我国政府采购法的立法宗旨是什么？

3. 政府采购应当遵循哪些原则？

4. 我国政府采购实行的采购模式是什么？

5. 什么是政府采购当事人？

6. 供应商参加政府采购活动应当具备的条件是什么？

7. 供应商在政府采购活动中有违法行为应当如何承担法律责任？

8. 政府采购政策性功能主要包括哪些方面？

9. 采购人为什么需要编制政府采购预算？

10. 什么是集中采购及集中采购的管理体制？

11. 什么是分散采购？

12. 什么是政府采购计划？

13. 为什么要编制政府采购计划？

14. 省级单位使用财政性资金项目的政府采购计划如何编报？

15. 省级单位使用非财政性资金项目的政府采购计划如何编报？

16. 政府采购计划的编报有哪些要求？

17. 政府采购计划的内容主要有哪些？

18. 政府采购通常所采用的采购方式有哪些？

19. 政府采购最主要的采购方式是哪一种？

20. 符合什么条件可以采用邀请招标采购？

21. 符合什么条件可以采用竞争性谈判采购？

22. 符合什么条件可以采用单一来源采购？

23. 符合什么条件可以采用询价采购？

24. 何种政府采购方式变更需要审批？

25. 政府采购方式变更手续如何办理？

26. 政府采购方式变更申请需要提交哪些材料？

27. 财政部门对政府采购方式变更申请审批时应注意什么问题？

28. 招标文件应该包括哪些内容？

29. 邀请招标方式采购公告期限有何规定？

30. 投标文件一般由哪几个部分组成？

31. 投标截止时间结束后参加投标的供应商不足三家的，如何处理？

32. 无效投标有哪些情形？

33. 废标有哪些情形？如何处理？

34. 招标采购单位有哪些情形将给予警告并处罚？

35. 招标采购单位及其工作人员有哪些情形将给予罚款和没收违法所得等处罚？

36. 采购人对应当实行集中采购的政府采购项目不委托集中采购机构进行招标的将如何处理？

37. 投标人在招标中有哪些情形将给予罚款或吊销营业执照处罚？

38. 中标供应商有哪些情形将给予列入不良记录名单等处罚？

39. 政府采购代理机构资格认定由哪个部门负责？

40. 认定政府采购代理机构资格分为哪两种方式？

41. 甲级政府采购代理机构资格应当具备哪些条件？

42. 乙级政府采购代理机构资格应当具备哪些条件？

43. 财政部门资格认定有何时间要求？

44. 政府采购代理机构资格认定应提交哪些材料？

45. 省级以上人民政府财政部门对申请人提出的资格认定申请，应当如何处理？

46. 申请人提出资格延续申请的，除提交资格延续申请书，还应提供哪些材料？

47. 政府采购代理机构资格自动失效的情况有哪些？

48. 申请人以欺骗等手段获取代理机构资格将如何处理？

49. 政府采购代理机构有哪些情形将给予警告或取消代理机构资格处罚？

50. 什么叫政府采购协议供货？

51. 协议供货价格如何确定？

52. 采购人在汽车协议供货中如何操作？

53. 什么是政府采购信息？

54. 政府采购信息公告原则有哪些？

55. 政府采购哪些信息必须公告？

56. 公开招标信息应当公告的内容有哪些？

57. 邀请招标资格预审公告应当包括哪些内容？

58. 中标公告信息应当包括哪些内容？

59. 采购信息更正公告应当包括哪些内容？

60. 投诉处理决定公告应当包括哪些内容？

61. 公告政府采购信息有哪些要求？

62. 采购人、采购代理机构如何公告政府采购信息？

63. 政府采购信息指定媒体发布信息时间周期如何规定？

64. 采购人或者采购代理机构有哪些情形将给予警告或通报？

65. 采购人或者采购代理机构有哪些情形采购无效？

66. 什么是政府采购评审专家？

67. 为什么要建立政府采购评审专家库？

68. 什么部门负责对政府采购评审专家进行管理？

69. 政府采购评审专家必须具备什么条件？

70. 申请成为政府采购评审专家需要提供哪些资料？

71. 对政府采购评审专家如何进行资格管理？

72. 对政府采购评审专家资格检验复审包括哪些内容？

74. 政府采购评审专家享有哪些权利？

75. 政府采购评审专家承担哪些义务？

76. 政府采购评审专家私人资料应如何保管？

77. 政府采购评审专家如何抽取？

78. 什么是政府采购活动中的利害关系，政府采购评审专家应如何回避？

79. 评标委员会如何组成？

80. 评标委员会应当具有哪些职责？

81. 评标委员会成员有哪些义务？

82. 政府采购评审专家评标时应遵循什么原则？

83. 如何对投标文件进行初审？

84. 评标委员会评标时主要以什么作为评标依据？

85. 如何要求供应商对投标文件进行澄清？

86. 货物服务招标采购的评标通常采用哪些评标方法？

87. 什么是最低评标价法？采用最低评标价法如何推荐中标候选供应商名单？

88. 什么是综合评分法？采用综合评分法如何推荐中标候选供应商名单？

89. 什么是性价比法？采用性价比法如何推荐中标候选供应商名单？

90. 什么是评标报告？包括哪些内容？

91. 招标投标资料如何保存？

92. 财政部门如何对政府采购评审专家进行管理？

93. 政府采购评审专家哪些行为将被列为不良行为？

94. 政府采购评审专家哪些行为将会被取消政府采购评审专家资格？

95. 政府采购评审专家哪些行为将不得从事评审工作？

96. 评标委员会成员哪些行为将会受到警告并处以罚款？

97. 评标委员会成员获取不正当利益或泄露评标情况的将如何处理？

98. 监察机关如何行使对政府采购评审专家的监督职责？

99. 因政府采购评审专家个人违规造成经济损失的，如何处理？

100. 对于干预、影响评标过程和结果的行为将如何处理？

101. 供应商对政府采购活动事项有疑问的，是否可以向采购人提出询问？

102. 政府采购质疑的范围是什么？

103. 政府采购质疑的条件是什么？

104. 政府采购质疑的时限是什么？

105. 政府采购质疑的形式是什么？

106. 政府采购投诉由哪个部门处理？

107. 政府采购投诉书应当包括哪些内容？

108. 审查投诉人提起投诉应当符合的七个条件是什么？

109. 政府采购监督管理部门对供应商的投诉应当如何进行处理？

110. 投诉人拒绝配合财政部门依法进行调查的，怎么处理？

111. 财政部门在处理投诉事项期间，是否可以暂停采购活动？

112. 经审查，认定采购文件具有明显的倾向性或歧视性等问题，如何处理？

113. 经审查，认定采购文件、采购过程影响或者可能影响中标、成交结果的，或者中标、成交结果的产生过程存在违法行为的，如何处理？

114. 投诉人对政府采购监督管理部门的投诉处理决定不服或者政府采购监督管理部门逾期未作处理的，如何寻求救济？

115. 财政部门应当在受理投诉后几个工作日内向被投诉人和与投诉事项有关的供应商发送投诉书副本?

116. 如何获取政府采购信息?

117. 供应商如何参与政府采购投标活动?

118. 供应商如何进行政府采购投诉?

119. 为什么政府采购价格有些时候会比个人采购价格高?

120. 为什么有些时候政府采购周期相对较长?如何解决?

(三) 案例题

【案例材料一】

　　某省疾病控制中心采购一批用于新生儿接种的乙肝疫苗。根据生产工艺不同,乙肝疫苗分为"酵母型"和"细胞型"两种。采购人提出要"酵母型"乙肝疫苗,理由是安全、无毒副作用反应,以保证新生儿安全。

　　招标公告正式发布前,根据采购人的委托,采购代理机构在网站上发布信息,公开征集具备供货能力的供应商,希望所有潜在供应商都能参与该项目竞标。

　　某生产"细胞型"乙肝疫苗的供应商看到公告信息后提出质疑,认为招标文件指定只能采购"酵母型"乙肝疫苗属于限制性条款,违反了《政府采购法》的相关规定,对其他供应商有失公平。

　　但采购人仍坚持认为疫苗的安全关系千秋万代,如果有一例有毒副作用反应都无法向社会交代。经组织专家论证,专家出具了书面意见,认为"酵母型"乙肝疫苗安全、无毒副作用,同意采购人的要求。

　　但供应商依然不同意,认为"酵母型"和"细胞型"乙肝疫苗均是中华人民共和国药典中常规收录的品种,适用人群均为新生儿,随后向政府采购监管部门提出投诉。

【回答问题】
(1) 采购人提出的采购需求是否合法?为什么?
(2) 采购活动尚未开始,在征集供应商的过程中,潜在供应商是否可以提出质疑和投诉?
(3) 本案给我们带来什么启示?

【案例材料二】

某采购代理机构受采购人委托，采购会议视频系统。采购结果公布后，采购人提出，第一中标人D公司的产品技术参数上存在偏差，不能满足招标文件要求，要求取消其中标资格，改由得分排名第二的B公司中标。

监管部门受理后，展开了细致调查，发现D公司的投标产品在个别技术参数上确实有偏差，不完全响应招标文件要求。但评标委员会在评标过程中已经发现这个问题，并现场研究，认为不是主要技术参数，不影响使用，可不作为负偏离。在评审中，专家给予扣分处理。D公司承认，具体经办人在制作投标文件时发生粘贴错误，有个别指标出现负偏离，也有一些指标是正偏离。供应商及时承认错误，表示愿意积极改正错误，并承担相应责任，采取补救措施，在原报价不变的情况下，完全满足招标文件的要求并履行合同。

采购代理机构多次与采购人沟通，提出两个解决方案：给予补偿或取消中标结果。但采购人均不同意。采购人提出：D公司行为严重违法，监管部门应认真处理，并要求废标，直接由得分排名第二的供应商B公司中标。

【回答问题】
(1) 根据现有证据，能否认定D公司违法？
(2) 该案中标结果是否有效？是否可以作废标处理？
(3) 如果取消第一中标候选人的中标资格后，可否由得分排名第二的供应商直接中标？

【案例材料三】

某代理机构组织对市第一医院洗衣房设备采购项目进行邀请招标，共有三家公司应邀递交了投标文件。根据评标委员会提出的书面评标报告，推荐G公司为中标候选人。

W公司作为投标人之一，对评标结果提出质疑，认为评标委员会未能及时告知其在投标文件中的报价错误，致使影响评标结果，要求代理机构对评标结果进行复议。

针对W公司的质疑，代理机构组织评标委员会进行了复审。评标委员会就W公司报价的错误，依据招标文件第25条规定的办法进行修正，并根据修正后的价格进行综合评审。根据评标委员会复审结果，中标人仍为G公司。

【回答问题】
(1) 招标人是否有权修正投标人投标文件中的算术错误？
(2) 投标人报价错误的修正方法和依据是什么？

【案例材料四】

2017年8月,某采购代理机构受某高校委托组织电梯项目采购招标。在招标文件中明确规定,投标文件必须加盖单位公章。而投标人E公司在招标文件中加盖的却是公司合同专用章,但负责资格审查的公证处公证人员在审查时并未发现。最终E公司以3 800万元的报价中标。

采购活动结束后,F公司质疑认为,中标人投标文件上加盖的不是公司公章,不符合招标文件要求。

经调查发现,在E公司密封的投标文件中有一份授权委托书,明确该合同专用章为公司授权,合法有效,委托书上加盖的是单位公章。

【回答问题】

(1) 认定E公司中标无效是否具有法律依据?

(2) E公司在投标文件书上加盖合同专用章是否具有法律效力?

(3) 在采购活动组织中,资格审查可否由公证处进行?

【案例材料五】

某采购代理机构受采购人委托对残疾人就业及培训成果展采购项目组织公开招标。经依法组建的评标委员会评审推荐,采购代理机构公布的中标候选人是本地的一家企业T公司。

未中标的外地企业S公司向采购代理机构提出质疑。因对采购代理机构的质疑答复不满意,S公司向财政部门投诉。

投诉人S公司认为,评标委员会在此次评标中有地方保护的嫌疑。本次投标单位除两家外地公司外,其余均为本地公司,而且中标候选人T公司也是本地企业,S公司认为评标委员会在评标过程中有地方保护嫌疑。要求对本项目的开标和评标程序进行审查,并重新组织招标;查处在本项目招投标过程中的违法违纪行为,依法严肃处理。

【回答问题】

(1) 本案中本地企业中标是否存在地方保护?

(2) 投诉人S公司的投诉是否有依据?

【案例材料六】

某采购代理机构受采购人委托组织办公设备采购项目公开招标。2017年5月18日该代理机构在政府采购指定网站上发布公开招标公告,写明:投标人可从即日起至2017年5月25日每天8:30—17:00购买招标文件;2017年6月8日上午9:00公开开标。招标文件还明确:任何要求对招标文件进行澄清、修改的投标人,均应在递交投标文件截止期十五天前以书面形式通知招标代理机构。逾期的澄清要求将不被接受。

经评标委员会评审,C公司被推荐为中标人。采购结果一经公布,H公司便提出质疑。因对采购代理机构的质疑答复不满意,向财政部门提起投诉。

投诉人H公司认为,公司于2017年5月25日购买招标文件。在项目开标前,即6月8日上午8:30前,H公司向代理机构递交备案书(内容是对招标文件的技术参数提出异议,要求修改),采购代理机构拒收,投诉人被迫撤回。

【回答问题】
(1) 本案中,H公司为什么失去了质疑机会?
(2) 采购代理机构为什么拒收H公司要求修改技术参数的备案书?

【案例材料七】

某采购代理机构受采购人委托,组织通信网络设备项目公开招标采购,采购预算达2 800万元。开标前一天,采购代理机构专门召开答疑会,就供应商提出的问题进行解答。某供应商因对招标文件中的"硬件产品"包括的内容不清楚,向采购代理机构提出疑问,采购代理机构口头给予答复。之后,采购代理机构为体现公平,又将答复内容以书面形式在网上发布,向社会公开。除对"硬件产品包括哪些内容"作了解释外,又告知:"其他有关内容仍按原招标文件办理。"开标时,有4家供应商参加了投标,在开标现场,投标供应商对采购代理机构的解释内容签字确认,表示同意。

最终,A供应商报价2 600万元,B供应商报价2 500万元。结果B供应商被评标委员会推荐为中标候选人。此时,A供应商向采购代理机构提出质疑,认为其在答疑会上的解释已经超出了答疑范围,特别是"其他有关内容仍按原招标文件办理"这句话,也可以理解为,此前的解释对招标文件有改变,而其他内容仍按招标文件,应当属于澄清。根据财政部第18号部长令的规定,如对招标文件进行必要的澄清或者修改的,应当提前15天。采购代理机构的做法不符合相关法律规定。

【回答问题】
(1) "答疑"与"澄清"在本质上有什么区别?本案中采购代理机构的做法是否合法?
(2) 供应商在答疑会现场签字确认是否具有法律效力?

【案例材料八】

某采购代理机构为某高校学生物业管理项目进行第二次公开招标(第一次公开招标因投标人不足三家而废标)。这一次,到了投标截止时间又只来了两家供应商。五分钟后,第三家供应商姗姗来迟。眼看又要废标,三家供应商为了共同利益在现场自行协商后向采购人提出,希望允许迟到的供应商参与招标,以使该项目能够继续进行。采购人此时也希望采购活动能继续进行,因为学校开学在即,重新招标时间上可能来不及。

为此,采购人和供应商共同向采购代理机构提出,第三家供应商只迟到了五分钟,既然他们已自行协商后一致同意,能否将学校的特殊需要作为特例,允许第三家供应商参加招标?采购代理机构不同意,担心不按照规定操作会引发质疑、投诉。见此,三家供应商均向采购人和采购代理机构保证,无论谁中标,绝不以此为理由质疑、投诉,并当场签字确认,保证诚信、说话算数。

在采购人的一再要求下,采购代理机构同意招标活动继续进行。结果那家姗姗来迟的第三家供应商被推荐为中标候选人。未中标的两家供应商马上提出质疑,结果第二次招标又以废标结束,代理机构后悔莫及。

【回答问题】
(1) 迟到供应商是否可以参加投标?
(2) 本案的采购项目是否为废标?为什么?
(3) 该项采购活动是否可以采用其他方式进行?

【案例材料九】

某采购代理机构组织的招标采购活动刚结束就接到举报,反映中标的供应商T公司提供的证明文件不实,属于提供虚假材料谋取中标。经财政部门组织调查,发现T公司确实存在提供虚假材料的行为。但富有戏剧性的是,评标委员会认为,T公司提供的这份虚假证明文件并不影响评标结果。

原来,在此次招标采购活动中,T公司一共提供了10份证明材料,其中9份均真实有效,只有1份证明文件是假的。评标委员会研究认为,T公司提供的这份虚假证明并不影响评标结果,即在此次招标活动中,如果T公司不提供这份虚假证明文件,根据评标委员会现场评分情况,T公司也能够中标。

【回答问题】
(1) 供应商提供虚假材料不影响评标结果时,中标结果是否有效?
(2) 供应商提供虚假材料不影响评标结果时是否应当处理?如何处理?

【案例材料十】

某医疗设备项目招标前,采购人接到举报,反映购买标书者 R 公司涉嫌商业贿赂。当时全国正在开展治理商业贿赂活动,医疗卫生、政府采购都是六大重点治理领域之一。采购人单位高度重视,连夜召开党组会议研究,决定取消 R 公司的招标资格。

R 公司把此情况向财政部门进行反映。财政部门随后也进行了调查,并要求举报人出具 R 公司涉嫌商业贿赂的有效证据。举报人向财政部门提供了某晚报、某网站报道的关于 R 公司涉嫌商业贿赂的报道。

【回答问题】

(1) 供应商"涉嫌"商业贿赂时可否取消其招标资格?
(2) 晚报报道、网上下载的资料可否作为证据采信?
(3) 采购人单位党组会议作出取消供应商投标资格的决定是否有效?

【案例材料十一】

2017 年 8 月,某监管部门收到供应商 Z 公司来信,反映某单位消防设施改造项目,中标通知书发出一年多,采购人至今不与中标供应商 Z 公司签订合同。经监管部门调查,来信反映情况属实。该项采购活动程序合法,采购结果有效,且整个采购活动采购人均参与并签字认可,招标全过程经公证处公证,已向中标人 Z 公司发放了中标通知书,并在政府采购指定媒体发布了中标成交公告。

经进一步调查,中标通知书发出后,采购人曾向中标人 Z 公司提出变更地点、修改实施方案等要求,Z 公司立即根据采购人要求上门重新测量、修改方案、做概算。后因采购人单位领导班子调整,一直未与 Z 公司签订采购合同。

在中标人 Z 公司的一再催促下,采购人自行找消防部门进行审核,拿到了一份在原地做消防设施改造采购项目不安全的意见书,并据此拒绝与 Z 公司签订合同。

【回答问题】

(1) 中标通知书发出后,采购人是否可以不签合同?
(2) 采购人自行请人进行审核是否具有法律效力?
(3) 中标通知书发出后,如果采购人拒绝签订采购合同该如何处理?

【案例材料十二】

某单位分散采购项目——门户网招标。招标结束后,因未按《政府采购法》相关规定及时公布中标结果,受到供应商的质疑、投诉。

采购人认为,该项目属于分散采购,不需要通过政府采购复杂的流程,可由单位集体研究决定,也不需要向社会公布相关采购信息。

【回答问题】
(1) 分散采购是否适用于《政府采购法》?
(2) 分散采购的信息是否应当公布?
(3) 单位集体研究是否能决定分散采购的结果?

【案例材料十三】

某采购代理机构于2017年12月7日在政府采购网站上公开发布招标信息,至投标截止时,只有两家投标人投标。因投标人不足三家,该采购代理机构于2017年12月28日依法宣布上述招标活动失败,并重新组织招标,于2018年1月6日在政府采购网站上公布招标信息,至投标截止时,包括G单位在内共有三家投标人参加投标,2018年2月14日10:30在采购代理机构开标。

2018年3月1日,评标委员会依法进行评审,经评标委员会实际调查,发现有一家投标人不具备招标文件规定的合格的投标人之条件,被宣布为无效投标,由此导致合格投标人不足三家,本招标项目再次予以废标。

G单位质疑认为,采购代理机构宣布本次招标失败违反法定程序。

【回答问题】
(1) 在评标委员会评审过程中发现符合条件的供应商不足三家是否应当予以废标?
(2) 再次招标失败后依法可以采取什么采购方式?

【案例材料十四】

某政府采购代理机构受某高校委托,拟就该高校新建教学楼内安放的授课桌椅进行邀请招标。2017年7月5日,该采购代理机构在财政部门指定的政府采购信息宣传媒体上发布了邀请招标资格预审公告,7月10日,该高校及采购代理机构欣喜地发现,已经有17家供应商报名并提交了资格证明文件。

因为要赶在开学之前将课桌椅采购齐全,时间比较紧迫,该采购代理机构应采购人的要求,于7月10日下午5点截止了报名,并对已经报名的17家供应商进行资格预审。在资格预审中,13家公司通过了资格预审。随后,该采购代理机构采用逐一打分的方法,对13家公司依据其提供的证明材料进行打分,并按照分数高低进行排名。为了体现公平公正,该采购代理机构在打分现场宣布,邀请得分排名前7位的公司参与该项目的投标。

结果,这一做法不仅引起其他6家落选公司的质疑,同时还引起了另外一家没有报上名的公司的质疑。

【回答问题】
(1) 本案采取邀请招标方式的依据是否充分?为什么?
(2) 本案中采取的资格预审公告期限是否合法?为什么?
(3) 本案中按照打分情况选择前7名参加招标的做法是否合法?为什么?

【案例材料十五】

一次,某政府采购监督管理部门收到一封评审专家的来信,信中说:"我是一名老共产党员,有些不法现象不吐不快,对不起良心。9月15日晚我刚下班到家,就接到了政府采购机构的通知,要求我次日参加某项目公开招标的评审工作。令人不解的是,刚结束与采购机构的通话,某供应商就拨通了我的电话,让我在评审时照顾一下,并许以重金,被我拒绝了。但在评审现场,我惊讶地发现所有专家和采购人代表都毫无原则地倾向于那个曾经给我打过电话的供应商,虽然那家的综合实力明显低于另外两家投标供应商,但最终在其余专家和采购人代表的'无私照顾'下,这家供应商如愿中标了。我始终想不明白,抽取评审专家本是一项严格保密的工作,是谁走漏了消息?"

【回答问题】
(1) 请从本案说开去,列举在评标前可能在哪些环节会使得供应商获悉评委名单?
(2) 请谈谈如何加强对这些易透露评委信息环节的监管,最大限度地做好评标前评委的保密工作?

【案例材料十六】

某地进行系统集成设备采购,在发布招标公告后不久,采购代理机构邀请本次采购的潜在供应商召开了项目答疑会。本次采购的招标文件要求供应商对采购人欲采购的20多台设备,均要提供生产厂家的授权证明。在答疑会上,供应商们普遍对这一点表示出了异议,认为很难达到。最后,采购代理机构和采购人在现场经过一番商量,决定把这一条款改为只有其中交换机须提供厂家授权证明,供应商们都表示可以接受。

答疑会结束的第二天,采购代理机构发现,答疑会上形成共识的这个条款并没有出现在会议纪要上,经查明,是负责现场记录的工作人员忘记把这一条录入了。但随后采购代理机构认为,既然答疑会现场上大家都已经达成共识了,会议纪要中是否体现也不重要了,现在进行改动反而很麻烦。在这种情况下,采购进入了评标程序。

采购结果公布后,意想不到的事情发生了。一位参加了项目答疑会却未中标的供应商在质疑后向监管部门提起投诉,认为中标供应商未能按招标文件的要求提供所有设备的厂家授权证明,投诉供应商主张本次评标无效,应重新组织招标。

【回答问题】
(1) 采购代理机构在哪些方面的疏忽,才导致了供应商的质疑和投诉?
(2) 如果您是当地监管部门工作人员,对此投诉应如何处理?

【案例材料十七】
2017年11月,某采购机构受委托就一物业管理项目进行公开招标,共有10家供应商按时递交了投标文件。评标时,W专家以7家供应商投标文件(电子标书)的电子印章是PS上去的为由而全部判为无效投标。在对余下的3家进行打分时,他给了Z公司(最终排名第一)91分,而对第二名(最终排名)D公司打了76.21分,而其余5位专家对这两家公司打分的最大分差也只是5分,且推荐的排名顺序也不完全一致。其中采购人代表的打分情况是:Z公司80分、D公司打了91.21分。

评审结果公示后,被作为无效投标的7家公司有数家向采购机构提出质疑,认为其投标文件不应当作为无效投标,应当重新评审。采购机构邀请原评标委员会协助处理质疑,评标委员会审阅质疑文件后,认为当初对因电子印章问题而作出的无效投标结论是不当的,故纠错后对10家供应商进行重新评审打分。这次评审的排名为M公司第一名(除W专家外,其余6人均推荐M公司为第一中标候选人)。

【回答问题】
(1) 因专家不熟悉法律专业知识而出现错判误判怎么办?
(2) 评标中如何制衡个别专家的倾向性问题?
(3) 电子投标时是否还要加盖印章?

【案例材料十八】
近日,某机关单位一成套机械设备采购项目公开招标,采购预算860万元。设备相关的参数基本都是标准化,但对后期维护保养和技术响应要求高,且设备采购金额较大,为进一步提高采购质量,经采购人和代理机构综合考虑,决定建立7人组的评标委员会(1名采购人代表)。项目开标后,8家企业通过了资格审查和符合性检查。

评标开始后不久,Z专家身体突感不适,退出了评标工作,剩余6名评标委员会成员采购人考虑到该项目预算不足1 000万元,评标委员会成员组成5人以上单数即可,于是未进行专家补足,而是让采购人代表也退出了评标委员会,为的是提高采购效率。这样,该项目评标委员会成员组成正好5人,满足了5人以上单数的法定要求,于是评标工作继续进行。

评标结果公布后,多家未中标供应商提出质疑,称该项目评标委员会组成不合法,没有达到7名评标委员会成员的要求,应当补足后才能继续评标,不能补足的重新组建评标委员会评标。

采购代理机构接到质疑后,答复称:根据87号令第四十七条,采购预算金额在1 000万元以上时评标委员会成员人数须为7人以上单数,而本项目采购预算860万元,评标委员会的法定成员人数为5人以上的单数即可,而本项目的评标委员会Z专家退出后,采购人代表再退出,刚好满足了5人的要求,所以该项目评标委员会组成合法,评标结果有效。

几家供应商对采购代理机构的质疑答复不满,遂向当地财政部门提起了投诉。

【回答问题】
(1) 评标时遇到专家临时退出怎么办?
(2) 能通过减少采购人代表的方式来确保对评委构成的单数要求吗?

【案例材料十九】

某地一公开招标项目,评标专家对投标文件进行符合性评审时,发现B公司的投标文件封面有问题,其投标文件封面的公司名称打印成了A公司(也是此次投标并进入评审环节的供应商之一),仅公章加盖的是B公司的。按照《政府采购货物和服务招标投标管理办法》(财政部令第87号,以下简称"87号令")第六十三条规定,投标文件未按招标文件要求签署、盖章的,其投标无效,因此评标委员会否决B公司投标文件并判为无效投标,这是没有争议的。

但对于A公司的投标文件该怎么处理?从B公司投标文件封面的公司名称写成了A公司的这一事实,可以推断出两家公司是存在某种关系的,那么该怎么处理?对此,评标委员会出现了两种意见:一种是两家公司涉嫌串标,属于"不同投标人的投标文件相互混装"的情形,应否决其投标;一种是认为不属于87号令第三十七条规定的六种法定串标情形之一,不应否决。

最终经商讨,从法律法规的立法精神初衷出发,执行了第一种意见,并将结果由招标人反馈给有关财政部门。财政部门在依法进行调查处理时,A、B两公司虽不承认串通投标,但并没有强烈坚决的"维权"的表现:A公司认为自己无过错被否决投标,受到了不公正的待遇;B公司的解释也是称打印封面名称时,脑子里只想着主要的竞争对手是A公司,结果不小心就把名字打错了,这样的解释看似牵强,却也不是没有这种可能性。那么接下来,财政部门该怎样认定并处理这起涉嫌串通投标的事项?

【回答问题】
(1) 本案例中 A、B 两公司投标文件封面出现的名称错写情形,是法定串标情形吗?
(2) 财政部门该如何处理这起事件?

【案例材料二十】

某集中采购机构受采购人委托,就某机电设备项目进行公开招标。2017 年 11 月 20 日,集中采购机构在财政部门指定媒体上发布了招标公告,规定招标文件在其官方网站免费下载,下载期限为 2017 年 11 月 20 日—24 日(不足 5 个工作日)。

A 公司于 2017 年 11 月 22 日下载了招标文件。2017 年 12 月 5 日,A 公司向集中采购机构提出书面质疑,认为招标公告中规定的招标文件下载期限不符合相关规定。

集中采购机构收到质疑后,认为招标公告属于采购文件,根据《政府采购法实施条例》第五十三条第一项规定,对可以质疑的采购文件提出质疑的,应在收到采购文件之日或者采购文件公告期限届满之日起七个工作日内提出质疑。A 公司于 2017 年 11 月 22 日下载了招标文件,也就是说 A 公司收到采购文件之日为 2017 年 11 月 22 日,质疑期截止日应为 2017 年 12 月 1 日。A 公司 2017 年 12 月 5 日提出书面质疑时,已经超过了七个工作日的法定质疑期,属于无效质疑。因此,集中采购机构对 A 公司提出的质疑未予答复。

A 公司准备向当地财政部门提起投诉。

【回答问题】
(1) A 公司下载招标文件超过七个工作日后还能提起质疑吗?
(2) 如果 A 公司不能提起质疑了,那发现招标文件下载期限不合法该如何处理?

附录二

主要参考文献

[1] 朱龙杰,白先春,石冰. 财政监督理论与实务[M]. 南京:江苏凤凰科学技术出版社,2015.
[2] 王卫星,朱龙杰,吴小明. 政府采购基础知识[M]. 北京:中国财政经济出版社,2006.
[3] 王卫星,朱龙杰,吴小明. 采购人政府采购实务[M]. 北京:中国财政经济出版社,2006.
[4] 王卫星,朱龙杰,吴小明. 采购代理机构政府采购实务[M]. 北京:中国财政经济出版社,2006.
[5] 王卫星,朱龙杰,吴小明. 供应商政府采购实务[M]. 北京:中国财政经济出版社,2006.
[6] 王卫星,朱龙杰,吴小明. 政府采购案例分析[M]. 北京:中国财政经济出版社,2006.
[7] 王卫星,朱龙杰,吴小明. 政府采购法规选编[M]. 北京:中国财政经济出版社,2006.
[8] 焦富民. 政府采购救济制度研究[M]. 上海:复旦大学出版社,2010.
[9] 王建明,朱龙杰. 政府采购理论研究与实务分析[M]. 南京:江苏人民出版社,2013.
[10] 刘小川,唐东会. 中国政府采购政策研究[M]. 北京:人民出版社,2009.
[11] 马海涛,姜爱华. 政府采购管理[M]. 北京:北京大学出版社,2008.
[12] 楼继伟. 政府采购[M]. 北京:经济科学出版社,1998.
[13] 王亚星. 政府采购制度创新[M]. 北京:中国时代经济出版社,2002.
[14] [英]彼得·贝利,大卫·法摩尔,巴里·克洛克,等. 采购原理与管理[M]. 8版. 王增东,杨磊,译. 北京:电子工业出版社,2003.
[15] [美]约瑟夫·L.卡维纳托,拉尔夫·G.考夫曼. 采购手册:专业采购与供应人员指南[M]. 吕一林,闫鸿雁,雷利华,等译. 北京:机械工业出版社,2001.
[16] 肖捷. 中华人民共和国政府采购法辅导读本[M]. 北京:经济科学出版社,2002.
[17] 张家瑾. 我国政府采购市场开放研究[M]. 北京:对外经济贸易大学出版社,2008.
[18] 吴小明. 政府采购实务操作与案例分析[M]. 北京:经济科学出版社,2011.
[19] 詹静涛. 市场经济国家政府采购制度基本情况[M]. 北京:经济科学出版社,2005.
[20] 邓顺华,胡云. 政府采购ABC及其相关法规[M]. 北京:人民交通出版社,2002.
[21] 《政府采购法》起草小组. 政府采购法实用手册[M]. 北京:中国财政经济出版社,2002.
[22] 于安,宋雅琴,万如意. 政府采购方法与实务[M]. 北京:中国人事出版社,2012.
[23] 李俊平. 如何做好政府采购统计信息分析工作[M]. 北京:中国政府采购,2005.
[24] 胡家诗,杨志安. 政府采购研究[M]. 沈阳:辽宁大学出版社,2002.
[26] 王春安,孔祥喜,钱俐. 采购业务知识[M]. 北京:中国商业出版社,1989.
[26] Barry J. Guide to cost management[M]. Hoboken, New Jersey:John Wiley&Sons. Inc,2000.
[27] Mueller D C. Public choice Ⅱ[M]. Cambridge:Cambridge University Press,1989.

[28] Sharpe W F. Mutual fund performance[J]. Jounal of Business,1966,39(1):119 - 138.
[29] Schoar A. Effects of corporate diversification on productivity[J]. Jonrnal of Finance,2002,57(6):2379 - 2403.
[30] Patten D M. The relation between environmental performance and evironmental disclosure: a research note[J]. Accounting, Organizations and Society, 2002, 27(8):763 - 773.

后　　记

　　1983年8月,我毕业于厦门大学计划统计专业,一晃在南京财经大学(原南京粮食经济学院)已工作三十五年。三十多年来,我在高校教学不断,研究不止,笔耕不辍。前二十年,我主要从事统计、计划、预测、决策等方面的教学与研究,公开出版了《统计学原理》《粮食统计预测方法》《粮食统计决策方法》《统计学原理水平测试》《粮食商业计划学》《统计学(译著)》等6部专著和教材。

　　2002年6月29日,我国第一部《政府采购法》正式颁布,江苏省财政厅政府采购管理处找到我,希望我牵头组织专家编一部教材供内部培训使用。没想到就是这样一次机缘巧合,促使我从此开始了长达十五年关于政府采购工作的理论学习与研究。十五年来,我在江苏省财政厅政府采购管理处领导的关心和经费支持下,先后为各级政府采购业务管理人员、评审专家、采购人、招投标代理机构等开设了数十场专题讲座,并有幸被聘为江苏省政府采购评审专家。中国财政经济出版社、江苏人民出版社、江苏科技出版社、东南大学出版社先后出版了我的《政府采购理论研究与实务分析》《政府采购基础知识》《采购人政府采购实务》《采购代理机构政府采购实务》《供应商政府采购实务》《政府采购案例评析》《政府采购法规选编》《财政监督理论与实务》《政府采购概论》等9部专著和教材,它们凝聚着我在政府采购研究领域这些年取得的成果和心血。

　　作为一名学者,面对自己即将付梓的又一本新作《政府采购概论》,掩卷遐思,我很想感谢原江苏省财政厅政府采购管理处的王卫星处长,正是她与我十五年前的第一次合作,促使我实现了从统计学研究向政府采购研究的成功转型。另外,我还想再一次感谢我的家人,是他们长期以来给了我无比温馨的亲情和帮助,使我不必受制于生活琐事的烦扰,而得以静心聚力地从事研究与写作。

朱龙杰